Main Idea로 푸는

나훔, 하박국, 스바냐, 학개, 스가랴, 말라기

HOLMAN Old Testament Commentary

Nahum, Habakkuk, Zephaniah, Haggai, Zechariah, Malachi

General Editor Max Anders | Author Stephen R. Miller

A division of PAIDION MISSION
Translated and Published by Permission
Originally published in the U. S. A
HOLMAN Old Testament Commentary
Nahum, Habakkuk, Zephaniah, Haggai, Zechariah, Malachi

Nashville, Tennessee

Main Idea 로 푸는

나훔, 하박국, 스바냐, 학개, 스가랴, 말라기

맥스 앤더스(Max Anders) 책임 편집 | 스테판 R. 밀러 (Stephen R. Miller) 지음 | 김창동 옮김

디모데

존경하는
나의 부모님,
로이 & 넬 밀러 부부와,
아내의 부모님,
아크 & 에밀리 파머 부부에게.

"그러나 너는 배우고 확신한 일에 거하라
네가 뉘게서 배운 것을 알며
또 네가 어려서부터 성경을 알았나니
성경은 능히 너로 하여금
그리스도 예수 안에 있는 믿음으로 말미암아
구원에 이르는 지혜가 있게 하느니라"
(딤후 3:14-15).

추천의 글

요즘, 여러 사람들에게 읽히며 회자되는 목사님들의 설교나 글을 읽어보며 많은 생각을 하게 됩니다. 그 글들의 대부분은 성경보다는 성경 이후의 얘기나 성경보다 더 멋지게 말하려는 흔적들로 가득 차 있습니다. 그러한 글들이 처음에 쓰여질 때는 물론 성경에 근거를 두었겠지만 그 글에 영향을 입은 사람들은 성경은 없고 텍스트가 된, 성경과는 전혀 다른 모습의 인간상들을 만들어낼 가능성이 높아집니다.

변하지 않는 것이 있습니다. 사람은 변하지 않습니다. 그리고 하나님은 변하지 않습니다. 그러나 주위를 보면 변화되는 것들을 센스 있게 기록해놓은 것들로만 가득해서 변하지 않는 인간의 영혼, 그 깊숙한 곳의 문제들이 전혀 해결되지 않은 채 남아 있습니다.

영혼을 찔러 쪼개는 유일한 도구는 하나님의 말씀입니다. 그러므로 교회가 다시 성경의 근거를 마련하고 그 토대 위에 말씀을 세우는 작업을 놓쳐서는 안 됩니다. 이것은 이미 했다고 해서 무관심할 것이 아닌, 중단없이 계속되어져야 하는 것입니다. 제 이야기를 하자면, 제 속에 변하지 않는 모습을 봅니다. 하나님 말씀에 불순종하는 데 익숙한 제 모습입니다. 신앙 생활을 시작할 때 말씀 공부를 충분히 하면 어느 날엔가는 하나님의 말씀으로 풍성한 삶을 살 것이라 기대하며 오늘까지 달려왔습니다. 그러나 요즘 하나님 말씀에 불순종하는 변하지 않는 제 모습을 보며 경악합니다. 이런 제게 오직 주의 말씀이 은혜로 임할 때, 제가 그 말씀 앞에 순종하는 모습을 봅니다.

우리는 다시 성경을 보아야 합니다. 그 말씀이 무엇을 말하고 있는지 깊이 추적해야 합니다. 이 책, 「Main Idea 시리즈」는 하나님의 말씀에 순종하고자 하는 사람들에게 바른 길잡이이자, 말씀을 깊이 사랑하는 사람들에게 좋은 영향을 줄 책이라고 생각합니다. 또한 성경을 자신의 생각과 형편에 맞추어 해석하려는 것이 아니라 성경이 말하는 진정한 뜻을 찾는 사람들에게 큰 도움이 될 것입니다.

홍정길(남서울은혜교회)

우리 시대는 정보의 홍수 시대라고 할 만합니다.
문제는 이 홍수 속에서 우리가 향방 없이 떠밀려 내려가고 있다는 것입니다.
정보의 부재가 문제가 아니라 정보의 향방이 문제입니다.
우리 시대의 설교와 성경 공부가 동일한 위기에 직면해 있습니다.
이 책은 이런 위기를 돌파하는 예지를 제공합니다.
성경 텍스트의 메인 아이디어는 바로 메시지의 향방이어야 합니다.
저는 그래서 이 책이 모든 진지한 성경학도들과 설교자들을 위한
다윗의 물맷돌이기를 기도하며 추천하는 바입니다.

추천의 글

이 책은 명료한 요약, 명료한 주석, 명료한 적용, 명료한 결론이 명료하게 나타나 있습니다.
거기에 명료한 예문은 설교자의 구미를 돋구기에 가히 매력적입니다.
이 책의 매력에 중독되는 것이 오히려 한국교회 강단의 축복일 것을 예언하고 싶습니다.

감사와 기대를 담아
***이동원**(지구촌교회)*

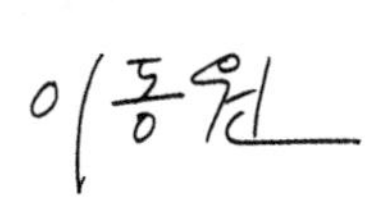

Contents
차 례

Main Idea 로 푸는 나훔, 하박국, 스바냐, 학개, 스가랴, 말라기

하나님의 말씀과 하나님의 백성들과의 관계는 물과 물고기의 관계만큼이나 절실하고 심각한 관계다. 하나님을 사랑하는 사람들은 성경을 통해 말씀하시는 하나님의 음성을 듣기를 갈망한다. 그 이름이 목사든, 전도사든, 선교사든, 교사든 하나님의 말씀을 가르치는 모든 일꾼들 또한 영적으로 굶주린 사람들에게 하나님의 말씀으로 풍성한 양식을 공급함으로 그들이 영적인 활력을 갖게 되기를 갈망한다. 그래서 하나님의 말씀을 보다 쉽게, 보다 재미있게, 보다 분명하게 가르칠 수 있도록 인도해줄 자료를 구하지만 쉽게 찾아볼 수 없는 것이 현실이다. 성경을 가르치는 사람에게는 책임이 있다. 누구를 가르치든, 어느 본문을 가르치든 성경

본문 구성

들어가는 글_ 대표적인 그리스도인 작가들이 쓴 주옥같은 글을 인용함으로 각 개인과 그룹 모임을 하나님의 말씀으로 끌어들이는 토론으로 유도한다.

본문 이해_ 한 절 한 절을 쉽고 명쾌하게 해설한다.

Main Idea

메인 아이디어_ 각 장의 내용과 가르침을 요약하여 한눈에 파악하도록 돕는다.

결론_ 성경의 원리를 요약하고 그것이 삶과 연결되도록 다리를 놓는다.

에 대한 흥미를 자극하고, 성경에 대한 지식을 확대하며, 구체적으로 순종할 수 있는 성경의 원리를 발견하고, 발견한 진리를 삶에 적용함으로 그들의 삶에 변화가 일어나도록 해야 한다.

본서는 구약 성경을 공부해가는 동안 이러한 역동적인 결과를 얻어낼 목적을 가지고 특별한 틀로 구성하였다.

이 작은 도구가 성경을 보다 더 쉽게, 더 분명하게, 더 정확하게 배우고 가르치기를 원하는 모든 하나님의 종들의 손에 들려짐으로 성경에서 막 튀어나온 듯한 건강한 하나님의 백성들을 세우는 성령의 도구로 쓰여지길 기도한다.

발행인 양승헌

삶의 적용_ 현재의 삶과 성경의 진리를 연결하도록 돕는다.

기도_ 각 장에서 발견한 원리와 적용의 실행을 위해 기도할 수 있도록 돕는다.

티칭 가이드_ 성경 교사들을 돕기 위한 성경 교수 계획을 제시한다.

심층 연구_ 더 깊은 지식을 원하는 사람들을 위해 낱말과 어구와 주제에 대한 보다 깊은 연구로 인도한다.

나훔 서문

나훔 개요

- 나훔의 예언은 간결하여 3장, 47절로 이루어져 있다.
- 그의 예언은 매우 신랄한 어조를 띠고 있다. 나훔은 앗수르 제국의 수도인 니느웨 성을 향해 가차없는 심판의 메시지를 선포했다.
- 이 예언은 한 가지에 초점을 맞추고 있다. 이 책의 거의 모든 구절은 여러 방식으로 니느웨의 멸망을 다루고 있다.
- 이 예언서는 아름답고 시적이고 유려한 문체들을 많이 사용한 장엄한 형식으로 지어졌다.
- 이 책은 하나님의 백성을 위로하고, 그들을 압제하는 앗수르인들이 곧 망할 것이라는 확신을 주고 있다.
- 주제: 니느웨는 멸망할 것이고 하나님의 백성은 하나님의 공의의 복수로 말미암아 자유를 얻게 될 것이다.
- 우리를 위한 하나님의 진리는, 우리 하나님은 만물을 다스리시며 악에 대해 마지

막 심판을 내리실 분이라는 것이다.

- 나훔서의 기록 연대를 추정할 수 있는 두 가지 사항이 있다.

(1) 나훔은 앗수르바니팔이 이끄는 군대에 의한 테베의 멸망(3:8, 히브리어로 '노-아몬')을 과거의 사건으로 언급하고 있다. 그 사건은 주전 663년에 일어났으므로 이 책은 그 이후에 기록되었음이 분명하다.

(2) 선지자는 주전 612년의 니느웨의 멸망을 장차, 그러나 곧 일어날 일로 말하고 있다. 따라서 이 선지자가 이 메시지를 전한 시기는 주전 663년부터 주전 612년 사이, 아마 주전 625년경일 것이다.

저자 소개: 선지자 나훔

- 나훔은 남왕국(유다)을 향하여 하나님의 말씀을 선포한 선지자였다.
- 그의 이름은 '위로자' 혹은 '위안'이란 의미다. 위로라는 의미는 이 책의 주제와도 잘 들어맞는 것으로, 나훔은 니느웨의 멸망을 예언함으로써 유다 백성들을 위로했다.
- 나훔에 관한 개인적인 사항은 그가 유다의 한 지방인 엘고스 출신이라는 점 외에는 알려진 바가 없다.
- 나훔은 주전 7세기에 앗수르 제국의 점령하에서 살았다.
- 나훔은 문학적 재능을 갖고 있는 사람으로서, 그가 저술한 나훔서는 선지서들 가운데 문학적으로 매우 훌륭한 평가를 받고 있다.

독자 소개: 유대 민족

- 나훔서는 자기 동족인 유다 백성을 향해 쓰여진 책이다.
- 나훔이 살던 시절 북왕국(이스라엘)은 이미 앗수르에 의해 함락되었다(주전

721). 남왕국(유다)은 그때까지 멸망당하지 않고는 있었지만, 주전 612년 니느웨가 멸망당하기까지 앗수르 제국의 속국으로 남아 있었다.

- 유대 족속은 소수 부족인 베냐민 지파와 그보다 큰 부족인 유다 지파로 구성되어 있었다.
- 유다는 앗수르의 압제하에서 거의 백 년 동안 신음해왔다.

나눔 1장

하나님이 우리 편이시면!

"하나님이 아니시면 인류는 급속히 인간 이하의 수준으로 떨어지고 말 것이다."

- 폴 존슨(Paul Johnson)

나훔은 제1장에서 여호와 하나님이 앗수르 제국의 수도인 니느웨를 멸망시키기로 결정하셨다고 선포했다. 선지자 나훔은 그러한 담대한 선언을 하신 하나님이 어떤 분인지 설명하는 것으로 예언을 시작한다. 여호와 하나님은 공평하시고, 전능하시며, 죄인을 벌하지 않고 내버려두는 분이 아니시다. 그분의 거룩한 본성과 전능하신 능력은 니느웨와 모든 악의 제국을 분명히 무너뜨리실 것을 보증한다. 그러나 하나님은 자기 백성들을 사랑하는 분이시다. 하나님은 그들을 선으로 대하시고, 보호하시고 돌보신다. 니느웨에 임할 하나님의 심판은 하나님의 백성들을 압제에서 벗어나게 하며 경건한 이들 가운데 축제가 되게 하실 것이다.

Nahum

들어가는 글

하나님 없는 인생

알렉산더 자이첸코(Alexander Zaichenko)는 냉전이 최고조에 달하던 시절 러시아의 수도인 모스크바에서 성장했다. 뛰어난 학자인 그는 고르바초프와 옐친 정부에서 경제 자문위원이 되었다. 그는 투철한 무신론자로서의 삶을 살았고, 그리스도인들은 단 한 명도 만나지 않았다. 그러나 알렉산더는 어린 시절부터 자신의 삶에 무언가가 비어 있다는 것을 알게 되었다. 그의 부모님은 무신론자였고, 종교에 대해서 한 마디도 하지 않았다. 그리고 학교 선생님들은 종교를 헐뜯는 이야기만 했다. 그래도 그는 여전히 삶의 의미와 인간이 존재하는 목적에 대해 알고 싶어했다. 한번은 인간이 이 땅에 존재하는 것은 잠깐뿐이며 그 뒤에 아무런 미래가 없다면 우리의 존재 목적은 무엇이냐고 교수님께 감히 여쭤보았다. 그때 교수는 그 질문에 대답하기보다는 그런 질문을 한 것에 대해 알렉산더를 엄하게 질책했다. 그러나 알렉산더는 무신론자들이 공격을 퍼붓는 절대자인 하나님이 어떤 분인지 그리고 인생의 목적이 무엇인지에 대해 계속해서 숙고했다.

그는 종교에 관한 자료들을 읽어보려고 찾아보았지만 그것은 불가능해보였다. 마침내 그는 1979년에 지하시장을 통해 성경을 한 권 구입할 수 있었다. 알렉산더는 그 책을 집으로 가져가 마태복음 첫 장을 펼쳤다. 그러나 그 내용은 처음에는 그다지 재미있어 보이지 않았다.

계속해서 족보와 예수님의 탄생, 세례 요한의 출현 그리고 예수님의 초기 사역들을 읽어 내려갔다. 그는 나중에 "나는 어쩌면 무신론자들이 옳을 수도 있다고 생각했어요"라고 말했다.

그러나 5장을 읽으면서 뭔가 변화가 생겼다. 예수님의 산상수훈을 읽어가면서 그의 마음과 감정에 변화가 생겨난 것이다. 그는 〈크리스천 헤럴드〉지에 실린 기사에서 이렇게 말했다. "나는 숨이 멎을 정도로 깜짝 놀랐고, 그 뒤로 매일 성경을 읽기 시작했습니다."

성경을 읽으면 읽을수록 더 많은 깨달음이 찾아왔다. 그리고 그가 자신의 삶을 예수 그리스도께 드리는 순간 영적 전환점이 찾아왔다. "나는 나 자신이 그리스도인이라고 생각했습니다. 비록 제 주위에는 단 한 사람의 그리스도인도 없었지만 말입니다."

2년 뒤 그는 결혼을 해서 아내와 함께 성경공부를 시작했다. "그리고 우리는 혹시 교회가 있는지 찾아보기 시작했지요." 러시아 정교회의 예배의식은 그의 마음에 차지 않았다. "우리는 개신교 교회를 찾아보기로 결정했어요. 전에 무신론 문학에서 읽은 적이 있었거든요."

4년이 지나고서야 그는 지하 교회를 발견하고 아내와 함께 출석할 수 있게 되었다. 알렉산더는 자신이 아주 특별한 방법으로 그 교회를 발견하게 되었다고 말했다. 그는 정부 관리에게 전화를 걸어 외국인 방문객 한 명이 모스크바에 도착할 예정인데, 그가 개신교 교회를 방문하기 원한다고 말하면서 어디에 가면 그런 곳을 찾을 수 있느냐고 물어보았다. 그는 지도에서 그 교회의 위치를 찾아보다 당에서 사람들이 그 교회를 찾지 못하게 하기 위해 그 번지를 지도에서 삭제해버린 것을 발견했다.

알렉산더는 오랫동안 은밀한 그리스도인이었다. 그러던 그는 1990년 12월 전국에 걸쳐 방영되는 러시아 TV 프로그램에서 인터뷰를 하던 중 기자에게서 그가 그리스도인이라는 소문이 돌고 있다는 질문을 받고 깜짝 놀라게 된다. 그 당시는 아직 구소련에서 공산당이 몰락하기 전이었으므로, 그리스도인들은 처형을 당하던 때였다. 그런 위험에도 불구하고 알렉산더 자이첸코는 용감하게 자신이 그리스도인임을 세상에 드러내었다. 다음 날 일터에 나갔을 때 그는 자신에게 어떤 일이 일어날지 전혀 알지 못하는 상황이었다. 그런데 놀랍게도 그에게 어떤 공개적인 핍박도 오지 않았고, 오히려 몇몇 동료들은 은밀하게 자신들도 그의 믿음에 대해 알고 싶다는 의사를 밝혀왔다.

알렉산더 자이첸코는 경제학 박사 학위를 갖고 있었고, 러시아 정부가 주도하는 정부와 민간기업 간에 경제개혁 프로그램에 참여하게 되었다. 그는 또한 미하일 고르바초프 전 소련 대통령의 자문역도 맡았었다. 자이첸코는 러시아 경제의 활성화는 자유를 바탕으로 하는 복음적 기독교의 도덕적 · 윤리적 가치와 연결되어 있음을 강조했다. 그는 기독교의 가치관은 자유주의 시장경제와 국가 발전을 이룩하는 데 반드시 필요한 요소라고 주장했다.

그리고 믿을 수 없는 일이 일어났다. 하나님의 은혜와 능력으로 인하여 '철의 장막'이 무너진 것이다. 알렉산더는 이제 자유롭게 하나님을 예배할 수 있었다. 무엇보다 진정한 하나님을 발견함으로 기쁨과 만족을 얻었다는 것이 가장 중요했다. 그는 하나님

없는 삶이 얼마나 소망 없고 공허한 것인지 잘 알았다. 반면에 하나님과 함께하는 삶은 미래에 대한 소망과 이 땅에서의 삶에 대한 자신과 기쁨으로 가득 차 있는 삶임을 알았다. 나훔 선지자 역시 이 사실을 잘 알고 있었다.

나훔은 나훔서 1장에서 앗수르의 가장 큰 도시인 니느웨에 대한 심판을 선포하고 있다. 앗수르는 유다와 당시의 세계 전역에 말로 다할 수 없는 고난을 가져다주었다. 그동안 하나님은 주무시고 계시지 않았으며, 이제 심판이 임할 때가 되었다. 마지막에는 정의가 실현될 것이다.

나훔이 전파한 메시지는 또한 하나님의 백성을 향한 소망과 구원의 메시지다. 북왕국(북부 지역의 열 지파)은 앗수르에 의해 완전히 괴멸되었고, 5만 명이 넘는 포로가 고향을 떠나 타국으로 끌려갔다. 유다(남쪽의 두 지파)는 겨우 살아남았지만 1백 년 동안 앗수르의 '손바닥 안'에 놓여 있었다. 이제 하나님은 그들의 압제자가 멸망당할 것이라고 약속하셨다. 이 일은 축하할 일이었다.

나훔은 니느웨의 멸망을 기술하기 전에 하나님의 위대하심과 능력을 한눈에 볼 수 있게 펼쳐보였다. 여호와 하나님은 니느웨가 멸망할 것이라는 담대한 주장을 펼치셨다. 앗수르는 지난 백 년 동안 세상을 지배했고 연약한 유다를 짓밟아왔다. 그런데 이 막강한 대적이 어떻게 패할 수 있다는 것인가? 하지만 그 대답은 절대적으로 그렇다는 것이다! 그것이 가능한 이유는 이스라엘의 하나님께서 자기 백성의 처지를 굽어 살피시며 니느웨에 대한 경고를 실행시킬 능력을 갖고 계시기 때문이다. 이 사실은 나훔의 예언을 듣는 자들에게 큰 위로가 되었다. 우리도 나훔이 전하고 있는 하나님의 크고 위대한 모습에 주목해보면 우리의 위대하신 하나님께 더욱 깊은 감사를 드리게 될 것이다. 우리도 사도 바울과 함께 "그런즉 이 일에 대하여 우리가 무슨 말 하리요 만일 하나님이 우리를 위하시면 누가 우리를 대적하리요"(롬 8:31)라고 고백할 것이다.

구약의 소선지서, 특히 나훔과 같이 분량이 적은 책들은 종종 그냥 지나치거나 무시를 당하곤 한다. 그러나 이 짧은 예언에는 우리가 사는 이 시대를 향한 강력한 메시지가 담겨 있다. 우리는 그 안에서 하나님의 백성이 독재자로부터 건져냄을 받고 정의가 펼쳐질 것이라는 그분의 약속을 발견할 수 있다. 이 구약의 작은 책이 전하는 시간을 초월한 메시지를 읽고 깨달으라.

본문 이해

만일 하나님이 우리 편이라면!

Main Idea	우리의 전능하신 하나님은 자기 백성을 구원하시고, 우리를 핍박하는 자가 제아무리 강해보여도 능히 그들을 물리칠 수 있는 분이시다.

A. 우리의 위대하신 하나님에 대한 예언의 소개(1:1)

Supporting Idea	하나님의 선지자는 사악한 자들에게 회개할 것을 경고하고, 하나님의 백성의 구원을 확증하기 위하여 여호와 하나님의 위대하심을 증거한다.

1:1. 나훔의 예언은 영어성경 NIV에서는(NASB, NRSV도 동일함) '신탁, oracle'으로, 그리고 KJV와 NKJV에서는 '엄중한 경고'라고 불리고 있다. '신탁'이나 '경고'라는 말은 각각의 예언의 서두(사 13:1, 14:28, 15:1, 17:1; 겔 12:10; 슥 9:1, 12:1)에 올 수도 있고, 나훔서의 경우처럼 예언서 전체의 서두에 오기도 한다(합 1:1; 말 1:1).

나훔은 이 메시지를 유다에 거하는 자기 동포들에게 선포했지만 그 준엄한 메시지의 칼날은 앗수르인들을 향하고 있었다. 니느웨는 그 당시 앗수르의 대표적인 도시였다. 백 년 이상 전에 요나는 니느웨까지 거의 800킬로미터를 내키지 않는 마음으로 억지로 걸어가 그 거민들에게 심판을 선포했다. 요나는 니느웨를 '삼일 길이 걸리는 극히 큰 성읍'(욘 3:3)이라고 설명했다. 분명히 니느웨는 너무나 큰 성이어서 그곳을 돌아보는 데는 사흘이 걸렸다. 하나님은 또한 요나서에서 그 성이 극도로 타락한("그 악독이 내 앞에 상달하였음이니라") 곳이어서 그곳을 곧 이 땅에서 멸하실 것이라고 선언하셨다(욘 3:4). 그리고 니느웨는 역사상 가장 커다란 회개의 운동을 경험하게 된다. 위로는 왕으로부터 시작해 모든 백성이 자기 죄를 회개함으로 그 성은 구원을 받았다(욘 3:5-10). 하나님은 진실로 자비의 하나님이셨다. 그러나 요나의 방문이 끝난 직후 그 성은 다시 옛 습관으로 돌아가 그 사악함이 맹위를 떨쳤다. 그리고 하나님은 나훔 선지자를 통해 니느웨의 멸망을 선언하셨다. 이번에야말로 하나님의 심판이 이루어질 것이다.

나훔의 글은 오늘날과 같은 책장을 넘기는 책의 형태가 아니라 두루마리의 형태로 되어 있었다. 두루마리는 파피루스나 짐승의 가죽을 재료로 하여 만들어졌는데, 파피루스는 우리가 사용하는 종이와 비슷한 재질이었고 파피루스 식물을 원료로 삼았다. 물론 동물의 가죽으로 만든 두루마리가 훨씬 더 오래갔다. 파피루스로 만든 두루마리는 거의 남아 있지 않은 반면 동물의 가죽에 쓰인 두루마리는 그보다 더 많이 보존되어 있다. 쿰란(이스라엘의 사해 부근에 위치함)에서 주로 발견된 사해사본(주전 200년부터 주후 70년경 만들어진 것으로 추정됨)은 동물의 가죽에 기록된 것이다.

이 두루마리에는 선지자가 하나님으로부터 받은 묵시가 들어 있다. 묵시에 해당하는 히브리어는 '보다' 라는 의미를 가진 동사에서 나온 말이다. 우리는 묵시란 말을 생각하면 보통 꿈이나 입신의 상태에서 남이 보지 못하는 무언가를 보는 모습을 떠올리게 된다. 예를 들어, 다니엘은 바다에서 짐승들이 올라오는 이상을 보았고(단 7:3), 요한은 뿔이 열에 머리가 일곱인 짐승을 보았다(계 13:1). 그러나 구약에서의 이상은 일반적으로 선지자의 계시를 가리키는데, 이곳에서의 의미 역시 마찬가지다. 나훔서에는 하나님이 선지자에게 주신 계시가 들어 있다. 이사야(사 1:1)와 오바댜(옵 1:1) 또한 이상을 통해 주어진 예언서다.

앞에서 언급한 것처럼 나훔이라는 이름의 의미는 '위로' 혹은 '위안' 이다. 나훔 선지자가 전한 메시지는 자신들을 핍박하던 자들이 곧 심판을 받게 될 것이라는 선포를 들은 유다 백성들에게 진정한 위로가 되었다. 나훔은 엘고스 출신인데, 엘고스란 마을의 위치에 대해서 여러 가지 전승이 전해져오고 있다. 제롬(주후 4세기)은 갈릴리의 한 마을(아마 엘 코즈 혹은 가버나움일 것이다)이 성경에서 말하는 엘고스일 것이라고 주장했다. 아마도 엘고스는 고대 유대 지방의 남쪽에 위치한 알려지지 않은 마을일 가능성이 많다.

B. 공평하신 하나님(1:2-3상)

Supporting Idea	하나님의 거룩하신 성품과 자기 백성을 위한 사랑은 악한 자들에게 공의를 베풀 것을 요구한다.

1:2. 나훔서의 처음 두 구절은 나훔서의 전체 메시지의 어조를 결정한다. 하나님은 니느웨를 심판하시고 자기 백성을 구원하실 것이다. 하나님은 반드시 그렇게 하실 것이다. 왜냐하면 그분의 공의는 죄는 반드시 벌하고 의인은 보호할 것을 요구하기 때문이다. 놀랍게도 성경의 한 권 전체가 한 이방 도시의 멸망에 온 지면을 할애하고 있다. 첫째, 하나님의 심판이 임하는 것은 그분이 질투하는(투기하는) 하나님이시기 때문이다. 성경에서 '질투' 라는 용어는 긍정적인 의미와 부정적인 의미를 모두 지니고 있다. 부정적인 면에서 보면, 질투는 죄인 된 인간의 탐욕을 의미한다. 그러나 하나님에 관해 언급할 때는 질투는 하나님이 성도들에게 신실함을 요구하시는 것과 사랑하시는 이들을 열정적으로 보호하심을 말한다.

둘째, 많은 이들의 오해를 사는 개념이지만, 하나님은 보복하시며 진노하시는 하나님이시다. 이 한 구절에서 하나님은 세 번씩이나 복수하시는 분으로 그려지고 있다. 어떤 해석가들은 이런 구절들을 들어 구약의 하나님은 사랑은 전혀 없고, 늘 진노하며 보복하고 화만 내는 분으로 이야기한다. 그러나 이런 주장은 전혀 사실이 아니다.

'보복하다' 는 말로 번역된 낱말은 나캄(naqam)이라는 히브리어 어근에서 온 낱말이다. 이 어근은 거기서 파생된 다른 낱말들과 함께 구약에서 약 70여 회 사용되었다. 하나님의 복수라는 개념은 반드시 하나님의 거룩함과 정의라는 구약의 가르침과 그로 인해 나타난 인간의 죄인 됨을 기초로 하여 이해되어야 한다. 바르게 이해한다면 하나님의 복수는 구원 역사에서 반드시 필요한 부분이다. 우리는 우리 손으로 직접 보복하지 말라고 명령받았다(레 19:18; 신 32:35). 나캄이라는 말이 사용된 대부분의 경우는 하나님이 복수의 원천이심을 가리키고 있다. 신명기 32장 35절은 복수에 관한 기준이 되는 말씀이다. "보수는 내 것이라 그들의 실족할 그때에 갚으리로다."

만일 하나님이 죄와 반역을 벌하지 않고 허용하신다면 그것은 거룩함과 공의라는 자신의 성품에 반하는 것이다. 선지자들은 여호와의 심판의 날(사 34:8, 61:2, 63:4)이 주께서 역사를 바로잡으실 때임을 강조하고 있다.

성경은 죄인들을 향한 하나님의 맹렬한 복수와, 죄로부터 구속하신 이들에게 베푸시는 커다란 은혜 사이에서 균형을 취하고 있다. 하나님의 복수는 자비를 보여주시려는 목적과 따로 떼어서 보아서는 안 된다. 하나님은 진노의 하나님이신

> 것만이 아니라 자신의 자비를 의미 있게 만들기 위해 진노하시는 하나님이시다. 하나님은 자기 백성들을 둘러싼 적들과 싸워 승리하는 투사가 되신다는 의미에서 자기 백성의 원수를 갚으신다(시 94편)(Harris, Archer, and Waltke, TWOT, 2:599).

따라서 하나님의 복수는 홧김에 자제심을 잃은 상태에서 이루어지는 것이 아니라 하나님과 그분의 백성을 대항하는 이들의 악한 행동에 대한 응답으로 치밀한 계산하에 이루어지는 것이다.

셋째, 하나님은 진노의 하나님으로 묘사되고 있다. 진노라는 말은 '열기, 강한 불쾌감, 혐오, 화 혹은 진노'를 의미하는 히브리어 명사인 '체마(chema)'를 번역한 것이다. 이 단어는 열기를 뜻하는 동사에서 파생되었다. 하나님의 복수에 관한 설명은 대부분 하나님의 진노에 대해서도 똑같이 적용된다. 하나님의 의로운 분노는 행악자들과 그분의 백성을 해롭게 하는 자들에게 쏟아부어진다. 이것이 본문의 의미다. 하나님의 복수와 진노는 그분의 자녀를 향한 것이 아니라 그분을 거스리는 자와 그분을 대적하는 자를 향한 것이다. 하나님의 대적들은 또한 그분 백성의 적으로, 이들은 백 년 동안 이스라엘을 압제한 앗수르인들이었다. 우리는 우리 편이 되어주시는 보호자가 있다는 사실을 알 때 마음에 위로를 얻는다. 하나님은 큰 능력을 갖고 계시며 우리를 보호하실 것이다. 우리의 대적들은 그분의 적이다. 우리는 하나님을 깊이 신뢰할 수 있다.

1:3상. 나훔은 혹시 잘못된 생각을 할 사람이 있을까 해서 즉시 하나님은 성급히 심판하시는 분이 아님을 강조하고 있다. 사도 요한이 말한 것처럼 "하나님은 사랑이시다"(요일 4:16). 하나님은 하늘나라 전망대에서 번개를 들고 누구를 박살 낼까 하며 아래를 굽어보는 독재자가 아니시다. 여호와 하나님은 에스겔 18장 32절에서 이렇게 선언하셨다. "나 주 여호와가 말하노라 죽는 자의 죽는 것은 내가 기뻐하지 아니하노니 너희는 스스로 돌이키고 살지니라." 그리고 이보다 더 강한 증거를 에스겔 33장 11절에서 찾아볼 수 있다. "나는 악인이 죽는 것을 기뻐하지 아니하고 악인이 그 길에서 돌이켜 떠나서 사는 것을 기뻐하노라 이스라엘 족속아 돌이키고 돌이키라 너희 악한 길에서 떠나라 어찌 죽고자 하느냐?"

우리 하나님은 죄인들을 오래 참으시며 성급히 진노를 쏟아붓지 않으시는(노하기를 더디 하시며) 분이시다. 히브리어 본문에서 '노하기를 더디 하다' 라는 말은 문자적으로 '콧구멍이 길어짐' 을 뜻하는데, 이는 짐승(황소 같은)이 화가 났을 때 코를 실룩거리는 것을 가리키는 것이 분명하다. 나훔의 언어는 시내산 사건(출 34:6; 민 14:18)을 회상하는 것이다. 하나님의 오래 참음은 그분의 크신 권능에서 볼 수 있듯이 연약함 때문이 아니라 온유함에서 나온 것이다. 그러나 하나님의 인내는 영원한 것이 아니다. "여호와께서 가라사대 나의 신이 영원히 사람과 함께하지 아니하리니"(창 6:3). "자주 책망을 받으면서도 목이 곧은 사람은 갑자기 패망을 당하고 피하지 못하리라"(잠 29:1). 하나님의 능력은 그분이 죄인을 결코 사하지('무죄를 선고하다, 석방하다' 는 의미의 동사 니카, niqqah의 번역) 아니하실 것을 보증한다. 만일 회개가 없다면 하나님의 심판은 반드시 임할 것이다. 왜냐하면 그분은 죄를 벌하지 않고 허용하실 수는 없는 분이기 때문이다. 만일 회개하지 않은 죄를 간과하신다면 하나님은 공평하신 분일 수 없는 것이다.

C. 전능하신 하나님(1:3하-6)

Supporting Idea	우리 하나님은 모든 능력을 소유하신 분으로 능히 자기 자녀들을 돌보시고 죄인들을 심판할 분이시다.

1:3하. 니느웨의 멸망은 그들에 대한 심판을 약속하신 분이 우주를 만드신 전능하신 하나님이시기 때문에 너무도 확실한 것이다. 말씀으로 우주를 지으시고 자신의 뜻에 따라 그것을 붙들고 계시는 하나님은 우리의 상상을 초월하는 능력을 가지신 분이다. 하늘과 땅의 어떤 힘으로도 그분을 막을 수는 없다. **회리바람과 광풍**은 무시무시한 자연의 능력이 나타나는 현상이다. 자연의 힘이 얼마나 대단한지는 태풍이 휩쓸고 지나간 자리만 보면 얼마든지 알 수 있다. 이 모습은 종종 하나님의 임박한 심판을 표현하였다(시 83:15; 사 29:6). 회리바람은 또한 호세아 8장 7절에서(우리말 성경에는 '광풍' 으로 번역 - 역주) 심판의 모습으로 나타난다. 하나님은 **구름** 한가운데를 걸으시는 분으로 묘사되고 있는데, 이는 만물을 주관하시는 그분의 주권을 나타낸다.

로버트 그랜트(Robert H. Grant)는 유명한 찬송 '영광의 왕께 다 경배하며' 에서 다음과 같이 묘사하고 있다.

능력과 은혜 다 찬송하라
그 옷은 햇빛 그 집은 궁창
큰 우뢰 소리로 주 노하시고
폭풍의 날개로 주 달리신다.

1:4. 하나님이 명하시자 홍해와 요단강이 말라버렸다(출 14:21-31; 수 3:7-17). 바산은 풍성한 목장으로 알려진 곳이다(신 32:14; 겔 39:18). 다윗은 자신을 둘러싼 '바산의 힘센 소들' 에 대해 말하고 있다(시 22:12). 이 황소들은 바산에 있는 풍부한 식물을 먹고 자랐기 때문에 크고 강했다. 갈멜은 엘리야가 바알의 선지자들과 대결을 벌인 곳이다(왕상 18:19). 지중해 연안 가까이에 위치한 이곳은 오늘날 이스라엘 지역인 하이파가 내려다보이는 곳이다. '동산' 혹은 '열매 맺는 들판' 이라는 의미를 갖고 있는 갈멜산의 최정상은 해발 600미터 정도 되는 곳으로, 그 아름다움과 공원단지로 사람들 입에 자주 오르내리는 곳이다. 레바논 역시 장관을 이루는 삼림(사 60:13), 특히 '레바논의 백향목' (삿 9:15; 사 2:13)으로 유명한 곳이다. 그러나 이스라엘 하나님의 꾸짖는 말에 이 모든 아름다운 지역이 쇠하고 시들게 될 것이다.

1:5. 전능하신 하나님 앞에서는 산들이 진동하며 작은 산들이 녹고, 땅이 솟아오를 것이다(삿 5:4-5; 삼하 22:8, 16; 욥 28:9; 시 46:6, 77:18; 욜 3:16). 자연과 마찬가지로 인간들 역시 하나님의 임재 앞에서는 두려움에 떨 것이다. 시편 기자는 이렇게 말하고 있다. "악인의 죄얼이 내 마음에 이르기를 그 목전에는 하나님을 두려워함이 없다 하니"(시 36:1, 또한 시 55:19을 보라). 사도 바울은 로마서에서 이런 말로 죄에 대한 설명의 결론을 내리고 있다. "저희 눈앞에 하나님을 두려워함이 없느니라"(롬 3:18). 지금 당장은 행악자들이 하나님을 두려워하지 않지만, 그들이 마지막 날에 그분을 대면하게 될 때면 산과 골짜기를 향해 이렇게 울부짖을 것이다. "우리 위에 떨어져 보좌에 앉으신 이의 낯에서와 어린양의 진노에서 우리를 가리우라"(계 6:16).

1:6. 나훔의 질문은 부정적인 대답을 요구하고 있다. 불처럼 쏟으시는 하나님의 분노와 진노 앞에 살아남을 수 있는 사람은 아무도 없다. '분노' 란 말은 본문의 맥락에서 '노하심' 과 동의어로 때로는 '진노' 로 번역되기도 한다(사 13:5; 렘 10:10, 50:25). 아무리 커다란 암석도 그분 앞에서 깨어지게 될 것이다. 나훔의 권고는 니느웨에게 이스라엘

의 능력의 하나님의 진노를 피하기 위하여 회개하라는 경고였다. 그것은 결코 막을 수 없는 것이다.

D. 선하신 하나님(1:7-8)

Supporting Idea	하나님의 선하심은 그분이 자기 자녀들을 사랑하시고 그들을 해치려는 자들에게 벌을 주는 분이심을 보증한다.

1:7. 때로는 선지자들이 어두운 미래만을 선포하는 사람으로 여겨질 때도 있다. 그러나 이것은 전혀 사실이 아니다. 선지자들은 심판의 메시지를 전한 다음에는 신실한 자들에게 용기를 심어주는 위로와 사랑의 메시지를 전하는 것이 보통이다. 예를 들어, 이사야 선지자는 이사야 1장에서 이스라엘을 무섭게 책망한 다음, 2장에서는 바로 아름다운 위로의 말을 더했다(사 2:2-4). 나훔도 이 형태를 따른다. 하나님의 백성에게 있어서 여호와는 선하시다. 하나님은 그들을 사랑하시고 현재와 미래의 삶 가운데 그들에게 베풀 많은 좋은 것들을 예비하고 계시다. 하나님은 우리가 당한 환난 날에 산성이 되어주셔서 우리를 지키신다. 인생이 견딜 수 없을 정도로 힘들게 보일 때는 그 사랑의 팔로 우리를 감싸주시고 폭풍 가운데도 우리를 안전하게 지켜주시는 하나님께 달려갈 수 있다.

'아시느니라' 는 말은 글자 그대로 하나님이 자기 자녀들과의 사이에 맺은 관계를 통해 친히 경험하셔서 아는 것을 말한다. 이 관계는 하나님의 사랑과 관심의 기초가 된다. 우리는 우리가 고난과 역경을 당할 때 하나님이 그 모든 것을 보시며 아신다는 것을 잊지 말아야 한다. 언젠가 그리스도께서 다시 오셔서 모든 악과 질병과 죽음을 끝내실 것이다. 어린아이들이 흔히 드리는 "크고 선하신 하나님, 우리에게 음식을 주셔서 감사합니다"라는 기도는 간단하지만 그 안에 심오한 의미를 담고 있다. 하나님은 진정으로 위대하시며 우리가 상상할 수 없을 정도로 선하신 분이다. 우리는 마땅히 그분께 감사해야 한다.

1:8. 하나님의 선하심은 하나님이 자신의 대적들(그리고 그분의 백성들의 대적들)에게 공의를 베풀지 않을 것이라는 의미가 아니다. 우리는 사람들이 종종 이렇게 말하는 것을 듣는다. "하나님은 너무나 선하신 분이시기 때문에 누구에게도 벌을 주지 않으실

거야." 그러나 실제로는 그 반대다. 하나님은 너무 선하셔서 죄를 벌하지 않으실 수 없다. 하나님은 너무나 거룩하시고 공평한 분이셔서 회개치 않은 죄를 벌하지 않고 넘어가실 수 없다. 만일 하나님이 아돌프 히틀러가 학살한 수백만 명의 생명에 대해 벌하시지 않는다면 하나님은 정의의 하나님이실 수 없다. 그러나 그분은 공의의 하나님이시며, 죄는 반드시 벌을 받게 될 것이다. 마치 범람한 물처럼 하나님의 진노는 악한 자들을 쓸어버리실 것이다.

나훔은 여기서 노아 시대에 일어난 대 홍수와, 다시 합쳐진 홍해에 수장된 바로의 군대들 혹은 이스라엘 사람들이 평소에는 말라 있어서 건천(wadi, 마른 강)으로 알고 있는 강바닥에 갑자기 물이 불어나 휩쓸고 내려오는 모습을 떠올렸을 것이다. 비가 내리면 이 건천들은 삽시간에 물이 불어나, 어쩌다 그곳을 지나다 야영을 하게 된 불운한 여행객들을 포함해 유역 안에 있는 모든 것을 쓸어내려가게 된다. 이러한 하나님의 진노의 대상은 니느웨다. 비록 히브리어 본문에서는 명확하게 언급되어 있지는 않지만(NIV에서는 니느웨란 말 앞뒤에 작은 꺾쇠가 둘러져 있음을 주목하라), 나훔은 앞서 이 책의 서두에서 니느웨가 원수임을 천명한 바 있다. 그 강대한 니느웨는 결국 산산조각이 날 것이며, 하나님은 그들을 흑암으로 쫓아내셔서 결국 죽음에 이르게 하실 것이다(삼상 2:9; 시 88:12).

E. 누구도 대적할 수 없는 하나님(1:9-12상)

Supporting Idea	하나님은 그 누구도 대적할 수 없을 정도로 강한 분이시기 때문에 그분께 대항하는 것은 헛된 일이다.

1:9. 니느웨는 조용히 있지 않았다. 그러나 이스라엘의 전능하신 하나님께 저항하는 것은 헛된 일이었다. 그들이 여호와를 대하여 무엇을 꾀하더라도 실패하고 말 것이다. 우리는 여기서 시편 기자의 말을 떠올리게 된다.

> 어찌하여 열방이 분노하며 민족들이 허사를 경영하는고 세상의 군왕들이 나서며 관원들이 서로 꾀하여 여호와와 그 기름 받은 자를 대적하며 우리가 그 맨 것을 끊고 그 결박을 벗어버리자 하도다 하늘에 계신 자가 웃으심이여 주께서 저희

를 비웃으시리로다 그때에 분을 발하며 진노하사 저희를 놀래어 이르시기를(시 2:1-5).

약 백 년 전에 앗수르의 왕 산헤립은 감히 여호와 하나님을 향해 도발했다. 그 결과로 자신은 물론이고 그의 군대는 전멸했다(사 37:9-38). 니느웨는 이제 하나님께 저항할 두 번째 기회를 얻지 못할 것이다. 왜냐하면 하나님이 그들을 완전히 멸망시키실 것이기 때문이다.

1:10. 니느웨의 완전한 멸망은 가시덤불, 술 취함, 마른 지푸라기의 세 가지 모습으로 예언되어 있다. 이 구절의 정확한 번역에 대해서는 논란이 있지만 그 취지는 분명하다. 니느웨는 완전히 멸망당할 것이라는 의미다. 아마 이 구절은 니느웨가 마치 가시덤불과 마른 지푸라기가 불에 완전히 타버리듯이 무력하게 되고, 강대한 앗수르가 술 취하여 무력한 사람처럼 약하게 될 것이라는 의미를 전하고 있는 것으로 보인다.

1:11. 니느웨에서 나와서 사특한 것을 권하고 여호와께 악을 꾀하는 한 사람은 앗수르의 왕이다. 어떤 주석가는 나훔이 특별히 과거 앗수르의 악한 왕이었던 산헤립(주전 705-681)을 말하고 있는 것으로 이해한다. 산헤립은 주전 701년에 유다를 유린하고 47개의 요새화된 도시들을 멸망시켰는데, 그 가운데 라기스도 포함되어 있었다. 만일 하나님의 초자연적인 간섭이 없었다면 그는 예루살렘마저 초토화시켰을 것이다(왕하 18:13-19:37). 그리고 나훔이 당시의 앗수르 왕을 염두에 두고 있었을 수도 있다. 그는 참되신 하나님과 그분의 백성에 대해 악과 사특함을 도모했다. '사특함' 이란 문자적으로 '가치가 없다' 는 의미의 히브리어 '벨리알(beliyaal, 또한 1:15을 비롯하여 다른 구약에서 20여 회에 걸쳐 등장함)' 이란 낱말이다. 이 말은 도덕적 가치나 신조가 전적으로 부족함을 가리킨다. 신구약 중간 시대에 벨리얄이 변형된 말인 벨리알이 거짓과 불법의 아비인 사탄을 가리키는 호칭으로 사용되었다. 이 말은 신약에서 이런 의미로 나타난다(고후 6:15).

1:12상. 하나님은 이제 공식적으로 니느웨의 최후를 선언하신다. 나훔은 선지자들이 자주 사용한(그러나 나훔서에서는 이곳에서만 사용됨) 여호와께서 말씀하시기를(KJV에서는 'thus saith the LORD' 라는 유명한 어구가 400여 회 이상 등장한다)이란 어구를 사용하여 이 메시지가 단순히 자신의 개인적인 선언이 아님을 분명히 하고 있다. 니느

웨는 인간의 도움(강장하고)이 있었고, 그 백성은 중다하였다. 그러나 그들은 멸망당하고 다른 악한 제국들과 함께 역사의 뒤안길로 사라지게 될 것이다. 멸절을 당하다는 보통 양털을 깎는 일을 의미하는 히브리어(창 31:19; 사 53:7)의 번역이다.

F. 구원하시는 하나님(1:12하-15)

Supporting Idea	우리 하나님은 우리를 해치려는 모든 자들로부터 우리를 구해주실 것이다.

1:12하. 이제 하나님은 자신의 귀한 백성들인 유다 백성들에게 주목하신다. 여기서 하나님은 니느웨 사람들을 부르실 때처럼 3인칭 대명사(그들)를 더 이상 사용하시지 않고 유다 백성들을 직접 부르신다. 여호와 하나님은 이사야 40장 1-2절과 유사한 용어로 자기 백성에게 위로의 말씀을 전하신다. 하나님은 그들의 죄로 말미암아 앗수르라는 막대기로 그들을 괴롭게 하였으나, 이제 앗수르는 심판을 당하고 유다는 더 이상 괴롭힘을 당하지 않을 것이다. 앗수르의 압제하에 지내던 세월은 끝이 났다. 하나님은 자기 백성을 향한 그 크신 사랑을 인하여 니느웨를 반드시 멸망시키실 것이다. 유다는 앗수르의 지배 하에서 너무 오랫동안 고난을 당해왔고, 하나님의 백성이 당하는 이런 학대는 반드시 그쳐질 것이다. 여기서 우리는 결코 어긋날 수 없는 한 가지 신학적 원리를 발견하게 된다. 그것은 하나님은 자기 백성을 사랑하시며 악한 나라나 개인들이 그들을 영원히 짓누르는 것을 허락하지 않으신다는 사실이다. 그분은 우리를 너무도 사랑하신다!

1:13. 니느웨의 멸망은 앗수르의 압제로부터 해방될 하나님의 백성들에게는 축복이 될 것이다. 나훔은 자기가 전하고자 하는 핵심을 묘사하기 위해 두 개의 그림언어를 사용했다. 첫째, 유다 백성들에게 있어서 앗수르의 멸망은 황소의 목에 메인 무거운 멍에를 벗기는 것과 같은 것이다. 둘째, 유다 백성들은 지하 감옥에 갇혀 있던 죄수가 그 결박을 벗어버리는 것처럼 압제로부터 놓임을 받을 것이다. 물론 하나님이 유다를 앗수르로부터 건져주셨지만, 그분이 도구로 사용하신 인간은 메대인들의 도움을 받아 주전 612년 앗수르를 정복한 바벨론 왕 나보폴라살(느부갓네살 2세)이었다. 유다는 해방되었다! 이 얼마나 큰 축복인가! 구소련에서 공산당이 무너졌을 때 그것은 온 나라 안의

그리스도인들에게 커다란 축복이었다. 그들은 마침내 공산당의 핍박으로부터 해방되었다.

1:14. 이제 하나님은 니느웨를 향하여 직접 명하신다. 고대인들에게 있어서 자신의 이름을 후대에 전파할 후손을 두지 못하는 것은 그들이 상상할 수 있는 최대의 비극이었다(신 7:24, 29:20; 삼상 24:21). 이것은 곧 니느웨 백성들이 영원히 잊혀질 것임을 의미했다. 앗수르의 왕들은 자기 이름을 보존하기 위해 어떤 노고도 마다하지 않았고 그 이름을 돌로 만든 기념물에 새겨 넣었다. 앗수르바니팔은 감히 자기 이름을 지우는 자에게 저주가 내리기를 기원했다. 그러나 이스라엘의 하나님은 친히 이 악한 왕들에게 후계자나 자손이 없을 것이라고 선언하셨다. 니느웨는 자기 신들이 다른 어떤 나라의 신보다 강하고, 결코 패하지 않는다고 자랑했다. 앗수르 왕들의 신격화를 대표하는 산헤립은 이스라엘의 하나님을 포함하여 그 어떤 다른 신도 자기 앞에 대적할 수 없다고 뽐내었다(사 36:18-20, 37:10-13). 그러나 여호와 하나님은 그 앗수르의 신들을 쓰레기 더미에 던지고 그 신전들을 무너뜨릴 것이라고 선언하셨다. 이것은 다른 수많은 민족들이 섬기던 신들과 신전을 모독했던 앗수르에게 지극히 합당한 처벌이었다.

더 나아가 하나님은 친히 앗수르 왕의 무덤을 예비하시겠다고 선언하셨다. 만일 무덤이 준비되었다면 니느웨의 사망은 곧 닥칠 것이 분명하다. 니느웨는 버림받아 마땅했다. 왜냐하면 그는 비루했기 때문이다. 비루는 '가벼운, 즉석의, 사소한, 하찮은' 이란 의미를 가진 히브리어를 번역한 것이다. 도덕적인 면에서 니느웨 사람들은 "저울에 달려서 부족함이 뵈었다" (단 5:27). 이집트인들의 무덤에는 죽은 자가 낙원에 들어갈 자격이 있는지 확인하는 뜻에서 그의 영혼을 저울로 재보는 그림이 그려져 있다. 하나님의 백성을 핍박한 자들은 완전히 멸망당할 것이다. 하나님의 백성은 그들이 다시 일어나 자신들을 해롭게 할까 두려워할 필요가 없다.

1:15. 니느웨가 멸망당하면 하나님의 백성들은 축제를 벌일 것이다. 그들은 복수심에서가 아니라 정의가 이루어지고 자신들을 짓누르던 압제가 끝난 것을 경축하는 것이다. 본문에서 아름다운 소식을 보(報)하는 자는 니느웨가 멸망했다는 보고를 갖고 도착한 전령이다. 그 당시에는 오늘날의 텔레비전이나 라디오와 같은 대중 매체가 없었다. 그래서 중요한 소식을 전국 방방곡곡에 달리며 소식을 전하는 전령에게 의지했다. 그 전령은 틀림없이 자기가 외치는 소식을 들을 수 있도록 높은 산 위에 올라갔을 것이다(사

40:9). 앗수르의 군대는 더 이상 돌아오지 못할 것이기 때문에 그는 평화를 선포했다.

유다는 절기들(유월절을 비롯한 다른 절기들)을 지키고 여호와 하나님께 서원한 것을 갚음으로써 하나님께 드리는 감사를 표시해야 마땅하다. 유다는 이제 악인(니느웨)이 완전히 진멸되었기 때문에 더 이상 자기들을 쳐들어오지 못할 것을 인해 큰 기쁨으로 절기들을 마음껏 즐기게 되었다. 마찬가지로 하나님의 백성들은 말세에 성도들을 핍박할 악한 세상의 권세가 멸망하는 것을 축하하게 될 것이다(계 18:19-19:7). 오늘 악의 세력이 무너지면 성도들은 그들의 악함과 하나님의 백성에 대한 압제가 그치게 됨을 인해 축하의 잔치를 벌이게 된다.

Main Idea 복습	우리의 전능하신 하나님은 자기 백성을 구원하시고, 우리를 핍박하는 자가 제아무리 강해 보여도 능히 그들을 물리칠 수 있는 분이시다.

결론

살아계신 하나님이여 일어나소서!

우리가 사는 세상은 무척이나 종교적인 곳이다. 조사 결과에 따르면 오늘날 미국인들은 과거 그 어느 때보다 영적인 것들에 더 많은 관심을 갖고 있다. 세상 사람들은 가히 헤아릴 수 없이 많은 신들과 종교를 믿고 있다. 힌두교는 이 세상에는 수천수만의 신이 존재한다고 말한다. 그리고 예수님은 그들 가운데 하나일 뿐이라고 주장한다. 이슬람교의 신인 알라를 믿는 사람은 십억 명이 넘는다. 원시인들도 신들과 우상을 섬겼다. 한 선교사는 선교지의 가난한 여인이 가물어 메마른 땅에 비를 내리게 해달라고 신에게 닭의 피를 제물로 바치는 모습을 본 적이 있다고 말했다.

미국 사람들은 자신들이 그 여인보다 훨씬 더 세련되었다고 생각한다. 그러나 미국인들이 무엇을 믿고 있는지 생각해보라. 수많은 사람들이 짐 존스(Jim Jones)라는 이름을 가진 종교인의 카리스마를 좇아 캘리포니아를 떠났다. 그는 사람들을 이단으로 인도하여 결국 1978년 11월 18일 가이아나에 있는 존스타운에 사람들을 모아놓고 청산가리가 들어 있는 청량음료를 먹도록 유도(혹은 강제)하여 자살하게 만들었다. 데이비드 코레쉬(David Koresh)는 '다윗의 가지' 라고 이름 불리는 사람들에게 자신이 메시아임을 확신하게 했고, 그들은 그 맹신의 대가로 자신의 목숨들을 내놓았으며, 1993년 텍사스 주 웨코(Waco)에서 모두 불에 타고 말았다. 1997년에는 마샬 애플화이트(Marshall Applewhite)가 '천국의 문' 이라는 사교 단체를 조직하여 39명의 사람들로 하여금 캘리포니아 주의 란초 산타 페(Rancho Santa Fe)에서 자살하게 만들었는데, 그는 자살한 사람들에게 헤일 - 밥 혜성 뒤에 숨어 있는 우주선으로 공간 이동시켜주겠다고 약속했었다.

사람들이 무엇을 믿지 않느냐보다 더 놀라운 것은 그들이 무엇을 믿을 것인가 하는 것이다. 이 밖에도 얼마든지 더 많은 예를 들 수 있다. 주목할 것은 이 사람들은 모두 종교를 믿는 사람들이라는 점이다. 그들은 신을 믿었다. 그러나 단지 신을 믿는 것으로는 충분하지 않다. 우리는 성경이 말씀하고 있는 하나님, 나훔이 묘사하고 있는 하나님을 믿어야 한다. 우리 그리스도인들은 참 신은 성부, 성자, 성령 세 위격으로 영원히 존재하시는 한 분 하나님뿐이라고 믿는다. 회개와 하나님의 아들을 믿는 믿음이 죄 사함과 하나님과 영원히 함께 거할 것이라는 확신을 가져다준다.

▣ 진리 알기

- 성경이 말하는 하나님만이 참 하나님이시다.
- 하나님은 세상에 자신의 위대함을 증거하는 사자를 세우신다.
- 주님은 공평하시기 때문에 죄를 벌하지 않는 것을 용납하지 않으신다.
- 주님은 오래 참으시는 가운데 개인과 민족에게 회개하고 구원받을 많은 기회를 베푸신다.
- 하나님의 능력은 우리로서는 능히 깨달을 수도 없고, 거부할 수도 없다.
- 주님은 선하시며 자기 백성을 지키실 것이다.
- 거짓 신들은 자기에게 경배하는 자들을 여호와 하나님으로부터 구하거나 건져내지 못한다.
- 하나님은 언제나 모든 악의 세력을 물리치실 것이다.

- 하나님이 자기 백성을 악한 개인과 나라들로부터 구원하실 때, 그들은 기뻐할 것이다.

▣ 적용하기

- 삶 속에서 보여주신 하나님의 신실하심을 종종 되돌아보라.
- 하나님이 허락하시는 영적 전투에서 피하지 않고 싸우기로 다짐하라.
- 다른 사람들에게 도움 청하기를 망설이지 말라.
- 다른 사람들에게 존경받을 수 있는 지혜롭고 현명한 성품을 개발하라.

삶의 적용

하나님은 다른가?

영국의 역사가인 폴 존슨(Paul Johnson)은, 어느 주일 아침에 일어났을 때 자기를 무고히 비난한 어떤 사람에 대한 분노가 치밀어 오른 적이 있었다고 말했다. 그래서 그는 신문에 자신을 괴롭힌 사람을 통렬히 비난하는 글을 쓰기로 마음먹었다. 마침 그날은 주일이어서 그는 반박 기사를 쓰기 전에 교회에 가기로 했다. 그날 설교는 분노에 관한 내용이었다. 설교를 통하여 하나님은 그의 잘못된 태도를 깨닫게 하셨다. 그래서 그 기사를 쓰지 않았다.

존슨은 자기가 하나님을 믿는 이유 가운데 하나는 그것이 자기를 믿지 않을 때보다 더 좋은 사람으로 만들기 때문이라고 말했다. 존슨은 타고난 신경질쟁이인 이블린 와(Evelyn Waugh) 여사에게서 어떻게 그렇게 행동하면서 그리스도인이 될 수 있느냐는 질문을 받은 적이 있었다. 그때 존슨은 얼굴을 굳히고 정색을 하며 이렇게 대답했다. "부인, 제가 비록 당신이 말한 것처럼 형편없는 사람일 수도 있지만, 만일 그 종교가 없었다면 저는 인간이 되지도 못했을 것입니다."

존슨은 「기독교 역사」(1976), 「유대 역사」(1987), 「지성사」(1988), 「근대의 태동」(1991), 「현대 시대」(1983)를 포함하여 28권의 방대한 역사책을 서술했다. 그는 인간의 본성에 대해 일말의 환상도 갖고 있지 않으며, 그것을 지킬 박사와 하이드 씨라고 특징지었다. 그는 「기독교 역사」를 저술하기 시작하면서 지난 2,000년 동안 존재한 그리스도인들을 상세하게 연구한 다음에도 계속 신앙을 가진 채 남아 있을 수 있는지에 대해 고심했다.

> 나는 그 책을 계속해서 써나가면서 그 경험을 통해 내 믿음이 더욱 견고해지는 것을 느꼈다. 나는 기독교가 득세하고 있던 시대에 인류의 비극들이 일어난 것은 그들이 기독교의 가르침을 몸으로 실천했기 때문이 아니라 그것에 실패했기 때문이라는 것을 발견했다. 비록 종교라는 것이 나쁜 것이기는 하지만, 만일 그것이 없었다면 인류는 한없이 타락했을 것이다.

그는 「현대 시대」라는 책 안에서 제1차 세계대전부터 1980년대까지를 다루고 있다. 이 시기는 후기 기독교 윤리에 인도함을 받은 주요 국가들의 많은 지도자들이 등장한 기독교의 태동 이후 첫 시기다. 존슨은 〈리더스 다이제스트〉에 실린 한 기사에서 이 시기를 이렇게 관찰하고 있다.

> (이 시기는) 그 잔인함과 파괴성 그리고 부패함이 독특함을 보이고 있다. 나는 「현대 시대」를 저술하는 동안 하나님 없는 인간은 불운한 피조물이라는 흔들림 없는 확신을 얻게 되었다. 20세기 역사는 하나님에 대한 시각이 희미해져감으로 인해 우리 인간은 우선 똑똑한 원숭이로 전락하고 말 것이며, 이어서 서로를 멸종시키고 말 것이라는 견해를 입증하고 있다.

하나님은 다르신가? 그 답은 '분명히 그러하다!' 라고 널리 천명할 수 있다. 하나님을 향한 바른 믿음과 그분의 말씀에 대한 순종은 우리를 더 나은 사람이 되게 하고, 더 좋은 사회로 만든다. 하나님이 없는 세상은 너무나 무서운 곳이 될 것이다.

기도

오 주님, 우리에게 당신을 아는 특권을 주셔서 감사합니다. 또한 하나님이 너무나 좋은 분이시며, 우리가 완전히 의지할 만한 분이심을 인하여 감사드립니다. 그리고 이 세상을 이토록 사랑하셔서 독생자 예수 그리스도를 보내시고, 우리를 위하여 죽게 하심으로 우리가 하나님을 알게 하시니 감사합니다. 그렇지만 아직도 하나님을 알지 못하는 이들이 이 나라에만 수백만 명이 그리고 이 지구상에는 수십억 명이 있음을 기억하게 하옵소서. 우리가 우상과 죄의 어둠 가운데 살고 있는 사람들에게 더 많은 사랑을 베풀 수 있도록 도와주옵소서. 이 잃어버린 세상에 어떻게 하면 복음을 전할 수 있는지를 가르쳐주옵소서. 예수 그리스도의 이름으로 기도합니다. 아멘.

심층 연구

A. 신탁 혹은 중한 경고?(1:1)

나훔의 예언은 NIV에서는 신탁(oracle, NASB, NRSV)으로, KJV에서는 중한 경고(burden)로 각각 불리고 있다. 어느 것이 옳은가? 이 말에 해당하는 히브리어는 마사(massa')로, 이는 '들어올리다' 혹은 '나르다'는 의미를 가진 히브리어 어근으로부터 파생된 명사이며, 들어올려지거나 이동되고 있는 무거운 짐을 가리키기도 한다. '마사'는 NIV에서 '신탁(oracle)' (27회), '경(oracles)' (1회), '중한 경고(burden)' (8회) 그리고 '짐(load)' (7회)과 같이 여러 가지 형태로 각각 번역되고 있다. 만일 신탁이라는 번역이 옳다면 그 의미는 하나님으로부터 온 말씀, 곧 '신탁' 혹은 '메시지' (NLT)를 전하는 목소리를 강조하는 것이 된다. 그리고 KJV(NKJV 역시)의 번역자도 그 낱말의 기본 의미인 '중한 경고' 라는 의미로 옮겼다. 이렇게 볼 때 '신탁' 이나 '중한 경고' 모두 가능하다. 만일 '중한 경고' 가 옳다면, 그 의미는 나훔의 메시지가 사악한 자들을 향한 심판과 화로 가득 찬 '엄중한' 메시지임을 강조하는 것이다.

B. 니느웨(1:1)

니느웨는 성경에 등장하는 이교도의 도시 가운데 가장 중요한 곳 가운데 하나다. NIV에는 '니느웨(Nineveh)' 라는 지명이 22회(창 10:11, 12; 왕하 19:36; 사 37:37; 욘 1:2, 3:2, 3[2번], 4, 6, 7, 4:11; 나 1:1, 8, 11, 14, 2:1, 8, 3:7; 습 2:13; 마 12:41; 눅 11:32) 나타나며, '니느웨 백성(Ninevites)' 은 2회(욘 3:5; 눅 11:30) 등장한다. 니느웨는 주전 800년부터 612년까지 크게 일어났던 고대 앗수르 제국의 수도 가운데 가장 큰 곳이었다. 니느웨는 메소포타미아 북동부에 있는 티그리스 강 유역, 지금의 북부 이라크의 모술(Mosul) 시 근처에 위치하였다.

창세기 10장 9-12절에 따르면 니느웨는 니므롯이 건설한 성읍 가운데 하나였다. 하나님은 주전 18세기에 가기를 꺼려하는 선지자 요나를 그곳에 보내셨다. 요나는 그곳을 '큰 성읍' (욘 1:2, 4:11; 참고 3:3)이라 불렀고 '삼일 길' 이라는 설명을 덧붙였는데 이는 아마 성 전체를 둘러보는 데 걸리는 시간으로 보인다. '좌우를 분변치 못하는 자가 십이만 명' (욘 4:11)이라는 구절은 어린아이들(이때 전체 인구는 약 육십만 명으로 추산됨)을 가리키거나, 혹은 영적으로 앞을 보지 못하는 니느웨 백성들의 상태를 가리킨다고 해석되었다. 니느웨는 「홀맨 도해 성경 사전(*Holman Illustrated Bible Dictionary*)」이 다음과 같이 분명히 설명하고 있는 것처럼 엄청난 도시였다.

> 산헤립(주전 704-681)은 쿠유닉(Quyundjiq) 남서부에 엄청난 규모의 궁을 건설했다. 우리는 그가 직접 블레셋, 두로, 아람인 포로들을 비롯한 다른 사람들을 감독하여 일하는 모습을 새긴 조각을 볼 수 있다. 그가 세운 '대적할 만한 상대가 없는 궁전' 은 2만 평방미터의 넓이에 71개의 방을 갖추었고, 그 안에는 길이 60미터 폭이 13미터나 되는 넓은 대전이 2개 있었다. 그는 그 궁전에 사용된 자재들이 '향내 나는 백향목, 황양목, 은과 구리를 입힌 문, 채색한 벽돌, 은과 구리, 설화석고, 각력암, 대리석, 상아로 만든 휘장 고정쇠' 등이라고 자랑했다. 각 방들은 유대 성읍인 라기스(Lachish)를 포함하여 앗수르가 적국의 성읍들을 정복하는 장면을 담은 총 길이 3,000미터의 조각으로 장식되어 있었다. 산헤립이 건축한 니느웨는 둘레가 10킬로미터에 이르고 모두 15개의 문이 있었다. 그 안에는 정원과 공원이 있었는데 그곳을 관리하기 위해 50킬로미터에 이르는 물길을 조성했다.
>
> 앗수르 제국의 마지막 황제인 앗수르바니팔(Ashurbanipal, BC 668-628)은 니느웨 북쪽에 자신이 사자를 사냥하는 모습을 조각한 장대한 부조상을 장식한 궁전을 세웠다. 그리고 귀중한 시가문학과 주술, 예언서 그리고 왕의 업적과 편지들이 포함된 2만여 개의 서판을 소장하였다.

주전 612년 바벨론과 메대는 힘을 합하여 니느웨를 정복했다. 주전 500년 "니느웨가 황무하였도다" (나 3:7)라는 선지자의 말은 티그리스강을 '전에 니느웨 성읍이 위치했던 강변' 이라고 말한 역사가 헤로도투스(Herodotus)에 의해 역사적 기록으로 재현되었다.

니느웨 성의 잔재는 이라크의 쿠유닉 지방에 위치해 있다. 1850년경 영국인 레이야드(A. H. Layard)는 그곳에서 산헤립이 건축한 궁전을 발굴했다. 1853년에는 호르무즈 라삼(Hormuz Rassam)이 앗수르바니팔의 궁전과 그의 거대한 도서관을 발굴했다. 니느웨는 너무나 호화스러운 도시였다. 그런 곳이 그 사악함으로 인해 멸망되었다는 것은 너무도 안타까운 일이 아닐 수 없다.

C. 거룩한 이름(1:2)

영어 성경에서 모두 대문자로 기록된 'LORD'는 야훼 혹은 여호와로 발음되는 하나님의 히브리 이름을 나타낸다. 이 낱말이 기록된 히브리어 성경이 그 모음을 생략하고 있기 때문에 이 이름의 정확한 발음은 알려져 있지 않다. 그 자음들을 영문자로 옮기면 YHWH에 해당한다. 문제를 더 복잡하게 만드는 것은 유대인들이 하나님의 이름을 오용함으로 자신에게 진노가 미칠 것을 두려워하여(출 20:7) 그 거룩한 이름을 더 이상 발음하지 않게 되었다는 것이다. 그 대신에 그들은 이 거룩한 이름이 읽혀지는 자리에 아도나이(Adonai, 주, 통치자)란 낱말을 대신 사용했다. 이 관습은 현재도 유대인들 사이에 이어져오고 있다.

주후 500년경 히브리어 성경에 모음이 추가되었을 때 그 아도나이에 해당하는 모음이 자음어 YHWH에 더해져서 여호와(Jehovah, J=Y, V=W)라는 이름이 나오게 되었다. 야(Yah)라는 축약된 이름이 여호와라는 이름과는 독립적으로 나타나는 예(출 15:2)도 있고, '야(Yah)'가 히브리 사람들의 이름 가운데 하나님을 가리키는 접미사처럼 사용된 점에서, YHWH의 첫 모음이 야(Yah)인 것은 어느 정도 확실시 된다. 그리고 대부분의 학자들도 두 번째 모음은 에(e)이므로, 전체 발음은 '야훼(Yahweh)'라고 믿고 있다.

야훼는 '존재하다, 되다'는 의미를 가진 어근(하와, hawah)에서 파생한 것이다. 대부분의 학자들에 의하면 이 이름의 의미는 '존재하는 분'이며, 이는 주님이 존재하시고, 변함이 없으시며, 영원하신 분임을 가리킨다. 이 이름은 이스라엘의 하나님이 참되고 살아계시며 유일한 하나님임을 세상에 선포한다. 다른 신들은 모두 그 아류에 지나지 않는다.

이 사실은 우리에게 어떤 의미를 갖는가? 우리는 영원하시고, 변역하지 않으시는 '스스로 있는 자' (출 3:14)이신 구약의 하나님이 오늘도 우리와 함께하신다는 사실에서 위로를 얻을 수 있다. 그분은 우리가 필요로 할 때 그곳에 계시는 분이다. 그분은 변함이 없으시다. 그분은 '어제나 오늘이나 영원토록 동일' (히 13:8)하신 분이다. 그분의 사랑은 결코 부족함이 없다. 그분은 나훔 시대에 자기 백성을 돌보셨던 것처럼 우리도 보살피신다. 그리고 여전히 유일하신 참되고 살아계신 하나님이시다. 오직 그분만이 존재하시기 때문에 그분만이 구원하실 수 있다. 이사야는 이렇게 선포했다. "이스라엘의 왕인 여호와, 이스라엘의 구속자인 만군의 여호와가 말하노라 나는 처음이요 나는 마지막이라 나 외에 다른 신이 없느니라"(사 44:6).

D. 질투하시는 하나님(1:2)

성경에서 질투라는 낱말은 부정적인 의미와 긍정적인 의미 모두를 내포하고 있다. 부정적인 면에서는 죄악된 인간의 시기심을 나타낸다. "라헬이 자기가 야곱에게 아들을 낳지 못함을 보고 그 형을 투기하여"(창 30:1). 요셉의 "형들은 시기"하였고(창 37:11), "사울이 다윗을 주목하였더라"(삼상 18:9, NIV는 Saul kept a jealous eye on David라고 번역함). 이런 질투는 잘못된 것이며, 우리가 사랑하는 사람에게까지 비극을 불러일으킨다.

반면에, 나훔을 비롯한 다른 많은 성경 구절에서 주님은 스스로를 '질투하시는 하나님' 으로 선언하고 계신다. 우선 보기에 질투라는 것이 하나님의 성품과 어울리지 않는 것처럼 보인다. 하나님이 때로는 쩨쩨하게 굴거나 시샘을 하신다는 말인가? 절대 그렇지 않다. 어떻게 하나님이 질투를 하신다는 말인가? 하나님이 시샘하실 만한 것들을 인간이 갖고 있을 리가 없다. 하나님은 온 우주를 소유하고 계신다. 하나님의 질투는 공의, 거룩함과 연결된다. 하나님이 스스로를 '질투하는 하나님' 으로 선언한 첫 장면은 시내산(출 20:5)이었다. 그곳에서 하나님은 이스라엘과 언약 관계를 맺으셨다. 구약에서 이 언약 관계는 종종 남편과 아내와의 관계와 비교되곤 한다. 예를 들어, 선지자 호세아와 그의 아내 고멜 사이의 왁자지껄한 결혼은 하나님과 이스라엘과의 관계와 비교된다(호 1:2, 2:1-2, 3:1-5). 비유적으로, 하나님은 이스라엘의 남편이며, 이스라엘은 그분의 아내였다. 이스라엘의 부정함은 정결치 못한 아내가 저지른 행동을 나타내는 용어로 표현되었다. "네가 배역한 이스라엘의 행한 바를 보았느냐 그가 모든 높은 산에 오르며 모든 푸른 나무 아래로 가서 거기서 행음하였도다"(렘 3:6, 높은 산과 푸른 나무 아래는 우상숭배의 장소였다).

이스라엘의 우상숭배를 간음으로 표현한 가장 분명한 구절은 에스겔 23장에 나타난다. 하나님은 정숙하지 못한 아내를 질투하는 남편처럼 자기 백성이 자기를 버리고 우상에게 마음을 빼앗길 때 마음 아파하신다.

하나님의 질투는 또한 자기 백성 이스라엘을 향한 뜨거운 관심과, 그들을 해치는 자들에게 반드시 벌을 내리시겠다는 단호함을 나타낸다. 이는 항상 깨어 있어 자기 아내를 보호하며, 그녀를 해하려는 이는 어떤 이든 무력으로 응징하는 지극한 사랑을 지닌 남편과 같다. 에스겔은 이렇게 예언했다.

> "그러므로 너는 이스라엘 땅을 대하여 예언하되 그 산들과 멧부리들과 시내들과 골짜기들을 대하여 이르기를 주 여호와의 말씀에 내가 내 투기와 내 분노로 말하였나니 이는 너희가 이방의 수욕을 당하였음이니라 그러므로 주 여호와의 말씀에 내가 맹세하였은즉 너희 사면에 있는 이방인이 자기 수욕을 정녕 당하리라"(겔 36:6-7).

요엘 역시 이렇게 선포했다. "그때에 여호와께서 자기 땅을 위하여 중심이 뜨거우시며 그 백성을 긍휼히 여기실 것이라"(욜 2:18; 비교 슥 1:14, 8:2). 이 두 번째 개념이 바로 나훔서에 나타난 질투하는 하나님의 의미다. 하나님은 앗수르에 의해 이스라엘에게 저질러진 잔혹함을 다 보셨다. 이제 사랑하는 남편처럼 하나님은 자기 신부를 방어할 준비를 마치셨다.

E. 성경을 배우는 학생, 나훔(1:2)

나훔은 하나님의 말씀을 배우는 학생임이 분명했다. 우리는 그의 예언 전체에서 다른 성경 구절들을 암시하는 내용들을 찾아볼 수 있다. 다음 면의 표에 기록된 예들을 살펴보라.

그 밖에도 더 많은 내용을 추가할 수 있지만, 핵심은 분명하다. 나훔은 하나님의 말씀을 사랑한 사람이라는 것이다. 성경은 그의 안내자이며, 그의 믿음의 체계의 기본이었다. 하나님이 자신의 말씀을 대언하는 사람으로 나훔을 선택하신 한 가지 이유는 그가 성경을 사랑하고 또한 알고 있었기 때문이다. 나훔은 이런 점에서 우리가 본받아야 할 모본이 된다. 우리는 말씀 가운데 많은 시간을 보내야 한다. 성경을 읽을 뿐 아니라 나훔과 마찬가지로 성경의 원리들이 우리의 세계관을 주장하게 해야 한다. 말씀을 사랑하는 것은 복 있는 사람의 특징이다(시 1:1-2).

"여호와는 투기하시며 보복하시는 하나님"(나 1:2)	"그것들에게 절하지 말며 그것들을 섬기지 말라 나 여호와 너의 하나님은 질투하는 하나님인즉 나를 미워하는 자의 죄를 갚되 아비로부터 아들에게로 삼사 대까지 이르게 하거니와"(출 20:5).	"너는 다른 신에게 절하지 말라 여호와는 질투라 이름하는 질투의 하나님임이니라"(출 34:14).
"여호와는 보복하시며 진노하시되 자기를 거스리는 자에게 보복하시며 자기를 대적하는 자에게 진노를 품으시며"(나 1:2).	"나의 번쩍이는 칼을 갈며 내 손에 심판을 잡고 나의 대적에게 보수하며 나를 미워하는 자에게 보응할 것이라"(신 32:41).	"그를 미워하는 자에게는 당장에 보응하여 멸하시나니 여호와는 자기를 미워하는 자에게 지체하지 아니하시고 당장에 그에게 보응하시느니라"(신 7:10).
"여호와는 노하기를 더디하시며 권능이 크시며 죄인을 결코 사하지 아니하시느니라"(나 1:3).	"여호와께서 그의 앞으로 지나시며 반포하시되 여호와로라 여호와로라 자비롭고 은혜롭고 노하기를 더디 하고 인자와 진실이 많은 하나님이로라 … 형벌받을 자는 결단코 면죄하지 않고 아비의 악을 자녀손 삼사 대까지 보응하리라"(출 34:6-7).	"여호와는 노하기를 더디 하고 인자가 많아 죄악과 과실을 사하나 형벌받을 자는 결단코 사하지 아니하고 아비의 죄악을 자식에게 갚아 삼사 대까지 이르게 하리라 하셨나이다"(민 14:18).
"여호와의 길은 회리바람과 광풍에 있고 구름은 그 발의 티끌이로다"(나 1:3).	"보라 나 여호와의 노가 발하여 폭풍과 회리바람처럼 악인의 머리를 칠 것이라"(렘 23:19).	"보라 여호와께서 불에 옹위되어 강림하시리니 그 수레들은 회리바람 같으리로다 그가 혁혁한 위세로 노를 베푸시며 맹렬한 화염으로 견책하실 것이라"(사 66:15).
"그는 바다를 꾸짖어 그것을 말리우시며"(나 1:4).	"모세가 바다 위로 손을 내어민대 여호와께서 큰 동풍으로 밤새도록 바닷물을 물러가게 하시니 물이 갈라져 바다가 마른 땅이 된지라"(출 14:21).	"여호수아가 이스라엘 자손에게 이르되 이리 와서 너희 하나님 여호와의 말씀을 들으라 하고 … 요단 물을 밟고 멈추면 요단 물 곧 위에서부터 흘러내리던 물이 끊어지고 쌓여 서리라"(수 3:9, 13).
"모든 강을 말리우시나니 바산과 갈멜이 쇠하며 레바논의 꽃이 이우는도다"(나 1:4).	"땅이 슬퍼하고 쇠잔하며 레바논은 부끄러워 마르고 사론은 사막과 같고 바산 갈멜은 목엽을 떨어치는도다"(사 33:9).	"저가 가로되 여호와께서 시온에서부터 부르짖으시며 예루살렘에서부터 음성을 발하시리니 목자의 초장이 애통하며 갈멜 산꼭대기가 마르리로다"(암 1:2).

F. 여호와는 선하시다(1:7)

2001년 9월 11일, 200년 미국 역사상 가장 참혹한 사건이 일어났다. 20여 명의 테러분자들이 비행기를 납치하여 뉴욕의 쌍둥이 빌딩인 세계무역센터와 국방성과 충돌시켜 삼천 명 이상의 무고한 남녀와 아이들을 살해했다. 오직 하나님의 은혜로 다른 지역의 시민들은 그런 재난을 당하지 않았다. 그리고 이런 질문이 끊임없이 이어졌다. "하나님은 어디에 계신가?" 그 의미는 만일 하나님이 존재하고 선하다면 어떻게 이런 일이 일어날 수 있는가 하는 것이다.

하나님은 어디 계셨는가? 하나님은 수많은 방법으로 자신의 선하심을 보여주셨다. 첫째, 그 네 대의 비행기는 모두 1천 명의 승객을 태울 수 있었지만 그 당시 탑승한 승객은 모두 266명뿐이었다. 둘째, 하나님은 그 비행기에 타고 있던 겁에 질린 승객들을 위로하셔서 그들이 평온한 마음을 가질 수 있는 힘을 주셨다. 공중 납치된 비행기에 타고 있던 승객의 가족들은 그들과 통화했을 때 그들이 놀라울 정도로 평온해보였다고 전해주었다. 한 가족은 자기 남편에게 주기도문을 암송해주었다. 셋째, 유나이티드 93 항공기에 타고 있던 사람들의 마음에 놀라운 용기를 심어주셨다. 그들은 워싱턴에 살고 있는 수많은 사람들을 위해 자신의 목숨을 버리고 펜실베이니아로 기수를 돌렸다. 넷째, 세계무역센터에는 평소에 5만 명의 직원이 머물고 있었지만 비행기가 건물에 부딪치는 순간 2만 명만이 건물 안에 있었다. 이것 자체가 기적이었다. 그리고 충돌 직후 그 건물은 1만 5천 명 이상의 사람들이 안전하게 대피할 수 있을 정도로 충분히 오랫동안 무너지지 않고 있었다. 다섯째, 하나님은 이 비극을 사용하셔서 그 누구도 예상치 못할 정도로 온 나라를 하나로 뭉치게 만드셨다. 마지막으로, 이 비극은 많은 사람들로 하여금 자신에게 하나님이 필요한 분임을 깨닫게 만들었고 그리스도께 인도하여 구원에 이르게 만들었다.

하나님의 사람들에게도 여전히 나쁜 일들이 일어나지만, 하나님은 선하시다. 언젠가 그리스도가 다시 오시고, 마귀는 끝장이 날 것이다. 사도 바울은 그리스도의 다시 오심은 "복스러운 소망과 우리의 크신 하나님 구주 예수 그리스도의 영광이 나타나심"(딛 2:13)이라고 말했다.

G. 아름다운 소식을 전하는 자(1:15)

나훔 1장 15절의 '아름다운 소식을 전하는 자' 는 니느웨의 멸망 소식을 갖고 도착한 전령을 말한다. 우리는 이사야 21장 9절에서 이와 유사하게 악한 도시의 멸망 소식을 전하는 사자에 관한 설명을 볼 수 있다. "마병대가 쌍쌍이 오나이다 그가 대답하여 가라사대 함락되었도다 함락되었도다 바벨론이여 그 신들의 조각한 형상이 다 부서져 땅에 떨어졌도다 하시도다." 바벨론은 바벨론제국의 수도였다. 그 이전의 앗수르와 마찬가지로 바벨론도 강력한 제국이었다. 그리고 앗수르인들과 마찬가지로 바벨론 사람들도 유대인들을 압제하고, 예루살렘을 파괴하고, 주전 586년에는 수만 명을 포로로 잡아갔다. 그리고 니느웨와 마찬가지로 바벨론 역시 그 사악함으로 인한 주님의 징계로 멸망하고 말았다. 이 악한 제국의 멸망은, 우리로 하여금 우리의 전성기도 언제든 그렇게 무너질 수 있음을 분명히 깨닫게 한다.

여기서 미래의 제국의 멸망을 묘사하기 위해 서로 비교하는 용어들이 사용되었다. 지난날 악한 세상의 지배자의 상징이던 바벨론은 전례 없는 강도로 하나님의 백성을 압제할 것이다. 요한계시록 14장 8절에서 한 천사가 그 멸망에 관한 기쁜 소식을 이렇게 전한다. "또 다른 천사 곧 둘째가 그 뒤를 따라 말하되 무너졌도다 무너졌도다 큰 성 바벨론이여 모든 나라를 그 음행으로 인하여 진노의 포도주로 먹이던 자로다 하더라." 그리고 요한계시록 18장 1-2절은 이렇게 말씀하고 있다. "이 일 후에 다른 천사가 하늘에서 내려오는 것을 보니 큰 권세를 가졌는데 그의 영광으로 땅이 환하여지더라 힘센 음성으로 외쳐 가로되 무너졌도다 무너졌도다 큰 성 바벨론이여 귀신의 처소와 각종 더러운 영의 모이는 곳과 각종 더럽고 가증한 새의 모이는 곳이 되었도다."

나훔 시대의 성도들과 마찬가지로 성도들은 미래의 악한 제국의 멸망을 기뻐할 것이다. "하늘의 성도들과 사도들과 선지자들아 그를 인하여 즐거워하라 하나님이 너희를 신원하시는 심판을 그에게 하셨음이라"(계 18:20, 그리고 19:1-8을 보라).

나훔의 권고는 이사야 52장 7절의 권고와 대칭을 이룬다. "좋은 소식을 가져오며 평화를 공포하며 복된 좋은 소식을 가져오며 구원을 공포하며 시온을 향하여 이르기를 네 하나님이 통치하신다 하는 자의 산을 넘는 발이 어찌 그리 아름다운고." 바울은 로마서 10장 15절에서 이사야의 구절을 인용하여 잃어버린 세상에 복음을 전하는 자들을 묘사하고 있다.

H. 고대 앗수르 제국의 우상숭배(1:14)

앗수르의 주된 신은 그들의 신전의 제왕인 아수르(Ashur)와 사랑과 전쟁의 여신인 이스타르(Ishtar)였다. 그 밖에 니누르타(Ninurta, 전쟁과 사냥), 아다드(Adad, 폭풍의 신), 신(Sin, 달의 신), 샤마쉬(Shamash, 해의 신)를 비롯하여 그보다 열등한 신격체들이 있었다. 각각의 신들은 저마다의 사당과 사제가 있어서 그들을 섬겼다. 미신에 푹 빠진 앗수르의 왕들은 이러한 신들을 노하게 하지 않으려고 각각의 사당에 많은 보조금을 지급했는데, 주로 다른 나라를 약탈하는 방법을 사용했다. 종교는 앗수르인들의 생활 전 영역에 걸쳐 영향을 미쳤다. "전쟁 활동을 기록하고 있는 거의 모든 앗수르 왕족의 역사를 보면 '아수르 신의 명령에 따라' 라는 문구가 포함된다." 고대에 전쟁은 단순한 국가 간의 다툼이 아니라 두 나라의 신들 사이의 싸움이었다. 한 나라가 다른 나라를 정복하면 그 나라의 신은 정복당한 나라의 신보다 우월한 것으로 믿었다. 그 결과 정복당한 나라의 신은 파괴되고 그 신전들은 모욕을 당했다. 신상들은 "목과 사지가 잘린 채 무너지고 형체를 알 수 없게 파괴되었다"(Walton, Matthews, and Chavals, BBCOT, 789).

고안

A. 들어가는 글

1. "하나님 없는 인생"을 읽어주라.

2. 배경 설명: 나훔은 제1장에서 니느웨가 자기의 예언의 대상임을 밝히고 있다. 니느웨는 인류 역사상 가장 잔혹하고 무자비한 제국 가운데 하나인 앗수르의 으뜸가는 도시였다. 앗수르인들은 고대의 나치인이라고 불렸다. 더욱이 하나님의 백성들은 앗수르인들의 손에 의해 모진 고난을 당했다. 주전 722-721년 동안 앗수르인들은 북왕국 이스라엘을 멸망시키고 수천 명을 포로로 잡아 다른 나라로 끌고 갔다. 그리고 본토에 외지인들을 끌어들여 그곳에 남아 있도록 허락된 유대인들과 결혼하게 만들었다. 이 통혼의

결과 예수님 당시에 사마리아인이라 불리던 혼혈 족속이 생겨나게 되었다. 남왕국 유다 역시 앗수르의 잔혹함에서 예외가 아니었다. 주전 701년 앗수르의 왕 산헤립은 남왕국을 침공하여 수천 명의 유다 백성들을 학살하고 많은 포로를 잡아갔다. 주님의 초자연적인 간섭으로 겨우 예루살렘과 유다 지역만이 폐허로부터 보존될 수 있었다(사 36-37장). 유다 백성은 이 앗수르에 의해 완전히 멸망된 것은 아니었지만, 점차 앗수르에 의해 지배를 받고 그들의 압제 정책에 고통을 받게 되었다.

3. 적용: 나훔은 본서에서 악한 제국에 심판이 있을 것을 선언했다. 앗수르는 하나님의 백성인 유다를 포함해 많은 나라를 괴롭혔다. 이제 여호와께서 자기 백성을 구원하시고 니느웨에 합당한 보응을 내리실 때가 되었다. 이스라엘의 하나님은 진정 니느웨를 바로잡으실 것인가? 나훔은 이 질문에 대해 답하면서 자기 예언의 서두에 이스라엘의 하나님이 어떤 분인지를 아름답게 묘사한(1:2-12) 다음, 자기 백성을 구원하시겠다는 하나님의 약속으로 마무리하고 있다(1:12-15). 그분은 전능하시고 패배를 모르시는 하나님이시다. 니느웨는 그분의 상대가 되지 못할 것이다. 나훔은 압제받고 학대받는 모든 이들에게 '하늘에 계신 하나님' (단 2:28)이 그들을 사랑하신다는 것을 일깨워주고 있다. 그분은 우리를 능히 구하실 수 있고, 또한 그렇게 하실 것이다.

B. 본문 이해

1. 우리의 위대하신 하나님에 대한 예언의 소개(1:1)
2. 공평하신 하나님(1:2-3상)
3. 전능하신 하나님(1:3하-6)
4. 선하신 하나님(1:7-8)
5. 누구도 대적할 수 없는 하나님(1:9-12상)
6. 구원하시는 하나님(1:12하-15)

C. 결론: 살아 계신 하나님이여, 일어나소서!

토의 질문

1. 우리는 많은 사람들이 주장하는 것처럼 모두 같은 하나님을 섬기고 있는가? 성경의 하나님과 다른 종교에서 믿는 신들을 구별 짓는 특징들은 무엇인가?

2. 오늘날 존재하는 거짓 신들에는 어떤 것들이 있는가? 당신은 다른 종교에 빠져 있는 이들이 기독교의 진리를 볼 수 있도록 어떻게 도와주겠는가?

3. 하나님을 앎으로 당신의 삶은 어떻게 변화되었는가? 당신이 갖고 있는 마음 자세, 행동 그리고 습관들 가운데 당신이 진정으로 하나님을 알고 있음을 보여주는 것들에는 어떤 것들이 있는가?

4. 하나님은 전능하신 분인데도 우리가 사는 세상에 부정과 고난이 존재하는 이유는 무엇이라고 설명할 수 있는가? 죄의 결과를 종식시키기 위해 그리스도는 무엇을 행하셨고 장차 무엇을 행하실 것인가?

5. 나훔이 여호와 하나님을 '투기하시며 보복하시는 하나님' 이라고 말한 것은 어떤 의미인가?

나훔 2-3장

악한 제국의 멸망

"사람은 불의하나 하나님은 공평하시다. 결국 마지막에는 정의가 승리한다."

- 헨리 워즈워스 롱펠로(Henry Wadsworth Longfellow)

나훔은 2-3장에서 니느웨에 미칠 심판을 예언하고 상세하게 묘사한다. 선지자는 거룩하시고 전능하신 여호와께서 등을 돌리셨으므로 니느웨의 운명은 결정되었다고 선언한다. 하나님은 그들의 죄를 심판하실 것인데, 그들의 죄목은 여러 나라를 노예로 삼고 사술을 행사한 것이었다. 그 어떤 준비로도 그들의 운명을 면하게 할 수는 없다. 민족들은 니느웨의 잔혹함에 고통 당했고, 이제 그 성의 멸망의 소식을 듣고 기뻐할 것이다.

Nahum

들어가는 글

독재자의 죽음

니콜라이 차우셰스쿠(Nicolae Ceausescu)는 1965년 루마니아 공산당 서기장이 되었다. 그리고 1967년에는 국가평의회 의장으로 선출되었고, 1974년에는 루마니아 공화국 대통령으로 선출되었다. 그의 통치 기간은 구소련의 압제가 극에 달하던 때였다. 수많은 사람들이 그의 치하에서 무고히 희생되었다. 그는 특히 기독교인들에 대해 치를 떨었다. 1970년대에 그는 미 의회로부터 최혜국 대우를 받기 위한 술책으로 1만 권의 성경을 반입했다. 그렇지만 그 성경은 민중들에게 배포되는 대신 제지공장으로 보내져 화장실에서 사용하는 휴지로 만들어졌다.

1989년 민주주의의 물결이 다른 공산주의 국가들을 휩쓸고 지나갔다. 러시아 공산당 정부는 무너졌지만 차우셰스쿠는 건재했다. 그의 보안 병력들은 더욱 촉각을 곤두세웠다. 대부분의 루마니아 사람들은 그 정권에 대항하는 것을 두려워했고, 그렇게 하는 사람들은 값비싼 대가를 치러야 했다.

부쿠레슈티(Bucharest)로부터 멀리 떨어진 티미쇼아라(Timisoara)라는 위성도시의 작은 교회에 한 목사가 살고 있었다. 그의 이름은 라즐로 토케즈(Laszlo Tokes)였다. 라즐로 목사의 아버지 역시 목사였으나 차우셰스쿠 정권에 대항했다는 이유로 교회에서 쫓겨나게 되었었다. 라즐로 목사도 아버지처럼 직설적인 설교로 인해 어려움을 겪었고, 결국 담임목사에서 부목사로 좌천당했다. 그는 조용히 지내라는 경고와 함께 티미쇼아라로부터 먼 곳으로 이주되었다. 그러나 그가 도착한 지 6개월 뒤에 원로목사가 사망했고, 그는 직위를 물려받았다. 그는 성경을 가르치고 차우셰스쿠의 철권통치에 맞서 다시 목소리를 내기 시작했다.

군중의 숫자가 수십 명에서 2천 명이 넘게 불어나자 라즐로는 자국 내는 물론 국제적인 이목을 끌기 시작했다. '유럽 자유 라디오(Radio Free Europe)', '미국의 소리(Voice of America)' 그리고 '비비씨(BBC)'는 라즐로 목사의 반정부 활동에 관한 뉴스를 루마니아 국내에 재보도하기 시작했다. 그러자 관계 당국은 라즐로 목사를 특수 바퀴를 장착한 4륜구동차만이 다닐 수 있는 산골 외진 곳으로 격리시키기로 결정했다. 그러나 라즐로 목사는 당국의 결정에 반기를 들고 그곳에 가기를 거부했다. 7월 24일 라즐로 목사의 비밀 인터뷰가 헝가리 텔레비전을 통해 방송되었고, 루마니아 서부 전역이 이 방송을 시청할 수 있었다. 그리고 수백만 명의 헝가리인들이 이 프로그램을 시청했다.

이제 라즐로는 앞으로 남은 것은 죽음 아니면 기적뿐이라는 것을 알았다. 경찰 기동대가 교회 입구를 에워쌌고, 교회 바깥 건물에 24시간 감시체제의 경비병이 배치되었다. 라즐로 목사를 티미쇼아라에서 강제로 쫓아내려는 최종 시한일은 12월 15일로 정해졌다. 그러나 라즐로 목사에 대한 지원이 전국적으로 퍼져나갔다. 12월 15일 수백 명의 교인이 라즐로 목사 사택 주위를 둘러쌌다. 그들은 교회 주위로 인간띠를 잇고 손을 풀지 않았다. 12월 16일, 다른 루마니아 사람들이 교인들과 합세했다. 저녁 무렵 군중의 수는 5천 명을 넘어섰고, 그들은 서로 손을 잡고 교회 주위를 둘러쌌다.

수적으로 크게 열세가 된 경찰은 군중들을 해산시킬 수 없었다. 그런데 갑자기 군중 가운데 누가 이렇게 외치기 시작했다. "독재 타도, 차우셰스쿠는 물러가라!" 그리고 사태는 걷잡을 수 없는 방향으로 흘러갔다. 결국 병력이 출동했고, 경찰은 군중들을 해산시켰다. 라즐로 목사와 그의 아내는 교회 제단 옆에서 손에 성경을 꼭 쥔 채 경찰에 체포되었다. 두 사람은 미뇌(Mineu)로 이동되었고, 사택은 경찰로 둘러싸였다.

라즐로 목사가 강제로 떠나게 된 뒤에도 티미쇼아라의 시위는 그치지 않았다. 수만 명의 루마니아 시민들은 조직적으로 항거했다. 탱크와 장갑차가 비무장의 시민들과 맞서기 위해 동원되었다. 73명이 죽고 많은 사람들이 부상을 당했다. 결국 군대가 더 이상 무고한 시민들을 향해 발포하는 것을 거부함으로써 죽음은 끝났다.

그러나 티미쇼아라는 시작일 뿐이었다. 정국 불안의 물결이 전국으로 퍼져나갔다. 1989년 12월 21일, 차우셰스쿠는 부쿠레슈티에 자리 잡은 공산당 건물 2층 전망대에 나타나 시위를 잠재우려 애썼다. 수만 명 이상의 루마니아 시민들이 그 앞에 몰려들었다. 그가 말하는 동안 뒤쪽에 있는 한 사람이 큰 소리로 외쳤다. "티미쇼아라!" 그러자 다른 누군가 받았다. "살인자!" 순식간에 부쿠레슈티는 아수라장으로 변했다. 통제가 불가능한 시위가 수도 전역에서 펼쳐졌다. 군대마저 시위대에 동참하게 되자 차우셰스쿠는 종말이 찾아왔음을 깨달았다. 사흘 뒤, 크리스마스에 차우셰스쿠와 그의 못된 아내 엘

레나는 루마니아 민중에게 저지른 범죄에 대해 재판을 받고 처형당했다.

멀리 떨어진 미뇌에서는, 라즐로 목사가 창밖을 바라보고 있었다. 그를 감시하던 병력이 보이지 않았다. 독재자와 그의 악한 제국이 무너진 것이다. 그들은 이제 자유를 얻었다!

차우셰스쿠와 같은 독재자는 전혀 새로운 현상이 아니다. 독재자와 그가 지배하는 악의 세력은 역사 가운데 늘 존재해왔다. 선지자 나훔은 그런 통치 하에서 살고 있었다. 역사상 가장 잔인했던 거대한 앗수르 제국이 유대를 다스리고 있던 시대였다.

나훔은 2-3장에서 앗수르 제국의 으뜸가는 도시인 니느웨에 심판이 임할 것임을 묘사적으로 선언하고 있다. 앗수르는 그 당시 세계와 유다에 말로 다할 수 없는 고통을 안겨주었다. 하나님은 그동안 잠들어 계시지 않았고, 이제 심판이 임할 때가 되었다. 결국 정의가 이루어질 것이다.

또한 나훔의 메시지는 여러 나라와 특히 하나님의 백성에게 구원과 소망의 메시지였다. 북왕국(북부의 10개 지파)은 앗수르에 의해 완전히 폐허가 되었다. 5천 명 이상이 포로가 되어 고향을 떠나 타 지역으로 끌려갔다. 유다(남부의 2지파)는 겨우 살아남았지만 1백 년 동안 앗수르의 압제하에서 살아야 했다. 이제 하나님은 그들을 짓누르던 자가 곧 멸망당할 것이라고 약속하셨다. 이것은 기쁨의 근거가 되었다. 루마니아가 결국 악한 지도자로부터 자유를 찾았던 것처럼 유다는 곧 앗수르의 폭정으로부터 자유를 얻게 될 것이다.

본문 이해

악한 제국의 멸망

Main Idea	사악함과 압제 위에 세워진 민족과 국가는 멸망할 것이며, 하나님의 백성은 구원을 받을 것이다.

A. 하나님의 사랑과 니느웨의 멸망(2:1-2)

Supporting Idea	하나님은 자기 백성을 사랑하시기 때문에 그들을 압제하는 니느웨를 상대할 '공격수' 를 보내실 것이다.

니느웨는 곧 무너질 것이다. 왜냐하면 하나님은 질투하는 하나님(1:2)이시기 때문이다. 그분은 자기 백성을 사랑하시며 그들을 질투 어린 눈으로 바라보신다. 하나님의 백성을 해방시키기 위해서는 앗수르의 군대가 망해야 한다. 그래서 하나님은 그 일을 이루기 위한 군대를 니느웨에 보내려 하셨다. 나훔의 메시지는 니느웨가 아니라 예루살렘에 전달되었다. 비록 선지자의 경고가 니느웨에 알려질 가능성도 있지만 그 소식을 들을 사람은 우선적으로 앗수르의 지배 하에서 고통받고 있던 불쌍한 유대인들이었다. 그들은 자기를 괴롭히던 자들이 망할 것이라는 소식을 듣고 용기백배했을 것이다.

2:1. 앗수르는 1백 년 이상 이민족에 대해 적대적인 정책을 취해왔다. 이제 상황이 바뀌어서, 하나님은 그들을 공격할 파괴하는 자를 보내실 계획임을 공포하셨다. 파괴하는 자는 문자적으로 '쫓아버리거나 부수는 사람' 을 의미하는데, 보통 승리한 왕의 모습을 상징한다(시 68:1; 사 24:1; 렘 52:8). 하나님의 심판은 단순히 추상적인 원칙이 아니라 이 땅에 그 실재를 드러내는 것이며, 1장에서의 경고를 실현하는 수단이 여기서 설명되고 있다. 그 선두에 선 것이 바벨론과 메대의 군사 연합이었다.

주전 614년 메대의 키악사레스 왕은 니느웨를 상대로 전쟁을 벌였으나 그 외곽 일부만을 빼앗는 데 그쳤다. 그리고 주전 612년 4월에서 5월에 걸쳐 바벨론 - 메대 연합군은 마침내 니느웨를 함락시켰다. 나훔은 니느웨에게 산성을 지키고 길을 파수하여 전쟁에 대비할 수 있는 모든 일을 해보라고 조롱 섞인 말로 도전하고 있다. 네 허리를 견고히 묶고로 번역된 구절은 문자적으로 '허리띠를 졸라매다' 라는 의미로, 달리기나 싸움에 앞서 바지 등을 추켜올려 싸매는 것을 말한다. 앗수르의 왕은 적의 포위 공격에 대비한 준비를 잘 해놓았다. 산헤립은 6개월간에 걸쳐 성 안에 16만 평방미터 면적을 차지하는 병기고를 건설했고, 엣살하돈은 그것을 증축했다. 그 병기 창고에는 앗수르 제국의 방어와 확장에 필요한 병거, 군마, 갑옷, 활, 화살, 전통을 비롯한 많은 장비들이 들어 있었다. 앗수르 군대의 이동은 산헤립이 폭 26미터로 확장한 도로로 인해 신속함을 보장받았다. 이러한 물질적 자원에도 불구하고 앗수르 제국이 멸망의 나락에 빠진 것은 이스라엘의 하나님이 그들을 대적하셨기 때문이다.

우리는 1절에서 앞으로 이어질 전쟁에 대한 상세한 묘사를 기대하게 하는 군사 용어와 긴급함을 강조하기 위해 나훔이 사용한 명령어들을 만나게 된다.

2:2. 주님은 유다 백성에게 위로의 약속을 전하셨다. 니느웨의 암울한 미래와 뚜렷한 대조를 보이도록 유다의 앞날은 너무도 밝았다. 하나님은 야곱의 영광을 회복하시겠다고 약속하셨다. 이것은 기쁜 소식이었다. 정치, 경제, 군사적으로 볼 때 유다는 나훔 시대에 2류 국가에도 미치지 못하고 있었다. 다윗과 솔로몬 시대의 영광은 오래전에 사라졌다. 그러나 니느웨의 멸망과 함께 앗수르의 지배가 끝나고 새로운 번영이 보장되었다. 야곱과 이스라엘(보통 동의어로 사용됨. 창 32:28; 왕상 18:31; 왕하 17:34; 호 12:12)은 모두 하나님의 백성 전체를 강조해서 일컫는 말이다. 이스라엘 민족은 성경에서 종종 포도나무 가지의 모습으로 묘사되기도 한다(창 49:22; 사 5:1-7).

B. 니느웨의 멸망의 모습(2:3-10)

Supporting Idea	나훔은 니느웨가 무너지고 약탈당하는 모습을 사실적인 언어로 묘사한다.

2:3-4. 이제 니느웨에 대하여 예언된 공격(1:14-15, 2:1)이 놀랍도록 상세하게 그려진다. 니느웨 성은 730헥타르의 면적에 약 30만가량의 인구가 살고 있던 곳이다. 그러나 침략자들은 이 자존심 높은 성의 정문에 집결하여 곧 그 성벽을 무너뜨렸다. 메대 병사들은 붉은 방패를 들고 붉은 갑옷을 입었다. 병거는 거리에 미치게 달리며 군인이나 민간

인을 가리지 않고 쓰러뜨렸고, 그들의 철제 무기 혹은 장식품들은 횃불처럼 번쩍였다. 그리고 그들은 번개같이 성 안을 휩쓸고 지나갔다.

2:5. 여기서 나훔은 앗수르 왕(니느웨가 멸망할 당시의 왕은 신 - 샬 - 이스쿤이었다)이 도성을 방어하기 위해 정병들을 소집했지만 그들이 무기력하게 엎드러졌음을 암시하고 있는 것으로 볼 수도 있다. 그들은 급히 성벽으로 달려가 막을 것을 예비했지만 소용이 없었다는 의미다. 그러나 대부분의 주석가들은 이 구절이 쳐들어온 메대와 바벨론 군사들이 성벽으로 진군하는 모습을 묘사하고 있는 것으로 본다. 이 경우 막을 것(문자적으로는, '덮개' 를 의미한다. 출 25:20; 겔 28:14, 16)은 성벽을 포위한 군사들의 방어무기를 가리키는 전문용어로 보인다. 적군의 숫자가 너무나 많아서 침입자들이 전진하다가 그 시체에 걸려 넘어질 정도였음이 분명했다(나 3:3).

2:6. 이 짧은 구절(히브리어 5단어만 사용됨)은 그 싸움에서 전환점을 이룬다. 이제 적군은 도성 안으로 들어왔고 왕궁에까지 이르렀다. 티그리스 강은 니느웨 성벽 근처까지 흘렀고, 두 지류인 코스르와 테빌투는 도성을 통과하여 흘렀다. 강들의 수문은 성 안으로 들어가는 강물을 조절하고 있었다. 이 수문을 언급한 것은 지금이 범람기여서 성벽의 일부분에 손상을 입힘으로 성 안으로의 접근을 용이하게 만들었다는 의미일 수도 있다. 아니면 적군이 성 안으로 잠입하기 위해 일부러 그 수문을 열었을 가능성도 있다. 앗수르인들 역시 다른 성들을 공격할 때 이렇게 물에 잠기게 했었다.

이 순간 니느웨의 주요 궁들에는 '무엇과도 비교할 수 없는' 산헤립의 본궁이 포함되어 있었다. 그 궁은 백향목과 황양목으로 아름답게 꾸며졌으며, 청동 사자상과 대리석으로 만든 거대한 황소상을 비롯하여 수많은 부조로 장식된 그 궁전의 대전은 가로 세로가 각각 13미터, 50미터 정도나 되었다.

2:7. 앗수르는 수많은 성읍의 주민들을 포로로 잡아왔다. 이제 하나님은 그들이 그렇게 될 것이라고 명을 내리셨다. 영어 성경 KJV는 우리말 성경에 '정명(decreed)' 으로 번역된 낱말을 '후잡(Huzzab)' 이라는 고유명사로 이해하여 종들의 수종을 받고 있는 왕비로 번역했다. 그러나 역사의 기록 가운데 그러한 이름을 가진 왕비에 대한 기록은 발견되지 않았고, 대부분의 현대판 번역들은 그 용어를 '명을 받다' 혹은 '거세되다' 로 해석한다.

디글랏 - 빌레셀 3세(Tiglath - Pileser III, 주전 744-727)는 지역적인 국수주의 감정을 누그러뜨리기 위해 대규모 강제 이주 정책을 수립했다. 피정복민들은 다른 피정복민들이 포로로 잡혀가 비어 있는 땅으로 끌려갔다. 주전 721년 앗수르는 사마리아(북왕국의 수도) 백성을 포로로 잡아갔다. 그리고 다른 나라에서 잡혀온 포로들이 그곳에 남아 있는 이스라엘 사람들과 섞이게 되었다. 이들 가운데 어떤 사람들은 이민족과 통혼을 하여 사마리아 사람이라고 불리는 혼혈 종족을 낳았고, 이들은 신약 시대에 크게 주목을 받았다. 시녀들은 자신들이 포로로 끌려왔음을 깨닫고 슬피 울며 애통의 표현으로 가슴을 쳤다. 비둘기 울음소리는 신음소리와 비슷한 소리를 들려주었다. 애통하는 시녀(겔 7:16 참조)는 고대 근동 문학에서 흔히 등장하는 인물로 앗수르 벽화에서는 포로들의 고통을 묘사하는 모습으로 나타난다.

2:8. 니느웨의 방어 체계는 못에서 논으로 방류되는 물, 혹은 둑의 갈라진 틈(자기 자리를 버리고 도망하는 군대) 사이로 빠져나가는 물로 비유되고 있다. 후자는 이 구절의 후반부에 나타난 개념이다. 겁을 먹은 병사들은 서라는 명령을 듣기보다는 자기 목숨을 구하려고 도망하면서 적들에게 붙잡힐까 봐 두려워서 뒤도 돌아보지 못했다.

2:9-10. 니느웨가 다른 나라에서 약탈해온 재물의 양은 이루 헤아릴 수 없을 정도였다. 앗수르 왕들은 전쟁으로 약탈해온 물건들을 자랑했고, 정복당한 나라들은 무거운 세금 징수를 통해 국부가 유출되었다. 니느웨는 기원전 7세기에 고대 근동에서 가장 부강한 나라를 이루었다. 그리고 이제 그것을 빼앗겼던 나라들이 은과 금과 저축한 것을 다시 늑탈하게 되었다. 메대와 바벨론 군사들이 성읍을 유린하는 동안 그 거민들은 공포에 휩싸였다. 이 공포의 상황이 다음 네 구절에 담겨 있다. 낙담하여 그 무릎이 서로 부딪히며, 모든 허리가 아프게 되며, 모든 낯이 빛을 잃도다.

C. 니느웨가 멸망당할 이유들(2:11-3:4)

Supporting Idea	니느웨는 그들의 큰 죄악이 이스라엘의 전능하신 하나님을 대적하게 만들었기 때문에 멸망할 것이다.

2:11-12. 니느웨는 먹이를 사냥한 다음 그것을 자기 굴에 가득 채운 사나운 사자와 비교할 수 있다. 앗수르는 떼를 지어 사냥하는 사자 떼처럼 아무 두려움 없이 먹잇감을 습격했었다. 누가 감히 그들에게 도전할 수 있었겠는가? 그러나 이제 그들은 자신들이

수많은 다른 사람들에게 고통을 안겨주었던 그 공포를 맛보게 될 것이다. 사자 비유는 니느웨에 딱 들어맞는 것이었다. 왜냐하면 니느웨의 왕들은 종종 자신의 능력을 사자의 힘에 비교하며(예: 산헤립) 사자 사냥을 벌이곤 했기 때문이다. 사자는 보호 구역에서 사육되었고 앗수르의 조각과 장식에 자주 등장했다. 앗수르 궁전에는 날개 달린 사자의 조각상들이 장식되어 있었다. 앗수르는 구약에서 이사야(사 5:29-30)와 예레미야(렘 50:17)에 의해 사자로 표현되었다. 나훔은 조롱하듯이 묻는다. 이제 사자굴이 어디뇨? 이것은 그들의 수도인 니느웨가 멸망했음을 암시하는 것이다.

2:13. 우리는 이 구절에서 성경 가운데 가장 무서운 구절과 만나게 된다. 내가 네 대적이 되어라는 구절은 에스겔(5:8, 13:8, 21:3, 26:3, 28:22, 29:3,10, 35:3, 38:3, 39:1)과 예레미야(50:31, 51:25) 그리고 나훔(3:5) 등에서 적어도 10회 이상 찾아볼 수 있다. 대적이 인간이라면 이길 수 있겠지만, 하나님이 한 나라를 대적하시면 그것을 피할 수는 없다. NIV는 구약에서 너무도 자주 나타나는 도입구인 '보라'를 생략했지만, 이 감탄사는 히브리어 본문에는 분명히 나타나며, 하나님의 경고에 대한 특별한 주의를 기울일 것을 요구하고 있다. 이 구절에서 대명사 '나'는 세 번(우리말 성경은 2회 - 역주)에 걸쳐 만군의 여호와가 친히 개입하신 것을 부각시키기 위해 사용되고 있다. 앗수르의 광대한 병거들은 불살라질 것이며, 그 병사들(젊은 사자들)은 죽임을 당하고, 그 노략한 것은 노략을 당할 것이다. 파견자는 교만한 산헤립의 전투 지휘관처럼(왕하 18:17-25) 더 이상 항복을 명하거나 진상품을 요구하거나 여호와의 이름을 모독(왕하 19:22; 사 37:4, 6)할 수 없게 되었다.

3:1. 화는 히브리어 호이(hoy)를 번역한 말로, 구약에 51회 등장한다. NIV에서 이 말은 '화(woe)' (36회), '아(alas)' (5회), '오다(come)' (4회), '아(ah)' (3회), '오(oh)' (2회), '끔찍한(awful)' (1회) 등으로 각각 번역되었다. 그중 50회가 선지서에 등장했다. 여섯 번은 죽은 자를 애도하는 의미(예, 왕상 13:30)를 내포하고, 네 번은 이 구절에서와 마찬가지로(나훔서에서는 이곳에서만 사용됨) 부정적인 경고나 하나님의 심판에 대한 위협의 의미(사 5:8-24, 10:1-3; 미 2:1-4; 암 5:18-20; 합 2:9-19)를 내포하고 있다. 니느웨는 실제로 피 성이었다. 그 잔인함은 너무나 널리 알려져 속담으로 전해 내려올 정도였다('심층 연구' 참조). 그들은 그들의 먹잇감(문자적으로 2:12의 식물)인 다른 나라 백성들을 무자비하게(그리고 즐겨) 도륙하고 그 피를 흘렸다. 궤휼이 가득함은 아마 '기만'

을 의미하는 것으로 보인다. 만일 항복한다면 포로가 된 예루살렘 거민들을 정중하게 다루겠다는 산헤립의 제안(왕하 18:31)은 같은 전쟁 기간 동안 멸망당한 유대인의 요새인 라기스에서 보여준 그의 행동(왕하 18:14, 17, 19:8)에 비추어볼 때 진정한 것이 아니었다. 니느웨는 다른 나라에서 늑탈해온(2:9) 것들로 인하여 강포가 가득하였다.

3:2-3. 나훔은 다시 곧 임박한 니느웨 전투의 생생한 묘사로 돌아간다. 이 두 절은 앗수르의 사악함을 묘사하고 있는 1절과 4절 사이에 삽입되어 있다. 선지자가 이 피비린내 나는 장면을 이곳에 끼워 넣은 이유는 죄의 결과에 대한 경고와 그 결과를 보여주기 위한 것임이 분명하다. 2절은 니느웨 거민들 사이를 난폭하게 휩쓸고 지나가는 전차 기병들(2:3-4)의 모습을, 3절은 적들에게 칼과 창을 휘두르며 충돌하는 기병의 모습을 생생하게 묘사하고 있다. 3절에서는 그 잔인함이 얼마나 대단한지를 강조하기 위해 네 개의 서로 다른 용어가 사용되었다. 살육당한 니느웨 사람들의 시체는 큰 무더기가 되어서 침략군이 돌진하다 걸려 넘어질 정도였다(2:5). 나훔의 묘사를 읽어보면 전쟁터에서 나는 소리까지 들을 수 있을 정도다. 바벨론의 역사서들 가운데는 니느웨 외곽에 거주하는 주민들을 잔인하게 도륙한 사건에 관한 언급이 나타난다.

3:4. 그리고 니느웨의 멸망을 가져오게 만든 더 자세한 설명이 이제 시작된다. 이 구절에서 니느웨의 음행을 강조하는 세 말이 나온다. 기생, 미혹 그리고 음행('행음하다' 혹은 '매춘하다'와 같은 어원을 갖고 있다)이 그것이다. 기생은 다음과 같은 몇 가지 이유에서 니느웨의 사악함에 딱 들어맞는 표현이다.

첫째, 앗수르는 권력과 부에 대한 끝을 모르는 탐욕을 갖고 있어서 무고한 나라들을 상대로 전쟁을 벌였다.

둘째, 니느웨는 창녀가 손님을 유혹하듯이 다른 나라들에게 원조를 약속하여 하나님을 무시하는 조약을 맺게 한 다음 그들을 노예로 삼으려고 시도했다(아하스가 앗수르와 동맹을 맺은 왕하 16:7-18을 보라).

셋째, 니느웨의 상업적, 군사적 성공은 많은 나라로 하여금 그들의 우상과 주술적인 관습(영적 간음. 렘 3:6, 9; 호 1:2)들을 받아들이게 만들었다. 아하스는 다메섹에서 앗수르의 왕 디글랏 - 빌레셀 3세를 만나는 동안 이교도의 제단(아람의 신보다는 앗수르 신의 것으로 보임)을 보고 감명을 받아 예루살렘의 성전 뜰 내에 그것을 모방한 제단을 만들도록 명령했다(왕하 16:1-14). 틀림없이 아하스는 그토록 위대한 왕이 이 신을 섬긴다면 자기도 그 신을 섬기는 것이 좋겠다고 생각했을 것이다. 앗수르는 여호와 대신에 아수르와 같은 신들과 이스다와 같은 여신을 섬기는 영적 간음을 범했다. 마술은 타락으로 이끄는 영향력을 상징하는 것으로 볼 수도 있지만, 니느웨가 그 사술에 개입했음을 시사하는 것으로 보인다. 분명히 니느웨는 바벨론이 그랬던 것처럼 마술과 사술을 행했다(단 2:2). 어떤 점에서 앗수르인들은 다른 나라들을 통제하기 위한 수단으로 이러한 방법들을 사용했을 수도 있다.

D. 니느웨의 수치스러운 멸망(3:5-7)

Supporting Idea	죄는 니느웨에 부끄러움과 수치를 가져올 것이다.

3:5-7. 주님은 내가 네 대적이 되어라는 2장 13절의 무시무시한 후렴구를 반복하셨다. 니느웨는 앞의 구절에서 사람을 유혹하는 기생으로 묘사되었고, 이제 그들은 그에 합당한 벌을 받게 될 것이다. 니느웨는 창기와 마찬가지로(겔 16:35-39, 호 2:3) 그 벌거벗은 것을 그들이 억압하던 열국에 드러내게 될 것이다. 이 징벌은 앗수르인들이 실제로 정복당한 사람들을 벌거벗기고 그들을 벌거벗긴 채 강제로 포로로 끌고 갔던 점에 비추어 매우 합당한 것이었다. 고대에 창녀들은 공적으로 수치를 당했고, 사람들은 온갖 더러운 오물들을 그들에게 던졌다. 옛날이나 지금이나 전쟁에서 패하는 것은 끔찍한 수치다. 한때는 매력적이었던 이 창녀를 보는 사람들은 모두 기겁하며 깜짝 놀라 도망할 것이다. 니느웨는 많은 나라들 앞에 큰 수치를 당하고 전에 불쌍했던 민족들 앞에 그 수치를 보이게 될 것이다. 그 성읍의 황무함을 보고 아무도 애곡하거나 위로하지 않을 것이다. 오히려 만국 백성들은 자신들을 향한 니느웨의 잔혹함이 끝이 났음을 인해 기뻐할 것이다(3:19).

E. 니느웨의 멸망의 확실함(3:8-18)

Supporting Idea	주님이 이전에 악한 성읍들을 바로잡으신 것과 마찬가지로 니느웨는 아무리 버티려 해도 멸망하고 말 것이다.

3:8. 어떤 사람은 강력한 니느웨가 멸망하리라는 나훔의 담대한 예언에 대해 의심했을 수도 있다. 그 도성은 난공불락처럼 보였다. 그러나 나훔은 니느웨의 멸망은 확실하다고 선언했다. 절대 무너지지 않을 것처럼 보이던 다른 성읍들도 무너졌고, 니느웨도 예외가 아니라는 것이었다. 나훔은 북애굽의 장대한 수도로서 한때 거대한 성읍이었던 노아몬을 예로 들었다. 노아몬은 데베(Thebes)의 히브리 이름으로 그 의미는 '아몬의 도시' 이다. 아몬(혹은 아문, Amun)은 그 당시 애굽 최고의 신인 태양신이었다. 데베라는 이름은 그 도시가 디오스폴리스(Diospolis, 하늘의 도시)라고도 불린다는 것을 알고 있던 헬라인들에 의해 붙여진 이름이다.

카르낙(Karnak)과 룩소르(Luxor)의 유명한 신전들, 스핑크스가 서 있는 거리 그리고 수많은 유적들이 데베라는 도시 안과 그 주변에 세워졌다. 람세스 2세(Rameses II), 투트모세 3세(Thutmosis III), 투탕카멘(Tutankhamun, 투트 왕)과 같은 유명한 애굽의 군주들이 왕의 골짜기 안에 위치한 무덤에 묻혀 있다. 이 무덤들 대부분은 조각되거나 채색된 벽화와 상형문자들이 들어 있는 방을 포함하고 있다. 1922년 발견된 투탕카멘의 석실 안에는 젊은 왕과 함께 매장된 5천 점이 넘는 부장품이 들어 있었다. 그리고 하트셉수트(Hatshepsut) 여왕을 제외한 모든 왕의 부인들은 여왕의 골짜기 남쪽 땅에 묻혔다.

데베는 구약의 다른 곳에서 네 번 언급되고 있다(렘 46:25; 겔 30:14-16). 고대 데베는 오늘날의 카이로에서 남쪽으로 720킬로미터 떨어진 곳에 있었다. 니느웨와 마찬가지로 데베는 강(나일강)가에 자리 잡고 있고, 물이 둘려 있어서 방어적으로 훌륭한 자리를 점하고 있었다.

3:9. 구스는 오늘날 수단과 북부 에티오피아를 포함하는 지역으로 데베가 멸망할 당시 애굽을 다스리던 나라였다. 붓(애굽의 남부로, 소말리아일 가능성이 높다)과 루빔(서부)은 서로 동맹을 맺었고 데베의 안전을 더욱 보강해주었다.

3:10. 데베는 유리한 모든 것들을 갖추고 있었지만 주전 663년 앗수르의 왕 앗수르바니팔이 이끄는 군대에 의해 멸망했다. 앗수르 군사들은 잔인했다. 연약한 어린아이들도 모든 사람들이 보는 앞에서(길모퉁이에서) 살해당했다(호 13:16, 또한 시 137:9; 사 13:16, 18; 호 10:14를 보라). 그들은 부상으로 받은 노예, 데베의 귀족들(존귀한 자들)을 놓고 도박을 벌였고, 그 성읍의 높은 사람들(대인들)을 사슬로 결박하였다. 그리고 거민

들은 포로가 되어 사로잡혀갔다. 참으로 끔찍한 일이었다! 그러므로 니느웨가 멸망할 것이라는 데 더 이상 의심이 들지 않을 것이다.

3:11. 만일 그 강력했던 데베가 그렇게 처참한 모습으로 무너질 수 있었다면 니느웨에도 더 이상 희망이 남아 있지 않을 것이다. 나훔은 니느웨가 데베처럼 약해져서 취한 사람처럼 되고, 대적이 두려워 도망하게 될 것이라는 경고로 마무리를 한다. 재미있게도 헬라의 역사가인 디오도루스 시쿨루스(Diodorus Siculus, 주전 90-21경)는 앗수르인들은 니느웨가 공격을 받을 당시 만취 상태에서 주신제를 벌이고 있었다고 말하고 있다(이는 바벨론이 멸망하던 밤 벨사살이 만취 상태의 주신제를 행했던 것과 유사하다). 너도 피난처를 찾아보리라는 "너는 숨겨지리라"(KJV), 혹은 "너는 보이지 않게 될 것이다"(NKJV, NASB)로 번역할 수도 있다. 두 번째 번역을 따르는 어떤 주석가들은 나훔은 지금 니느웨가 역사로부터 사라지게 될 것을 예언하고 있다고 이해한다.

이 고대 도시는 1850년 레이야드(A. H. Layard)가 이라크 사막(쿠유니크) 가운데 남은 희미한 폐허들이 고대 니느웨의 영역임을 적극적으로 밝히기 전까지는 세상에 그 위치도 알려지지 못하고 있었다. 앗수르바니팔(주전 669-628)은 2만여 개의 서판을 소장한 도서관을 보유하고 있었는데, 그 가운데는 문학 작품, 마술과 주술 관련 소장품, 왕가의 문서와 서한들이 포함되어 있었다. 이 귀중한 도서관은 1853년 니느웨의 폐허 가운데서 발견되었다.

3:12-13. 처음 익은 열매(잘 익은 열매)는 흔들기만 하면 쉽게 떨어지는 것과 마찬가지로, 니느웨의 방어막은 적에게 쉽사리 굴복하고 말았다. 한때는 사자처럼 흉폭했던(2:11-12) 앗수르의 군사들은 적군을 보고 두려워 굴복하고 여인같이 약해졌다(사 19:16; 렘 50:37, 51:30 참조). 요새는 적의 공세를 견디지 못했다. 적의 군대는 넓게 열린 성문(아마 엄청난 기세로 흘러들어가는 범람 때문이었을 것이다)들을 통해 쏟아져 들어왔고, 성문 빗장을 비롯한 성내 곳곳에 불을 질렀다. 고고학자들은 니느웨가 적들에 의해 불타버렸음을 증거하고 있다.

3:14-15. 나훔은 역설적으로 적들의 포위 공격(에워싸일 것)에 대비할 것을 촉구했다. (1) 많은 물을 저장하라. (2) 산성을 견고케 하라. (3) 흙으로 벽돌을 충분히 구워 성벽의 갈라진 부분을 수리하라. 그러나 그렇게 방비를 강화한 성 안에 불과 칼이 몰려들고, 늣(메뚜기의 일종으로 보임)처럼 그들을 먹어치울 것이다. 고고학자들은 화공이 니

느웨 왕궁을 무너뜨리는 데 크게 기여했다고 확신한다. 헬라 전승에 의하면 니느웨의 왕이 자기 궁에 불을 질러 그 속에서 죽음으로써 자살했다고 상술한다. 니느웨는 인구가 30만 명가량으로, 이는 당시로는 무척 많은 숫자였지만 나훔은 그들에게 메뚜기 떼처럼 숫자를 스스로 많게 하라고 충고했다. 메뚜기는 번식 능력이 뛰어나 삽시간에 수백만에서 수억 마리로 불어나 떼를 이룬다. 그러나 비록 니느웨 백성이 메뚜기 떼처럼 많았다 하더라도 그들은 여전히 무너지고 말았을 것이다. 왜냐하면 여호와 하나님이 그렇게 명하셨기 때문이다.

3:16. 니느웨의 수많은 상고들(상인들)은 티그리스 강을 사방으로 돌아다니며 페니키아인들과 거래를 했다. 그들의 상거래 활동으로 인하여 그 나라는 부유하게 되었다. 이 구절의 후반부는 상인들이 물건을 싣고 그 성을 떠난다는 의미일 수도 있고, 침략군이 니느웨가 수지맞는 거래를 통해 모은 재물을 약탈해갈 것이라는 의미일 수도 있는데, 후자일 것으로 본다(2:9-10). 적들은 마치 메뚜기 떼와 같이 그 땅을 탈취하여 아무것도 남지 않게 할 것이다(우리말 성경에는 황충이 날아감과 같고로만 번역됨 - 역주).

3:17. 메뚜기와 비교되는 점은 한 가지가 더 있다. 메뚜기들은 추운 날에는 움직이지 않다가 해가 비쳐 날개가 따뜻해지면 날아간다. 이런 메뚜기와 같이 니느웨의 지도자들은 그 성읍을 메대와 바벨론 사람들에게 버려두고 자기 목숨을 구하기 위해 도망했다. 고대 문헌에 의하면 앗수르의 귀족들이 실제로 도망했다고 이야기한다. 나훔은 메뚜기를 통하여 여러 가지 모습, 곧 모든 것을 멸망시키는 침략군, 니느웨의 수많은 거민들 그리고 니느웨 지도자들의 도주 등을 묘사하는 빼어난 문학적 성취를 보여주고 있다.

3:18. 이 책의 마지막 구절은 앗수르의 종말을 노래하는 장례식의 비가와 흡사하다. 나훔은 이제 앗수르 왕을 직접 호명한다. 전쟁은 끝이 나고 왕은 앗수르의 지도층과 귀족들이 모두 죽었다는 보고를 받는다. 더 이상의 저항은 무의미했다. 앞절에서 앗수르의 지도층들은 메뚜기에 비유되었는데, 여기서는 목자에 비유되고 있다. 구약에서 모든 지도자들은 목자로 불렸다(민 27:17; 사 44:28; 렘 17:16, 23:1; 겔 34:2-23, 37:24; 슥 10:2-3, 11:5). 앗수르의 왕들 역시 스스로를 목자라고 불렀다. 자다라는 말은 성경에서 육체의 죽음을 나타내는 데 널리 사용된 말이다(시 76:5; 사 26:19; 단 12:2; 요 11:11-14). 목자가 없으면 백성들은 산과 들에서 방향을 잃고 헤매는 양떼처럼 흩어진다. 도망자들은 대개 많은 군대 병력이 접근하기 힘든 산악 지대에서 피난처를 찾게 마련이다. 2천 년

동안 앗수르는 하나의 국가로 존재해왔고, 그 전성기에는 근동 지방의 대부분을 통치했었다. 그러나 이제 완전히 무너지고 그 자주적 성격을 상실하고 말았다.

F. 니느웨의 멸망이 주는 기쁨(3:19)

Supporting Idea	앗수르의 압제를 받아오던 유다를 비롯한 다른 나라들은 그들을 억누르던 자가 멸망한 것을 보고 기뻐할 것이다.

3:19. 앗수르의 다친 것은 고칠 수 없는 것이었고, 그 상처는 중하였다. 이 왕조를 하란에서 살아남게 하려다 실패로 돌아간 아수르 - 우발릿(주전 612-609)의 시도에도 불구하고 앗수르는 다른 많은 나라들처럼 역사의 무대 뒤로 사라졌다. 앗수르는 다시 단결하여 일어서지 못했고, 이는 고고학자들이 입증한 사실이다. 그러나 그 종말을 아쉬워하거나 슬퍼하는 이는 하나도 없었다. 앗수르는 주변 나라들에게 늘 악행을 가했고, 이제 세상은 그의 마지막 가는 모습을 기뻐하는 것이다. 그의 멸망 소식을 듣는 자가 다 기뻐할 것이다(1:15).

Main Idea 복 습	사악함과 압제 위에 세워진 민족과 국가는 멸망할 것이며, 하나님의 백성은 구원을 받을 것이다.

결론

심판은 기독교적인가?

오늘날 심판이 그리스도의 사랑과 어울리지 않는다고 생각하는 사람들이 상당수 있다. 그들은 이렇게 주장한다. "구약의 선지자들은 지나쳤다! 왜 심판을 예언하던 그 선지자들은 예수님처럼 상냥하고 사랑을 베풀 수 없는가?" 첫째, 나훔서에는 다른 예언서와 마찬가지로 하나님의 백성을 향한 위로와 소망의 메시지가 담겨 있다(1:7, 12-13, 15, 2:2, 3:18). 그 메시지는 사악한 사람들을 향해서만 어두운 소식이다. 둘째, 예수님도 성경에서 가장 무시무시한 심판을 선포하셨다(마 23:33). 그러나 예수님은 우리를 사랑하셔서 우리를 위해 피를 흘리시고 십자가의 고통 가운데 돌아가심으로 우리는 천국에 갈 수 있게 되었다.

더 나아가, 하나님의 사랑과 진노라는 원칙은 서로 모순되는 것이 아니다. 2001년 9월 11일 테러분자들이 삼천 명의 무고한 남녀노소를 볼모로 펜타곤과 국제무역센터를 공격했을 때, 많은 그리스도인들은 그 범인들에 대한 하나님의 사랑과 심판 사이에서 많은 생각과 갈등을 겪어야 했다. 그러나 하나님이 악을 심판하셔야만 하는 것은, 그분은 사랑이시고 거룩하신 분이기 때문이다. 공의로운 재판장이신 하나님은 죄인을 자유롭게 풀어주실 수 없다. 사랑이 넘치는 하나님은 자기 백성을 해치는 나라와 개인들로부터 그들을 지키셔야만 한다. 그렇기에 심판이 필요한 것이다.

우리는 이 두 가지 진리를 나훔의 예언서 가운데서 찾아볼 수 있다. 나훔은 하나님이 사악한 니느웨를 엄하게 벌하실 것임을 단호하게 선언했다. 다른 한편으로, 하나님은 자기 백성을 사랑하시고 그들의 압제자를 제거하심으로 그들을 구원하실 것이다.

▣ 진리 알기

- 하나님은 사랑이시지만 그분은 또한 죄를 심판하신다.
- 주님은 공의로우시기 때문에 죄인이 벌을 받지 않는 것을 허락하지 않으신다. 그 어떤 제국이나 개인도 우리의 전능하신 하나님의 심판을 피하거나 거스를 수 없다.
- 주님은 자기 백성을 사랑하시며 그들을 압제자로부터 구해주실 것이다.
- 악한 세력의 멸망은 하나님의 백성에게 기쁨을 안겨준다.

▣ 적용하기

- 모든 나라와 개인은 자신이 저지른 죄로 인한 벌을 받지 않을 것이라는 헛된 생각에 빠져서는 안 된다.
- 하나님은 자비로우시며, 오래전 요나의 선포에 회개했던 니느웨 사람들을 구하신 것처럼 회개하는 민족과 개인들을 얼마든지 용서하실 것이다.

- 하나님의 심판을 피할 유일한 방법은 자기 죄를 회개하고 예수 그리스도를 주와 구주로 영접하는 것이다.
- 핍박받는 그리스도인들은 하나님이 그들을 잊지 않으시며, 언젠가 그들을 구해주시고, 그들을 괴롭히던 자들을 심판하실 것을 알고 능히 기뻐해야 한다.
- 그리스도가 장차 다시 오셔서 이 땅의 모든 억눌린 것과 죄악들을 없게 하실 기쁨의 순간을 인해 주님을 찬양하라.

삶의 적용

범죄의 치료

범죄를 일으키는 요인은 무엇일까? 학자들은 이 문제를 놓고 오랫동안 논쟁을 벌여왔다. 그리고 빈곤, 인종차별, 사회적 소외, 관대한 판사, 충분하지 못한 형량, 잘못된 양육 등을 모범 답안으로 내놓았다. 확실히 이 모든 것들이 범죄를 일으키는 요소로 작용한 것은 사실이지만 근본 원인이라고는 할 수 없다. 예를 들어, 만일 빈곤이 범죄를 만들어낸다면 왜 인구의 1/4이 전혀 수입이 없었던 대공황 때에 범죄율이 그렇게 줄어들었을까? 그리고 왜 1980년대와 1990년대의 성장기에는 범죄가 증가했을까? 재소자선교단(Prison Fellowship Ministries)의 창립자인 찰스 콜슨(Charles Colson)은 이렇게 말한다.

> 나는 작년에 소련의 내무부장관을 만났다. 그는 자기 나라의 범죄율이 한 해에 38퍼센트나 증가했다고 놀라울 정도로 솔직하게 말했다.
>
> 그가 말하길, 소련 사람들은 정치적 · 경제적 난관으로 인해 범죄의 길로 내몰리고 있다고 한다. 그렇지만 나는 그렇지 않다고 말했다. 장관의 나라 문제는 경제

> 적인 것이나 정치적인 것이 아니라, 영적인 것이라고 말이다.
>
> 그리고 그 나라의 작가인 도스토예프스키의 소설을 읽어보라고 말했다. 도스토예프스키는 세상의 악의 근원에 관하여 서로 이견을 달리하는 세 형제에 관한 이야기인 「카라마조프가의 형제들」이라는 불후의 명작을 남겼다. 그 소설의 마지막 부분에 한 주인공이 이렇게 울부짖는다. "만일 신이 없다면, 모든 것이 허용된다!"
>
> 나는 그에게 당신들의 문제는 칠십 년 넘게 계속된 무신론이라고 분명히 말했다. 소련 정부는 사람들의 머릿속에 하나님은 없다는 생각을 집어넣었고, 그 결과 사람들은 모든 것이 허용된다는 결론에 이르게 되었다.
>
> 하나님이 없으면 인간의 저급한 욕구를 억제할 수단이 없게 된다. 그리고 범죄는 필연적으로 일어나게 된다.
>
> 나는 그 장관에게 재소자선교단에 대해, 그리고 그 단체가 감옥 안에 하나님의 말씀을 전달하고 있음을 이야기했다. 그는 탁자 건너편으로 나를 바라보면서 이렇게 말했다. "콜슨 씨, 당신이 옳습니다. 그게 바로 우리 소련에 필요한 것입니다" (Colson, 「*A Dance with Deception*」, Word Publishing, 1993, pp. 201-202).

찰스 콜슨이 옳다. 시민 사회를 만들어내는 유일한 것은 하나님을 향한 온당한 두려움이다. 사람들은 오래전 나훔이 우리에게 가르친 것을 반드시 깨달아야 한다. 그것은 우리의 죄를 지켜보시고 심판하시는 하나님이 계시다는 사실이다. 언젠가 모든 사람은 하나님 앞에서 자신의 말과 행동과 생각 모두를 책임지고 해명해야 할 것이다. 그러므로 우리는 어떻게 살아야 할지 조심해야 한다.

장차 심판의 날이 있을 것이므로 성도들은 하나님을 아는 지식을 다른 사람들에게 부지런히 전해야 한다. 우리는 친구, 직장 동료, 이웃 그리고 친지들에게 하나님이 그들을 사랑하고 계시다는 것을 알려야 한다. 그러나 우리는 또한 하나님의 또 다른 면이 있음을 경고하는 것 역시 놓치지 말아야 한다. 만일 그들이 자기 죄에서 돌이키지 않는다면 그들은 하나님의 진노를 직면하게 될 것이다(요 3:26). 당신은 해마다 수백만 명이나 되는 사람들이 하나님을 모른 채 영원한 죽음에 빠지고 있다는 사실을 알고 있는가? 당신은 그들을 지옥으로의 영벌에서 구하고자 하는 열심이 있는가? 그렇다면 아직 시간이 있을 때 그들에게 그리스도를 전하라.

기도

오 주님, 우리가 이 땅에서 양심이 이끄는 대로 자유롭게 당신을 예배할 수 있게 해주셔서 감사합니다. 이 세상에는 아직도 이러한 특권을 누리지 못하는 이들이 많이 있음을 잊지 않게 해주시옵소서. 그들은 당신의 아들이신 예수 그리스도를 반대하는 이들에 의해 핍박을 받고 심지어 죽음에 이르기까지 합니다. 우리로 그리스도 안에서 한 형제요 자매인 그들을 위해 기도하는 것을 잊지 않게 하옵소서. 주님, 주께서 오래전에 나훔 선지자의 백성들을 구하신 것처럼, 그들을 악한 개인과 체제로부터 구하옵소서. 우리에게 예수님이 다시 오실 것이며 온유한 자들이 '땅을 기업으로 받을 것' 이라는 소망을 주심을 감사합니다. 예수님의 이름으로 기도합니다. 아멘.

심층 연구

A. 고대 전차(2:3-4)

말이 끄는 전차는 주전 3000년 이전에 이미 메소포타미아 지방에서 두루 사용되었고, 주전 1800-1600년경에 힉소스 족에 의해 가나안과 애굽에 도입되었다. 전차는 나무로 된 몸체에 두 개의 바퀴가 달리고 여러 가지 가죽과 금속(청동, 철) 부품이 장착되었는데, 대개 한 쌍의 말이 몰았다. 주로 전쟁에서 이동하며 화살 등을 발사할 수 있는 받침대로서의 역할을 한다. 사냥할 때도 사용되고, 거국적이거나 종교적인 행사가 있을 때 귀빈의 이동에 사용되기도 한다. 전차 가운데 애굽의 전차가 성경에서 가장 처음 언급되고 있으나(창 41:43, 46:29, 50:9) 블레셋(삿 1:19, 4:3, 13-17; 삼상 13:5-7)과 이스라엘(왕상 4:26, 9:15-19, 10:28-29)도 전차를 보유하고 있었다. 앗수르의 기록을 보면 아합이 주전 853년 카르카르 전투 때 2천 대의 전차를 투입했음을 알 수 있다. 앗수르의 산헤립왕은 전차 위에 올라탄 모습으로 묘사되고 있다(왕하 18:13, 19:9, 16, 20, 36).

B. 니느웨 궁전(2:6)

주전 7세기에 니느웨에 존재하던 주요 궁전들 가운데 산헤립이 살던, 이른바 '감히 비교할 상대가 없는' (오늘날 남서 궁전으로 알려진) 궁전이 가장 유명했다. 서로 연결된 71개의 방(길이 60미터, 폭 13미터 크기의 2개의 큰 대전을 포함하여)과 뜰로 이루어진 엄청난 규모의 이 궁전은 크기가 가로 세로 각각 545미터, 262미터였다(축구장 25개가 들어갈 수 있는 넓이). 황제가 있는 방으로 들어가면 흰 대리석으로 만든 무수한 날개 달린 황소상(그 가운데 몇 개가 시카고 동양박물관에 소장되어 있음)이 위압적인 자세로 자리를 차지하고 있다. 청동 사자상, 전쟁의 모습을 세밀하게 묘사한 부조, 석회암에 조각을 가한 건물 정면 역시 궁전 안을 장식하고 있다. 고고학자들은 1850년부터 이곳을 발굴하기 시작했는데 아직도 다 마치지 못하고 있다.

C. '만군의 여호와' (2:13)

'만군의 여호와' 는 NIV에서는 '전능하신 여호와(The LORD Almighty)' 로 번역되어 있다. 이 거룩한 호칭은 구약에서 2백여 회 이상 등장하는데, 심판에 관한 본문에서 종종 나타난다. 원래 '만군' 은 군대를 가리킨다. 이는 도열한 군사(삿 4:2), 천국 거주자(왕상 22:19) 혹은 하늘 위의 군중(신 4:19)을 가리키는 것일 수도 있다. 이 호칭은 하나님이 자신의 명령에 따라 의인을 지키고 사악한 자들을 멸하려고 기다리고 있는 천국 군대의 대장임을 나타내는 말이 분명하다. 니느웨는 가장 큰 적이 메대와 바벨론의 군대가 아니라 '만군의 여호와' 이심을 몰랐다. 그분은 또한 자기 백성을 시기하듯이 지켜보시고, 그분이 지휘하는 천사들의 군대는 항상 우리를 돕기 위해 보낼 준비가 되어 있다.

D. 피 성(3:1)

나훔은 니느웨를 '피 성' 이라고 묘사했고, 이러한 앗수르의 잔인함은 많은 유물의 발견으로 충분히 입증되었다. 살만에셀 3세(주전 858-824)는 한 부조(금속이나 돌에 새긴 그림)에서 두 손에 수갑을 채우고 두 발은 잘라낸 죄수를 보여주고 있다. 그 부조의 다른 부분에는 그 위에 일곱 개의 사람의 머리를 매단 채 마치 인간 장승처럼 서 있는 세 개의 막대기가 그려져 있다. 에살하돈(주전 680-669)은 두 명의 포로들의 아랫입술에 고리를 뚫어 연결한 밧줄을 붙들고 있는 모습이 그려져 있다. 자신의 무시무시한 행동을 자랑스러워하고 있는 앗수르바니팔 왕(주전 668-627)은 다음과 같은 자신의 잔인함을 돌판에 새겨 넣었다. 하나는, 두 사람의 엘람인 죄수들이 땅바닥에 놓인 막대 위에 밧줄로 묶여 있는 가운데 두 앗수르인이 그들을 산 채로 껍질을 벗겨 상상할 수 없는 고통 가운데 죽음에 이르게 하는 장면이다. 또 다른 장면은 한 앗수르인이 포로의 잘린 머리를 밧줄에 엮어서 들고 가는 장면이다. 같은 그림 아래에는 한 앗수르 병사가 한 죄수의 머리를 잡고 있는 동안 다른 병사가 그 죄수의 혀를 잘라내는 그림이 그려져 있다. 또 다른 앗수르의 부조에는 왕 산헤립(주전 704-681)이 죽은 적군의 머리를 아무 감정 없이 하나씩 세고 있는 장면이 들어 있다.

주전 701년에 산헤립은 유다를 침공했는데, 만일 하나님이 간섭하지 않으셨다면 분명 예루살렘을 함락시켰을 것이다(왕하 18:13-19:37). 그 전쟁 기간 동안 앗수르 왕은 유다의 요새인 라기스를 포위 공격하여 무너뜨렸다(왕하 18:14, 17, 19:8). 산헤립은 이 승리에 기뻐하며 이 전투 장면을 니느웨에 있는 자기 궁전 벽(총 길이 23미터)에 그림으로 새겨 넣었다. 이 그림 안에서 유다 병사는 앗수르 병사들이 공성기를 배치시키는 동안 성벽에 붙어 싸우는 모습으로 그려져 있다. 포위된 성 주변 외곽에는 나무에 꿰뚫린 유대인들의 모습이 그려져 있다. 하나님의 백성을 향한 이런 잔인함이라니! 나훔이 니느웨를 '피 성' 이라 불렀던 것이 조금도 이상한 일이 아니었다. 어찌 하나님이 이런 악의 근원에 심판을 퍼붓지 않을 수 있겠는가?

E. 니느웨의 멸망(3:7, 18-19)

산헤립(주전 704-681)과 그의 다른 후계자들의 재위 기간에 앗수르는 감히 대적할 수 없는 정치적 권력을 가진 국가로 성장했다. 산헤립 시절에 니느웨에는 그 둘레에 열여덟 개의 대문에 13킬로미터 길이의 성벽이 세워졌다. 50킬로미터 떨어진 곳에서 물길을 끌어들여 정원과 공원에 물을 대었다. 그렇지만 80년이 채 못 되어 이 제국은 와해되어 완전히 그 자취를 감추고 말았다. 그 제국의 수도였던 니느웨는 너무나 철저하게 파괴되어, 19세기 중엽에 이르러서는 사람들의 기억 속에서 까맣게 잊혀져 있었다. 그리스의 역사가인 헤로도투스는 주전 5세기의 티그리스 강에 대해 '전에 니느웨 성읍이 서 있던 강' 이라고 말했다.

니느웨의 종말은 주전 612년 바벨론과 메대의 연합군이 그 도시를 쳐들어왔을 때 찾아왔다. 나훔 2장 6절은 수문이 열리는 것이 그 종말에 어느 정도 공헌했음을 시사하고 있다. 고대 그리스 역사가인 디오도루스(Diodorus)에 따르면, 강물이 범람하여 니느웨 성벽을 여러 곳 무너뜨렸고, 그로 인해 그 성에 대한 공격이 가능했다고 한다. 고대 바벨론의 기록에는 석 달 동안의 포위공격 후에 성이 함락되었고, 그곳은 '시체가 산을 이루고 잔해가 언덕을 만들 정도' 였다고 전한다. 니느웨의 왕 신샤라스쿤은 죽임을 당했다. 그리스의 작가인 루시안(Lucian, 주후 120-180년경)은 이렇게 선언했다. "니느웨는 멸망했고, 지금으로서는 그곳이 어디인지 알 수 있는 흔적조차 남지 않았다."

니느웨를 발굴한 이들 가운데 한 사람인 레이야드(A. H. Layard)는 이렇게 말한다.

"다행히도 우리는 니느웨를 고대 세계의 불가사의로 만든 그 장대함과 능력 그리고 신의 복수를 가장 극명히 보여주는 하나의 예로서 선지자의 예언의 주제였던 그 도시의 멸망에 대한 가장 분명하고도 영원한 증거를 얻게 되었다. 이 유적이 보여주는 증거가 없었다면 우리는 위대한 성읍 니느웨가 존재했었다는 것을 의심하고 말았을 정도로 그 성읍은 철저하게 '폐허와 쓰레기' 로 변하고 말았다"(Maier, p. 135-136).

니느웨는 나훔이 예언한 대로 멸망했다. 하나님의 말씀은 결코 틀리지 않는다!

F. 죽음을 나타내는 표현인 잠(3:18)

'잠' 은 성경에서 육체의 죽음을 나타내기 위해 자주 사용되는 화법이다(시 76:5; 사 26:19; 단 12:2; 요 11:11-14; 행 7:60; 고전 15:51; 살전 4:13). 그러나 이 구절들은 어떤 이들이 말하는 것처럼, 죽은 사람들은 소멸된다거나 혹은 '영혼의 잠' 을 잔다는 이론을 조금도 뒷받침하지 않는다. 성경은 성도의 영혼이 그 육체를 떠나면 바로 여호와 하나님 앞에 간다고 분명히 말씀하고 있다(고후 5:8; 빌 1:21-23). 마찬가지로 불신자의 영혼이 그 육신을 벗어나면 곧바로 깨어 있는 고통의 세계로 가게 된다(눅 16:22-31). 따라서 여기서 말하는 잠이란 죽은 육체의 비활동성만을 가리키는 것으로 보아야 한다. 우리가 이 세상에서 벗어나는 그 순간 눈을 뜨자마자 더 좋은 세상이 기다리고 있다는 생각은 얼마나 큰 축복이겠는가? 무엇보다 더 좋은 것은 충만한 영광 가운데 계신 우리 주님과 구세주 예수 그리스도를 뵈올 수 있다는 것이다.

G. 니느웨의 멸망을 기뻐함(3:19)

니느웨가 무너졌을 때, 온 세상이 기뻐했다. 잔인하게 들릴지 모르겠지만 그 축하는 저열한 복수심의 발로가 아니라 독재자의 몰락에 대한 온당한 반응이었다. 아돌프 히틀러와 그가 이끄는 나치 제3제국이 제2차 세계대전 말에 무너졌을 때 미국을 비롯한 온 세상이 다 같이 기뻐했다. 우리는 모두 전쟁이 끝났다는 소식을 듣고 뉴욕의 타임 광장에 모여 환호하는 사람들의 모습을 담은 사진을 볼 수 있다. 그들은 수백만 명의 죄 없는 사람들을 살해하고 압제한 통치가 끝났기 때문에 모두 기뻐했다. 이와 같은 이유로 주전 612년 세상은 니느웨의 멸망 소식을 듣고 기뻐한 것이다.

고안

A. 들어가는 글

1. "독재자의 죽음"을 읽어주라.

2. 배경 설명 : 나훔은 2-3장에서 주전 612년에 바벨론과 메대인들의 손에 의해 이루어진 니느웨의 멸망을 생생한 어조로 묘사하고 있다. 선지자는 니느웨의 멸망의 이유를 이렇게 설명하고 있다. 하나님의 백성은 앗수르인들의 압제하에 고통을 받았고 그들을 속박으로부터 벗어나게 하기 위해 그들을 괴롭히던 자들은 반드시 제거되어야만 했다. 하나님은 친히 니느웨의 대적이 되겠으며, 앗수르의 죄악이 극에 달했기 때문에 그들을 심판하시겠다고 선언하셨다. 이 교만한 제국의 멸망은 수치이자, 아무도 구해줄 이 없는 확실한 것이 될 것이다. 니느웨가 무너질 때 그토록 오랫동안 앗수르에 억눌림을 당한 모든 이들은 기뻐할 것이다.

3. 적용 : 2-3장을 보면, 나훔이 악한 개인과 세력은 반드시 멸망한다는 영적 원리를 제시하고 있음을 볼 수 있다. 공평하신 하나님, 자기 백성을 지키시는 하나님이라는 명성은 여기에 달려 있다. 앗수르는 많은 나라를 괴롭혔고, 유다에 있는 하나님의 백성도 그 안에 포함되어 있다. 이제 하나님이 그들을 구하시고 니느웨에 합당한 보응을 내리실 때가 되었다. 악한 세력이 일시적으로는 번성할 수 있으나 우리 하나님은 주무시는 분이 아님을 나훔은 확신시켜주고 있다. 악한 자들이 그 값을 치를 날이 반드시 온다. 나훔이 묘사하고 있는 니느웨의 멸망 가운데는 죄의 결과가 사실적으로 그려지고 있다. 그러나 나훔의 예언은 부정적인 것이 아니라, 독재자인 '니느웨'로 인해 고통당하고 있는 모든 사람에게 소망을 주는 긍정적인 메시지다.

B. 본문 이해

1. 하나님의 사랑과 니느웨의 멸망(2:1-2)
2. 니느웨의 멸망의 모습(2:3-10)
3. 니느웨가 멸망당할 이유들(2:11-3:4)
4. 니느웨의 수치스러운 멸망(3:5-7)
5. 니느웨의 멸망의 확실함(3:8-18)
6. 니느웨의 멸망이 주는 기쁨(3:19)

C. 결론 : 심판은 기독교적인가?

토의 질문

1. 당신은 하나님은 사랑이라는 사실과 그럼에도 그분은 죄를 심판하시는 분이라는 사실을 어떻게 조화시키고 있는가?

2. 하나님이 죄악을 심판하시는 이유에는 어떤 것들이 있는가?

3. 하나님의 심판이라는 성경의 가르침을 부인하는 것은 어떤 점에서 위험한가?

4. 당신은 대부분의 불신자들이 하나님이 자신들의 죄를 벌하실 것이라고 느끼고 있다고 생각하는가? 어떻게 하면 공격적이지 않은 자세로 그들이 현재 타락했다는 것을 경고할 수 있겠는가?

5. 어떻게 하면 현재 자신의 믿음을 지키기 위해 악한 통치 체제로부터 핍박을 받고 있는 곳에 살고 있는 성도들을 도울 수 있겠는가?

하박국 서문

하박국 개요

- 다른 많은 소선지서와 마찬가지로 하박국도 3장, 56절에 이르는 짧은 분량이다.
- 본서는 1-2장과 3장, 이렇게 2부로 구성된다. 두 부분은 본문이 선지자 하박국의 글임을 밝히는 문장으로 시작하며, 그 내용도 서로 구별된다.
- 1-2장에서 하박국은 (1) 왜 하나님은 유다 가운데 존재하는 악을 벌하지 않고 허용하시는가? (2) 어떻게 공의로우신 하나님이 유다의 죄를 심판하기 위해 유다보다 더 악한 바벨론을 사용하실 수 있는가? 하는 2개의 수수께끼를 붙잡고 씨름하고 있다.
- 3장에서 하박국의 예언은 전능하신 하나님을 찬양하는 장엄한 노래로 결론을 맺고 있다. 지금까지 있었던 험난한 시절에도 불구하고 하박국은 하나님은 공평하시고 선하신 분임을 확신하며 계속해서 주님을 찬양하려 한다.
- 전통적으로 본서 전체는 하박국의 저작으로 인정되어 왔다. 본서에 전체적으로 흐르는 통일된 주제와 제재, 용어 그리고 관점은 이러한 견해를 뒷받침한다.

- 하박국은 주전 7세기 후반에 기록되었다. 이 예언서의 기록 시기를 확정 짓는 근거는 다음과 같다. 하박국은 바벨론을 무시무시한 대적으로(1:6-10) 묘사하고 있다. 이는 니느웨가 무너지고(주전 612년) 바벨론이 최고의 권력을 쥐었음을 의미한다. 본서는 바벨론의 1차 유다 침공(주전 605년) 이전에 기록되었음이 분명하다. 왜냐하면 이 사건이 미래의 일로 언급되어 있기 때문이다. 그러나 본서의 어조는 바벨론의 침공이 임박했음을 말해주고 있다. 따라서 본서는 주전 605년 바로 앞인 유다의 악한 왕 여호야김의 재위 기간 동안 기록되었다고 할 수 있다.
- 본서의 예언은 사해사본을 기록한 사람들이 가장 좋아했던 부분이다.
- "의인은 그 믿음으로 말미암아 살리라"는 하박국의 선언은 사도 바울의 신학의 중심 요소가 되었고(롬 1:17; 갈 3:11) 후에 종교 개혁의 기치가 되었다. 그래서 흔히 '소' 선지서로 부르는 본서는 후대에 '커다란' 영향을 미쳤다.

저자 소개 : 선지자 하박국

- 하박국은 주전 7세기에 활약한 선지자로 예레미야, 나훔, 스바냐 등과 동시대 인물이었다.
- 하박국이라는 이름은 주로 '포옹하다' 혹은 '채택하다'를 의미하는 것으로 보인다. 이 의미는 이 선지자가 여호와 하나님에 의해 자신의 자녀와 전달자로 '채택' 되었다는 의미이기도 하다.
- 하박국은 특이한 선지자였는데, 그것은 그가 하나님의 말씀을 백성들에게 전한 것이 아니라 백성들을 대신하여 하나님께 말씀을 드린 선지자였기 때문이다.
- 하박국서는 하박국 선지자가 용기 있고 깊은 영성을 가진 사람임을 보여주고 있다. 반면, 그에 관한 개인적인 정보는 하나도 알려져 있지 않다. 후대의 한 유대교 전승에 의하면 그는 레위 지파의 제사장이었다고 한다. 「벨과 용(*Bell and the Dragon*)」이라는 외경(주전 1세기경 쓰임)은 하박국에 대해 다니엘이 사자굴 속에 있었을 때 그에게 먹을 것을 주기 위해 천사에게 이끌려 바벨론으로 갔

던 사람이라고 말하고 있다. 이 사건은 명백한 허구다.

• 하박국은 대화하는 방식을 취하여 자신의 논지를 전개하고 있다. 그가 질문하고, 하나님이 대답하신다.

독자 소개: 유대 민족

• 하박국의 메시지는 자신의 조국인 고대 유다 왕국의 상태를 이야기하고 있다.
• 하박국이 활동하던 시기에 북왕국(이스라엘)은 앗수르에 의해 멸망당했다(주전 721). 남왕국(유다)은 살아남았지만 주전 612년 니느웨가 멸망할 때까지 악한 앗수르 제국의 속국으로 남아 있게 되었다. 이어서 주전 605년 바벨론이 갈그미스(Carchemish) 전투에서 애굽의 바로느고 2세(Pharaoh Neco II)를 물리칠 때까지 애굽이 유다를 점령했다. 그리고 바벨론은 즉시 유다로 진군해와 유다와 그 주변 지역을 복속시켰다. 그때부터 유다는 바벨론 제국의 속국이 되었다.
• 유다 왕국은 주로 작은 부족인 베냐민 지파와 그보다 큰 부족인 유다 지파로 구성되어 있었다.
• 하박국은 유다가 요시야 왕(주전 640-609) 치하의 영적 전성기로부터 요시야의 아들인 여호야김 왕(주전 609-597) 치하에서 깊은 나락으로 굴러 떨어진 것을 목격했다.

하박국 1-2장

인생의 수수께끼

"참된 믿음은 하나님의 신비를 통하여 인생의 수수께끼를 풀어간다."

- 라인홀드 니버(Reinhold Niebuhr)

하박국은 1-2장에서 두 가지 수수께끼를 붙잡고 씨름한다. 왜 하나님은 유다 안에 존재하는 악인들을 벌하지 않고 용납하시는가? 그리고 어떻게 공의로우신 하나님이 유다보다 더 악한 바벨론을 사용하여 유다를 심판하실 수 있는가? 하나님은 선지자에게 이 수수께끼를 풀 단서를 보여주시는 은혜를 베푸신다. 제1부는 다섯 번에 걸친 '화 있을진저'라는 심판의 형태로 죄에 대한 강력한 경고를 보내는 것으로 마무리된다.

Habakkuk

들어가는 글

왜? 라는 질문

신디 립스콤(Cindy Lipscomb)과 준 보닌(June Bonnin)은 겨우 2년 전에 처음 만난 사이지만 두 사람은 금세 가까워져 가장 친한 친구가 되었다. 두 사람은 그리스도에 대한 믿음을 함께 가졌고 같은 나이대의 딸들을 두었다. 신디에게는 10살의 레이니(Rainey), 8살의 레이시(Lacey), 5살의 제시 앤(Jesse Anne)이라는 세 딸이 있었고, 준은 애슐리(Ashley)라는 8살 먹은 딸과 제시카(Jessica)라는 12살 된 손녀가 있었다. 그 아이들은 함께 지내는 것을 좋아하여 봄방학 때 철도공사의 유명한 뉴올리언스(New Orleans) 도시여행 기차를 타고 시카고로 기차여행을 하기로 결정했다. 그들은 그곳에서 시카고 시어즈 타워(Chicago' s Sears Tower) 꼭대기에도 올라가고 어린이 박물관도 방문하고 기념품도 샀다. 다음 주에 개학해서 학교에 가면 친구들에게 들려줄 이야기보따리를 잔뜩 준비했다.

1999년 아직은 추운 3월의 밤, 집으로 돌아가는 길에 기차가 철로를 따라 미끄러져가는 가운데 모든 것은 평화로워 보였다. 신디의 가족은 기차 뒤쪽의 침대차를 예약했고, 준의 가족은 앞쪽에 자리를 잡았다. 좀더 큰 아이들은 함께 모여 잠옷파티를 하고 싶어서 레이니와 레이시는 엄마에게 잘 자라는 인사로 입맞춤을 하고 자기 자리를 떠나 보닌의 식구들이 타고 있는 기차 앞자리로 자리를 옮겼다. 그리고 한 시간이 채 지나기도 전에, 시카고에서 남쪽으로 80킬로미터 떨어진 곳에 이르렀을 때 기차가 철강을 실은 트럭과 충돌하고 말았다. 이 엄청난 충격으로(수 킬로미터 떨어진 곳에서도 충돌음이 들릴 정도로) 기차는 겨우 3량만 남기고 모두 궤도를 이탈해 아코디언처럼 여기저기 흩어져 있었다. 엔진 하나는 반으로 쪼개져 있었고, 맨 앞 차량은 불길에 휩싸여 있었다.

기겁을 한 신디는 딸들을 찾기 위해 달려갔다. "불길을 보는 순간 차라리 죽었으면 싶었어요. 왜냐하면 바닥에 엎드려 있다는 것은 죽었거나 기도하는 것 중의 하나를 의미한다는 것을 알았기 때문이에요. 그 순간 저는 자리에 앉아 기도했습니다."라고 신디는 말했다. 사고 처리가 끝났을 때 사망자는 11명이었고, 그 가운데는 레이니, 레이시,

준 보닌 그리고 준의 손녀 제시카가 포함되어 있었다. 기적적으로 준의 여덟 살 난 딸 애슐리는 기차 문이 떨어져 나가는 바람에(기차는 뒤집혀 있었다) 겨우 발이 잘려 다리가 짧아진 채 잔해 밖으로 기어나올 수 있었다.

그 비극적인 소식을 들었을 때 우리 가운데 가장 믿음이 좋은 사람도 왜 그런 일이 일어났는지 이해할 수 없다는 반응을 보였다. 기차에 타고 있던 2백 명의 승객들 가운데 왜 하필 그 꽃봉오리 같은 어린 여자 아이들과 한 경건한 어머니가 희생당해야 했는가? 무엇보다 그들은 헌신된 그리스도인이었다. 역설적인 것은, 준 보닌은 4년에 걸친 암과의 투병생활을 이제 막 이겨내고 있었다는 점이다. 왜 그런 그녀가 지금 이렇게 죽어야만 했을까? 왜 그들은 하나님의 보살핌으로 맨 앞 차량이 아니라 뒤 칸인 침대차에 모여 있지 않았을까? 왜 그 사고는 한 시간 전에 일어날 수 없었을까? 그러면 적어도 레이니와 레이시는 살아남았을 텐데. 그리고 왜 그 트럭 운전사는 멈추지 않았을까?

이런 비극에서 어떤 선한 것을 찾을 수 있을까? 대부분의 질문에 대한 답은 불분명하지만, 몇 가지 분명한 것은 있다. 신디, 그녀의 남편인 매트 립스콤 그리고 준 보닌의 남편인 맥스는 이 시련의 기간 동안 전국 텔레비전 방송을 포함한 지역 및 전국적 매스컴과의 인터뷰를 통해 그리스도에 대해 아름답게 증언했다. 장례식은 멤피스 텔레비전에서 생중계되었다. 그리스도는 큰 영광을 받으셨고, 틀림없이 많은 사람들이 그들의 증거를 통해 예수님을 믿게 되었을 것이다. 그럼에도 불구하고 아직도 많은 것이 의문에 잠겨 있다.

하박국 역시 이런 인생의 수수께끼들과 정면으로 맞섰다. 우리는 이 짧은 예언서 안에서 하나님의 길과 인생의 모든 길목에서 우리가 취할 태도에 대해 더 많은 것을 배울 수 있을 것이다.

본문 이해

인생의 수수께끼

Main Idea	인생은 수수께끼로 가득 차 있지만 우리는 거룩하시고 공의로우신 우리 하나님이 공정하고 신실하게 행하실 것을 믿을 수 있다.

A. 예언의 서곡(1:1)

Supporting Idea	하박국의 예언은 우리가 인생의 수수께끼를 더 잘 이해하는 데 도움이 되는, 하나님으로부터 온 중요한 메시지다.

1:1. 예언서는 대개 도입 구절이나 저자의 이름 혹은 다른 당면한 문제들을 알리는 구절(들)로 시작하는 것이 보통이다. 그러나 하박국서는 가장 본질적인 정보만을 제공할 뿐이다. 우리는 단지 이 예언이 하나님으로부터 온 메시지이며, 그것을 전한 사람은 구약의 다른 곳에서는 알려지지 않은 하박국이라는 선지자라고만 알고 있다. 그의 역사적 배경은 그것이 비록 본서의 내용으로부터 얻을 수 있는 것이라 하더라도 명시적으로 드러나 있지 않다.

나훔과 말라기와 마찬가지로 하박국은 자신의 예언을 묵시(oracle, KJV에서는 경고 'burden')라고 불렀다(묵시라는 말에 대한 더 자세한 내용은 나훔 1:1의 본문 이해와, 나훔 1장의 심층 연구에서 해당 항목을 보라). 받다라는 말은 히브리어 '차자(chazah)'를 번역한 것으로, 이는 문자적으로 '보다' 라는 의미를 갖고 있다. 이 말은 육체의 눈으로 보는 것, 인지하는 것 혹은 예언적으로 보는 것과 같이 육안의 시력과 예언으로서의 계시 모두를 가리킬 수 있는 말이다. 여기서는 후자의 의미로 해석된다. 하나님은 하박국의 영적 눈을 뜨게 하셔서 하나님이 전하시는 메시지를 보게 하셨다. 이사야 역시 묵시(oracle)를 받았다(사 13:1, 우리말 성경에는 '경고를 받다' 로 번역됨). 때때로 선지자들은 하나님의 '선견자'(seer, 삼상 9:9)라고까지 불리었다. 하박국은 하나님과 주파수가 맞는 영적으로 민감한 사람이었다. 이런 이유 때문에 하나님은 그를 자기 동족들에게 하나님의 메시지를 전할 자로 선택하셨다.

B. 수수께끼 1: 어떻게 하나님이 악을 허용하실 수 있는가?(1:2-11)

Supporting Idea	하박국은 어떻게 거룩하신 하나님이 유다 가운데 악을 허용하실 수 있는지 도무지 이해할 수 없었으나, 하나님은 그에게 죄를 벌하실 것임을 확신시켜주신다.

1:2. 본서 하박국은 하나님께 질문을 드리는 아주 독특한 방식으로 시작하고 있다. 하박국은 대담하게도 하나님께 왜 죄를 관용하고 계신지 여쭈어보고 있다. 우리는 이 모습에 약간 충격을 받을 수도 있지만, 하나님은 하박국의 항의에 불쾌해하지 않으셨다. 하나님은 우리가 그분께 우리의 의문들을 갖고 나아가는 것을 무례한 것으로 여기지 않으신다. 오히려 하나님은 우리가 하나님이 아닌 다른 곳에서 해답을 찾으려 하는 것을 기분 나빠하시는 분이다. 하나님은 우리가 갖고자 하는 정보를 항상 주시는 것은 아니지만, 그분은 우리가 공손한 마음으로 물어보는 것을 전혀 기분 나빠하지 않으신다. 바커(Barker)와 베일리(Bailey)는 이 구절에 이렇게 주를 달았다. "하박국이 하나님께 자신의 불평을 늘어놓았다는 이 분명한 사실은 성도들로 하여금 기도 가운데 진솔하게 자신의 모든 짐을 주님께 내어놓을 수 있도록 도와준다. 하박국의 체험은 하나님이 우리의 필요를 기꺼이 들어주시고 우리의 문제를 해결하는 데 도움을 주시려 하신다는 사실을 보여주고 있다" (Barker and Bailey, p. 293).

어느 때까지니이까는 성경에 65회 나타나는 구절인데, 하나님이 공의를 드러내시는 것을 의도적으로 지연시키는 것에 대한 분노를 표현하는 말이다. 다윗은 이렇게 탄식했다.

> 여호와여 어느 때까지니이까 나를 영영히 잊으시나이까 주의 얼굴을 나에게서 언제까지 숨기시겠나이까 내가 나의 영혼에 경영하고 종일토록 마음에 근심하기를 어느 때까지 하오며 내 원수가 나를 쳐서 자긍하기를 어느 때까지 하리이까(시 13:1-3, 또한 시 6:3, 35:17, 79:5, 94:3을 보라).

하박국은 하나님이 유다 가운데 만연하는 악을 망각하시거나 무관심하신 것처럼 보이는 일에 마음이 상해 있었다. 그는 분명 하나님께 도움을 요청하여 부르짖었지만 아무런 응답이 없었다. 이는 마치 하나님이 자기의 말을 전혀 듣지 않으시는 것처럼 보였다. 하박국은 하나님이 현재 일어나고 있는 일에 무관심하다고 생각하기 시작했다. 하나님의 백성은 학대를 받고 있고, 악인들은 번성하고 있었다. 십계명을 주실 때 시내산을 불로 밝히셨던 거룩하신 하나님은 어디 계신 것인가? 왜 하나님은 지금 오셔서 그 사악한 사람들을 번갯불로 쓸어버리지 않으시는가? 유다는 죄악으로 넘쳐나고 있었다. 강포를 나타내는 히브리어(chamas)는 모욕적인 말이나 거친 대접을 의미하기도 하지만 이곳에서는 특별히 육체적인 폭력을 가리킨다. 하나님의 백성이 이 악당들에게 피해를 입고 있는데, 하나님은 개입하셔서 그들을 구원치 아니하셨다.

1:3. 하박국은 앞절에서 이 일이 '어느 때까지' 계속될지 물었다. 여기서는 하나님께 어찌하여 그런 일이 일어났는지 묻는다. 선지자는 유다 사회에 두루 퍼진 악을 묘사하기 위해 간악, 패역, 겁탈, 강포, 변론, 분쟁이라는 여섯 용어를 사용했다. 간악은 '근심, 슬픔, 악함' 을 나타내는 히브리어 명사를 번역한 말이다. 히브리 사상에서 악함은 필연적으로 근심과 고난을 가져오는 것이었다. 4절은 유다의 악함에는 간악함이 포함되어 있음을 분명히 보여준다. 의로운 백성이 법정에서 권력을 쥔 사람들에 의해 학대를 받았다. 패역에 해당하는 히브리어는 이러한 학대로 인한 고통을 암시한다. 악을 행하는 자들은 의인을 겁탈하여 무너뜨리고 유다 사회를 좀먹고 있었다. 카이저(Kaiser)는 이를 이렇게 지적한다.

> 하박국은 이 짧은 예언서 전체에서 다섯 번에 걸쳐 유다를 휩쓸고 있는 강포를 비난한다(1:2, 3, 9, 2:8, 17). 노아 역시 같은 말을 사용하여 당대의 세상을 설명하였는데, 이는 하나님이 보시기에 홍수로 멸망시켜야 마땅한 것이었다(창 6:11). 강포는 오만한 사람들이 자기 문화보다 열등한 자들에게 그보다 더 비열하고 저속하고 이기적인 자신들의 본능을 드러내보이는 것이다(암 3:10; 렘 6:7 참조)(Kaiser, 「*Mastering the Old Testament*」, p. 153).

사회의 가치관들이 무너지기 시작하면 변론과 분쟁이 일어나게 마련이다. 변론으로 번역된 히브리어는 또한 광범위한 법적 소송을 의미할 수도 있다. 왜냐하면 이 말은 일반적으로 소송을 가리키는 말이기 때문이다.

1:4. 유다의 사법 제도에는 많은 문제점들이 있었다. 첫째, 법원이 지나치게 많은 소송에 휘말려 있었는데, 이것은 오늘날 미국과 유사한 상황이다. 둘째, 율법이 해이하다는 말은 재판관들이 심판을 선고하는 데 있어서 이스라엘의 법령을 따르지 않는다는 것이다. 셋째, 재판관들이 불공정한 판결을 내리고 있었다. 이는 아마도 그들이 부자들에게 뇌물을 받았기 때문일 것이다. 악인이 의인을 함정에 빠뜨려 강제로 법정에 세워 불공정한 재판관들이 그들에게 불리한 판결을 내리게 하여 승소를 거두었다. 그러면 부자들은 그들의 재산과 소유와 때로는 그 가족들까지도 자기 것으로 삼을 수 있었다. 나봇이 바로 이런 불공정한 일을 당한 사람들 가운데 한 사람이었다. 그는 이세벨이 악한 남편인 아합 왕에게 포도원을 선물로 주기 위해 벌인 엉터리 재판으로 말미암아 자기 재산과 생명을 잃었다(왕상 21:1-16).

하박국은 주전 609년 경건한 왕 요시야가 죽은 바로 다음에 그의 못된 아들 여호야김이 다스리던 시기에 이 예언을 기록한 것으로 보인다. 유다가 요시야 재위 기간에 역사상 가장 훌륭한 영적 부흥을 일으킨 것(왕하 22:8-20)이 불과 12년 전의 일이었다(주전 621년). 그런데 이제 여호야김이 왕위에 오른 뒤 악인들이 득세하고, 온 나라는 위험에 처하게 되었다. 세상사가 어찌나 신속하게 변하는지! 이 사실은 경건한 정치 지도자들과 그들이 행하는 정치 과정에 성도들이 참여하는 일이 얼마나 필요한 것인지를 분명히 보여준다.

1:5. 하박국으로서는 하나님이 이 일에 대해 눈을 감고 계시다고 생각할 수도 있지만, 하나님은 일어나는 모든 것들을 계속 지켜보고 계셨으며 곧 개입하실 것임을 분명히 하셨다. 실제로 하나님은 하박국과 그의 동족들이 놀랄 정도로 단호하게 행동하실 것이다. 선지자는 하나님의 의도를 파악한 후 기겁을 했다. 그의 두려움은 바로 두 번째 질문(1:12-17)을 촉발시켰다. 여기서 우리는 한 가지 위로가 되는 사실을 발견한다. 그것은 하나님이 우리가 사는 세상 가운데 역사하고 계시다는 것이다. 가끔씩 이 세상이 통제에서 벗어난 것처럼 보이기도 하지만, 우리 하나님은 항상 지켜보시고 여러 가지 방법으로 자신의 뜻을 이루려고 역사하신다.

하나님은 선지자에게 눈을 들어 세상의 모습을 바라보라고 명하셨다. 어떤 일이 일어나고 있는가? 바벨론이 활발히 움직이고 있다. 주전 612년 느부갓네살 2세는 니느웨를 멸망시키고 신속히 자신의 제국을 견고하게 세웠다. 바벨론이라는 짐승은 먹이에 굶주린 채 곧 예루살렘 성문을 향해 달려들 것이다. 하박국은 이 사실을 알아차릴 수 있어야 했다.

1:6. 주님은 자신의 뜻을 위해 바벨론 사람들, 곧 갈대아 사람들을 일으키셨다. 그 뜻은 무엇인가? 비록 여기에는 구체적으로 언급되지 않고 있지만 그것은 다음과 같은 사실들로부터 추론할 수 있다. 하박국은 하나님께 유다에 있는 악을 처리해달라고 간청했다. 하나님은 그 응답으로 선지자에게 바벨론 사람들이 그들을 무너뜨리기 위해 쳐들어오고 있음을 알려주셨다. 하박국이 이 점(하나님이 바벨론을 사용하셔서 유다 안에 있는 악인들을 벌하시려 하신다는)을 파악했다는 것은 다음 질문(1:12-17)에서 분명히 드러난다. 더욱이 12절에서 하박국은 하나님이 '심판하기 위하여', '경계하기 위하여' 바벨론을 세우셨음을 깨달았다. 갈대아 사람으로 번역된 히브리어는 '카스딤(kasdim)'으로, 이를 NIV에서는 '바벨로니아 사람'으로, 우리말 성경과 KJV, NKJV, NASB, NRSV에서는 갈대아 사람으로 번역하고 있다. 엄격히 말하자면, 갈대아 사람은 바벨론을 사실상 지배하고 있는 한 종족의 이름이지만, 이 용어는 이 구절에서처럼 바벨론 사람 전체를 가리키는 말이 되었다.

하나님이 유다를 벌하기 위하여 사용하시려는 이 나라는 어떤 나라인가? 바벨론은 말할 수 없이 악한 나라로서, 그들은 하박국이 원망했던 유다의 악한 백성들보다 훨씬 더 악한 자들이었다. 6-11절에서 하나님은 친히 바벨론 사람들을 가장 엄한 용어로 묘사하셨다. 그들은 **사나운**(문자적으로는, '쓴') 백성이었다. 그 한 예가 유다 왕 시드기야를 처리한 방식이었다. 느부갓네살은 시드기야의 모든 아들을 그가 보는 앞에서 죽인 다음 그의 눈을 도려냈다(왕하 25:7). 시드기야가 마지막으로 본 것은 자기 자손들이 도륙당하는 모습이었다! 바벨론 사람들은 **성급**, 곧 성질이 급했다. 이는 그들이 다른 나라를 급하고 신속하게 정복한 것을 가리키는 말이 분명하다. 그들은 다른 나라를 집어삼키려는 욕심에 많은 전쟁을 일으켰다.

1:7. 바벨론 사람들은 세상 사람들에게 **두렵고 무서운** 존재였다. 누가 이들처럼 잔인한 민족을 두려워하지 않겠는가? 그들은 스스로 심판하는 위치에 서서 자기 마음대로 행하였다.

1:8-11. 바벨론은 누구도 막을 수 없는 강력한 군사력을 보유했다. 느부갓네살은 좋은 장비와 높은 사기를 가진 군대를 지휘하는 전쟁의 달인이었다. 물론 그 당시 병사들은 자신들이 정복한 도시에서 획득한 노획물들은 자기 것이 되며 이기지 못하면 아무 소득이 없다는 점에서 싸움에서 이겨야 한다는 생각을 가지고 있었다. 하박국은 언어의 예술가로서, 바벨론 병력을 표범보다 빠르고, 이리보다 사나우며, 독수리의 날음과 같고, 모래같이 사람을 사로잡아 모으고, 바람같이 급히 몰아 등의 생생한 언어로 묘사하고 있다. 이 모습들은 바벨론 군대의 신속함, 날렵함, 잔인함 그리고 용맹함을 강조하고 있다.

강포를 행하러 온다는 구절은 역설적인 말이다. 유다서에는 악한 자들이 동료 유다인들을 향해 강포를 행하였는데(1:2-3), 이제 그들은 바벨론 사람들에 의해 갑절이나 강포를 당하게 되었으므로 자기들이 뿌린 것을 거두게 된 셈이다. 하나님은 이미 수세기 전에 자기 백성에게 만일 그들이 하나님의 법을 떠나면 그들을 심판하기 위해 이민족을 대적으로 보내실 것이라고 경고하셨다. "곧 여호와께서 원방에서, 땅 끝에서 한 민족을 독수리의 날음같이 너를 치러 오게 하시리니 이는 네가 그 언어를 알지 못하는 민족이요"(신 28:49). 라이트(wright)는 이렇게 주석을 달았다.

> 바벨론 사람들은 하나님이 유다를 벌하시는 도구였다. 이는 마치 페르시아의 왕인 고레스가 유대인들을 다시 그들의 고향으로 보내주는 하나님의 도구로 사용되는 것과 마찬가지다(사 45:1 참조). 바벨론은 비록 하나님에 의해 쓰임을 받았지만 세상을 주관하시는 하나님의 역사를 깨닫지 못한 점에서 변명의 여지가 없다(Wright, p. 71).

바벨론 사람들에게서 그들의 힘은 바로 그들의 신이자 그들의 최고의 관심사였다. 결국 하나님은 하나님의 심판의 눈으로 볼 때 바벨론 사람들이 득죄하였다고 말씀하셨다.

C. 수수께끼 2: 어떻게 하나님이 유다를 벌하기 위하여 이방 민족을 사용하실 수 있는가?(1:12-2:20)

Supporting Idea	하박국은 하나님이 어떻게 유다를 심판하기 위하여 바벨론을 사용하실 수 있는 것인지 도무지 알 수 없었다. 바벨론은 너무나 악한 나라였다. 하나님은 바벨론을 사용하여 유다를 심판한 다음에 바벨론을 심판하실 것임을 설명해주셨다.

하박국을 놀라게 한 것은 심판이 올 것이라는 사실이 아니라 그 심판의 집행자가 누구냐 하는 것이었다. 어떻게 공의로우신 하나님이 바벨론과 같은 나쁜 나라를 사용하여 유다를 벌하실 수 있을까? 물론 유다는 나빴다. 하박국은 하나님께 드린 첫 번째 불평에서 이 사실을 분명히 인식했다. 그러나 그들이 비록 나쁘다 하더라도 바벨론만큼 나쁘지는 않았다. 하나님, 당신은 공평하지 못하십니다! 이 모순은 하박국을 두 번째 질문으로 이끌었다. 어떻게 하나님이 유다를 벌하시기 위해 악한 바벨론을 사용하실 수 있는가?

1:12. 선지자는 자신의 두 번째 질문을 하나님의 성품에 근거하여 제기하고 있다. 하나님은 영원히 거룩하신 분이다. 그렇다면 어떻게 그분이 유다를 심판하기 위하여, 그리고 경계하기 위하여 바벨론과 같은 악한 나라를 사용하실 수 있다는 말인가? 만일 냉전시대에 미국인들이 하나님이 미국의 죄를 벌하기 위해 구소련이나 중국 공산당을 사용하시려 한다는 말을 들었다면 이처럼 할 말을 잃었을 것이다. 거룩한 자라는 말은 3장 3절에서도 찾아볼 수 있는데, 이스라엘의 하나님을 나타내는 말로 이사야가 가장 선호했던 말이다(30회). 나의라는 대명사는 하박국과 하나님과의 개인적인 관계를 강조하는 말이다. 그리고 하박국은 여호와 하나님을 반석이라고 불렀는데, 이는 보호와 안전을 의미하는 말이다. 하나님을 나타내는 이 말은 시편에서 빈번하게 사용되었는데(시 18:2, 31, 19:14, 28:1, 85:1), 소선지서에서는 이곳에만 등장한다.

선지자가 우리가 사망에 이르지 아니하리이다라고 단언한 것은 두 가지 점에서 타당하다. 첫째, 막강한 바벨론이 연약한 유다를 손쉽게 멸망시킬 수도 있지만, 하박국은 자신의 전능하신 하나님이 그것을 허락하지 않으실 것이기 때문에 그런 일은 일어나지 않을 것을 확신했다. 둘째, 임박한 심판은 합당한 것이지만 하박국은 하나님이 자기 백성이 결코 완전히 멸망하지는 않으리라는 이스라엘과의 언약을 지키실 것을 알았다.

1:13. 이 구절은 하나님의 거룩하심을 말씀하고 있는 최고의 성경 구절 가운데 하나다. 하나님은 죄를 미워하실 뿐 아니라, 죄를 보기만 해도 역겨워하신다. 주께서는 눈이 정결하시므로 악을 참아 보지 못하시며. 하박국은 당혹스러워했다. 하나님이 이렇게 죄를 깊이 혐오하신다면 왜 궤휼한 자들을 방관하시고 악인이 의로운 사람을 삼킬 때 잠잠하시는 것처럼 보이는 것일까? 이것은 박해와 학대를 받는 성도들이 어디서나 겪는 난제다. 하박국은 유다와 바벨론에 있는 악인들을 모두 염두에 두고 있는 것으로 보이지만, 여기서는 특히 후자를 가리키는 것으로 보인다.

1:14-17. 이 구절에서 선지자는 압제받는 이들을 그들의 대적들이 쳐놓은 그물에 걸린 물고기에 비유하고 있다. 그 대적들은 그 물고기로 인해 소득이 풍부했다. 역설적으로 압제자들은 그 승리를 인해 하나님께 영광을 돌리는 대신 자신의 그물에 제사를 지냈다. 하박국의 주된 초점이 바벨론에 놓여 있다는 것은 17절에 언급된 늘 열국을 살육함이라는 구절을 보아 분명히 알 수 있다.

2:1. 하박국은 악인이 번성하는 이유를 알 수 없어 하나님께 부르짖었고, 하나님이 그에 대해 대답해주실 것을 알았다. 파수꾼이 적군의 동정을 훑어보기 위해 망대 높은 곳에 올라가 사방을 둘러보듯이 선지자는 하나님이 자기에게 무슨 말씀을 하실지 듣기 위해 큰 기대를 하고 있다. 이곳 외에 다른 선지서들에서는 성벽에 올라가 있는 파수꾼의 모습을 만나게 된다(사 21:11-12, 겔 3:17; 33:2, 6; 호 9:8).

2:2. 하나님은 자기를 기다리고 있는 종에게 말씀하시면서 하박국에게 묵시를 기록하라고 명령하셨다. 묵시라는 말은 히브리어 '샤존(chazon)' 의 번역인데, 이는 문자적으로 '눈에 보이는 것' 을 의미한다. 이 용어는 눈으로 보거나 혹은 이 경우처럼 예언의 계시를 받는 것을 가리키기도 한다. 판은 주로 구운 점토로 만들어져서, 일단 마르면 거기에 기록된 내용이 보존되는 성질을 갖고 있다. 전령(herald, 우리말 성경에는 번역되지 않음 - 역주)은 문자적으로 '외치는 자, 선포하는 자, 읽는 자' 를 의미한다. 전령은 메시지를 읽은 다음 그 내용을 전하기 위해 뛰어가거나 달리면서 그 내용을 외친다. 어떤 이는 달린다는 말이 그 메시지를 읽은 사람이 살면서 그 말씀에 순종하는 모습을 나타낸다고 해석하기도 하지만 앞의 번역이 더 타당하다고 본다. 이를 요약하면, 하나님의 말

씀은 분명히 기록되고, 보존되고, 모든 사람에게 전파되어야 한다는 의미다.

2:3. 하박국은 인내하며 기다리라는 말씀을 들었다. 비록 시간은 걸리더라도 바벨론의 운명에 관한 장차의 예언은 그 정한 때에 정녕 응하게 될 것이다. 선지자는 하나님께 유다를 벌하기 위하여 어떻게 그런 악한 민족을 사용하실 수 있는지 여쭈었다. 하나님은 이어지는 구절에서 유다를 비롯한 다른 나라들을 심판하는 도구로 바벨론을 사용하신 후에 바벨론의 죄악을 심판하실 것이라고 선지자에게 설명하셨다. 하나님은 언제나 공의로우시다. 여기 나오는 종말이란 낱말은 바벨론의 폭정이 종식되는 것뿐 아니라 악에 대한 승리가 완전히 이루어질 종말론적인 마지막을 가리키는 것으로 볼 수 있다.

2:4-5. 하나님은 바로 이 구절에서 바벨론의 악함을 드러내보이신다. 그들은 교만으로 가득 찼고, 정직하지 못하고, 술과 욕심에 빠져 있고 무고한 만민들을 공격했다. 바벨론은 마치 무덤과 죽음처럼 열방을 정복하고 그들로부터 빼앗은 재물에 족한 줄을 몰랐다(시 27:20 참조).

우리는 바벨론에 대한 이 무시무시한 묘사 가운데서 성경의 가장 중요한 구절 중 하나를 발견하게 된다. 신학적인 면에서 의인은 그 믿음으로 말미암아 살리라는 짧은(히브리어 원문에는 겨우 3단어로 되어 있음) 선언은 아무리 강조해도 지나침이 없을 정도로 중요하다. 이 원리는 하나님의 구원과 그리스도인의 삶의 방법의 핵심을 이루고 있다. 그것은 바로 믿음으로 말미암는 것이다. 우선 우리는 믿음으로 말미암아 영생을 얻었고, 이후로 날마다 믿음으로 말미암아 살아간다. 하박국의 이 선언은 의인과 악인이 어떻게 다른지를 비교해준다. 악인은 자신의 힘을 의지하고 결국 망하게 될 것이지만, 의인은 참되신 하나님을 의지하고 살게 될 것이다. 분명, 하나님을 믿는 믿음은 영생을 가져오지만, 여기서 하박국은 그와 아울러 하나님이 바벨론의 공격으로부터 신실한 자들의 생명을 지켜주실 것이라는 사실을 그들에게 다시금 확신시켜주고 있다.

2:6-14. 하나님은 6-20절에서 악한 자들에게 임하는 화(히브리어 호이, hoy), 다섯 가지의 심판을 선포하셨다. 이 부분은 곁가지로 끼워 넣은 내용이 아니라, 하박국의 질문 가운데 후자인 "어떻게 하나님이 유다를 벌하시기 위해 악한 바벨론을 사용하실 수 있는가?" 에 대한 하나님의 답변을 구성하고 있는 매우 중요한 부분이다. 하나님은 이 구절에서 바벨론이 그 용도를 마치면 그 역시 하나님의 진노를 겪게 될 것임을 분명히 밝히신다. 그 메시지는 바벨론의 손에 의해 고통을 당한 민족들의 입을 통해 들려오는 조

롱과 풍자의 형태를 취하고 있다. 바벨론이 무너질 때 그 민족들은 기뻐할 것이다. 이 저주의 일차적인 대상은 바벨론이지만, 이것은 고대 유다나 오늘날을 막론하고 악한 자들 모두에게 발하여진 사전 경고다. 라이트는 이렇게 언급한다. "이 다섯 가지의 저주의 신탁은 하박국 시대에 퍼진 사회적 불의를 보여주는 단면이다. 각각의 저주는 일반적인 예언의 주제인 역전된 운명을 담고 있다"(Wright, p. 75).

다음은 하박국이 정죄하기 위해 선택한 다섯 가지 큰 죄악이다. 그것은 탐욕(2:6-8), 다른 사람을 착취함(2:9-11), 인간성에 반하는 범죄(2:12-14), 술 취함(2:15-17) 그리고 우상숭배(2:18-20)다. 바벨론은 무고한 나라들을 희생시켜 자신의 부를 축적했고, 불의의 이득을 취하여 왕국을 세웠고, 피로 그 장대한 성읍을 건축했다(17절과 비교). 주전 539년 바벨론이 메대 - 페르시아 연합군에 의해 무너진 후에 포로가 되었던 민족들은 자신을 사로잡았던 자들을 노략했다.

성경 안에 있는 또 하나의 보석 같은 내용을 14절에서 찾아볼 수 있다. 탐욕과 무력으로 자신의 제국을 세우려는 악한 자들의 시도는 성공하지 못할 것이다. 왜냐하면 그러한 노력들은 거룩하신 하나님과 맞서는 것이기 때문이다. 열국이 헛된 일로 곤비하게 되는 것은 그들이 거절한 율법을 세우시고 그들이 부인한 영광을 소유하신 만군의 여호와가 그 싸움에서 승리할 것이기 때문이다. 그분께 저항하는 것은 아무 소용이 없는 일이다. 악인들이 좋아하든 말든, 물이 바다를 덮음같이 여호와의 영광을 인정하는 것이 세상에 가득하게 될 것이다. 지금 세상은 죄와 범죄와 핍박과 부정과 압제로 가득하지만 언젠가 왕 되신 주가 오시고 새로운 날이 시작될 것이다. 그때 참되신 하나님의 빛이 온 세상을 두루 비치고 예수 그리스도께서 그 합당한 영광을 받으실 것이다(빌 2:5-11).

2:15-17. 15절에서 술 취함은 부도덕함(그 하체를 드러내려 하는 자)과 연결되어 있는데, 이 둘은 종종 함께 나타난다. 바벨론의 술 취함과 부도덕함의 예는 벨사살이 베푼 잔치(단 5장)를 설명하는 곳에서 찾아볼 수 있다. 벨사살은 메대와 바사의 연합군이 바벨론 성문 밖에 진을 치고 있는 와중에도 술에 취해 향연을 벌였고 이스라엘의 하나님을 모독했다. 그날 밤 벨사살은 죽임을 당했고 성읍은 무너져 거대한 바벨론 제국의 종말을 가져왔다. 바벨론은 그가 저지른 강포와 살육에 대해 마땅히 마셔야 할 잔이 따로 있었다. 이 잔은 포도주가 아니라 하나님의 진노로 채워질 것이었다(렘 25:15; 계 16:19).

2:18-20. 바벨론은 우상숭배의 중심지였다. 마르두크(Marduk), 나부(Nabu), 신(Sin) 그리고 이스다르(Ishtar)는 그 도시의 유명한 신들 이었다. 고고학자들은 이 도시의 폐허 가운데서 대략 50여 개의 이교도 신전을 발굴해냈다. 그리스의 역사가 헤로도투스에 의하면, 바벨론에는 6미터 높이의 금으로 만든 마르두크의 신상이 있었다(최소한 고레스 시기). 하박국은 우상숭배가 얼마나 어리석은 일인지 비웃고 있다. 우상은 겨우 사람이 만든 나무 조형물에 보통 금이나 은을 덧씌운 것에 지나지 않는다. 거짓 스승이라는 구절은 우상이 거짓을 말하고 자신을 따르는 이들로 하여금 자신이 그들을 구원할 수 있다고 믿도록 속이는 것을 의미한다. 우상은 말을 할 수 없으며 그 안에 생기도 없고 교훈을 베풀지도 못한다.

오늘날의 거짓 신들은 나무나 돌이나 은 혹은 금으로 만들지는 않는다. 그러나 그것들 역시 아무 쓸데가 없고 구원하는 데 소용이 없는 것은 마찬가지다. 하박국은 하늘 보좌에서 우주를 다스리시는 살아계신 하나님을 경배했다. 땅 위에 거하는 모든 이들은 그분 앞에 조용히 머리 숙여야 한다. 우리 하나님은 살아계시기 때문에 그분은 우리를 죄에서 구원해주시고 우리가 어려움에 처할 때 구해주실 수 있다.

Main Idea 복습	인생은 수수께끼로 가득 차 있지만 우리는 거룩하시고 공의로우신 우리 하나님이 공정하고 신실하게 행하실 것을 믿을 수 있다.

결론

인생의 작은 수수께끼들

인생은 날마다 일어나는 작은 수수께끼들로 가득 차 있는 것이라고 더글러스 스미스(Douglas B. Smith)는 〈리더스 다이제스트〉에 기고한 글에서 말하고 있다. 예를 들어, 왜 신부는 항상 신랑의 왼쪽에 서 있는가? 왜 대부분의 연필은 육각형인가? 왜 비싸기만 하고 아무 소용도 없는 물건을 '흰 코끼리' 라고 부르는가? 대부분의 사람들은 그 이유를 알지 못한다. 신부가 신랑의 왼편에 서기 시작한 것은 남자들이 이웃 마을의 신부들을 약탈해오던 시대부터였다. 신랑은 결혼식이 거행되는 동안 혹시 있을 수 있는 신부의 친척이나 탐욕스러운 구혼자의 공격으로부터 신부를 지키기 위해 칼을 들 수 있는 손, 즉 오른손을 자유롭게 움직일 수 있게 하려고 했다. 하나의 통나무에서 육각형의 연필을 만들면 9개를 만들 수 있지만 둥그런 연필을 만들면 8개밖에 만들지 못한다. 이렇게 연필은 비용이 적게 들기도 하고 또한 책상 위에서 함부로 굴러가지 않도록 육각형으로 만들게 되었다. 고대 태국의 왕은 신하들 가운데 맘에 들지 않는 이가 있으면 그를 몰락시키기 위해 흰 코끼리를 선물로 주었다고 한다. 흰 코끼리는 성스러운 짐승이어서 일을 시킬 수도 없었고 그러면서도 반드시 데리고 있어야 했다.

만일 인생의 모든 수수께끼들이 이렇게 간단하게 풀릴 수 있다면 얼마나 근사할까? 하지만 그렇지 않다. 하박국의 예언은 비록 우리가 주위에서 일어나는 일들을 항상 이해하지 못한다 하더라도 하나님은 선하시고, 공의로우시며, 우리를 사랑하시는 분임을 분명히 밝히고 있다. 그분은 스스로 무엇을 행하시는지 잘 아시며, 우리는 그분이 바른 일을 행하실 것을 믿을 수 있다.

▣ 진리 알기

- 신실한 기도는 깨달음이라는 열매를 맺게 된다.
- 인생은 우리를 사랑하시는 하나님께 대한 믿음을 필요로 하는 수수께끼들로 가득 차 있다.
- 하나님은 이 세상에 존재하는 악함을 잘 알고 계시며 합당한 때에 그들을 심판하실 것이다.
- 하나님은 가끔 자신의 뜻을 이루기 위해 어울리지 않아 보이는 도구들을 사용하신다.
- 하나님은 우리가 문제를 들고 찾아갈 때 기분 나빠하지 않으신다.
- 우리의 전지전능하신 하나님은 우리의 인생의 수수께끼를 풀고자 할 때 올바른 도움을 주는 분이시다.
- 믿음은 영생과 그리스도인으로서의 매일의 삶을 위한 열쇠다.
- 하나님의 말씀은 분명히 이루어질 것이다.
- 탐욕과 노략질과 강포 위에 세워진 세력은 망하게 마련이다.

- 언젠가 참 하나님을 아는 지식이 온 세상에 충만해질 것이다.
- 술 취함은 개인과 나라를 망하게 한다.
- 오직 살아계신 하나님만이 죄에서 깨끗하게 하시고 날마다 살아갈 힘을 공급하시며 영생을 주시기 때문에 우상숭배는 어리석은 일이다.

■ 적용하기

- 이해가 가지 않을 때에라도 하나님을 의지하도록 결심하라.
- 의심과 두려움 가운데 있을 때 하나님의 얼굴을 바라라.
- 하나님이 당신의 질문에 대답하시기를 기다리라.
- 현대 국가들 가운데 폭력과 압제 위에 세워진 나라의 예를 들어보라.
- 만일 당신이 아직도 그리스도를 믿지 않는다면 지금 자신의 죄를 용서해주시고 영원한 생명을 달라고 간구하라.
- 날마다 하나님의 말씀을 믿는 믿음으로 살아가겠다고 결단하라.
- 장차 하나님을 인정하는 것이 세상에 가득하게 될 것을 인해 하나님께 감사하라.
- 지금 예수 그리스도의 복음을 다른 사람에게 전함으로 여호와의 영광을 인정하는 것을 널리 퍼지게 하라.
- 술 취함의 위험성을 경고하는 다른 성경 구절들을 찾아보라(잠 23:29-35, 31:4-7).

삶의 적용

만일 하나님이 계시다면, 왜 세상에 악이 존재하는가?

몇 년 전에 내 사위가 지방 대학에서 철학 강의를 들은 적이 있다. 강의 첫날 교수는 칠판 앞으로 걸어가서 이렇게 판서했다.

하나님은 선하시다.
하나님은 전능하시다.
세상에는 악이 존재한다.
그러므로 하나님은 존재하지 않는다!

바꿔 말하자면, 사랑 많으신 하나님이 범죄와 고통과 고난과 죽음을 막을 수 있는 능력을 갖고 계시다면 어떻게 그런 것들을 허용하실 수 있느냐는 것이다. 이러한 악이 존재하는 것을 보면 하나님은 존재하지 않는 것이 분명하다는 주장이다.

우리는 그런 논리에 동의하지 않는다. 그러나 악에 관한 문제는 시대를 이어가며 철학적, 신학적 난제 가운데 하나로 존재해왔다. 신학자들은 하나님이 공의로우신데도 악을 허용하시는가에 대한 설명을 신정론이라고 부른다. 앞서 말한 철학교수와 마찬가지로 많은 사람들은 그런 이유로 하나님에 대해 더 이상 기대를 하지 않는다. 한 목사가 자기가 담당한 구역을 심방하다가 낯선 대문을 보고 문을 두드렸다. 한 젊은 여인이 문을 열어주었다. 목사는 그녀에게 자신이 누구인지 말하고 하나님의 사랑에 대해 이야기를 나누고 싶다고 말했다. 그러자 그 여인은 화를 벌컥 내고는 그의 면전에서 쾅 소리가 나도록 문을 세게 닫아버렸다. 호기심이 생긴 목사는 일부러 다시 문을 두드렸다. 그리고 여인이 문을 열자 이렇게 말했다. “부인, 저는 곧 갈 겁니다만, 가기 전에 왜 그렇게 화를 내시는지 이유를 좀 알 수 없을까요?” 그 말에 여인은 통곡을 하며 말했다. “왜 하나님은 우리 아이를 저 세상으로 데려가셨나요?”

이런 아픔은 사람의 믿음을 흔들어놓을 수 있다. 악이라는 문제에 대한 성경의 대응은 무엇일까? 악은 아담과 하와가 범죄함으로 세상에 들어왔다. 죄는 사람에게만 영향을 끼친 것이 아니라 모든 피조물들을 물들였다. 인간은 자유의지를 갖고 있기 때문에 악을 선택할 수 있는 것이다.

유명한 신학자인 패커(J. I. Packer)는 이 문제의 해결에 도움이 될 만한 간략한 요약을 남겼다.

하나님이 지으신 세상을 타락시킨(도덕적, 영적 비뚤어짐과 선을 무너뜨린 것 그리고 물질적인 파괴와 손상된 우주의 파괴) 악을 한 마디로 요약한다면 다음과

> 같다. 하나님은 악을 허용하시고(행 14:16), 악으로 악을 벌하시고(시 81:11-12; 롬 1:26-32), 악에서 선을 거두시고(창 50:20; 행 2:23, 4:27-28, 13:27; 고전 2:7-8), 하나님이 사랑하는 자들을 검증하고 훈련시키기 위해 악을 사용하시고(마 4:1-11; 히 12:4-14), 언젠가 자기 백성을 악의 권세와 영향력으로부터 구원해주실 것이다(계 21:27, 22:14-15)(Packer, 「*Concise Theology*」, Wheaton, Ill.: Tyndale House, 1993, p. 56).

또한 우리는 기독교가 하나님이 놀라운 일을 행하셨다는 것을 믿는다는 사실을 기억하자. 그것은 그분이 우리와 같은 사람이 되셨다는 것이다. 그분은 우리가 이 세상에서 겪는 모든 것을 아시며, 우리가 슬픔과 고통 가운데 있을 때 우리와 함께 동참하신다. 영국의 목회자인 존 스토트(John R. W. Stott)는 이렇게 주장한다. "만일 십자가가 아니었다면 나 스스로는 절대로 하나님을 믿을 수 없었다. … 그분은 자신의 특권을 버리고 고통을 택하셨다. 피와 살, 눈물과 죽음이 있는 이 세상에 오셨다. 그리고 우리를 위해 고통당하셨다"(「그리스도의 십자가(*The Cross of Christ*), IVP」).

기도

오 주님, 세상에는 우리가 이해하지 못하는, 어쩌면 천국에서 주님을 만날 때까지 결코 깨닫지 못할 그런 것들도 있습니다. 우리가 마음의 상처가 되는 일, 명백한 불의 그리고 그 밖의 다른 악한 일들을 만나게 될 때 주님은 우리를 사랑하셔서 우리를 위해 아들 예수님을 보내시고 죽음에 이르게까지 하셨음을 기억하게 하옵소서. 그래서 우리는 어떤 일이 일어나도 당신을 의지할 수 있습니다. 우리는 로마서 8장 28절의 진리를 피난처로 삼을 수 있습니다. "우리가 알거니와 하나님을 사랑하는 자 곧 그 뜻대로 부르심을 입은 자들에게는 모든 것이 합력하여 선을 이루느니라." 아멘.

심층 연구

A. 하박국의 '예언'의 타당함(1:1)

어떤 사람은 성경 말씀이 시대에 뒤떨어진, 그래서 현재와 맞지 않는 것이라고 생각하기도 한다. 그러나 사실은 전혀 그렇지 않다. 성경을 공부하면 할수록 그 말씀이 이 시대에도 너무나 들어맞는다는 점에 큰 감동을 받는다. 우리 현대인들이 직면하고 있는 모든 문제들이 그 안에 다 들어 있다. 하박국의 예언은 2,600년 이상 오래된 것이지만, 그 말씀은 온 세상 사람들이 제기하고 있는 질문들에 대해 답하고 있는 하나님의 메시지다. 바커(Barker)와 베일리(Bailey)는 이렇게 주석을 달았다.

> 악인들이 번성하고 의인들이 쓰러지고 있는 것이 합당한가 하는 질문을 제기하는 이 책보다 더 시대에 맞는 책이 어디에 있겠는가? 하박국은 자기와 동시대 사람들이 궁금해하는 질문을 제기했다. 어떻게 악인들이 번성할 수 있는가? 어떻게 의인들이 고통받고 있는데 하나님이 침묵하실 수 있는가? 더 중요한 것은, 그는 이런 문제들에 관한 인간의 사상을 듣는 것으로 만족하지 않는다는 것이다. 그는 하나님께 이 문제에 대답해달라고 요청했다(Barker and Bailey, p. 287).

그리고 우리는 하박국이 믿음의 중요성과 어떻게 삶을 살아갈 것인가를 가르쳐주고 있음을 추가시켜야 할 것이다.

B. 신 바벨론제국(1:6)

하박국은 바벨론 제국의 유다 침공을 예언했다. 다음은 하나님의 백성에게 그토록 지대한 영향을 끼친 이 제국의 대략적인 개관이다.

• 신 바벨론제국(오늘날 이라크 지역에 기반을 둠)은 하박국이 활동하던 시기에 세상을 지배했다.
• 나보폴라살은 신 바벨론제국을 세우고 주전 626년부터 605년까지 통치했다.
• 주전 612년 바벨론은 메대의 도움을 받아 앗수르의 수도인 니느웨를 복속시켰다.
• 바벨론의 세계 정복은 왕세자 느부갓네살이 주전 605년 갈그미스에서 애굽의 바로 느고와 그가 거느린 군대를 물리침으로 더욱 확고해졌다(렘 46:2-12).
• 나보폴라살의 아들인 느부갓네살 2세(주전 605-562)는 신 바벨론제국에서 가장 위대한 왕이 되었다.
• 바벨론은 세 번에 걸쳐 유다를 공격했다. 주전 605년 다니엘과 그의 친구들은 포로가 되어 바벨론으로 끌려갔다. 주전 597년 4월 여호야긴 왕을 비롯하여 에스겔을 포함한 약 1만 명이 포로로 끌려갔다. 주전 586년 여름에 바벨론은 유다를 멸망시키고 예루살렘과 성전을 완전히 무너뜨렸다.
• 후대의 왕들은 아멜 - 마르두크(주전 562-560), 네리글리살(주전 560-556), 라바시 - 마르두크(주전 556) 그리고 나보니두스(주전 556-539)였는데 그의 아들 벨사살은 핵심적인 역할을 했다(단 5장).
• 바벨론 도성은 고레스 대제가 이끄는 메대 - 페르시아 연합군에 의해 무너져 짧은 신 바벨론제국의 멸망을 가져왔다. 바벨론의 멸망에 관한 사건은 선지자 다니엘과 고대 그리스 역사가 헤로도투스(Herodotus)와 제노폰(Xenophon)에 의해 기록되었다.
• 마르두크는 바벨론을 대표하는 신으로, '주' 라는 의미의 벨(Bell, 가나안 민족들에게는 바알)이라는 별칭으로 불리었다. 마르두크의 아들인 나부(Nabu, 사 46:1에는 나보, Nabo)는 저술과 서기관들의 신으로 보이는데, 특히 신 바벨론 시대에 크게 추앙받았다.
• 아침과 저녁 별의 여신인 이스타르(그리스 신화의 아프로디테와 로마 신화의 비너스에 해당) 역시 바벨론 사람들에게 중요한 여신이었다.

C. 하나님을 기다림(2:1)

하박국은 성루에 서 있는 파수꾼처럼 자기 자리에 서서 하나님이 말씀하시기를 기다렸다. 라이트(Wright)는 이를 옳게 주석했다.

> 하나님이 기도에 응답하시기를 기다리는 것은 그리스도인이 직면하는 가장 어려운 과제 가운데 하나다. 성경에 나오는 위인들은 자신이 처한 환경으로 괴로워하는 가운데 하나님을 기다리곤 했다. 하나님의 응답을 부르짖는 가장 통렬한 부르짖음은 시편 가운데 찾아볼 수 있다. 시편 기자는 이따금씩 하나님이 자기 백성들이 아무런 잘못도 저지르지 않았음에도 그 얼굴을 숨기시는 것을 고소했다(시 27:7-9). 시편 기자는 독자들에게 결국 하나님이 응답하실 것을 알고 확신을 갖고 하나님을 기다리라고 충고한다(시 27:14)(Wright, p. 73).

D. "의인은 그 믿음으로 말미암아 살리라"(2:4)

"의인은 그 믿음으로 말미암아 살리라"는 하박국의 선언(2:4)은 바울 신학의 중심 원리이며(롬 1:17; 갈 3:11), 히브리서에도 인용되고 있는 말씀이다. 아머딩(Armerding)은 이 말씀의 신약에서의 용례를 다음과 같이 정리하고 있다.

> 하박국의 메시지는, 2장 4절이 그 핵심이라 할 수 있는데, 신약 성경 세 권의 기본 요소를 이루고 있다. 바울은 로마서 1장 17절에서 자신이 전하는 복음을 행위로 인한 구원이 아닌 믿음으로 말미암는 구원으로 소개하고 있으며, 자신의 논증을 지지하는 구약 성경으로 하박국 2장 4절 "의인은 믿음으로 말미암아 살리라"를 인용하고 있다. 갈라디아서 3장 11-12절은 믿음을 율법이나 율법으로 말미암는 구원의 반대 개념으로 설명하면서, 역시 그 증거 구절로 하박국 2장 4절을 인용하고 있다. 마지막으로 히브리서 10장 37-38절이라는 흥미 있는 구절에서 하박국 2장 3-4절이 다시 인용되고 있는데, 이 문맥은 약속의 실현이 임박했음과 믿음을 갖고 핍박 가운데 인내하는 이들이 바로 히브리서의 수신자들임을 밝히는 데 초점을 맞추고 있다(Armerding, p. 495).

믿음으로 말미암는 의롭다 함은 또한 마르틴 루터로 하여금 1517년 10월 31일 독일 비텐베르크 성 교회 대문에 95개조를 붙이도록 영감을 주고, 그로 인하여 역사상 가장 커다란 종교적 부흥 운동인 종교 개혁을 촉발시킨 바로 그 주제다.

카이저(Kaiser)는 히브리어 에무나('emunah)에 대한 훌륭한 토론을 거쳐 그 낱말이 이 문맥에서처럼 '훌륭한 믿음' 이 아니라 '믿음' 그 자체로 번역하는 것이 더 타당하다는 결론을 내린다(카이저, 「*Mastering the Old Testament*」, pp. 169-171). 그러나 믿음과 훌륭한 믿음은 서로 분리되는 것이 아니다. 왜냐하면 훌륭한 믿음은 안에 있는 믿음이 겉으로 드러나는 것이기 때문이다.

고안

A. 들어가는 글

1. "왜라는 질문" 을 읽어주라.

2. 배경 설명 : 하박국 1-2장에서 선지자는 하나님께 두 가지 매우 당혹스러운 질문을 드리고 있다. 첫째, 하박국은 왜 하나님이 유다 가운데 악이 존재하는 것을 허용하시는지 알고자 했다. 하나님은 유다 가운데 있는 악인들의 죄를 벌하기 위해 바벨론을 사용하실 것이라고 설명해주셨다. 이 대답은 선지자의 다음 질문으로 이어졌다. 어떻게 하나님이 유다를 심판하시기 위해 그보다 훨씬 더 악한 바벨론을 사용하실 수 있는가? 하나님은 너그러이 대답해주시기를, 바벨론이 그 소임을 모두 마칠 때 심판을 받게 될 것임을 특별히 '화 있을진저' 로 시작하는 심판의 단락(2:6-20)에서 보여주셨다.

3. 적용 : 우리는 하박국의 질문과 하나님의 대답을 보면서 거룩하신 하나님께서 죄를 낱낱이 보시고 반드시 벌하신다는 것을 배울 수 있다. 그리고 하나님은 하나님의 뜻을 이루기 위해 예상치 못한 방법을 사용하실 수 있다는 것을 배운다. '화 있을진저' 단락에서 하박국은 우리에게 죽음에 이르는 다섯 가지 죄를 반드시 피할 것을 경고하고 있다. 그 죄는 오늘날에도 만연하고 있다.

B. 본문 이해

1. 예언의 서곡(1:1)
2. 수수께끼 1: 어떻게 하나님이 악을 허용하실 수 있는가?(1:2-11)
3. 수수께끼 2: 어떻게 하나님이 유다를 벌하기 위하여 이방 민족을 사용하실 수 있는가?(1:12-2:20)

C. 결론: 인생의 작은 수수께끼들

토의 질문

1. 하박국서는 때때로 악인이 번성한다는 사실을 어떤 시각에서 바라보고 있는가? 오늘날 범죄나 악행을 저지르고서도 잘나가는 것처럼 보이는 사람(혹은 국가)의 예를 들어보라. 그들의 결국은 어떻게 될 것인가?

2. 당신은 하나님은 사랑이신데 이 세상에 악이 존재하는 것을 허용하신다는 모순을 어떻게 극복하는가?

3. 사도 바울은 하박국의 "의인은 믿음으로 말미암아 살리라"(2:4)를 로마서 1장 17절과 갈라디아서 3장 11절에서 어떻게 적용시키고 있는가? 이 말씀은 하나님이 정하신 구원의 방법과 그리스도인으로서 우리의 삶의 자세를 어떻게 보여주고 있는가?

4. 하박국 2장 18-20절을 읽고, 거짓 신(종교)과 기독교의 하나님의 다른 점을 몇 가지 나열해보라.

하박국 3장

진정한 예배

"위대하신 하나님을 향한 가장 진실된 신뢰의 표현은 언제나 예배가 될 것이다."

- 제임스 I. 패커(J. I. Packer)

하박국은 재앙이 곧 닥칠 것임에도 불구하고 전능하신 하나님을 예배하는 노래로 예언을 마무리한다. 우리는 그의 기도 찬양 가운데 오늘날에도 충분히 적용할 수 있는 예배의 모범을 발견할 수 있다.

Habakkuk

들어가는 글

이것이 예배라면 나를 빼놓으라!

다양한 종교를 신봉하는 사람들은 여러 가지 방법으로 예배를 드린다. 그중 가장 흥미 있는 종교의식 가운데 하나는 인도에서 거행되고 있는 것이다.

> 인도의 많은 지역에서는 아직도 뱀 숭배가 인기 있는 종교 가운데 중요한 부분을 차지하고 있다. 1년 중 하루, 보통 8월 초엽에, '뱀 축제'가 거행되는데, 사람들은 이날 코브라가 아무도 물지 않는다고 믿고 있다. 나가 판차미(Naga Panchami, 각각 '뱀'과 '다섯 번째'를 의미)라고 불리는 이 축제는 힌디족 달력으로 쉬라반월(7월 초에서 8월 초에 해당)의 5일에 거행된다.
>
> 그날은 살아 있는 코브라 혹은 그 그림이 예배의 대상이 된다. 때로는 그 의식을 숭배하는 사람들이 뱀을 손에 들기도 한다. 뱀 숭배자들은 특별 사원에서 기른 신성한 코브라를 전례에 따라 양육하며, 야생 코브라가 자주 다니는 곳에 제물로 우유를 바치기도 한다(「*Strange Stories, Amazing Facts*」, ed. Carol Alway, Pleasantville, NY: The Reader's Digest Association, Inc, 1976, p. 311).

아마 이 나가 판차미 축제 가운데 가장 유명한 것은 상글리스(Sanglis) 언덕의 작은 마을인 바티스 시랄라(Battis Shirala)일 것이다. 젊은이들은 한 달 전부터 뱀을 잡기 시작하여 잡은 뱀들을 진흙으로 만든 단지에 집어넣는다. 축제 당일이 되면 젊은이들이 밝은 색으로 물들인 옷을 입고 뱀이 가득 들어 있는 단지를 들고 마을을 통과한다. 이 행진에는 요란한 음악이 함께한다. 이날 하루 종일 마을 사원에서 뱀들이 숭배를 받는다. 다음 날 뱀들을 무사히 풀어준다. 만일 이것이 예배라면, 나는 정중히 사양할 것이다.

하박국은 진정한 예배의 특징을 생생하게 묘사하고 있는 엄숙한 기도로 그 예언서를 마무리한다. 카이저(Kaiser)에 따르면, "하박국이 주님 앞에 내놓은 심도 있는 질문에 대한 하나님의 계시의 응답에 대한 반응은 기도와 찬송이 함께 고조되어 하나님께 예배 드리는 것이었다. 이것은 선지자가 자기 귀에 들린 것에 대해 응답하는 '아멘' 이다" (Kaiser, 「*Mastering the Old Testament*」, p. 189). 그리스도인의 삶에 있어서 예배의 중요성은 아무리 강조해도 지나치지 않다. 존 스토트(John Stott)는 이렇게 주장한다. "예배는 인간이 하나님의 은혜로 말미암아 행할 수 있는 가장 숭고하고 고상한 행동이다" (Water, p. 1140). 그리고 토저(A. W. Tozer)는 "사람들은 예배의 기술(art of worship)을 상실했다" 고 믿는다(Water, p. 1141).

우리는 교회 안에서 예배에 관해 많은 이야기를 하지만, 예배가 무엇인지 정확히 정의를 내릴 수 있는 그리스도인은 그리 많지 않을 것이다. 어떤 사람은 예배를 특정한 의식이나 전통적인 행동과 연관지어 생각한다. 그리고 이런 저런 예배 방식들은 종종 교회 안에서 불화를 일으키기도 한다.

예배란 무엇인가? 예배에 해당하는 영어 worship은 가치를 의미하는 명사 'worthy' (혹은 'worth')와 명사형 접미사 'ship' 이 결합된 말이다. 따라서 예배(worship)는 우리가 하나님께 드려 마땅한 존경과 섬김을 하나님께 드리는 것이다. 본문에는 예배라는 말이 구체적으로 언급되지는 않지만, 하박국은 오늘날 개인적이나 공적인 예배가 무엇인지 가늠할 수 있는 일반적인 틀을 제공해준다.

본문 이해

진정한 예배

Main Idea	진정한 예배는 우리의 거룩하신 하나님께 초점을 맞추는 것으로, 성도들에게 더 큰 믿음과 기쁨과 능력을 만들어준다.

A. 예배의 요소들(3:1)

Supporting Idea	하박국의 찬송은 기도와 음악이 예배의 중요한 요소임을 보여준다.

3:1. 하박국은 자신의 찬송을 하나님께 드리는 기도라고 불렀다. 구약에 '기도하다'와 '기도'에 해당하는 히브리어는 적어도 12가지 이상이 있다. 여기 등장하는 테필라(Tephillah)는 그중 가장 일반적이고 가장 자주 사용되는 말이다. 이 말은 구약에서 77회 등장하는데, 특히 시편에 자주 등장한다(32회). 테필라는 '간섭하다, 개입하다, 기원하다'는 의미를 가진 동사 팔랄 (palal)에서 온 말이다.

리처드(Richards)는 이렇게 요약한다.

> 그 말의 어원적인 의미는 불분명하지만 (1) 하나님께 현존하는 어려움을 헤아려주실 것과 그것을 위해 행하실 것을 요청하는 행위, (2)기도하는 이의 의존성과 겸손함, (3) 하나님의 결정을 촉구함 등을 강조하는 것으로 볼 수 있다. 이런 용어들(명사와 동사)은 개인 기도와 합동기도에서 하나님의 개입을 요청(민 21:7), 탄원(삼상 2:1), 고백(대하 33:18-19), 감사(느 11:17)의 의미로 사용되었다(Richards, 「*Expository Dictionary of Bible Words*」, p. 497).

우리는 기도를 통하여 하나님과 대화하기 때문에 기도는 예배 가운데 필수적인 요소다. 우리가 하나님께 말씀드리고 하나님은 우리에게 말씀하신다. 엉거(Unger)와 화이트(White)는 이렇게 지적한다. "또한, 동사형태('기도하다')는 주체와 객체 사이에 서로 주고받는다는 의미를 가질 수 있기 때문에, 그 말은 기도는 기본적으로 의사소통, 즉 항상 양 방향이어야 진정한 의사소통이 가능하다는 사실을 강조하는 것이라 볼 수 있다 (Unger and White, p. 303).

예배의 두 번째 중요한 요소는 음악이다. 하박국의 기도는 선지서들 가운데서 매우 독특한 면이 있는데 그것은 음악에 맞추어져 있다는 것이다. 하박국 3장과 마찬가지로 다섯 편의 시편이 '기도'라는 작은 제목을 달고 있다(시 17, 86, 90, 102, 142편). "이런 용례들 가운데 테필리아는 음악에 맞추어지고 공식 예배 가운데 노래처럼 부르는 기도를 의미한다. 시편 72편 20절(우리말 성경은 19절 다음에 20절을 따로 구분하지 않고 0표로만 구분해 두었음 - 역주)에서 이 말은 시편 전체, 혹은 시편 1-72편의 기도를 의미하는데, 그 가운데 오직 한 편만이 특별히 '기도'라고 불렸다(시 17:1)" (Unger and White, p. 303-304).

시기오놋의 의미는 확실하지는 않지만 아마 어떤 음악 관련 용어일 것이다. 첫째, 성경에서 이 낱말이 사용된 또 다른 유일한 곳인 시편 7편에서는 단수인 '다윗의 식가욘, 베냐민인 구시의 말에 대하여 여호와께 한 노래'로 쓰여지고 있다. 틀림없이 이 용어는 다윗이 노래한 시편과 연관이 있다. 둘째, 하박국은 이 노래의 말미에 이 노래는 성가대 지휘자인 영장을 위하여 '수금'에 맞춘 것이라고 지시하고 있다(3:19).

라이트는 더 자세히 이렇게 설명하고 있다.

> 시기오놋이란 말은 고대 이스라엘의 성전 제사에서 부르기 위해 만든 기도에 사용된 가락이나 성조를 가리키는 용어로 현대어로 번역되지 못하고 있다. 만일 그렇다면 그 말은 오늘날 악보 서두에 쓰여 있는 안단테나 모데라토와 유사한 것으로 볼 수 있다. 이와 유사한 음악 용어들이 시편 여기저기에 등장하고 있으며, 그중 어떤 것은 영어로 번역되기도 한다(시 5:1, 6:1, 7:1, 45:1 등)(Wright, p. 77).

따라서 하박국 3장은 이스라엘 사람들이 예배 때 부른 기도 찬송으로 분류될 수 있을 것이다.

음악은 예배에서 부차적인 요소가 아니라 핵심적인 부분이다. 노래는 우리의 영혼을 고양시키고 성경적으로 건전한 메시지를 선포한다. 그러나 현실은 이렇게 되지 못하는 경우가 너무나 많다. 우리는 음악의 목적이 단순히 우리로 하여금 기분 좋게 '느끼게' 만드는 것이 아니라 하나님을 영화롭게 하는 것임을 잊지 말아야 한다. 루이스(C. S. Lewis)는 이렇게 경고한다. "교회 안에서는 직접적으로나 간접적으로 하나님을 영화롭게 하거나 사람들을 훈도하는 일 혹은 두 가지 모두를 목적으로 하는 것이 아니면 그 어떤 행위나 노래나 말도 허용되어서는 안 된다"(Water, p. 1140). 회중 찬송은 모든 사람이 공적 예배에 참여할 수 있게 하는 기회다. 모든 사람이 설교를 하거나 독창을 부르는 것은 아니지만 노래를 통하여 하나님을 찬양하는 일은 모두가 할 수 있다. 하나님은 우리의 노래 소리가 아름다운지의 여부를 따지지 않으신다. 하나님은 우리 입에서 나오는 하나님을 향한 찬양을 듣기 원하신다. 프랜시스 쉐퍼(Francis Schaeffer)는 이렇게 선포한다. "언젠가 모든 그리스도인들이 함께 모여 완벽한 화음으로 하나님을 찬양하는 노래를 부르게 될 것이다. 그러나 오늘 당장이라도, 개인이나 회중 할 것 없이 우리는 찬양을 부를 뿐 아니라 우리 자신이 하나님을 향한 찬양이 되어야만 한다"(Water, p. 739).

예배의 또 다른 핵심 요소는 성경을 배우는 것과 헌금이다. 하박국이 성경을 중요시한 것은 그가 이 짧은 예언서 안에 수많은 기존 성경들을 암묵적으로 인용한 데서 분명히 나타난다(시 18, 68, 77편; 출 15; 신 33장).

B. 예배의 태도(3:2)

Supporting Idea	진정한 예배는 우리가 올바른 태도로 하나님께 나아갈 때에만 가능하다.

3:2. 태도는 예배에서 무엇보다 중요하다. 예수님은 이 점을 분명히 지적하셨다. "아버지께 참으로 예배하는 자들은 신령과 진정으로 예배할 때가 오나니 곧 이때라 아버지께서는 이렇게 자기에게 예배하는 자들을 찾으시느니라"(요 4:23-24). 올바로 예배하려면 올바른 마음 혹은 태도를 가져야 한다.

하박국은 경건한 놀라움을 갖고 하나님께 나아갔다. 우리말 성경(NIV 포함)에는 소문이라고 번역된 이 말은 다른 영어 성경에는 '연설'(KJV, NKJV), '기사'(NASB) 혹은

'명성'(NRSV)으로 번역되어 있다. 문자적으로 이 히브리어는 '증언' 혹은 '기사'를 의미한다. 어느 경우이든 선지자는 곧 임할 유다의 시련과 바벨론의 멸망에 관한 하나님의 '연설' 혹은 '기사'나, 전에 하나님이 행하신 능하신 일로 인하여 드러난 하나님의 위대하심에 대한 '기사'를 염두에 두고 있다. 이 구절과 다음에 나오는 구절을 보면 하나님이 전에 행하신 위대한 일이 눈에 보이는 것 같다. 따라서 '소문'이 본문의 의미를 더 잘 파악하고 있는 것으로 보인다. 하박국은 하나님이 행하신 놀라운 일들, 특히 출애굽 기간 동안 이스라엘을 지키시고 구원하신 일들과 관련된 일들을 찬양하고 있다. 선지자는 이 놀라운 일들을 직접 겪지는 않았지만 성경의 기록들을 통해 그 일들을 들었다. 하박국은 자신의 하나님이 행하신 그 모든 놀라운 일을 생각할 때 놀라움을 금치 못했다. 하박국은 빌리 그레이엄(Billy Graham)의 찬송가 가수였던 조지 비벌리 쉬어(George Beverly Shea)처럼 "주님의 높고 위대하심을 내 영혼이 찬양하네"라고 외치지 않을 수 없었다.

하박국은 주님의 위대하심을 묵상하고 과거에 하나님이 행하신 위대한 일들을 통해 이스라엘을 구원하신 것들을 생각하고는 **주의 일을 이 수년 내에 부흥케 하옵소서 이 수년 내에 나타내시옵소서**라고 하나님께 부르짖었다. 이 수년 내에는 NIV에 각각 'in our day', 'in our time'으로 번역되어 있다. 이것이 유다를 징벌하고 바벨론을 멸망시키시겠다는 하나님의 약속을 언급하는 것이라면 선지자는 지금 그 약속의 즉각적인 실현을 요청하는 것처럼 보인다(1:5). 그리고 그보다 더 가능성이 많은 경우지만, 만일 하박국이 지금 과거 이스라엘에 행해졌던 크신 구원을 말하고 있는 것이라면 그는 하나님께 그 일을 다시 행해주실 것을 간청하고 있는 것이다. 하박국은 하나님이 행하신 놀라운 일들을 들었지만 그 일들을 자기 눈으로 직접 보기를 소원했다. 우리는 하나님의 위대하심을 단지 듣는 것만으로 만족해서는 안 되며, 반드시 그분을 인격적으로 만나야겠다는 열심을 가져야 한다.

하박국은 약속된 **진노**(바벨론의 공격)가 유다에게 미칠 것임을 알았지만, 그러면서도 하나님께 **긍휼을 잊지 말아달라고** 간구했다. 카이저는 이에 대해 이렇게 주석을 달았다. "그는 이전의 계시(출 34:6)를 통하여 하나님의 성품이 자비로우시며 긍휼이 가득하시며 사랑과 인자가 많으신 분임을 알았기 때문에 이렇게 기도할 수 있었다"(Kaiser, 「*Mastering the Old Testament*」, p. 193). 더욱이 하나님은 이스라엘이 한 나라로서의 존재가 완전히 끝나지는 않을 것이라고 약속하셨고, 따라서 유다의 불신앙에 대해서는 진노를 내리겠지만 하박국과 다니엘, 예레미야 그리고 에스겔과 같은 성도들을 향해서는 자비를 베푸실 것을 약속하셨다.

우리는 종종 기도란 하나님께 무엇을 요구하는 것이라고 생각하지만, 하박국은 그중에서 오직 두 가지, 곧 구원과 자비만을 구했다. 그의 기도의 대부분은 하나님을 찬양하는 데 초점이 맞추어져 있었다.

C. 예배의 초점(3:3-15)

Supporting Idea	진정한 예배는 하나님의 인격과 성품에 초점을 맞춘다.

예배의 참된 초점은 항상 하나님께 두어져야 한다. 그러나 참 하나님은 어떤 분이신가? 하박국은 3장 3-15절에서 하나님의 몇 가지 특성을 장엄한 현현(하나님의 나타나심)으로 그리고 있다. 어떤 학자들은 본문 이하를 두 개의 현현으로 나누었지만, 대부분의 학자들은 이 부분을 두 개의 부분을 가진 하나의 현현으로 보는 것이 옳다고 본다. 3-7절은 과거에 하나님이 행하신 위대한 일들, 특히 출애굽과 관련되어 일어난 일들을 기술하고 있다. 8-15절은 하나님을 장차 구원을 베푸실 전사로 묘사하고 있다(여전히 출애굽과 관련된 용어를 사용하고 있긴 하지만). 이 단락 전체는 매우 시적이며, 선지자가 시편 특유의 언어와 문장을 사용하고 있는 것이 전혀 이상한 일이 아니다.

3:3. 하박국은 하나님이 데만과 바란산에서 오시는 것으로 묘사하고 있다. 데만은 유다의 남동쪽에 자리한 산악지대인 에돔(세일) 안에 있는 오아시스를 둘러싸고 형성된 마을(그리고 한 지역을 가리키는 것일 수도 있다)을 가리킨다(욥 1:1; 암 1:12). 신명기 33장 2절에 의하면 바란산은 시내산의 또 다른 이름이다. 하박국은 일부러 하나님의 거룩하심과 시내산을 연결시키고 있는데, 이는 여호와께서 불꽃 가운데 나타나셔서 "나는 너희의 하나님이 되려고 너희를 애굽 땅에서 인도하여 낸 여호와라 내가 거룩하니 너희도 거룩할지어다"(레 11:45)라고 명하신 분이기 때문이다. 해와 달과 별(하늘)들은 여호와께서 지나가실 때 그 영광(히브리어 '호드' hod, 영광, 장엄, 위엄)의 광채에 빛을 잃었다. 하나님을 향한 찬송(영광과 동의어로 간주) 또한 세계에 가득했다. 성경에서

시편 외에 셀라가 사용된 곳은 이곳뿐이다(합 3:3, 9, 13). 비록 그 용어의 의미는 불확실하지만, 아마 음악을 잠시 멈추거나 감상을 위해 중지시키는 의미일 것으로 본다. 카이저는 이렇게 주장한다.

> 이 찬송은 하나님이 가나안 땅을 차지하기 위해 이동하고 있는 이스라엘을 이끄셨던 그 경로를 따르고 있다. 우리는 이스라엘이 약속의 땅에 들어가기 위해 헤매고 다녔던 것처럼 시내산에서 출발하여 에돔으로 향한다. 우리는 이 찬송을 통하여 과거에 광범위하게 영향을 미쳤던 하나님의 영광을 바라본다(Kaiser, 「*Mastering the Old Testament*」, p. 179).

3:4. 이제 하나님의 광명은 떠오르는 햇빛과 비교된다. 반짝이는 광선(문자적으로는 '뿔')은 시내산에서 내려오는 모세의 얼굴에서 나던 광채(출 34:29-30, 35)를 연상시킨다. 출애굽기에서 모세의 '얼굴이 빛나다'는 말은 문자적으로 '얼굴에서 뿔이 돋았다'는 말이다. 물론 그 뿔은 하나님의 임재 앞에 있은 뒤에 그의 얼굴에서 발하던 빛을 상징한다. 미켈란젤로는 출애굽기 34장을 문자 그대로 해석하여 모세의 머리에 뿔이 돋아 있는 모습의 조각을 만들었다. 이 유명한 조각상은 로마에 있는 베드로 성당에 세워져 있다. 광선이 그 손에서 나오니라는 말은 "고대 근동에서 … 손을 들어 번갯불을 쏘아대는 전쟁과 폭풍의 신의 전형적인 자세다"(Walton, Matthews, and Chavalas, BBCOT, p. 793). 하박국은 그 형상을 전쟁과 폭풍의 진정한 지배자이신 여호와 하나님께 적용시키고 있는 것이다.

우리 하나님은 우리의 상상을 뛰어넘는 영광으로 가득하신 분이다. 바울은 우리 왕께서는 "가까이 가지 못할 빛에 거하시고 아무 사람도 보지 못하였고 또 볼 수 없는"(딤전 6:16) 분이라고 말한다. 그리고 하나님은 모세에게 "네가 내 얼굴을 보지 못하리니 나를 보고 살 자가 없음이니라"(출 33:20)고 경고하셨다. 하나님의 영광에서 진정한 예배가 도출된다.

> 영광이 위엄 있으신 하나님께 어울리는 것이라면, 비천함은 인간에게 어울리는 것이다. 왜냐하면 그것이 우리를 하나님과 하나로 연합하기 때문이다. 만일 우리

가 이것을 깨닫고 여호와 하나님의 영광 안에서 기뻐한다면 우리도 세례 요한처럼 "그는 흥하여야 하겠고 나는 쇠하여야 하리라"(요 3:30)고 끊임없이 외칠 것이다 (Diadochos of Photiki, in Water, p. 1139).

3:5-6. 이 구절에는 하나님의 크신 능력이 강조되어 있다. 하나님은 강력한 왕이 많은 시종들을 이끌고 온역과 불덩이, 즉 왕의 명령에 즉시 공격할 준비를 갖춘 종들과 함께 행차하는 모습으로 그려지고 있다. 여호와 하나님은 자기 백성을 구하기 위해 애굽에 온역을 베푸셨다(출 9:3, 15). 그분이 서 계신 땅은 진동하며 그분이 보는 것만으로 열국이 전율하고 산들이 무너진다. 그들은 녹아버리지만 그분은 예로부터 그러하듯 영원하시다. 시편 기자는 이렇게 외친다. "주께서 옛적에 땅의 기초를 두셨사오며 하늘도 주의 손으로 지으신 바니이다 천지는 없어지려니와 주는 영존하시겠고 그것들은 다 옷같이 낡으리니 의복같이 바꾸시면 바뀌려니와 주는 여상하시고 주의 년대는 무궁하리이다"(시 102:25-27).

3:7. 구산의 장막과 미디안 땅의 휘장은 여호와 하나님이 나타나시며 땅이 흔들림에 따라 환난을 당하고 흔들린다. 미디안은 아카바 만 동쪽에 있는 아라비아 반도의 북서쪽에 위치한 땅이다. 구산은 일반적으로 '에티오피아'를 가리키는 구스란 말이 길어진 형태로 보인다. 본문의 문맥에서 장막과 미디안을 나란히 배열한 것은 구산이 미디안 사람들과 동일 지역이나 근처의 시내 반도에 있는 베두인 족속임을 암시한다. 모세의 아내였던 구스 사람(민 12:1)은 아마 그 지역 출신일 것이다. 라이트는 이렇게 지적한다. "하박국 3장 3, 7절에 언급된 4개의 지역은 전부 모세가 이스라엘 백성을 이끌고 애굽에서 가나안을 향해 나아갔던 광야 안에 포함되어 있었다"(Wright, p. 78).

서로 가까이에 있던 구산과 미디안은 이스라엘의 출애굽과 광야에서 보이신 하나님의 능하신 행동을 보고 겁을 먹었다. 아머딩(Armerding)은 이렇게 결론을 내린다. "6-7절이 그리고 있는 것은 시내산에서의 화산 분출과 지진을 다시금 상기시키며(출 19:18; 삿 5:4-5), 그럼으로써 분명히 시내산을 암시하는 3절을 반복하고, 그 중간에 삽입된 구절들을 해석할 수 있는 구체적인 맥락을 제공하고 있다"(Armerding, p. 527).

하나님의 영광과 마찬가지로 그분의 불가해한 능력은 곧 우리에게 그분 앞에 엎드려 예배하라는 명령이 된다. 우리가 은하수라 부르는 별들의 집합은 대략 2조 개의 별들이 모인 성운이며, 과학자들은 우주에는 그런 은하계가 수십억 개가 존재한다고 한다. 이사야는 이렇게 외쳤다. "너희는 눈을 높이 들어 누가 이 모든 것을 창조하였나 보라 주께서는 수효대로 만상을 이끌어내시고 각각 그 이름을 부르시나니 그의 권세가 크고 그의 능력이 강하므로 하나도 빠짐이 없느니라"(사 40:26; 참조 시 147:4). 이렇게 놀라우신 하나님은 우리의 존경과 전적인 헌신을 받기에 합당한 분이시다. 스티븐 샤녹(Stephen Charnock)은 단언한다. "우리가 그 도우심을 필요로 하는 전능하신 하나님의 뜻에 따르지 않고, 그분의 뜻에 따라 행해지지 않는 모든 예배는 잘못된 것이다"(Water, p. 1139).

3:8. 하박국은 부정의 대답을 기대하면서 몇 가지 수사법적인 질문을 제기한다. 그러나 하나님은 하수를 분히 여기시고, 강을 노여워하시고, 바다를 대하여 성내시는 분이 아니다(12절 참조). 이 구절은 하나님이 홍해(출 14:21-31, 15:1-21)와 요단강(수 3:7-4:24)을 가르시는 모습을 상기시키는 것으로 보인다. 무엇보다 여호와의 병거들은 뇌성과 구름을 발하는 것이 분명하다. 왜냐하면 9-10절은 땅에 홍수가 난 모습을 묘사하고 있기 때문이다. 이와 비슷한 모습을 시편 104편 3절에서 찾아볼 수 있다. "구름으로 자기 수레를 삼으시고 바람 날개로 다니시며." 가나안 사람들의 풍요의 신인 바알은 수백 년 동안, 특히 아합 왕과 이세벨 때에 이스라엘에게 심각한 종교적 위협이 되었다. 바알은 비와 폭풍의 신으로 선전되어 왔고 '구름을 탄 이'는 이교도 문학에서 바알을 가리킬 때 즐겨 사용하는 말이었다. 하박국은 지금 만물을 주관하시는 이는 여호와 하나님이심을 주장함으로써 이 거짓 신을 향해 직격탄을 쏘고 있는 것과 같다.

3:9-10. 살(many arrows, NIV)에 해당하는 두 개의 히브리어는 다양하게 번역된 영어 성경에서처럼 여러 가지 방식으로 번역할 수 있는 말이다. 문자적으로 이 어구는 '저주(혹은 악담)의 활'(혹은 '막대기, 장대, 창자루, 패거리')를 의미한다. 활과 관련되어 영어 성경 NIV는 저주의 활 또는 화살을 의미하는 점에서 올바른 번역으로 보인다. 하나님의 명령에 천둥 구름이 땅을 뒤엎은 것은 노아의 홍수를 연상시키는 것으로 볼 수 있다. 카이저는 이에 대해 다음과 같은 적절한 주석을 붙인다. "본문에 묘사된 전사는 분명히 평범한 군인이 아니다. 하나님의 병기와 활동 반경은 온 우주에 미친다. 그 어떤 생명체나 세상의 권력도 그분의 공격을 감당하지 못할 것이다"(Kaiser, 「*Mastering the Old Testament*」, p. 183).

3:11. 해와 달이 그 처소에 멈추었나이다라는 구절은 일식 혹은 월식으로, 여호수아 당시 천체의 운행이 초자연적으로 멈추었던 사건이나, 혹은 구름이 그들을 가린 것을 말하는 것으로 보인다. 문맥에 등장하는 구름과 창수를 볼 때 후자가 더 타당해보인다. 아머딩은 이런 정보를 제공한다.

> 본문(12-16절)에서와 같은 이런 식의 창조 질서의 중단은 전형적으로 하나님의 심판이 따르게 마련이다. 그리고 여호와의 종말의 날에 절정에 달할 이 심판은 늘 어둠을 그 특징으로 삼고 있다(출 10:21-22, 14:20; 전 12:2; 사 13:10, 24:23; 렘 4:23; 28; 욜 2:2, 10, 31, 3:15; 암 5:18-20, 8:9; 습 1:15; 마 24:29, 27:45; 눅 23:45; 계 6:12, 8:12, 9:2, 22:5)(Armerding, p. 529-30).

3:12. 이제 우리는 하나님의 진노의 대상이 무엇인지 보게 된다. 그것은 자연(8절)이 아니라 지상의 악인들이다. 하나님은 하박국에게 그 누구도 자신의 악한 행위에 대한 보응에서 피할 수 없을 것이라고 분명히 말씀하신다. 정의는 반드시 이루어진다. 땅과 열국은 온 세상 모두를 가리키는 것으로 보인다. 따라서 이 심판은 유다와 바벨론에 대한 역사적 심판을 넘어 역사의 정점에 있는 모든 나라를 향한 하나님의 진노를 향해 나아간다.

3:13. 하나님이 열방과 치르시는 전쟁은 또한 자기 백성을 악인들로부터 구원하시기 위함이다. 기름 받은 자는 히브리어로 '마쉬악(mashiach)', 곧 메시아인데 여러 가지로 다양하게 번역되어 왔다. 어떤 이들은 이 기름 받은 자를 출애굽 때의 모세와 같은 옛날 이스라엘의 지도자로 보았다. 그리고 많은 복음주의자들은 이 말이 메시아를 가리킨다고 믿는다. 그러나 어떤 의미에서 메시아에게 구원이 필요하다는 말인가? 블루(Blue)에 의하면 "하나님은 이스라엘 백성을 보존함으로써(그들을 애굽으로부터 건져내시고 이어서 바벨론의 포로생활에서 구해주신 일) 메시아의 계보를 지키셨다"(Blue, p. 1520).

주의 백성을 구원하시려와 대구법을 이루고 있는 기름 받은 자를 구원하시려는, 비록 다른 구약에서 이런 의미로 사용된 적은 없는 것이 사실이지만, 하나님의 백성을 가리키는 것으로 볼 수 있다. 이 구절은 주의 기름 받은 자와 '함께'(KJV, NKJV 참조) 구원하신다는 의미를 가리킬 수도 있으므로 이 구원이 메시아에 의해 성취된다는 사실을 가리키는 것으로 볼 수 있다. 그러나 요점은 분명하다. 하나님은 놀라운 방식으로 자신의 거룩한 백성들을 구원하실(아마도 메시아의 재림 때에 이루어질 것이 분명한) 것이다.

악인의 집 머리를 누구로 보느냐는(바로, 바벨론의 통치자, 종말론적인 인물) 지금까지의 구원 사건의 역사적 배경을 어떻게 해석하느냐에 달려 있다. 블루는 그 기초를 끝까지 드러내셨다는 비유를 이렇게 설명한다. "이 히브리어에 나타난 모습은 박공 지붕이 벗겨지고 전체 형틀이 무너져 그 기초가 적나라하게 드러난 건물의 모습이다"(Blue, p. 1520). 바벨론의 통치자가 그 머리를 맞은 것과 같이(단 5장), 그리스도께서 다시 오실 때 악의 우두머리 역시 그렇게 될 것이다(계 19:19-20).

3:14-15. 악한 왕의 군대는 가난한 자를 쓰러뜨리려 담대하게 돌진해왔다. 그리고 적의 대장보다 힘센 하나님은 강력한 전사처럼 오히려 그들의 창으로 그들을 눕히셨다. 하박국은 여호와의 위대한 종말론적 승리를 하나님이 바로의 군대를 멸하시는 장면(출 14:23-28)을 생각나게 하는 언어(바다 곧 큰 물의 파도를 밟으셨나이다)로 묘사하고 있다.

8-15절에는 악한 세상에 대한 하나님의 무서운 심판이 나타난다. 왜 하나님은 그렇게 대응하실까? 일찍이 하박국은 이렇게 설명했다. "주께서는 눈이 정결하시므로 악을 참아 보지 못하시며 패역을 참아 보지 못하시거늘"(1:13). 우리는 거룩하신 하나님을 예배한다. 그분은 악을 보는 것 자체도 역겨워하신다. 그분은 거룩하신 분이기 때문에 우리는 공의를 구하는 기도가 응답받을 것이라는 확신을 가질 수 있다. 악인들은 벌을 받을 것이고 의인은 옳음이 입증될 것이다. 그분은 거룩하시기 때문에 우리는 그분과의 교제에 들어가기 위해 청결해야만 한다(시 24:3-4).

D. 예배의 결과(3:16-19)

Supporting Idea	진정한 예배는 하나님을 향한 우리의 믿음을 깊이 있게 하고 어려운 상황 가운데서도 기쁨과 힘을 준다.

3:16. 첫째, 예배는 우리의 신앙을 깊이 있게 만들어준다. 하박국이 하나님의 임재를 친히 목격하고 보인 반응은 극도의 두려움이었다. 그는 하나님의 '명성'(3:2)에 대해 들

었었지만 하나님의 영광과 능력과 거룩하심을 슬쩍 지나쳐 본 것만으로 압도되고 말았다(계 1:17에서의 사도 요한의 경험과 단 10:4-9에서의 다니엘의 경험과 비교해보라). 그는 그 어떤 권세도(바벨론을 포함하여) 전능하신 하나님 앞에 감히 설 수 없음을 깨달았다. 더욱이 그는 "세상을 심판하시는 이가 공의를 행하실 것"(창 18:25)임을 알았다. 그는 하나님이 유다를 공격한 자를 풀어주지 않으시리라는 것을 확신했다. 바벨론의 모든 것이 청산되는 날(환난 날)은 반드시 올 것이다. 그러나 내가 기다리므로란 구절은 바벨론의 심판이 어느 정도 후에 일어날 것을 암시하고 있다.

3:17-18. 둘째, 예배는 어떤 상황에서도 기쁨을 가져다준다. 이 구절은 성경 전체에서도 가장 감동적인 구절 가운데 하나다. 하박국은 경제적으로 완전히 피폐한 상황을 묘사하고 있다. 농사를 망치고 가축이 하나도 없게 되는 것은 이스라엘이 하나님과의 언약을 지키지 않을 때 닥칠 저주라고 모세는 경고했다(신 28:15-24). 많은 사람들이 안정과 만족과 행복을 가져다줄 것이라고 믿고 있는 모든 것들이 사라져버렸다. 그럼에도 불구하고 선지자는 기뻐했다. 왜냐하면 그의 기쁨은 여호와 하나님 안에 있기 때문이다. 모든 것이 없어졌지만 하나님은 여전히 거기 계시다. 하박국은 아직도 구원받고 있다(나의 구원의 하나님, NIV는 하나님 나의 구원자, God my Savior라고 번역). 선지자는 시편 기자의 마음을 다시 한 번 읊는다. "하늘에서는 주 외에 누가 내게 있으리요 땅에서는 주밖에 나의 사모할 자가 없나이다"(시 73:25). 17세기 영국의 목회자인 토마스 트라헨(Thomas Traherne)은 이렇게 말했다. "우리는 구두쇠가 황금을 대하듯, 그리고 왕이 홀을 대하듯 하나님을 찬양하고 기뻐하고 즐거워할 수 있기 전까지는 세상에서 기쁨을 누릴 수 없다"(Water, p. 1141). 하박국은 자신이 친히 목격한 하나님의 임재가 결국에는 전능하신 하나님이 승리하실 것임을 일깨워주었기 때문에 기뻐할 수 있었다. 앞으로 더 좋은 세상이 올 것이다.

3:19. 셋째, 예배는 삶에 힘을 제공해준다. 하박국의 힘과 우리의 힘은 우주를 창조하시고 다스리시는 주 여호와께로부터 온다. 사슴이 바위투성이 골짜기를 아무 탈 없이 안전하게 뛰어다니는 것처럼 하박국은 하나님 안에서 안전과 평안을 얻는다. 선지자는 지금 시편 18편 32-33절과 그 병행 구절인 사무엘하 22장 33-34절을 염두에 두고 있는 것이 분명하다. 이 구절의 마지막 두 행은 시편 18편 33절과 사무엘하 22장 34절에서 볼 수 있고, 힘에 대한 언급은 각각 시편 18편 32절과 사무엘하 22장 33절에 나타난다. 라

이트(Wright)는 이를 이렇게 주석한다.

> 시편 18편은 본문 상단의 정보에 의하면 여호와께서 다윗을 그의 모든 원수로부터 구원하신 이후에 쓰여졌다. 이 편에서는 다윗을 자신의 많은 대적들을 물리친 능하고 성공적인 전사로 그리고 있다. 하박국은 자기 앞에 어떤 고난이 놓여 있어도 자기를 지켜보시는 하나님의 능력에 대한 확신을 표현하기 위해 다윗의 삶을 이끌어오고 있다(Wright, p. 79).

하박국은 이 기도 찬송이 수금(3:1의 심층 연구를 보라)에 맞춘 것임을 영장에게 언급하는 것으로 이 장을 마무리하고 있다. 음악은 고대 이스라엘의 예배에서 중요한 부분을 차지하고 있었다. 영장을 위하여라는 말은 이곳 외에는 시편에만(55회) 등장하는 말이다.

Main Idea 복습	진정한 예배는 우리의 거룩하신 하나님께 초점을 맞추는 것으로, 성도들에게 더 큰 믿음과 기쁨과 능력을 만들어준다.

결론

'예배하다' 는 타동사다

신학자 카슨(D. A. Carson)은 '예배하다' 라는 동사는 직접 목적어를 필요로 하는 타동사이며 그 목적어는 바로 하나님임을 다음과 같이 상기시킨다.

> 우리는 예배를 보기 위해(즉 예배를 경험하기 위해) 모이지 않고, 하나님을 예배하기 위해 모인다. "주 너의 하나님께 경배(예배, worship)하고 다만 그를 섬기

라." 이것이 본질이다. 만일 당신이 예배를 보고 듣는 것만 추구한다면 참된 예배를 발견하지 못할 것이다. 그렇지만 만일 살아계신 하나님을 예배한다면 시편 가운데 나타난 어떤 것들을 체험할 수 있게 될 것이다. 예배는 타동사로서 그 의미 가운데 가장 중요한 것은 그 목적어인 대상이 무엇, 혹은 누구인가이다(Carson, 「*Worship: Adoration and Action*」, Wipf and Stock Publishers, 2002, p. 15).

카슨의 말은 옳다. 진정한 예배는 다른 어떤 것이 아니라 오직 하나님께만 초점을 맞추는 것이다. 아무 신에게나 초점을 맞추어도 된다는 말이 아니다. 우리가 사는 세상은 종교적인 사람들로 가득 차 있다. 2001년 9월 11일, 세 대의 비행기를 공중 납치해 세계무역센터와 펜타곤과 충돌시킨 19명의 테러리스트들은 지극히 종교적인 사람들이었다. 그들은 하나님을 믿었지만, 그들이 믿은 하나님은 살인을 명령한 거짓 신이었다. 우리의 믿음의 대상은 진짜 하나님, 성경이 말하는 하나님이어야만 한다. 오직 그분만이 진짜로 존재하시며 우리를 구원하시는 분이다. 하박국은 우리에게 꼭 필요한 기쁨, 평화 그리고 만족은 그분 안에서 발견할 수 있다고 말한다.

▣ 진리 알기

- 기도와 음악은 예배의 중요한 요소다.
- 우리는 하나님의 위대함에 대해 듣는 것만으로 만족해서는 안 되며, 반드시 그분을 직접 체험하기를 갈망해야 한다.
- 예배에 합당한 태도는 공손한 경외감이다.
- 우리의 예배를 받으시기에 합당한 유일하신 분은 성경에 나타난 하나님뿐이다.
- 하나님의 영광과 능력과 거룩하심을 묵상하는 일은 우리로 하여금 그분을 예배하도록 영감을 불어넣는다.
- 진정한 예배에 참여할 때 믿음과 기쁨과 능력이 자라는 것을 느끼게 될 것이다.
- 참된 기쁨은 물질을 소유하는 데서부터 오는 것이 아니라 하나님을 아는 것으로부터 온다.
- 우리의 전능하신 하나님은 이스라엘을 홍해에서 건지신 것처럼 역사의 절정에서 악을 물리치고 자기 백성을 건지실 것이다.

▣ 적용하기

- 매일 하나님과 함께하는 경건의 시간을 통하여 그분을 신실하게 예배하기로 다짐하라.
- 당신이 다니는 교회의 공적 예배에 성실히 참여하라.
- 하나님께 오늘날에도 하나님의 영광을 능력 있게 나타내시기를 기도하라.
- 세상과 그 안에 있는 물질의 소유보다 하나님의 영광에 초점을 맞추는 일을 연습하라.
- 교회에서 회중찬송을 함께 부르는 일을 통하여 하나님을 예배하라. 개인 경건의 시간에 찬송가나 복음송을 부르는 시간을 넣어보라.
- 장차 모든 악을 진멸하실 여호와 하나님을 찬양하라.
- 하나님이 정하신 계획에 순종하는 하박국을 본받으라.

삶의 적용

당신은 왜 교회에 다니는가?

폴 탄(Paul Tan)은 자신의 저서 「7천7백 개의 예화 백과사전(*Encyclopedia of 7,700 Illustrations*, Rockville, Md.: Assurance Publishers, 1979, p. 1651)」에서 유명한 목사 헨리 워드 비처(Henry Ward Beecher)를 대신할 임시 목사에 관한 이야기를 들려준다.

> 많은 청중이 이 유명한 목사의 설교를 들으려고 모였다. 정해진 시간이 되자 임시 목사는 강단 위로 올라갔다. 몇몇 사람들은 비처 목사가 설교하지 않는다는 것을 알고는 문을 향해 걸어나가려 했다. 임시 목사는 자리에 서서 외쳤다. "오늘 이 자리에 헨리 워드 비처 목사님을 예배하러 온 사람은 모두 교회 밖으로 나가셔도 좋습니다. 그렇지만, 하나님을 예배하러 오신 분들은 자리에 앉아주십시오!" 그러

자 아무도 자리를 뜨지 않았다.

당신은 교회에 하나님을 예배하러 가는가, 아니면 다른 이유 때문에 가는가? 가끔씩 사람들은 목사님의 설교나 성가대의 노래에 대해 불평을 하기도 한다. 그런 것들도 중요한 것이기는 하지만 우리는 목사나 성가대 지휘자를 위해 교회에 가는 것이 아니다. 우리는 하나님을 예배하러 교회에 간다. 만일 우리가 바른 마음으로 교회에 들어간다면 하나님을 만나게 될 것이며, 그것이 진정으로 중요한 것이다.

기도

오 주님, 우리에게 당신을 예배할 수 있는 특권을 주시니 감사합니다. 우리가 이 특권을 개인적이나 공적인 예배 생활 가운데 신실히 행할 수 있도록 도와주시기 바랍니다. 삶의 여러 가지 환경에 두려움이 닥칠 때 영화로우시고 전능하시고 거룩하신 우리 하나님 안에서 이미 평안함을 깨닫게 하여 주옵소서. 우리가 이 세상이 아니라 항상 우리의 모든 기쁨과 능력의 근원이 되신 당신에게만 초점을 맞출 수 있게 하여 주시기 바랍니다. 예수 그리스도의 이름으로 기도합니다. 아멘.

심층 연구

A. 하박국 3장에 나타난 하나님의 본성

하박국 3장은 하나님의 거대한 초상을 그리고 있다. 바커와 베일리는 이 장에 나타난 하나님의 본성에 관한 중요한 가르침을 다음과 같이 멋지게 요약하고 있다.

> 하나님은,
>
> - 유명하신 분으로, 많은 사람들이 그분이 자신들을 위해 행하신 일들을 이야기한다(3:2).
> - 사람들로 하여금 놀라 입을 다물게 만드는 일들을 행하신다(3:2).
> - 자신의 불쌍한 백성을 위하여 옛날에 거하시던 곳에서 오는 분이시다(3:3).
> - 온 우주에 찬송이 가득하게 만드는 일을 행하시는 영광스러운 분이시다(3:3).
> - 떠오르는 태양이 흐릿해보일 정도로 빛나는 광채를 발하는 분이시다(3:4).
> - 강력하시다(3:4).
> - 모든 질병을 다스리신다(3:5).
> - 모든 역사와 자연과 인간들을 다스리신다(3:6-7).
> - 이스라엘 백성들이 애굽에서 나올 때 보여준 것처럼 죄인들에게 분노를 발하실 능력과 의지를 갖고 계시다(3:8-15).
> - 혼돈의 물과 깊음을 다스리신다(3:8-10).
> - 자신의 계획을 위해 해와 달까지도 사용하시는 분이다(3:11).
> - 우리의 대적으로부터 구해주는 구세주이시며 우리의 기름부음 받은 지도자를 지키시는 분이다(3:13, 16).
> - 모든 능력의 근원이시다(3:19)(Barker and Bailey, p. 285).

이 밖에도 하나님은 모든 기쁨의 근원이시라는 사실을 더할 수 있을 것이다(3:18). 하나님은 우리의 예배를 받으시기에 합당한, 멋진 분이시다.

B. 선지자(3:1)

하박국은 본서에서 두 번(1:1, 3:1)에 걸쳐 자신을 '선지자'(히브리어로 나비, navi')로 묘사한다. 나비는 구약에 316회나 등장하는 말이다. 그 어원은 많은 논쟁을 불러일으키고 있는데, 쿨버(R. D. Culver)는 다음과 같은 전문가의 견해를 요약한다.

> 실제로 그 말의 어원에 대해서는 네 가지가 있다. (1) 아랍어에서 온 '소식을 전하다'와 거기서 비롯된 '대변인' (2) 히브리어 어원인 '거품이 일다'에서 나온 '말을 퍼붓다' (3) 아카드어(고대 바빌로니아와 앗시리아 지역 언어)에서 온 '부르다'에서 [하나님께] 부르심을 받은 사람… 그리고 하나님을 불렀다고 느끼는 사람 (4) 알려지지 않은 셈족어 어원(Harris, Archer, and Waltke, TWOT, 2:544).

그 어원이 어찌 되었든 나비의 의미가 권위를 부여받은 대변인이라는 것은 그 용례에서 분명히 드러난다. 선지자들은 하나님의 대언자로 하나님의 계시를 받아 그분의 뜻을 백성에게 전하고 종종 그들에게 미래를 밝혀주었다.

진정한 선지자인지를 가려내는 중요한 시금석은 다음과 같다. (1) 진짜 선지자는 여호와의 이름으로만 말한다(신 13:1-5, 18:20). (2) 그들의 예언은 항상 성취된다(신 18:21-22). (3) 그들은 거룩한 성품을 지니고 있다(왕하 4:9). (4) 때때로 그들의 예언은 기적이나 표적을 통해 정당성이 입증되기도 한다(왕상 18:36-39).

이스라엘의 역사를 통하여 보면 거짓 선지자들은 그 민족의 영적 안녕에 중대한 위협이 되어왔다(예: 렘 28:15-16의 하나냐). 오늘날 이 세상도 문자 그대로 수십억 명을 거짓된 길로 인도하는 거짓 선지자들로 가득 차 있으며, 예수님은 자신의 재림이 다가올수록 더 악화될 것임을 경고하셨다(마 24:24). 이러한 현대의 거짓 선지자들은 예수님 역시 강조하신 것처럼(마 7:20) 그들의 성품과 행동을 위에 열거한 시금석들에 비추어 보아 가려낼 수 있다.

C. 셀라(3:3, 9, 13)

셀라는 본 장에 세 번 등장한다(3:3, 9, 13). 이곳 외에는 오직 시편에만 나타나는데(71회) 이는 본 장이 시편의 시적 구성과 밀접한 관계를 맺고 있음을 강조하는 것이다. 학자들은 셀라의 의미에 대해 수많은 이론들을 전개시키고 있는데, 그중 블루(Blue)는 다음과 같은 훌륭한 논고를 발표한다.

> 또 하나의 악상 기호로 간주되고 있는 셀라(합 3:3, 9, 13)는 아마 노래 가운데 쉬는 부분을 가리키는 것 같다(NIV는 다른 영어 성경이 본문에 함께 기록하고 있는 것과 달리 셀라를 오른쪽 난외에 표기하고 있다). 이 용어에서 파생된 히브리어 동사는 '칭찬하다', '높이다'를 의미한다. 이 용어는 (1) 더 높은 조로 올리거나 음량을 키우기 위해 (2) 지금까지 노래된 것을 음미하고 하나님을 찬양하기 위해 (3) 트럼펫 팡파르 등을 위해 특정한 악기를 강조하기 위해 쉰다는 의미로 보인다(Blue, p. 1518).

결론적으로, 셀라가 시편과 하나의 노래임을 구체적으로 지목되고 있는(19절) 이곳 하박국 3장에만 나타나는 것에 비추어볼 때, 이 용어는 실제로 악상 기호의 하나라고 간주해도 무방할 것이다. 그 어원에 해당하는 '들어올리다'는 곧 음악을 상승시키겠다는, 아마 더 높은 조로 바꾸거나 음량을 키우려는 것을 의미한다. '마스길'(시 32:1, 42:1)과 '믹담'(시 16:1, 56:1)은 오직 시편에만 등장하는 말로 이들 역시 의미가 알려지지 않은 또 다른 악상 기호일 것이다.

D. 공적 예배의 중요성(3:19)

본 장의 말미에 기록된 '이 노래는 영장을 위하여 내 수금에 맞춘 것'이라는 말은 하박국의 기도가 이스라엘의 공적 예배 시간에 불리기 위한 것임을 시사한다(또한 3:1의 '시기오놋'에 관한 심층 연구를 보라). 분명히 개인 예배는 절대적으로 중요하다. 그러나 그렇다고 공적 예배를 소홀히 해서는 안 된다. 존 스토트는(John Stott) 이렇게 주장한다.

> 공적 예배를 진지하게 여기지 않는 사람은 스스로 주장하는 만큼의 온전한 성경적인 그리스도인이 되지 못하는 법이다. 어떤 사람은 예배가 아니라 설교 때문에 교회에 간다고 말한다. 이제 우리의 특기는 복음 전도이지 예배가 아니다. 그 결과 우리의 예배는 진부하고 형식적이며, 기계적이고 따분하거나, 이를 치료하기 위해 정반대되는 극단적인 처방을 가함으로써 반복적이고 무감동하고 심지어 천박해지기까지 한다(Water, p. 1140).

교회에 다니는 많은 사람들은 자기 교회의 공적 예배에 성실히 참여하지 않는다. 그러나 히브리서 저자는 우리에게 이렇게 권고한다. "모이기를 폐하는 어떤 사람들의 습관과 같이 하지 말고 오직 권하여 그날이 가까움을 볼수록 더욱 그리하자"(히 10:25).

고안

A 들어가는 글

1. "이것이 예배라면 나를 빼놓으라!"를 읽어주라.
2. 배경 설명 : 하박국은 하나님께 드리는 작지만 아름다운 기도 찬양으로 자신의 저서를 마무리한다. 본 장의 서두와 말미에 나타난 용어들은 이 기도가 이스라엘의 성전 예배에 사용된 음악에 맞추어 노래되었음을 시사한다. 본 장의 대부분은 하나님의 현현의 장엄함을 서술하고 있다. 하박국은 전에 하나님에 관한 '소문'을 '들었고', 이제 여호와 하나님의 영광과 능력과 거룩하심을 직접 목격했다. 하박국의 체험은 그의 믿음을 더욱 깊게 만들었고, 바벨론의 침공이라는 임박한 재앙에도 불구하고 하나님 안에서 기뻐할 수 있게 해주었다.
3. 적용 : 우리는 이 장에서 진정한 예배에 관해 더 많은 것을 배우게 될 것이다. 하박국은 모든 진정한 예배는 하나님께만 초점을 맞추는 것임을 강조한다. 하박국 선지자와 마찬가지로 우리의 믿음도 강건하여지고 어떤 환경 가운데서도 하나님 안

에서 즐거워하는 법을 배우게 될 것이다. 17세기 수도자였던 로렌스 신부는 이렇게 말했다. "우리는 이 땅에서 살아가는 동안, 아니 영원토록 그렇게 되기를 바라는 바이지만, 하나님을 온전하게 예배하는 사람이 되도록 가능한 모든 노력을 기울여 매진하여야만 한다(Water, p. 1140).

B. 본문 이해

1. 예배의 요소들(3:1)
2. 예배의 태도(3:2)
3. 예배의 초점(3:3-15)
4. 예배의 결과(3:16-19)

C. 결론: '예배하다'는 타동사다.

토의 질문

1. 하박국은 과거에 하나님이 행하신 크신 일들을 이야기한다. 최근에 하나님이 행하신 일들 가운데 우리 세대에 자신의 영광을 나타내신 일들에 어떤 것들이 있을까?

2. 당신이 하나님과 함께하는 개인적인 예배 시간을 개선할 방법들을 토론해보라. 일반적인 경건의 시간에 활용할 수 있는 예배 모범을 제시해보라.

3. 당신은 오늘날 보통 교회의 공적 예배의 수준을 어떻게 평가하는가? 대부분의 예

배가 하나님께 초점을 맞추고 있다고 믿는가? 만일 그렇지 않다면, 무엇이 그 대상이 되고 있는가? 무엇이 우리의 공적 예배를 더욱 의미 있고 흥미진진한 것으로 만들 수 있다고 생각하는가?

4. 어떻게 하박국은 재앙에 직면하면서도 그러한 믿음과 기쁨을 간직할 수 있었는가? 하박국의 체험을 오늘날 성도들에게 적용시킬 수 있는 방법들에 관해 토론해 보라.

스바냐 서문

스바냐 개요

- '여호와의 날' 은 스바냐의 예언 가운데 핵심 주제다.
- 본서는 크게 두 부분으로 나눌 수 있는데, 심판에 관한 예언(1:1-3:8)과 축복(3:9-20)에 관한 예언이다.
- 스바냐는 대략 주전 625년경 사람으로 알려져 있다. 그의 예언 연대를 가늠하는 세 가지 주요 요소는, (1) 스바냐는 서두에서 요시야 왕 시대(주전 640-609)에 예언했다고 밝힌다. (2) 선지자는 니느웨의 멸망(주전 612)을 미래의 사건으로 기대하고 있다. (3) 스바냐 1장 4-6절에 의하면, 사신 우상들이 유다에 성행하고 있다고 했다. 그런데 요시야의 개혁으로(주전 622-621년경) 그러한 관습들은 대부분 타파되었으므로(왕하 22-23장) 본서는 주전 621년부터 625년 사이에 기록된 것으로 추정된다.
- 본서는 유다가 회개할 것을 촉구하고 있으며, 그렇지 않을 때에 하나님의 진노에 직면하게 될 것임을 주장한다.

- 스바냐서는 아모스서를 제외하면 이방 민족에 대한 예언을 포함하고 있는 유일한 소선지서다.
- 스바냐의 예언은 유다에 대한 적극적인 심판이 바벨론에 의해 이루어지고(주전 605-586) 세대의 끝에 세상에 대한 심판이 이루어질 것을 포함하고 있다.
- 스바냐는 소선지자들 가운데 가장 적게 알려진 선지자 중 하나다.
- 본서의 핵심 구절은 2장 3절의 "여호와를 찾으라"는 스바냐의 권고다.

저자 소개: 선지자 스바냐

- 스바냐란 이름은 '여호와께서 감추시다'는 의미로, 여호와께서 자신을 따르는 자들을 보호막 안으로 숨기신다는 사실을 가리키는 것이 분명하다.
- 예언의 서두에 의하면 스바냐는 요시야 왕의 재위 기간(주전 640-609)에 예언을 했다.
- 그는 예루살렘에서 살았던 것이 분명하다(1:4, 10, 11 참조).
- 그의 예언 활동은 요시야 왕이 개혁을 시도하도록(대하 34:1-7) 동기를 부여하는 데 있어서 주도적인 역할을 했을 것이다.
- 스바냐는 나훔 및 예레미야와 동시대 사람이었다.
- 만일 1절에 기록된 스바냐의 선조가 유명한 왕인 히스기야라면 그는 왕족의 한 사람인 셈이다.

독자 소개: 유다 백성

- 스바냐의 예언은 자기 동족인 유다 백성들을 향한 것이다.
- 예루살렘은 유다의 수도였다.
- 유다는 주전 612년 니느웨가 멸망할 때까지 앗수르 제국의 속국이었다.

• 유다 민족은 주로 소수인 베냐민 지파와 다수인 유다 지파로 구성되었다.
• 스바냐가 예언할 당시 유다에는 우상숭배와 다른 많은 이방신들이 성행했다. 본서에 기록된 도덕적 타락은 50년에 걸친 므낫세의 재위 기간(주전 697-642)에 발생되었다.

스바냐 1-3장

결코 변하지 않는 것들

"우리가 삶 가운데 보고 있다고 생각하는 대부분의 변화는 하나같이 호의적인 진리들로 말미암은 것이다."

- 로버트 프로스트(Robert Frost)

스바냐는 악인들에게는 심판이, 의인들에게는 축복이 임할 여호와의 날이 다가올 것임을 예언했다. 역사적으로 그는 유다와 다른 민족들에게 회개하지 않는다면 여호와의 날이 그들에게 미칠 것이라 경고했다. 그는 고집스러운 동족들에게 너무 늦기 전에 회개하고 여호와 하나님을 찾으라고 호소하고 있다. 그는 여호와의 종말의 날에 임할 심판과 영광스러운 메시아의 나라에서 의인들에게 주어질 축복을 예언하는 것으로 결론을 내린다. 하나님의 죄에 대한 심판과 자기 백성을 향한 미래의 축복은 모두 그분의 불변하는 성품에 달려 있다.

Zephaniah

들어가는 글

벨로잇(Beloit) 대학 사고방식 목록

위스콘신 주 벨로잇에 위치한 벨로잇(Beloit) 대학은 교수진이 갓 들어온 신입생들의 사고방식을 이해하는 데 도움이 되도록 사고방식 목록을 해마다 작성해오고 있다. 다음은 최근에 작성된 목록 가운데 두 개다.

2002년 학급

1. 레이건 시대에 대해 별다른 의미를 부여하고 있지 않으며, 그가 총탄에 맞았었다는 사실을 알지 못하고 있다.
2. 걸프전이 발발할 때 10대 초반이었다.
3. 교황은 한 사람이었다.
4. 소련이 붕괴되었을 때 10대 초반이었고, 냉전이 무엇인지 기억하지 못한다.
5. 우주선 콜롬비아호가 폭발한 것을 기억하지 못한다.
6. 그들의 생애는 에이즈가 포함되어 있다.
7. 이들은 소아마비 예방주사를 맞지도 않았고, 그것이 무엇인지도 모를 것이다.
8. 구식 레코드플레이어를 가져본 적이 없다.
9. 모두 자동응답 전화기를 갖고 있다.
10. 케이블TV를 보며 자랐다.
11. 항상 VCR을 다루며 산다.
12. 베트남전쟁은 1, 2차 세계대전이나 심지어 남북전쟁만큼이나 오래된 옛날이야기다.

2005년 학급

1. 이들에게 IBM의 전동타자기는 골동품이다.
2. 문서출력은 TV 프로그램과 아무 상관이 없다. 브라우저는 서점에서 책을 훑어보

는 사람이 아니다. 바이러스는 사람을 아프게 하는 것이 아니다. 마우스는 설치동물이 아니다(그리고 이 말에 해당하는 적당한 복수형태가 없다).

3. 이들은 PC와 맥이 태어난 해와 같은 시기에 태어났다.
4. 보잉사는 이들이 태어난 이후로 727기의 생산을 중단했다.
5. 이들은 모두 이메일을 사용하고 있다.
6. 타이타닉호의 정확한 위치는 언제든지 알려져 있다.
7. 폭스바겐 비틀즈는 엔진을 앞에 달고 있다.
8. 주요 신문들은 항상 흑백이 아닌 컬러로 인쇄되었다.

이런 저런 생각이 들지 않는가? 나도 박사학위 논문을 그 IBM의 구식 전동타자기로 쳐서 제출했다. 우리는 급속히 변화하는 세상에 살고 있다. 내가 대학생이 된 이후로 전개된 기술의 변화는 깜짝 놀랄 정도다. 그러나 우리 사회의 많은 변화들은 진보가 아니라 후퇴다. 내가 어렸을 때는 TV 내용과 도덕적 기준이 그렇게 떨어지고 범죄율이 그렇게 높이 치솟을 줄 아무도 생각하지 못했다.

많은 것들이 변화하고 있지만 어떤 것들은 여전히 그대로인 채 남아 있다. 영적 진리는 오늘날에도 여전히 타당하다. 스바냐는 2,600년 이상 이전에 살았던 사람이지만 그의 예언은 현대 사회에도 얼마든지 적용될 수 있는 메시지가 포함되어 있다. 우리는 본서에서 하나님의 거룩하신 성품과 의에 대한 요구, 우리에게 주신 약속 등을 찾아보게 될 것이다. 그러나 슬프게도 인간의 본성은 전혀 변화하지 않았다.

본문 이해

결코 변하지 않는 것들

Main Idea	하나님은 변하지 않으신다. 그분은 우리에게 오직 하나님 자신만을 예배하기를 명하시는 질투의 하나님이시며, 우리도 거룩하기를 요구하시는 거룩한 하나님이시다. 그분은 자비와 용서가 많으신 분이지만, 회개하지 않는 죄는 그분의 심판을 받게 될 것이다. 하나님은 회개하는 자에게 빛나는 미래를 약속하신다.

A. 하나님의 선지자(1:1)

Supporting Idea	스바냐는 동시대 사람들에게 죄에서 돌이켜 여호와 하나님을 찾으라고 경고했다.

1:1. 여기서 스바냐는 자신의 위대한 예언에 대한 간략한 소개를 하고 있다. 그는 이 메시지가 자기의 주장이 아니라 실제로 여호와의 말씀임을 분명히 밝힌다. 여기서 우리는 성경이 하나님의 영감에 의한 것이라는 강력한 주장을 본다. 예언은 하나님의 말씀이기 때문에, 그 말씀은 그대로 지켜져야 한다. 구약에 스바냐라는 이름을 가진 사람은 세 사람이 더 있다(제사장, 포로기 이후의 유대인, 레위인). 이 이름의 의미는 '여호와께서 숨기시다' 로, 이는 여호와께서 자기 백성을 보호하기 위해 숨기신다는 의미를 갖고 있음이 분명하다.

스바냐는 서론에서 그가 자신의 조상을 4세대에 걸쳐 밝히고 있는 유일한 선지서라는 점에서 다른 책들과 구별된다. 만일 여기 등장하는 히스기야가 히스기야 왕이라면, 스바냐는 유대의 가장 존경받는 통치자의 후손 중 하나인 셈이다. 그는 또한 멀게는 요시야 왕(주전 640-609)과도 연계되어 있다. 요시야의 아버지인 아몬(주전 642-640)은 재위에 오른 지 겨우 2년 만에 반역을 당하여 살해되었다(왕하 21:19-23). 아몬은 악한 왕 므낫세의 아들이며 그 아버지를 따라 우상숭배의 길을 걸었다. 스바냐가 말하고 있는 악함은 이러한 이전 세대가 베푼 통치에서 비롯된 결과물이다.

B. 예배에 대한 하나님의 변함없는 요구(1:2-18)

Supporting Idea	하나님은 자신의 피조물들이 거짓 신이 아니라 자신에게 예배하기를 요구하신다.

예수님은 가장 큰 계명이 어느 것이냐는 질문을 받으시고 그 대답으로 신명기 6장 5절을 인용하셨다. "네 마음을 다하고 목숨을 다하고 뜻을 다하여 주 너의 하나님을 사랑하라 이것이 크고 첫째 되는 계명이요"(마 22:37-38). 만일 이것이 가장 커다란 계명이라면 그것을 어기는 것은 가장 커다란 죄가 되는 것이 당연하다. 우리의 창조주는 손수 우리를 지으셨고 우리에게 온전히 그분만 사랑하고 헌신할 것을 요구하신다. 하나님은 우리의 예배에 관하여 질투하시는 분이다(1:18, 3:8). 그러나 옛날 유대의 많은 사람들은 참 하나님을 버리고 거짓 우상에게 갔다. 스바냐는 2-18절에서 우상숭배에 대한 하나님의 대응은 확실하고 엄숙한 심판이 될 것임을 경고했다. 인간에게 자신을, 그리고 자신만을 예배할 것을 명하시는 하나님의 요구는 지금까지 변하지 않았고, 그 명령을 어긴 것에 대한 형벌 역시 변하지 않았다.

1:2-3. 스바냐는 즉시 자신이 전하는 메시지의 중심 주제를 밝힌다. 그것은 하나님이 죄를 심판하실 것이라는 사실이다. 내가… **진멸하리라**는 문자적으로 '제거하다(혹은 모으다), 내가 죽이리라' 는 의미다. 인간(즉, 죄를 지은)과 심지어 동물들마저도 이 큰 물속에서 죽게 될 것이다. "내가 사람을 지면에서 멸절하리라"는 NIV에서 "악인들은 겨우 **돌무더기**만 남게 될 것이다(The wicked will have only heaps of rubble)"로 번역되었다. 이 멸망의 범위(**지면**)와 한계는 종말론적 세상의 멸망(사 13:9-12)을 강조하는 것에 불과할 수도 있다. 카이저(Kaiser)가 주석을 단 것처럼 "모든 피조물이 아담의 범죄 이후에 타락한 것처럼 사람, 땅에 거하는 짐승, 공중의 새, 바다 생물들 등의 모든 피조물이 하나님의 심판에 포함되게 될 것이다. 이것은 온 우주에 미치는 심판일 것이다" (Kaiser, 「*Mastering the Old Testament*」, p. 216).

1:4. 스바냐는 장차 임할 여호와의 날 동안에 모든 민족에 미칠 하나님의 심판을 경고하는 것으로 예언을 시작했다. 그리고 이제 유다에게로 초점을 좁힌다. 악한 이방 민족이 심판을 받을 뿐 아니라 악한 유대인 역시 심판을 받을 것이다. **손을 펴서**는 위협의 몸짓으로, 마치 전사가 공격하기 위해 준비동작으로 손을 드는 것과 같다(습 2:13; 시

138:7; 겔 14:9, 25:7, 16). 출애굽 때 여호와 하나님은 애굽을 향해 손을 펴셨다. "내가 내 손을 들어 애굽 중에 여러 가지 이적으로 그 나라를 친 후에야 그가 너희를 보내리라" (출 3:20). 그리고 이제 하나님은 유다와 그 수도인 예루살렘을 치시겠다고 경고하신다.

하나님은 이스라엘 백성이 믿음을 지키기 못하고 다른 신들을 섬기는 것 때문에 진노하셨다. 그들은 하나님이 주신 십계명 가운데 처음 두 계명을 어겼다. "나는 너를 애굽 땅, 종 되었던 집에서 인도하여 낸 너의 하나님 여호와로라 너는 나 외에는 다른 신들을 네게 있게 말지니라 너를 위하여 새긴 우상을 만들지 말고 또 위로 하늘에 있는 것이나 아래로 땅에 있는 것이나 땅 아래 물속에 있는 것의 아무 형상이든지 만들지 말며 그것들에게 절하지 말며 그것들을 섬기지 말라 나 여호와 너의 하나님은 질투하는 하나님인즉" (출 20:2-5상).

몇 가지 배교 행위가 4-6절에 예시된다. 바알 숭배는 이스라엘의 역사 전체를 통하여 장애물이 되어 왔었고(특히 아합과 이세벨 치하에, 왕상 16:30-32), 아직도 그 추악한 머리를 빳빳이 치켜들고 있다. 이 가나안 족속의 신은 곡식과 가족에 풍요를 가져다주는 것으로 여겨져왔다. 바알 숭배는 종교적 간음과 성적 난교라는 최악의 부패상이 포함되어 있었다. 하나님은 바알 숭배와 바알 제사장들을 그 땅에서 뿌리 뽑으시겠다고 선언하셨다.

1:5-6. 일월성신과 같은 천체에 대한 경배 역시 유다에 잠식해 들어왔다. 이를 숭배하는 자들은 지붕 위에 올라가 해와 달과 별들과 같은 하늘의 일월성신에게 경배했다. 유다의 어떤 이들은 이 두 가지를 함께 거행하기도 했다. 그들은 여호와 하나님과 거짓 신을 동시에 섬기려 했다. 말감(혹은 밀곰이라고도 하고, NIV는 몰렉(Molech)으로 번역함, 그 의미는 '그들의 왕' 으로 바알을 가리키는 또 다른 호칭이다)은 암몬 족속이 믿는 이방 신이다(왕상 11:7). 어린아이를 제물로 바치는, 상상할 수 있는 최악의 관습이 바로 이 신에 대한 예배와 관련되어 있다(레 18:21, 20:2; 왕하 23:10). 최근의 고고학적 증거는 실제로 어린아이를 제물로 바친 일이 고대 암몬 족속들에게서 실행되었음을 보여주고 있다. 유다 안에 있던 이런 사람들은 여호와를 배반하고, 지혜와 구원의 참된 근원이 아닌 이방 신에게서 도움을 찾았다.

유다에서 널리 퍼진 이방 종교는 이전 정치 지도자들의 영향이었다. 8살에 왕위에 오른 요시야는 아직 종교 개혁을 확립하지 못했었고, 그에 앞서 20년 이상 전에 통치했던 므낫세 왕의 영향력이 곳곳에 남아 있었다. 므낫세는 우상을 알리기 위해 새로운 제단을 쌓고 특히 이 구절에서 언급된 이교 행위들을 실행했는데, 심지어 자기 아들을 번제물로 바쳤다(왕하 21:3-6). 경건한 정치 지도자는 절대적으로 필요한 것이다.

1:7-9. 만물은 우주를 통치하시는 주 여호와 앞에서 두렵고 떨림으로 잠잠해야 한다(암 6:10, 8:3; 합 2:20; 슥 2:13). 침묵은 장차 땅 위에 일어날 일들(계 8:1)이 가져다주는 공포를 생각할 때 당연한 것이다. 심판받아야 하는 이들은 여기서 희생이 되기 위해 초대를 받은 청할 자들로 그려지고 있다. 특별히 그 손님들은 정치 지도자들과 거짓 신을 숭배하는 또 다른 이들이다. 이방의 의복을 입은 자들은 유대인들이 받아들인 이교도의 생활양식을 가리키는 것으로, 다른 형태의 옷을 입는 것을 포함한다. 신실한 유대인은 언약 계명을 기억하기 위하여 겉옷의 네 귀퉁이에 실로 꼬아 만든 술을 달고 있었다. 우상을 숭배하는 이 유대인들은 분명히 그런 옷을 입기를 거부했을 것이다. 문턱을(밟지 않으려고) 뛰어넘는다는 말은 사무엘상 5장 5절에 나오는 블레셋의 미신을 가리키는 것으로 보인다. 자기 주인의 집은 NIV에서는 '그 신들의 사당' 으로 번역되었다. 히브리어 아돈(adon)은 '주인' 혹은 '주님' 으로 인간이나 하나님 모두에게 사용할 수 있는 말이다. 본문의 맥락에서는 신들을 가리키는 말로 사용되고 있다고 본다.

1:10-11. 그날에는 선지서에 30여 회 이상 등장하며, 스바냐에서는 4회 나타난다(1:9-10, 3:11, 16). 스바냐서에 나오는 네 번은 모두 여호와의 날(1:7 참조)을 가리킨다. 예루살렘 사람은 누구나 하나님의 심판이 임할 때 애곡할 것이다. 라이트(wright)는 이렇게 지적한다. "스바냐 1장 10-11절은 선지자가 자기 도시의 지형을 친숙하게 잘 알고 있음을 보여준다. 스바냐 시대의 예루살렘은, 오늘날 예루살렘 구도시와 마찬가지로 여러 개의 언덕 위와 그 주변에 세워졌다. 예루살렘의 어문은 성전이 세워진 산의 북서쪽 모퉁이에 위치해 있는데, 제2구역은 도시 서쪽으로 더 높은 언덕을 둘러싸고 있다. '막데스(Maktesh, NKJV) 혹은 몰타르(Mortar, NASB) 거민' 은 NIV에서는 '장터에 거하는 사람들(who live in the market district)' 로 번역하고 있는데, 상인과 무역상이 모여 있는 지역 사이의 골짜기다. 도시 전체는 더 높은 언덕들로 둘러싸여 있다. 예루살렘의 특이한 지형은 스바냐 1장 10-11절에 정확히 묘사된 것처럼 큰 소리를 지르면 도시 전체에 울려퍼지고 모든 골짜기마다 메아리가 되어 반사되어 안에 거주하고 있는 사람들을 깜짝 놀라게 한다는 점이다"(Wright, p. 84). 추측하기는, 어문은 그 자리에 물고기

를 파는 시장이 있어서 붙은 이름일 것이다.

1:12-13. 12-18절은 다가오는 심판에 예루살렘과 그 안에 거하는 주민들이 멸망할 것이라는 무시무시한 사건을 언급하고 있다. 하나님은 한 사람의 죄인도 놓치지 않도록 등불로 예루살렘에 두루 찾아다니시는 것으로 그려지고 있다. 예루살렘의 많은 사람들은 하나님이 복도 내리지 아니하시며 화도 내리지 아니하시리라고 생각하며 만족해하고 있었다. 그들은 기겁을 하게 될 것이다. 한나(Hannah)는 찌끼같이 가라앉았다는 비유를 다음과 같이 설명한다. "포도주를 거르고 남은 찌끼라는 표현은 그 민족이 영적으로 오염되었음을 가리킨다. 오랫동안 발효되도록 내버려둔 포도주는 딱딱한 껍질이 생기고 액체는 시럽처럼 끈적끈적해지고 시어져 맛이 없어지게 된다. 유다는 매일매일 찌끼를 제거하는 대신 고집을 부리고 하나님을 무시했다" (Hannah, 1527). 그들의 재물과 재산은 빼앗기게 될 것이다.

1:14-16. 스바냐는 여호와의 날이 가깝다고 선언했다. 다가올 심판의 날에 들릴 소리(문자적으로, '목소리, 소리')는 애곡소리가 될 것인데, 이는 유다인들이 슬피 우는 소리일 수도 있고 적군이 쳐들어오는 무서운 소리일 수도 있다. 그 밖에 이 히브리어가 고함소리로 번역된 곳은 이사야 42장 13절뿐인데 그 의미는 적에게 싸움을 거는 소리다. 이사야서의 용례에 비추어볼 때, 용사가 애곡하는 소리는 유다를 침입한 적들이 지르는 고함소리로 이해하는 것이 좋다. 여호와의 날은 환난과 고통과 그 밖의 재난이 뒤따르는 분노의 날이 될 것이다. 요엘 역시 이날을 어둡고, 구름이 끼고, 캄캄한 날(욜 2:2, 또한 암 5:18, 20을 보라)이라고 부른다. 나팔을 불어 경고하는 것은 전쟁에서 자주 보는 요소다. 유다에 대한 하나님의 즉각적인 심판은 바벨론 군대의 형태로 오게 될 것이다. 주전 586년에 느부갓네살에 의해 예루살렘이 포위되고 함락되는 가운데 일어날 약탈과 유린은 소름 끼치는 무서운 것이었다. 예루살렘 성과 성전은 폐허가 되었고, 살아남은 자들은 포로가 되어 끌려갔다.

1:17-18. 소경같이 행한다는 구절은 아무 도움도 받지 못함을 의미한다. 이 심판의 근거는 그들이 나 여호와께 범죄하였음이라고 분명히 제시되어 있다. 유다 당시 바벨론인들은 돈으로 매수할 수 있는 상대가 아니었고(겔 7:19), 하나님 역시 그러했다. 스바냐는 바벨론에 의한 유다의 심판과 온 땅에 대한 미래의 심판 사이를 유려하게 이동하고 있다. 여호와의 날이 역사적으로 존재했다는 사실은 미래의 심판이 반드시 올 것이

라는 증거가 된다. 질투는 영적으로 신실하지 못한 자들을 향한 하나님의 태도를 설명한다. 출애굽기 34장 14절은 이렇게 말씀한다. "너는 다른 신에게 절하지 말라 여호와는 질투라 이름하는 질투의 하나님임이니라." 하나님은 우리의 헌신과 예배를 남에게 양보하지 않는 분이시며, 그분을 주님과 구주로 인식하지 못한 결과는 심판이다.

C. 하나님의 변함없는 자비(2:1-3)

Supporting Idea	하나님은 자비로우시며 심판의 날에 회개하는 자를 구해주실 것이다.

2:1. 유다에 대한, 그리고 궁극적으로 온 땅에 대한 하나님의 진노를 기록한 스바냐의 묘사는 우리를 숨죽이게 한다. 그러나 여기서 우리는 하나님의 사랑의 마음을 보게 된다. 스바냐 선지자는 사람들에게 여호와 하나님을 찾으라고 호소한다. 이는 그가 하나님은 자비로우시며 용서하는 분이심을 알기 때문이다. 미가는 이렇게 선포한다. "주와 같은 신이 어디 있으리이까 주께서는 죄악을 사유하시며 그 기업의 남은 자의 허물을 넘기시며 인애를 기뻐하심으로 노를 항상 품지 아니하시나이다"(미 7:18). 사도 베드로는 또한 주님이 "오직 너희를 대하여 오래 참으사 아무도 멸망치 않고 다 회개하기에 이르기를 원하시느니라"(벧후 3:9)고 덧붙인다. 하나님은 세상을 사랑하시며(요 3:16) 회개하고 믿는 자에게 얼마든지 자비를 베푸신다. 이것은 어느 세대에도 변하지 않았다.

스바냐는 백성들에게 민족적 회개를 위해 모이라고(강조를 위해 반복하면서) 부르짖는다. 요엘은 민족이 위기를 당했을 때 비슷한 호소를 한다. "제사장들아 너희는 굵은 베로 동이고 슬피 울지어다 단에 수종드는 자들아 너희는 곡할지어다 내 하나님께 수종드는 자들아 너희는 와서 굵은 베를 입고 밤이 맞도록 누울지어다 이는 소제와 전제를 너희 하나님의 전에 드리지 못함이로다 너희는 금식일을 정하고 성회를 선포하여 장로들과 이 땅 모든 거민을 너희 하나님 여호와의 전으로 몰수히 모으고 여호와께 부르짖을지어다"(욜 1:13-14).

여기 백성에 해당하는 히브리어는 고이(goy)로 보통 이방 민족을 가리키는 용어다. 이 말이 하나님의 백성에게 적용될 때는 종종 책망의 의도로 사용된다. 스바냐는 유다가 이방인들처럼 행동하고 있다고 지적한다. 수치를 모르는 백성은 NIV에서는 부끄러운(shameful) 백성으로, NKJV에서는 바람직하지 못한(undesirable) 백성으로 각각 번역되었다. 어느 의미나 어울리지만 대부분의 주석가들은 '부끄러운' 혹은 '부끄러움을 모르는' 을 더 선호한다.

2:2. 스바냐는 백성들에게 회개할 것을 간곡히 요청했다. 왜냐하면 하나님의 심판이 바람에 날리는 겨같이 신속하게 다가오기 때문이다. 전은 이 절에서 4회(NIV는 3회)나 거듭 사용되었는데, 이는 신속히 회개치 않으면 늦어버리게 된다는 긴급함을 강조하는 것이다. 날아가다, 진노, 분노는 그 위협의 심각함을 강조한다.

2:3. 지금 스바냐는 여호와를 찾도록 요청하고 있다(암 5:5, 14와 비교). 백성들은 하나님 앞에서 자신을 낮추어 겸손하고, 회개하라는 그분의 명령에 순종해야 한다. 그들은 자신의 죄를 버리고 공의를 구함으로써 자기의 진심을 보여드려야 한다. 만일 그랬다면 그들의 생명은 바벨론의 침공으로부터 구함을 받을 것이다(예레미야, 다니엘, 에스겔처럼). 틀림없이 그들은 최후의 심판을 면하게 될 것이다(계 20:11-15).

D. 하나님의 변함없는 공의(2:4-15)

Supporting Idea	하나님은 공의로우시며 자기 백성을 괴롭힌 나라를 벌하지 않은 채 내버려두지 않으실 것이다.

아모스를 제외하면 스바냐만이 이방 나라에 대하여 예언한 유일한 소선지자다. 그 나라들은 이스라엘 역사 가운데 어느 시점에 하나님의 백성을 공격해왔고, 심판을 받아 마땅한 나라들이었다. 공의는 반드시 이루어져야 한다. 왜냐하면 하나님은 공의로우시기 때문이다. 옛날에 하나님의 백성을 대적한 자들에게 공의가 베풀어졌듯이, 오늘날에도 하나님의 공의는 신실하게 이루어질 것이다.

스바냐는 비난의 대상으로 이웃하고 있는 세 나라(블레셋, 모압, 암몬)와 멀리 떨어져 있는 두 나라(구스, 곧 에티오피아와 앗수르)를 꼽았다. 그 나라의 위치가 동서남북 네 방향을 가리키고 있는 것은 - 블레셋은 서쪽, 모압과 암몬은 동쪽, 에티오피아는 남쪽, 앗수르는 북쪽 - 이들 나라가 세상의 모든 나라를 대표하고 있음을 시사한다.

2:4-7. 다윗이 보좌에 오를 때 이스라엘은 블레셋과 1세기 이상에 걸쳐 생사를 건 갈

등을 빚어오고 있었다. 그들은 이스라엘이 한 나라로 존립하는 것 자체에 심각한 위협이었다. 하나님의 도우심으로 다윗의 군대는 몇몇 중요한 전투에서 결국 우위를 점할 수 있게 되었다(삼하 5:17-25, 8:1). 블레셋은 오늘날 텔아비브의 북쪽과 가자지구의 남쪽에 이르는 지중해 연안 평야인 고대 가나안 지역에 자리 잡고 있었다. 그렛 족속은 블레셋에 살고 있던 크레테(Crete) 사람들을 가리킨다. 스바냐는 블레셋 족속의 멸절과 유다가 자기 영토를 얻는 것을 함께 예언하고 있다. 여기서는 블레셋의 다섯 개의 주요 도시 가운데 넷이 남쪽에서 북쪽으로 차례로 나열되어 있다. 골리앗의 고향인 가드(삼상 17:4, 23)는 동쪽으로 더 먼 곳에 위치해 있어서 여기서는 생략되어 있다.

라이트에 의하면 "고고학적인 증거들은 고대의 가드(텔 에스사피, Tell es - Safi)는 주전 8세기 중엽에 멸망되었다. 이는 역대하 26장 6절에 기록된 유다의 왕 웃시야의 공격과 일치한다. 성경과 앗수르의 기록은 주전 8세기 중엽 이후로 블레셋의 도시를 나열할 때 가드란 이름을 포함시키지 않는데, 이는 웃시야가 그 도시를 멸망시켰음을 더욱 입증하는 것이다(렘 25:20; 암 1:6-8; 습 2:4; 슥 9:5-7)" (Wright, p. 85). 팔레스타인이라는 이름은 블레셋에서 유래한 것이다.

2:8-11. 모압은 암몬의 남쪽에 위치해 있고, 두 나라 모두 유다의 동쪽에 자리하고 있다. 그들은 이스라엘과 유다의 국경과 인접해 있어서 갈등은 피할 수 없는 것이었다. 아모스는 암몬 족속이 "길르앗의 아이 밴 여인의 배를 갈랐" (암 1:13)다는 추악한 이야기를 들려준다. 이들 족속은 기회주의적인 족속으로 이제 유다의 경계를 침범하였다. 그들은 틀림없이 유다가 정치적으로 힘을 잃어 이제 유다를 공격하면 자기들이 소유하던 옛 경계를 되찾을 수 있을 것이라고 생각하게 되었을 것이다. 여호와 하나님은 스스로 두 가지를 자기 백성들에게 자랑하셨다. 첫째, 하나님은 자기 백성을 보호하는 일에 열심이시다. 둘째, 옛날 사람들은 가장 위대한 신(들)과 함께하는 나라는 흥왕할 것이라고 믿었다. 따라서 모압과 암몬은 밀곰과 그모스가 더 강하다고 주장함으로써 여호와께 직접 도발을 감행했다.

11절에서 여호와 하나님은 자신이 이런 거짓 신들보다 절대적으로 우월하심을 그들의 우상들을 파괴하심으로써 보여주시겠다고 약속하셨다. 궁극적으로 이방의 모든 해변 사람들이 여호와께 경배하게 될 것이며, 여호와께서 세상에서 가장 위대하고 유일하신 하나님이심을 입증하게 될 것이다. 이 멋진 약속은 그리스도께서 다시 오실 때 성취될 것이다. 주님은 그들의 뻔뻔스러움에 대해 모압은 소돔 같으며 암몬은 고모라같이 무시무시한 최후를 당하게 될 것을 서약하셨다(창 19:24-25).

2:12. 구스는 애굽의 남쪽에 위치한 나라로 대략 오늘날의 수단과 에티오피아와 일치한다(NIV는 구스인, KJV, NKJV, NASB, NRSV는 에티오피아인으로 번역). 에티오피아는 애굽의 바로인 시삭과 힘을 합해 르호보암과 전쟁을 벌였고(대하 12:3), 구스의 장군 세라는 유다 왕 아사를 쳐들어왔다(대하 14:9). 일시적이나마(애굽의 25대 왕조) 에티오피아인은 애굽과 에티오피아 모두를 다스렸다. 에티오피아는 하나님의 심판을 피할 수 없었다(사 18장; 겔 30장 참조).

2:13-15. 북방에 위치한 앗수르는 수백 년 동안이나 유다를 못살게 굴었다. 앗수르의 장대한 궁성과 건축물들은 철저하게 무너져 들짐승들이 그 폐허 가운데 둥지를 틀게 될 것이었다. 스바냐는 니느웨를 기쁜 성이라고 불렀다. 왜냐하면 그 백성들은 그 거대한 성벽 안에서 안전함과 평안함을 누렸기 때문이다. 앗수르의 교만은 오직 나만 있고 나 외에는 다른 이가 없다는 말에 잘 드러난다. 그러나 바로 그 순간, 니느웨를 멸망시킬 나보폴라살이 바벨론의 임금 자리에 오르게 된다(주전 626). 그리고 14년 뒤, 니느웨가 멸망할 것이라는 스바냐의 예언이 성취되었다(주전 612). 하나님은 교만을 미워하신다.

E. 하나님의 변함없는 도덕법(3:1-7)

Supporting Idea	하나님의 도덕법은 결코 변하지 않으며, 그것을 어기는 자들은 벌을 받을 것이다.

우리는 절대라는 것은 시대에 뒤떨어진 것으로 여겨지는, 이른바 포스트모던이라는 딱지가 붙은 문화 가운데 살고 있다. 그러나 성경은 절대는 분명 존재한다고 가르친다. 대중의 의견과 반대로 하나님의 도덕법은 변하지 않는다. 하나님의 도덕의 기준은 변할 수 없다. 왜냐하면 그것들은 하나님 그분의 변하지 않는 거룩한 성품으로부터 나오기 때문이다. 몇 년 전 한 교회는 이런 표어를 붙였다. "합법적인 것이라고 해서 옳은 것은 아니다." 참으로 맞는 말이다. 인간 사회는 변할 수 있지만 하나님은 결코 변하지 않으신다. 여기서 우리는 슬프지만 인간의 본성 역시 변하지 않는다는 사실을 발견하게

된다. 인간은 계속해서 하나님의 도덕적 요구를 어겨왔다. 그리고 우리는 스바냐 시대의 죄는 또한 오늘날 우리가 사는 세상의 죄임을 발견하게 될 것이다. 사실상 2,600년이 지난 지금에도 변한 것은 그리 많지 않다.

3:1-2. 이 성읍의 설명은 예루살렘을 가리키는 것이 명백하다. 그리고 7절에서 이 성읍은 6절의 '열국'과 비교의 대상이 된다. 스바냐는 다시 한 번 예루살렘의 수많은 죄에 대한 하나님의 심판(화, 합 2장 참조)을 선포한다. 1장 2-8절에서 초점은 예루살렘의 우상숭배에 맞추어져 있다. 3장 1-7절에는 적어도 10가지 이상의 죄가 나열되었다. 패역함(1절), 종교적 타락(1절), 다른 사람에게 포학함(1절), 불순종(2절), 여호와를 의뢰하지 않음(2절), 사나운 방백들(3절), 타락한 종교 지도자들(4절), 공의로우신 하나님과 달리 불의함(5절), 부끄러움을 모름(5절) 그리고 회개하라는 하나님의 경고에 귀 기울이기를 거부함(6-7절) 등이다. 이는 참으로 무서운 고발장이 아닐 수 없다.

스바냐는 백성들에게 "여호와를 찾으라"(2:3)고 요청했지만, 그들은 하나님께 가까이 나아가지 아니하였다. 유다는 나아갔지만 그 대상은 하나님이 아니었다. 여호와 하나님은 마치 자식을 사랑하는 아버지처럼 자기 백성이 자신에게 돌아오기를 기다리셨다(욜 2:12; 슥 1:3).

3:3-4. 이 구절에는 유다의 타락한 지도자들이 언급된다. 그중 정치 지도자들의 압제는 자기 먹잇감을 탐욕스럽게 먹어치우는 부르짖는 사자와 저녁 이리에 비유되었다(미 3:9-10 참조). 라이트에 의하면, "스바냐가 유다의 재판관들을 묘사하기 위해 '저녁 이리'(3:3; 합 1:8 참조)란 말을 사용한 것은 의도적으로 악의를 품은 것이다. 이리들은 습관적으로 해가 질 때까지는 땅바닥에 누워 있다가 밤이 되어 다른 짐승들이 지쳐서 잠자리에 들 때 습격을 한다. 그들은 보통 무리를 지어 공격을 한 다음 그 먹이를 찢어 나누고 그 고기를 게걸스럽게 먹어치운다. 예수님은 거짓 선지자들을 '노략질하는 이리'(마 7:15)로 묘사하셨고, 사도 바울은 거짓 스승들을 자기 양떼를 아끼지 않는 '흉악한 이리'(행 20:29)라고 불렀다"(Wright, p. 87).

백성들의 타락은 대개 영적 지도자들의 실패를 반영하는 것이다. 그리고 스바냐가 유다의 종교 지도자들 사이에 배교가 성행했다고 선포한 것은 조금도 이상한 일이 아니었다. '간사한'이란 말은 본질적으로 하나님이나 혹은 다른 사람들을 대할 때 성실하지 못함을 의미한다. 이 선지자들은 아마 두 부류 모두에게 불성실한 죄를 저질렀을 것이다. 제사장들은 율법을 가르쳐야 했지만(스 7:12; 대하 15:3), 이들은 율법을 범하고, 성소를 더럽혔는데, 이는 우상숭배(습 1:4-5)와 손상된 제물을 바침을 통하여 이루어졌음이 분명하다.

3:5-7. 스바냐가 하나님의 변함없는 공의를 언급한 것은 유다에 성행하고 있는 불의를 에둘러 꾸짖은 것이었다. 하나님은 의로우시다. 이와 반대로 유다는 불의하면서도 그 백성은 자기 죄를 부끄러워하지 않았다. 마크 트웨인(Mark Twain)은 이렇게 빈정거렸다. "사람은 얼굴을 붉히는 유일한 동물이다. 아니면 그럴 필요가 있는 동물이거나." 유다는 얼굴을 붉혀야만 했지만, 수치를 알지 못했다(습 2:1; 렘 8:12). 이러한 태도는 그 사회가 무너지고 있음을 가리키는 지표다. 하나님이 범죄한 열국을 멸망시키시는 것은 죄의 결과가 무엇인지 예루살렘에게 보여주는 경고였다. 그러나 그들은 회개하는 대신 부지런히 그 행위를 더럽게 했다. 그들은 백 년도 채 되지 않은 과거에 북왕국(이스라엘)이 앗수르에 의해 멸망당한 것(왕하 18:9-12; 렘 3:6-8)을 보고 배웠을 것이다. 그러나 유다는 하나님의 경고를 귀담아듣지 않았다.

F. 회개하지 않는 죄에 대한 하나님의 변함없는 형벌(3:8)

Supporting Idea	회개하지 않는 죄에 대한 형벌은 분명한 심판이다.

3:8. 이제 스바냐는 옛 유다의 역사적 상황들로부터 여호와의 위대한 날에 온 땅에 미칠 종말론적 심판(1:2-3)으로 화제를 바꾼다. 그때 유다뿐 아니라 죄를 범한 모든 열국이 죄에 대한 가차없는 심판, 곧 하나님의 분한과 진노와 질투의 불을 받게 될 것이다. 심판 때 열국을 한자리에 모은다는 말은 선지자 요엘의 말과 유사하다(3:2). 일어나 벌하다라는 말은 법정에서 이 반역한 백성들을 향해 재판을 진행하시는 하나님의 모습을 묘사한다. 그들은 유죄선고를 받을 것이다. 이 구절 끝 부분에 나오는 질투란 말은 종종 우상숭배와 연계되어 사용되었고 그들의 죄가 다른 신들을 섬긴 것임을 시사한다.

나를 기다리라는 구절은 약속이 아니라 위협이다. 회개하지 않는 죄에 대한 하나님의 징벌은 심판이다. 비록 시간이 걸릴지는 몰라도, 그것은 변함이 없고 확실한 사실이다. 자주 재인용되는 로가우(Friedrich von Logau)의 경구는 절대적으로 옳다. "하나님의 맷돌은 비록 느리게 돌아가지만 아무리 작은 것도 갈아내며, 하나님은 인내로 기다리고 계시지만 하나도 놓치지 않고 모든 것을 정확히 갈아내신다."

G. 더 좋은 세상에 대한 하나님의 변함없는 약속(3:9-20)

Supporting Idea	하나님은 의인들을 위하여 장차 영광스러운 새 세상을 약속하신다.

3:9. 감사하게도 스바냐서는 이방 민족(3:9-10)과 유다(3:11-20)에 대한 놀라운 소망의 메시지로 끝을 맺는다. 하나님은 언젠가 더 좋은 세상이 오며, 하나님은 자신의 말씀을 반드시 이루실 것이라고 약속하셨다. 그때라는 말씀은 죄가 깨끗하게 되었으므로 이제 축복이 가능하다는 것을 가리키는 중추적인 역할을 한다.

하나님이 이스라엘을 선택하신 것은 그분이 세상 모든 사람들을 사랑하지 않는다는 의미가 아니다. 이스라엘은 하나님의 진리를 자기만 간직할 것이 아니라 온 세상에 그 소식을 전해야 했다. 구약 시대에 아람 사람인 나아만 장군(왕하 5:15-17)을 비롯하여 많은 이방인들이 여호와 하나님을 섬겼다. 9절에서 스바냐는 언젠가 열방이 여호와 하나님을 섬기게 될 것임을 알려주고 있다. 하나님은 그들의 입술을 깨끗케 하여 그들이 더 이상 거짓 신을 부르지 않고 여호와의 이름을 부르게 될 것이다. 그들은 다 참 하나님을 섬기게 될 것이다.

3:10. 다시 예배하기 위해 예루살렘으로 모여들 흩은 자들은 멀리 구스까지 흩어진 유대인 포로들과 이방인, 혹은 이방인과 흩어진 유대인들이 섞인 무리일 것이다. 9절이 보여주는 포괄적인 언어를 고려할 때 뒤의 견해가 옳은 것으로 보인다. 앞에서 비난했던(2:12) 구스가 여기서는 긍정적인 시각에서 다루어지고 있다. 이 나라가 언급된 것은 그 위치가 멀리 떨어져 있고, 따라서 지상에서 가장 멀리 떨어진 곳에서도 여호와 하나님을 예배하러 돌아올 것임을 시사하기 때문이다.

3:11-13. 그날이라는 구절은 여호와의 날을 가리키며 그때는 심판과 함께 축복이 포함될 것임을 보여준다. 예수 그리스도(메시아)는 다시 오시는 그 순간 영광스러운 새 세상을 친히 인도하실 것이다. 최후의 순간, 땅은 하나님이 항상 계획하셨던 것을 경험할 것이다. 스바냐는 메시아 왕국 안에서의 축복의 상태를 다음과 같이 대략적으로 설

명한다. 죄의 제거(11-13절), 기쁨(14절), 안전(15-17절), 근심이 없음(18절), 괴롭히는 자들로부터 구해줌(19절), 다시 모임(20절 상) 그리고 칭찬(20절 하).

많은 학자들은 스바냐가 그리스도가 왕이 되어 이 땅을 다스리실 천년왕국(계 20:4)을 묘사하고 있다고 믿는다. 우선적으로 이 부분은 유대인들을 향하고 있지만, 민족이 다시 모일 것이라는 약속(20절)을 제외하면 이 모든 축복들은 이방 신자들에게도 적용되는 것들이다. 악한 자들이 예루살렘(성산, 시 2:6; 단 9:16, 20; 욜 2:1, 3:17)에서 제거되고 그 성읍은 여호와의 이름을 의탁하는 곤고하고 가난한 자들(3:2와 비교하라)로 가득하게 될 것이다. 결국 예수님의 예언은 성취될 것이다. "온유한 자는 복이 있나니 저희가 땅을 기업으로 받을 것임이요" (마 5:5).

3:14-17. 그리스도의 임재와 축복은 자기 백성들에게 형언할 수 없는 기쁨과 절대적인 안전을 가져다줄 것이다. 성도들은 두 번 다시 두려워할 필요가 없다. 왜냐하면 이스라엘의 왕 여호와께서 그들과 함께하시기 때문이다. 손을 늘어뜨리다라는 구절은 극도의 두려움을 표현하는 말이다(렘 6:24, 50:43). 하나님은 1장 4절에서 유다와 싸움을 벌이셨는데, 이제 구원을 베푸실 전능자가 그들을 지키실 것이다.

3:18-20. 18절은 어려운 구절인데, 이는 영어 성경들이 이 구절을 아주 다양하게 번역하고 있는 것으로 충분히 입증된다. 19-20절에 예언된 민족의 재결합에 비추어보면 18절은 그 대회에 참여하지 못하는 유배된 유대인들의 근심을 제하시겠다는 하나님의 약속으로 간주될 수 있다. 그 대회를 지켜보는 일은 악한 사람들에게는 무거운 짐이(그리고 치욕이) 되겠지만 구원을 받은 이들에게는 기쁨이 될 것이다. 하나님은 자기 백성을 괴롭게 하는 자들을 심판하시고 타국으로 흩어졌던 이들 모두를 다시 모으실 것이다. 그들은 약하고 수욕받는 것이 아니라 천하 만민 중에서 명성과 칭찬을 얻게 될 것이다. 이 예언의 처음과 마지막은 이렇게 분명한 대조를 이룬다!

Main Idea 복 습	하나님은 변하지 않으신다. 그분은 우리에게 오직 하나님 자신만을 예배하기를 명하시는 질투의 하나님이시며, 우리도 거룩하기를 요구하시는 거룩하신 하나님이시다. 그분은 자비와 용서가 많으신 분이지만, 회개하지 않는 죄는 그분의 심판을 받게 될 것이다. 하나님은 회개하는 자에게 빛나는 미래를 약속하신다.

결론

역사상 가장 부자였던 사람

〈포브스(Forbes)〉지가 16번째로 발표한 올해의 억만장자 명단에 의하면 세상에서 가장 큰부자는 528억 달러를 소유한 마이크로소프트사의 빌 게이츠다. 그러나 빌 게이츠의 재산은 기네스가 선정한 역사상 가장 큰 부자였던 사람인 존 록펠러(John D. Rockefeller)에 비하면 아무것도 아니다. 1913년 록펠러의 재산은 9억 달러였는데, 이를 현재 가치로 환산하면 물경 1,900억 달러에 이른다. 기분 좋게도 록펠러는 그리스도인이었다. 그는 1922년까지 수십억 달러를 가족들과 자선단체에 기부했고, 자신은 겨우 2,000만 달러만 소유했다.

이 땅의 삶에서 재산은 우리를 보호해주는 든든한 막이 될 수도 있지만, 세상의 돈을 모두 합해도 우리를 죄에서 구원하거나 천국을 살 수는 없다. 스바냐는 악인이 심판을 받게 될 여호와의 날이 오고 있다고 예언했다. 그는 "그들의 은과 금이 여호와의 분노의 날에 그들을 능히 건지지 못할 것"(1:18)이라고 경고했다. 유다 당시의 바벨론은 돈으로 매수할 수 없는 상대였고(겔 7:19), 하나님 역시 그러했다. 어떻게 하면 우리도 3장 9-20절에 묘사된 멋진 메시아의 왕국에 참여하고 심판을 피할 수 있을까? 스바냐는 2장 3절에서 "여호와를 찾으라"고 말한다. 하나님은 얼마든지 우리의 죄를 기꺼이 용서하시며 우리를 자신의 가족으로 맞이하려 하신다. 그러면 여호와의 날은 '캄캄하고 어두운 날' (1:15)이 아니라 기쁘고 즐거운 날(3:14)이 될 것이다.

▣ 진리 알기

- 하나님은 우리가 세상의 거짓 신들이 아니라 오직 하나님 한 분만을 섬기기를 요구하신다.
- 언젠가 하나님의 심판이 회개하지 않는 세상에 임할 것이다.
- 하나님은 자비로우셔서 우리가 하나님을 찾고 심판을 피할 수 있도록 초청하신다.
- 하나님은 공의로우셔서 자기 백성을 괴롭힌 자들을 벌하실 것이다.

- 인간은 하나님의 변하지 않는 도덕법을 준수해야만 한다.
- 회개하지 않는 죄의 대가는 분명한 심판이다.
- 하나님은 자신을 따르는 이들에게 자신과 함께하는 멋진 미래를 약속하셨다.

■ 적용하기

- 하나님의 심판은 우리의 믿음을 다른 사람들에게 전하게 만드는 동기가 된다.
- 스바냐 2장 3절을 읽고 하나님을 기쁘시게 하는 사람의 특징들을 찾아보라.
- 오늘날 성도들이 핍박을 받고 있는 나라들의 이름을 말해보라.
- 스바냐서에 언급된 죄 가운데 오늘날에도 성행하고 있는 죄악들을 나열해보라.
- 우리에게 그리스도와 함께하는 영광스러운 미래를 약속하신 여호와 하나님을 찬양하라.
- 스바냐 3장 9-20절에 묘사된 메시아 시대의 특징들을 나열하라.

삶의 적용

타이타닉호가 주의하지 않았던 경고들

'절대 침몰하지 않을' 배였던 타이타닉호는 1912년 4월 14일 달빛 하나 없는 그믐밤에 당일에만 적어도 6번 이상의 빙산에 대한 경고를 다른 배들로부터 받았음에도 불구하고 대서양의 얼음물 속으로 가라앉고 말았다. 「과거의 엄청난 수수께끼들(*Great Mysteries of the Past*)」에 의하면 카로니아호와 발틱호 모두 선장 스미드(E. J. Smith)에게 경고의 메시지를 보냈다. 캘리포니안호는 적어도 2차례 전문을 보냈다. '세 개의 거대한 빙산' 이 그 배의 무선통신사가 보낸 첫 번째 경고였다. 그리고 그 날 저녁 34킬로미터 떨어진 지점에서 이런 내용의 무전을 날렸다. "여보세요, 선장님. 우리는 지금 얼음에 둘러싸여 꼼짝도 못하고 있습니다." 성질 급한 잭 필립(Jack

Phillip)이 재빨리 응답했다. "시끄러워! 닥치라고! 너희는 지금 내 신호를 방해하고 있어. 나는 지금 케이프 레이스(Cape Race)에 접어들고 있다고!" 그리고 필립스는 뉴펀들랜드(Newfoundland)의 케이프 레이스에 있는 무선통신사로부터 자기 배에 승선하고 있는 중요 인물에게 보내는 전언을 수순했다. 수온은 겨우 몇 시간 만에 영상 6.1도에서 빙점 이하로 급격히 하강했는데, 이는 북방 해역에서 빙산이 근처에 흘러오고 있음을 암시하는 것이다. 그러나 타이타닉호는 곧 닥칠 위험을 피하기 위해 속도를 늦추지도, 남쪽으로 방향을 선회하지도 않았다.

밤 11시 40분, 빙산이 목격되었다. 다음 날 새벽 2시 20분, 타이타닉은 두 조각으로 갈라진 채 해심 4,330미터 깊은 물속으로 빠져들었다. 그리고 만 오천 명이 넘는 사람이 목숨을 잃었다. 타이타닉은 경고를 무시했던 것이다(「*Great Mysteries of the Past*」, Pleasantville, N.Y.: The Reader' s Digest Association, Inc, 1991, p. 415).

스바냐는 옛 유다에 경고를 발했다. 그것은 그들이 주의하지 않고 있다는 경고이며, 그 결과 그들은 타이타닉과 같은 대가를 치렀다. 바벨론 군대는 예루살렘과 그 안에 있는 거대한 성전을 무너뜨리고 살아남은 유다인들을 포로로 끌고 갔다. 선지자의 예언은 오늘날 참 하나님을 거부하는 개인과 나라에 동일하게 적용된다. 그들은 타이타닉호처럼 재앙을 향해 신속히 나아가고 있으며 '여호와를 찾으라' 는 스바냐의 외침은 그들의 유일한 희망이다. 그들이 그 경고를 받아들이도록 함께 기도하자!

기도

오 주님, 주께서 저희를 친히 지으셨으니 우리의 삶을 우리의 주요 구세주가 되신 당신께 드립니다. 우리를 사랑하시되 우리의 죄를 용서하시고 심판에서 건져주시기까지 사랑하심을 감사합니다. 우리가 다른 이들에게 그리스도를 전하여 그들이 '멸망치 않고 영생을 얻게' (요 3:16) 되도록 신실하게 복음을 전하는 자가 되도록 도와주시옵소서. 우리는 하나님의 아들, 예수님이 바로 주님이심을 온 세상이 인정하게 될 그날을 기대하고 있습니다. 주님이 주님의 자녀들을 위하여 평화와 기쁨과 공의가 넘쳐날 멋진 미래를 준비하고 계심을 인해 감사합니다. 예수님의 이름으로 기도합니다. 아멘.

심층 연구

A. 스바냐라는 이름(1:1)

스바냐라는 이름은 '여호와께서 숨기시다'는 의미로, 이는 분명 여호와께서 자기를 따르는 이들을 보호하시고 숨기신다는 사실을 가리키는 것이다. 같은 맥락에서 시편 기자는 이렇게 선언한다. "여호와께서 환난날에 나를 그 초막 속에 은밀히 지키시고 그 장막 은밀한 곳에 나를 숨기시며 바위 위에 높이 두시리로다"(시 27:5, 또한 시 31:20, 32:7, 64:2를 보라). 스바냐는 구약에서 가장 사악한 인물 가운데 하나인 므낫세가 통치하던 시기에 태어났다. 열왕기하 21장 16절은 "므낫세가 여호와 보시기에 악을 행하여 유다로 범하게 한 그 죄 외에 또 무죄한 자의 피를 심히 많이 흘려 예루살렘 이 가에서 저 가까지 가득하게 하였더라"고 말씀한다. 유대 전통에 의하면, 히브리서 11장 37절에 반영된 것으로 보이는데, 므낫세는 위대한 선지자 이사야까지 순교자로 만들었다고 한다. 스바냐의 이름은 이 무시무시한 시기에 하나님의 보호하심을 가리키는 것으로 볼 수 있다. 2장 3절(성도들이 '숨김'을 얻으리라는)에 비추어보면 이 이름은 또한 회개하는 자들이 하나님의 진노로부터 보호하심을 얻는다는 은근한 약속으로 볼 수도 있다.

B. 스바냐의 조상(1:1)

스바냐는 자기 조상을 네 세대에 걸쳐 밝히고 있는데, 이는 선지자들 가운데 독특한 경우다. 스가랴는 2대를 밝히고(슥 1:1) 있는데, 그 밖에 이사야, 예레미야, 에스겔, 호세아, 요엘, 요나 등의 선지자는 오직 자기 부친의 이름만 밝히고 있다. 그리고 여덟 선지자는 자기 족보에 관하여 아무런 구체적인 정보를 제공하지 않는다(다니엘, 아모스, 오바댜, 미가, 나훔, 하박국, 학개, 말라기).

카이저는 스바냐의 긴 족보에 대해 이런 해설을 붙인다. "이 족보에 대한 가장 그럴 듯한 설명은, 스바냐가 비록 그 아버지의 이름이 에티오피아인을 뜻하는 구시임에도 불구하고 틀림없는 유대인임을 보여주기 위해서라는 것이다. 그의 부친이 이방인일 가능성은 무척 많지만, 최근 이스라엘에 유입된 수천 명의 에티오피아 사람들이 외국인이지만 유대인이었던 것과 마찬가지로 그 역시 유대인이다. 모세가 신명기 23장 8절에 기술한 것처럼, 스바냐 시대에 유대인 여인이 이방인과 결혼하면 그 부부의 후손은 적어도 3대 이상 순수한 유대인과 결합하지 않으면 유대인 사회에 들어갈 수 없었다. 스바냐는 그러한 혈통 관계를 제시한 것이다"(Kaiser, 「*Mastering the Old Testament*」, p. 207).

다른 주석가들은 스바냐가 자기 조상을 네 대에 걸쳐 기록한 것은 자신과 주전 686년에 죽은 위대한 임금인 히스기야와의 관계를 보여주기 위함이라고 주장하는데, 이 또한 타당한 것이다. 만일 그렇다면 스바냐는 왕족의 한 사람으로 유다의 가장 존경받는 왕의 후손이다. 만일 다니엘을 예외로 한다면 스바냐는 구약 선지자 가운데 유일한 왕족이자 높은 사회적 지위를 갖춘 인물이다. 그는 또한 현왕인 요시야(주전 640-609)와도 먼 인척관계에 있다. 아마 스바냐는 자신이 존경받는 왕인 히스기야와 연계되는 것이 자신의 메시지가 널리 전파되는 데 도움이 된다고 생각했을 것이다.

C. 하늘의 일월성신에 대한 경배(1:5)

별과 같은 천체에 대한 숭배는 고대에 널리 퍼진 것이다. 애굽에서 태양신 레(Re)는 최고의 신이며 파라오들은 종종 자기 이름 안에 그 이름을 포함시키기도 했다(예: 람세스 2세). 주전 14세기에 아멘호텝 4세(Amenhotep IV)라고도 불린 파라오 아케나톤(Akhenaton)은(유명한 왕 투탕카멘의 양아버지) 심지어 애굽 사람들로 하여금 오직 태양신인 아톤만을 경배하도록 강요하려 했다. 태양신은 또한 수메르, 고대 인도 사람들과, 로마 역사 후반기에, 북미 지역의 평야 인디언들과 멕시코, 페루의 초기 문명의 숭배의 대상이었다. 아즈텍인들은 태양신에게 사람을 제물로 바치기도 했다. 일본에서는 우주를 다스리는 최고 통치자로서 여자 태양신인 아마테라스가 숭배를 받았고 태양은 아직도 일본을 나타내는 상징물이기도 하다.

다른 천체들 역시 예배의 대상이 되어 왔다. 달의 신인 토트(Thoth)는 애굽에서 배움의 신으로 경배되었고, 파라오들은 자신의 이름에 그의 이름을 붙여왔다(투트모세 1, 2,

3세). 누트(Nut)는 애굽에 있던 하늘의 여신이었다. 바벨론 사람들의 달의 신인 신(Sin)은 그의 아내 닌갈(Ningal)과 함께 우르와 하란에 있는 신전들에서 숭배를 받았다. 유다는 이들 강대하고 번성한 이교도 국가의 신들에 마음을 빼앗겨, 어리석게도 그 신들이 자기들에게 복을 줄 것이라 믿고 그들의 신을 받아들였다.

고대인들은 이러한 천체들을 두려워했다. 그러나 오늘날 사람들은 그러한 존재들이 불타는 가스의 집합이거나 지구와 같은 물질에 지나지 않는다는 것을 알고 있다. 현대의 과학적 지식에도 불구하고 점성술은 폭넓은 지지층을 확보하고 있고, 별점운세와 같은 것들이 주요 신문의 한 지면에 버젓이 실리고 있다. 보통 현대의 점성술사들은 일월성신이 곧 신이라고 주장하지는 않지만 그들은 여전히 별과 천체가 어떤 식으로든 인간의 운명을 결정하거나 영향을 준다고 어리석은 주장을 펼친다. 그러한 주장은 과학적 증거를 받지 못할 뿐 아니라 영적으로 위험하고 비성경적이다(사 47:13; 렘 10:2).

D. '여호와의 날' (1:7, 14)

여호와의 날은 구약의 중요한 신학적 주제이며 스바냐의 예언에서 핵심을 이루고 있다. '여호와의 날' 이라는 정확한 표현은 구약에 16회 나타나지만(사 13:6, 9; 겔 13:5, 30:3; 욜 1:15, 2:1, 11, 31, 3:14; 암 5:18, 20; 옵 1:15; 습 1:7; 슥 14:1; 말 4:5), 여호와의 날에 관한 언급은 그보다 훨씬 더 광범위하다. 보통 여호와의 날은 '날' , '그날' 혹은 '그날에' 라는 식으로 간단히 언급되었다. 스바냐는 여호와의 날이라는 정확한 어구를 세 번 기록했지만(1:7, 14[2회]), '여호와의 …의 날에' (1:8, 2:3), '그날에' (1:9, 10, 3:11, 16), '그날' (1:15, 2:2), '날(a day)' (1:15[5회]), '날(the day)' (1:18, 2:2, 3:8) 등과 같은 표현으로 17회 언급되었다.

스바냐서를 자세히 살펴보면 여호와의 날에 대해 다음과 같은 사실이 드러난다. (1) 그때에 이방 나라들이 심판을 받을 것이다(1:2-3, 18, 3:8). (2) 이스라엘 안에 있는 악인들이 심판을 받을 것이다(1:4-18). (3) 이 심판은 강하고 공의로운 전사 - 재판관으로 묘사된 여호와 하나님에 의해 이루어질 것이다(1:2-9, 12, 17-18, 3:8). (4) 궁극적으로 그날은 종말론적인 마지막이 될 것이다(1:2-3, 18, 3:8). 그러나 많은 역사적인 심판들이 미래에 있을 우주적 심판을 미리 보여주는 행위로 이 여호와의 날과 종종 연관되기도 했다. 예를 들어 스바냐 1장 4-18절은 바벨론의 멸망과 종말에 모두 적용될 수 있을 것이다.

(5) 사람들은 회개를 통하여 이 심판을 벗어날 수 있게 된다(2:2-3). (6) 우주적 심판은 여호와께서 의인들과 함께 거하는 영광의 시대에 이어 나타날 것이다(3:9-20). 그때 이 땅의 모든 이들은 참되신 하나님을 예배하게 될 것이다(2:11, 3:9-10). (7) 여호와의 날은 최후의 심판과 메시아 시대를 관통하고 있기 때문에 하루 24시간이 아니라 어떤 시간대임이 분명하다.

신약에서 '여호와의 날' 이란 구절은 사도행전 2장 20절, 고린도전서 5장 5절, 고린도후서 1장 14절, 데살로니가전서 5장 2절, 데살로니가후서 2장 2절, 베드로후서 3장 10절에 나타난다. '그날' (고전 3:13; 히 10:25)과 같이, 여호와의 날에 관한 다른 축약된 언급들도 예를 들 수 있다. 그리고 신약 계시는 이날을 예수 그리스도의 재림과 연계시킨다(고전 1:8; 고후 1:14; 빌 1:6, 10; 살전 5:2; 벧후 3:10).

교안

A. 들어가는 글

1. "벨로잇 대학 사고방식 목록" 을 읽어주라.
2. 배경 설명 : 스바냐는 선지자들 가운데 가장 소홀히 여겨진 선지자 중 하나일 것이다. 그는 본서를 경건한 왕 요시야(주전 640-609)의 초기 통치 기간인 주전 625년경에 기록했다. 하박국은 대략 그보다 20년 정도 뒤에 예언활동을 펼쳤다. 스바냐는 남왕국(유다)에서 살았고, 그 당시 성행하던 우상과 사악함들을 지적했다. 이 책에 나타난 도덕적 타락은 므낫세(주전 697-642)와 그의 아들 아몬(주전 642-640)의 악한 통치에서 유발된 것이다. 스바냐의 외침은 요시야가 행한 위대한 종교 개혁(주전 622-621년경)을 가능하게 하는 밑거름이 되었을 것이다. 이 예언의 중심 주제는 '여호와의 날' 이다.
3. 적용 : 스바냐의 메시지는 변함없는 진리다. 하나님은 우리가 세상의 거짓 신들이 아니라 하나님 자신을 섬기기를 요구하신다. 오늘날에는 바알이나 몰렉과 같은 우

상이 없을지 모르지만 세상은 그와 똑같은 거짓 우상들로 가득 차 있다. 많은 이들이 물질주의, 인본주의, 세속주의, 쾌락 그리고 거짓 종교에 빠져 있다. 참 하나님을 거부하는 이러한 일들은 스바냐 시대와 동일한 결과인 심판을 가져올 것이다. 그러나 하나님의 자비로우신 성품 역시 변하지 않는다. 그분은 우리를 용서하실 준비가 되어 있다. 하나님은 자신에게 나아오는 모든 이들에게 영광스러운 미래를 약속하신다.

B. 본문 이해

1. 하나님의 선지자(1:1)
2. 예배에 대한 하나님의 변함없는 요구(1:2-18)
3. 하나님의 변함없는 자비(2:1-3)
4. 하나님의 변함없는 공의(2:4-15)
5. 하나님의 변함없는 도덕법(3:1-7)
6. 회개하지 않는 죄에 대한 하나님의 변함없는 형벌(3:8)
7. 더 좋은 세상에 대한 하나님의 변함없는 약속(3:9-20)

C. 결론: 역사상 가장 부자였던 사람

토의 질문

1. 성경의 하나님은 어떤 권리로 우리에게 자신을, 그리고 오직 자신만을 예배하라고 요구하시는가?

2. 당신은 타락한 세상에 대한 하나님의 심판이 복음 전파의 동기가 되어야 한다고

생각하는가? 그 이유를 설명하라.

3. 스바냐서에는 하나님의 사랑이 어떻게 계시되어 있는가?

4. 스바냐 3장 9-20절에 묘사된 메시아 왕국의 특징은 무엇인가?

학개 서문

학개 개요

- 학개서는(38절뿐임) 오바댜의 뒤를 이어 구약에서 두 번째로 짧은 분량이지만 영적 진리가 가득 담겨 있는 책이다.
- 학개는 포로기 이후 선지서 중 첫 예언서다.
- 학개의 문체는 단순하고 직설적인 산문이다.
- 본 예언은 서론과 네 개의 짧은 메시지로 구성되었는데, 각각의 메시지는 "여호와의 말씀이 임하니라"(1:3, 2:1, 10, 20)로 시작한다. 이 네 개의 메시지는 구체적인 날짜가 명기되어 있는데, 모두 주전 520년(다리우스 1세 2년)의 4개월 안에 주어진 것이다. 오늘날 우리가 사용하는 달력으로 바꾸면, 학개의 첫 예언은 9월 29일, 둘째는 10월 17일, 셋째와 넷째는 12월 18일에 주어졌다.
- 에스라는 이 예언의 역사적 배경을 서술했고, 특히 에스라 5장 1-2절과 6장 14-15절에 구체적으로 학개를 언급하고 있다.
- 학개가 전한 메시지의 목적은 백성들로 하여금 성전 건축을 마치는 일에 매진

하도록 독려하는 것이다. 성전 보수는 유대인들이 처음 포로로부터 귀환한 이후 즉시(주전 538/7) 시작되었다. 그러나 기초가 놓인 이후 유다의 적들의 저항으로 중지되었다(스 4:1-5, 24). 학개는 그 사역을 완성할 때가 되었다고 선포했다. 백성들은 그의 메시지에 순종하여 4년 뒤에 성전을 완공했다.

저자 소개: 선지자 학개

- 학개란 이름은 '축제의' 혹은 '축제다운' 이란 의미다. 아마도 그는 이스라엘 사람들의 축제 기간에 태어나 그런 이름을 얻게 된 것 같다.
- 다른 일곱 선지자와 마찬가지로 학개는 자신의 부모나 족보에 대해 아무런 정보도 제공하지 않는다. 우리는 그의 이름을 제외하고 그의 개인적인 삶에 대하여 전혀 알지 못한다.
- 학개는 스룹바벨과 함께 바벨론에서 돌아왔음이 분명하다.
- 그는 포로 이후 예루살렘에서 선포한 최초의 선지자였다.
- 어떤 해석가들은 학개 2장 3절을 근거로 학개는 60년 전인 주전 586년 솔로몬 성전이 바벨론에 의해 무너지기 전에 그것을 보았을 것이라고 믿는다. 만일 그렇다면 그는 70세가 넘는 나이였을 것이다.
- 학개는 "나 만군의 여호와가 말하노라" 와 같은 어구를 통하여 자신의 메시지에 신적 권위를 확증했는데, 그 구절은 두 장에 불과한 그의 짧은 책 안에 적어도 25회나 등장한다.
- 70인역이라 부르는, 구약을 헬라어로 번역한 문서에 의하면, 시편 137편과 145-148편은 학개 그리고/혹은 스가랴가 기록한 것으로 되어 있는데, 라틴어 번역인 벌게이트판은 시편 125-126편과 145-147편을 학개 그리고/혹은 스가랴의 것으로 밝히고 있다.
- 학개는 선지자 스가랴와 동시대 사람이었다.
- 학개는 용감하고 열심 있는 사람이었다.

독자 소개 : 포로기 이후의 유대 민족

- 주전 539년 바벨론은 고레스 대왕이 이끄는 메대 - 바사(페르시아) 연합군에 의해 멸망당했다(단 5장). 메대 - 페르시아 제국은 이 시점부터 알렉산더 대제와의 일련의 전투에서 패할 때까지 세상을 지배했다. 유다는 그 제국의 한 속주가 되었고, 메대 - 페르시아가 지명한 총독의 통치를 받았다. 고레스는 포로로 잡혀온 유대인(그리고 다른 민족들)을 자기 고향으로 돌려보낸 너그러운 통치자였다. 학개와 그 동료들은 유다로 돌아와 나라를 다시 세우는 일에 힘쓰고 있었다.
- 학개의 예언은 포로로 잡혀간 이후 거의 20여 년 만에 고향에 돌아온 유대인들을 겨냥한 것이다. 총독 스룹바벨과 대제사장 여호수아가 특별히 본서에 언급되어 있다(1:1, 2:2, 21).
- 귀환자들에게 상황은 호의적이지 않았지만, 그들은 아브라함, 이삭, 야곱의 땅에 돌아온 것에 기뻐했다(시 126:1-3).
- 학개의 메시지는 백성들이 자신의 물질적인 이익에 매달려 하나님의 일을 소홀히 여기고 있음을 밝힌다.

학개 1-2장

헌신에의 부르심

"머뭇거림 없이, 후퇴 없이, 그리고 후회 없이."

- 윌리엄 보든(William Borden)

선지자 학개는 이스라엘 동족들에게 60여 년 전에 시작한 성전 재건 사역을 완수할 것을 호소한다. 외부 세력이 개입할 위협은 사라졌지만 백성들은 하나님의 집을 완성하는 일에 별다른 관심을 보이지 않았다. 학개는 이 문제는 하나님을 향한 영적 헌신이 부족한 것에서 기인한 것임을 깨달았다. 그는 백성들이 복을 받지 못하는 것은 그들에게 헌신이 부족하기 때문이라고 지적한다. 이에 백성들은 회개하고 성전 재건을 시작한다. 하나님은 그들에게 그 일이 이전과 달리 완성될 것임을 확신시켜주셨다. 하나님은 또한 이 두 번째 성전은 결국 솔로몬의 성전보다 더 위대할 것임을 약속하셨다. 학개는 하나님이 이 땅의 모든 나라를 정복하실 것이라는 예언으로 본서의 결론을 내린다.

Haggai

들어가는 글

유나이티드 항공기의 영웅

유나이티드 항공사의 93항공기는 오전 8시 43분 44명의 승객을 태우고 샌프란시스코를 가기 위해 뉴어크 공항(Newark Airport)을 이륙했다. 그 뒤 5분도 못 되어 공중 납치된 제트여객기는 세계무역센터의 북쪽 탑과 충돌했다. 오전 9시 32분 비행기 녹음기록은 납치범들(모두 4명)이 플라이트93기를 장악하고 있었음을 보여주고 있다.

항공기 뒷좌석에 탑승한 토드 비머(Todd Beamer)라는 이름의 젊은 청년은 전화기를 들고 교환원인 리사 제퍼슨(Lisa Jefferson)과 연락을 취했다. 그는 한 명의 납치범이 폭탄 하나를 들고 조정실 밖의 바닥에 두 개의 몸체를 내려놓고 있다고 상황을 설명했다. 오전 9시 35분 비행기는 갑자기 U턴을 하면서 워싱턴 D.C.를 향해 방향을 틀었다. 이륙시의 지연으로 인하여 승객들은 세계무역센터와 펜타곤이 납치범들에 의해 충돌을 당했다는 속보를 들었다. 그들은 자기들이 탄 비행기가 미사일이 되어 워싱턴으로 날아가 수많은 무고한 시민들을 살해할 수도 있음을 알았다.

비머를 비롯한 다른 몇몇 용감한 승객들은 자신들이 어떻게 해야 하는지 알았다. 복음적인 그리스도인인 토드는 제퍼슨에게 자기 가족들에게 자신이 얼마나 가족들을 사랑하는지 전해주기로 약속해달라고 요청했고 자기에게 주기도문을 들려줄 것을 요청했다. 제퍼슨은 토드가 전한 마지막 말을 이렇게 전했다. "여러분 준비됐나요? 좋아요, 한판 벌여봅시다." 그는 수화기를 내려놓았다. 비명과 고함이 수화기 저편으로 들려왔고 곧 침묵이 찾아왔다. 수분 안에 비행기는 펜실베이니아 주 생크빌(Shanksville) 근처의 평지로 떨어져내렸고, 비행기가 충돌하여 생긴 커다란 구멍에는 검은 연기가 뭉게뭉게 피어올랐다. 오전 10시 10분이었다. 정부 당국은 테러리스트들의 목표는 백악관이나 국회의사당 가운데 하나였을 것으로 믿는다.

토드의 삶은 짧았지만 그는 자기의 이름을 남겼다. 후에 그의 아내 리사(Lisa)는 이런 훌륭한 말을 했다. "어떤 사람은 그 뒤에 아무것도 남기지 않은 채 오래오래 자기 삶을 다 살아갑니다. 우리 아들들은 평생 동안 자기네 아버지가 영웅이었다는 말을 들으며 살아갈 것입니다." "한판 벌여봅시다"라는 토드의 도전은 미국인들의 일상어가 되었다. 토드 비머와 그의 동료들은 자기 목숨을 바쳐 다른 이들을 구했다. 이 얼마나 큰 헌신인가!

선지자 학개 또한 헌신에 대해 이야기했다. 그는 고대 이스라엘의 동료 유대인들에게 진심으로 여호와 하나님을 섬기라고 호소했다. 오늘날 성도들 역시 학개의 호소를 귀담아들어야 한다. 지구라는 행성은 혼돈에 빠져 있고, 그 유일한 소망은 그리스도뿐이다. 이 세상에 하나님의 사랑과 평화와 용서의 메시지를 전하기 위해서 그리스도인들은 어떤 희생을 치르더라도 그리스도를 따르는 일에 헌신해야 한다. 이제 2,500년 이상 전에 쓰인 이 작은 보배 가운데 우리에게 전하고자 했던 말에 귀 기울여보자.

본문 이해

헌신에의 부르심

Main Idea 하나님께 헌신하는 개인과 민족은 복을 받을 것이다. 하나님은 그들이 이 땅에서의 삶과 장차 올 세상에서 승리할 것이라고 약속하신다.

A. 헌신된 선지자와 헌신되지 못한 백성(1:1-2)

Supporting Idea 하나님은 헌신하지 못한 것에 대한 어떤 변명도 받아들이지 않으신다.

1:1. 학개의 예언은 무척 간략하지만 정확한 연대를 밝히고 있다. 유다에 더 이상 왕이 없기 때문에 본서는 이방 통치자의 연호를 기준으로 하고 있다. 다리오 왕(Darius I, 주전 522-486)은 메대 - 페르시아 연합국의 세 번째 왕으로, 고레스와 그의 아들 캄비세스 2세의 뒤를 이은 왕이다. 그의 재위 2년은 주전 521년 봄부터 주전 520년 봄까지

펼쳐졌다. 유월은 엘룰이라 불리었고 오늘날의 8월에서 9월 사이에 해당했다. 주전 520년의 그달 초하루는 8월 29일이었다. 그달의 초하루에는 새로 뜨는 달을 축하하는 축제가 펼쳐졌고(민 10:10, 28:11; 시 81:3; 사 1:13-14; 호 2:11; 암 8:5), 아마 그날을 기리기 위해 많은 군중이 모였을 것이다. 학개는 이날을 이스라엘 동족들에게 메시지를 전할 기회로 삼았다.

여호와의 말씀이 임하다는 말은 구약에서 1백 회 이상 등장하는데, 학개서에는 5회 등장한다(1:1, 3, 2:1, 10, 20). 이 구절은 성경이 하나님의 영감으로 된 것임을 강력하게 확인하는 것이다. 역사적으로도 이 구절은 중요한 의미를 갖는다. 이 말씀은 바벨론 포로로부터 귀향한 이후에 선지자를 통해 백성들에게 처음 나타난 하나님의 진정한 말씀이 기록된 사건이다. 학개라는 이름은 '축제'를 뜻하는 히브리어(chag)에서 유래한 것으로 그 의미는 '축제의', '축제다운'이라는 의미가 분명하다. 어쩌면 그는 축제 기간 중에 태어나 그런 이름을 받은 것일 수도 있다. 학개에 관해서는 그의 이름 외에 아무런 개인사에 관한 정보를 갖고 있지 못하다. 대부분 선지자들은 그 부친의 이름을 밝히곤 하는데, 다른 일곱 선지자들(다니엘, 아모스, 오바댜, 미가, 나훔, 하박국, 말라기)처럼 학개도 아무런 구체적인 족보를 제공하고 있지 않다. 이 구절에서 그는 자기를 단순히 선지자라고만 언급하며(또한 1:3, 2:1, 2:10에서), 1장 13절에서는 '여호와의 사자'로 밝히고 있다. 틀림없이 학개는 동시대 사람들에게 널리 알려진 인물이어서 더 이상의 정보가 필요없었을 것이다.

스룹바벨('바벨론의 씨앗')은 왕 여호야긴의 손자(대상 3:17)로 페르시아 당국으로부터 유다 총독으로 임명을 받았다. 여호수아는 포로 이후 이스라엘 공동체의 영적 지도자로 사독의 계보를 잇는 대제사장이었다. 스룹바벨과 마찬가지로 여호수아(고대 이스라엘의 흔한 이름, 예수아라고도 부름)도 바벨론 포로로부터 귀환하였다(스 2:2). 여호수아의 아버지인 여호사닥은 주전 586년 예루살렘에서 바벨론으로 쫓겨간 대제사장이었다(대상 6:15). 이 지도자들의 이름을 거론한 것은 백성들이 올바른 행동을 하도록 인도할 책임을 강조하기 위함일 것이다.

1:2. 선지자는 궁극적으로 이 메시지가 자신의 것이 아니라 하나님 그분의 것임을 분명히 밝힌다. 만군의 여호와는 학개서에 14회 등장하며 하나님의 힘과 능력을 강조한다.

학개는 백성들 사이에 널리 퍼진 것이 분명한, 여호와의 전을 건축할 시기가 이르지 아니하였다는 말을 인용함으로 예언을 시작한다. 이 경건하게 들리는 소리는 여호와 하나님을 따르지 않는 것에 대해 변명하는 수사법에 지나지 않았다. 실제로 많은 백성들은 자기 생활에 너무 빠져 있어서 하나님의 것에 신경 쓸 시간이 없었다. 더욱이 다음 구절에서 학개는 그들이 이기적인 마음에서 자기 돈을 하나님의 집 대신에 자기 집을 화려하게 치장하는 데 사용하고 있다고 지적했다.

우리는 포로기 이후 이스라엘 공동체가 직면한 문제들과 그들이 포로기 전에 직면한 문제들의 극적인 대조를 관찰할 수 있다. 예를 들어, 스바냐는 만연한 우상숭배, 가난한 자에 대한 압제, 악한 지도자, 불의, 배교한 선지자와 제사장을 고발하는 메시지를 선포했다. 학개는 이런 문제들에 대해 한 가지도 언급하지 않았다. 왜냐하면 포로가 된 경험은 이스라엘 민족의 죄악들을 정화시켜주었기 때문이다. 그 대신 그는 백성들의 영적 헌신의 부족, 특히 성전 재건의 사명이 부족함에 초점을 맞추었다.

B. 헌신의 부족에 대한 고발과 백성들의 회개(1:3-15)

Supporting Idea	학개는 자기 백성의 많은 악의 원인은 하나님께 대한 헌신이 부족하기 때문이라고 지적한다. 백성들은 즉시 자신의 헌신이 부족함을 회개하고 하나님께 순종하기로 결단한다.

1:3-4. 학개의 네 편의 설교 중 첫 번째가 여호와의 말씀이 임하니라는 전형적인 어구로 시작한다. 백성을 향한 선지자의 질문은 설득력 있는 것이었다. 하나님의 전은 폐허 가운데 뒹굴고 있는데 너희들은 화려한 집에서 사는 것이 옳으냐? 물론 그렇지 않다! 4절에서 판벽한(문자적으로 '껍질을 씌운')으로 번역된 히브리어는 구약에서 이곳 외에 오직 5회만 등장한다. 문맥상으로 보아 돌로 지은 집 내부를 나무판자로 씌웠다는 의미인 것으로 보인다(렘 22:14 참조).

1:5. 살펴보다(문자적으로 '마음을 두다')는 어구는 학개가 즐겨 사용한 표현이다(1:5, 7, 2:15, 18[2회]). 이곳과 7절에서 그는 백성들에게 자신들의 삶의 방향(소위)을 검토해볼 것을 요구하고 있다. 성전을 건축하지 않는 것 자체가 문제가 되는 것은 아니다. 그것은 겉으로 드러난 증상일 뿐이다. 문제는 그보다 더 깊은 곳에 있다. 바로 헌신되지

못한 삶이다. 학개의 예언은 헌금, 특히 건축과 관련된 헌금을 격려하는 데 사용되었다. 누가 보더라도 교회 건물이 파손된 것을 보면 교회 식구들의 헌신을 의심해보는 것은 쉬운 일이다. 그러나 문제는 건물이 아니라 마음이다. 학개가 제시한 원리는 단순히 성전 건축이라는 프로그램을 뛰어넘는 것이다. 그 원리는 일반적으로 하나님의 사역과 영적인 것들에까지 미친다. 하나님의 것이 우리에게 얼마나 중요한 의미를 갖고 있는가? 우리의 우선순위는 무엇인가?

1:6. 학개는 백성들에게 주위를 돌아보고 어떤 일이 벌어지고 있는지 살펴보라고 촉구한다. 그들의 산업은 소득이 적었다. 따라서 배부르게 먹고 흡족하게 마실 것이 부족했다. 그들의 의복은 그들의 몸을 따뜻하게 해주기에 부족했고, 급여를 받아도 그것으로 먹고 살기에는 너무 부족했다. 학개는 9-11절에서 이러한 암울한 경제 상황은 불순종에 대한 하나님의 징벌의 결과임을 분명히 했다(레 26:18-20; 신 28:38-40 참조). 백성들이 복을 받지 못하고 있는 것은 그들이 이기적이고 하나님께 대한 헌신이 부족했기 때문이었다. 분명히 하나님의 축복은 물질적인 것 이상이 포함되어 있다. 하나님과의 교제, 내적 평화 그리고 기쁨은 물질 이상으로 중요한 것들이다. 그러나 이 구절에서 학개가 지적하는 모든 복들은 하나같이 물질적인 것들이다. 아마도 학개는 백성들에게 너무도 시급한 것이고 그들의 둔감한 영적 상태로 인해 그들의 관심을 쉽게 끄는 것은 바로 이 세상임을 직감했을 것이다. 그러나 이 구절을 비롯해 다른 많은 성경구절은 하나님이 자기 자녀들의 신실함에 물질적인 복도 더하여주심을 보여주고 있다(마 6:33).

1:7. 하나님은 이스라엘 백성에게 자기가 무엇을 하고 있는지 생각해보라고 다시 한 번 요구하셨다. 이 자기 성찰의 명령은 회개에의 초대를 암시한다.

1:8. 이 구절은 백성을 향한 학개의 메시지 중 처음 등장하는 긍정적인 부분이다. 그는 앞에서 백성들에게 무엇을 해서는 안 되는지 말하였고, 이제 무엇을 해야 하는지 말하고 있다. 그는 부정적인 말을 먼저 하고 이어서 긍정적인 말을 하였는데, 이는 오늘날의 설교자와 교사들에게 좋은 교훈이 된다. 학개는 이스라엘 동족들에게 자기 자신이 아니라 하나님의 일(구체적으로 하나님의 성전을 세우는 일)에 초점을 맞추라고 촉구했다.

학개 선지자의 권면에는 세 가지 명령이 포함되어 있다. 올라가서, 가져다가, 건축하

라. 성전 건축을 위한 석재는 예루살렘 안에 이미 갖추어져 있었다. 솔로몬 성전과 이 두 번째 성전을 짓기 위해 돌을 캐내던 채석장은 오늘날 예루살렘을 찾으면 방문할 수 있다. 그러나 기둥, 지붕 그리고 건물 내벽을 위한 나무들은 먼 곳에서 옮겨와야 했다. 솔로몬 성전을 짓기 위해서는 레바논의 백향목을 수입해 와야 했다(왕상 5:6-10). 학개의 메시지가 있기 15년쯤 전에 포로에서 귀환한 사람들은 성전 건축에 필요한 백향목을 레바논에서 가지고 왔다(스 3:7). 아마 이 재료들은 개인적으로 집을 짓는 데 사용되었을 것이다. 왜냐하면 하나님은 그들에게 산에 올라가서 나무를 베고 그것을 가져오라고 명하셨기 때문이다. 그들이 레바논에서 수입한 목재를 사용하였는지 아니면 자국 내에서 자란 나무를 베어 사용했는지는 알려져 있지 않다. 그들의 암울한 경제 사정으로 비추어 후자를 선택할 수밖에 없었을 것이다.

하나님은 새 성전을 완공하는 것이 자신을 기쁘게 하고 영화롭게 하는 일이라고 말씀하셨다. 성전은 하나님이 자기 백성과 함께 거하심을 상징하는 것으로 백성들이 하나님을 예배하기 위해 한곳에 모일 수 있는 장소다. 이러한 예배는 여호와 하나님을 기쁘시게 한다. 예배하는 장소는 또한 백성들에게 하나님이 자신들의 헌신과 예배를 받으시기에 합당하신 분이라는 느낌을 전하기 때문에 하나님을 높이게 된다.

1:9-11. 9-11절은 4-6절에 대한 하나님의 주석이다. 앞에서 살짝 언급된 것이 여기서 구체적으로 나타난다. 유다 백성은 이기심과 하나님께 헌신하지 못한 것 때문에 복을 받지 못했다. 비가 부족해 말라버린 농산물과 포도나무와 감람나무(기름)는 죄에 대한 하나님의 심판이었다(신 28:22-23).

1:12. 역사상 이토록 즉각적이고 완전하게 영적인 개혁이 일어난 곳도 드물다. 그들은 지도자들(스룹바벨, 여호수아)부터 남은 바 모든 백성에 이르기까지 모두 자기 죄를 회개하고 그 하나님 여호와의 목소리에 순종하기로 다짐했다. 선지자들은 종종 무시, 조롱, 적대, 심지어 순교를 당하기도 했다(대하 24:20-22, 참조 마 23:35). 하나님의 말씀을 이렇게 기쁘게 받아들이는 모습은 참으로 신선한 일이다. 학개의 청중들과 많은 포로기 이전 선지자들의 청중 사이에는 어떤 차이가 있었는가? 이들은 여호와를 경외하였다. 그들은 분명 세상의 것들에 마음을 빼앗겼던 사람들이었다. 그들은 자기의 죄를 직시하고 회개했다.

1:13. 유다 백성들이 회개하자 하나님은 하나님과 그들과의 관계와 축복이 다시 그

들에게 돌아갈 것임을 신속히 전하셨다(내가 너희와 함께하노라). 하나님은 자기 백성을 사랑하시며 언제나 기꺼이 용서하신다. 죄 사함과 함께 하나님의 모든 축복이 우리의 삶에 찾아온다. 하나님이 자기 백성과 함께하시겠다는 약속은 또한 그들에게 용기를 불어넣었다. 하나님의 함께하심과 능력은 그들 앞에 놓인 엄청난 사역이 반드시 성공할 것이라는 확신을 주었다.

1:14-15. 하나님은 백성들과 그 지도자들의 마음을 감동시키셨고, 그들은 성전 사역을 시작했다. 성전 건축은 학개가 설교하고 겨우 23일이 지난 주전 520년 9월 21일에 바로 시작되었다. 일을 시작하기 전의 준비 기간이 그렇게 짧은 것도 놀라운 일이지만, 그것이 그들의 추수기(무화과, 포도, 석류 등의)와 겹쳐졌고 또한 건축일을 준비할 시간이 필요했다는 사실을 감안하면 더욱 놀라운 일이 아닐 수 없다.

C. 헌신과 용기(2:1-9)

Supporting Idea	백성들과 그 지도자들은 용감히 하나님을 따르라는 명령을 받았다. 왜냐하면 그분의 능력이 그들에게 안전과 성공을 보장할 것이기 때문이다.

2:1. 학개의 두 번째 메시지는 전형적인 어구인 여호와의 말씀이 임하니라와 새로운 날짜로 시작된다(주전 520년 10월 17일). 하나님을 따르는 일에는 용기가 필요하다. 14년 전 바로 이 사람들은 적들의 반대와 그들을 페르시아 당국에 중상 비난하는 무리로 인해 성전 건축 사업을 그만두어야 했었다(스 4:1-5). 느헤미야 시대에(80년 정도 후) 유다의 적들은 예루살렘 성벽을 재건하는 사람들을 협박하고 죽이기까지 했다(느 4:11). 이 부분에서 하나님은 그들의 노력이 하나님의 위대하심과 능력으로 인하여 반드시 성공할 것이라는 확신을 주심으로 그들의 두려움을 진정시키셨다.

2:2-3. 솔로몬 성전은 고대 세계의 경이의 대상이 분명했다. 솔로몬 왕은 그 성전 건축을 위해 헤아릴 수 없을 만큼의 금, 은, 보석, 대리석, 그 밖에 다른 귀한 재료들을 사용할 수 있었다(대상 29:1-8). 그 성전을 세우는 데 7년의 기간에 걸쳐 연인원 20만 명이 동원되었다(왕상 5:13-16, 6:38). 모리아산 정상에 우뚝 솟은 이 성전은 인상적인 모습을 보여주고 있다. 그러나 지금은 민족 전체가 모여도 5만 명에 불과한 포로 귀환자들이며

가용 자원도 제한되어 있다. 솔로몬이 세운 장대한 성전을 전에 보았던 귀환자들에게 새로운 구조물은 보잘것없어 보였다(슥 4:10 참조). 사실 16년 전 기초가 놓였을 때 그들 중 어떤 이들은 통곡을 하였고, 어떤 이들은 기뻐 소리를 질렀다(스 3:10-13).

2:4-5. 이런 소수의 사람들이 어떻게 그런 큰 일을 이루어냈을까? 하나님은 스스로 굳세게 하라고 세 번 - 스룹바벨, 여호수아 그리고 모든 백성에게 - 외치셨다. 그들이 그 사역을 다 마칠 수 있었던 것은 하나님이 그들과 함께하셨기 때문이다(1:13을 보라). 그렇다. 그 일은 그들에게 너무 막중한 것이었지만 만군의 여호와께는 그렇지 않았다. 단지 인간의 힘만이 아니라 하나님의 능력으로 말미암아 그 성전은 세워질 수 있었다(슥 4:6 참조). 여호와 하나님은 시내산에서 이스라엘과 맺은 언약 가운데 그들의 하나님이 되시겠다고 약속하셨다. 그러므로 그들은 자기 적들이나 일의 막중함을 두려워할 필요가 없었다.

2:6. 하나님은 시내산에서 땅을 흔드셨었다(출 19:18). 그리고 두 번째로 온 우주, 자연과 만국을 진동시키실 것이다. 하나님의 종말론적 심판은 지진이라는 용어로 표현되어 있다('진동' , 사 2:21; 겔 38:20; 학 2:31-22). 예수님은 자신이 다시 오실 때 '하늘의 권능들이 흔들릴 것' (마 24:29)이라고 예언하셨다. 히브리서 저자는 학개 2장 6절을 인용하면서 우리가 '진동치 못할 나라' (히 12:28)를 받았다고 강조하고 있다.

2:7. 만국의 보배라는 말은 만국이 '바라는 것' 들, 곧 이 미래의 성전을 충만케 할 것들이거나 혹은 장차 오실 이인 메시아, 곧 '바라는 분' 을 가리키는 것으로 보인다. 후자의 견해는 고대의 유대교 랍비들과 제롬(Jerome)과 루터(Martin Luther) 같은 초기 기독교 지도자들 그리고 현대의 많은 주석가들을 포함하여 많은 이들이 지지했다. 어느 견해이든 가능하지만, 성전 재건이라는 맥락에 비추어 전자가 더 타당할 것으로 본다. 다음 구절의 '은' 과 '금' 이라는 언급은 학개가 생각하고 있던 것이 '바라는 것들' 의 한 종류임을 암시한다. 더욱이, '만국이 바라는 것' 이 올 때 이 미래의 성전은 영광으로 충만케 될 것이다. 9절은 이 '영광' 을 솔로몬 성전의 '영광' 과 화려함과 연결 짓는다. 그러나 메시아이신 예수님은 분명 하늘과 땅이 진동한 다음에 미래의 성전에서 모습을 드러내시고 통치하실 것이다.

2:8-9. 하나님은 8절에서 솔로몬 성전에 비해 너무 초라한 자기들이 세운 건물을 보고 실망했을 수도 있는 유다의 적은 무리에게 모든 재물(은, 금)은 하나님의 것임을 깨

우쳐주셨다. 하나님은 이 성전이 올바로 장식될 것임을 분명히 하셨다. 그리고 그들은 자신의 일들이 시시한 것이라고 생각할 필요가 없다. 결국 그들이 세운 성전의 광휘(영광)는 바벨론에 의해 파괴된 성전의 이전 영광보다 더 클 것이다. 그 성전이 완성되었을 때, 헤롯 성전(세 번째 성전이 아닌 두 번째 성전의 연장)은 솔로몬 성전보다 더 크고 여러 면에서 더 장대했다(막 13:1). 더구나 두 번째 성전은 하나님이 육체로 임재하신 예수 그리스도의 은총을 입었기 때문에 더 큰 존중을 받을 수 있었다.

멋진 새 건물 외에 하나님은 예루살렘에 평강을 주시겠다는, 호전적인 적들에 둘러싸인 백성들에게 위로가 되는 약속을 하셨다. 아마 이 구절의 궁극적인 성취는 메시아의 통치와 메시아 시대의 성전이 될 것이다. 오직 그때에만 세상에 진정한 평화가 올 것이다.

D. 과거에 유다의 헌신이 부족했던 결과들(2:10-19)

Supporting Idea 학개는 백성들에게 그들의 지난날 헌신이 부족했던 결과 나라가 쇠하고 하나님의 복을 받지 못했음을 일깨워준다.

2:10. 학개의 세 번째 메시지는 주전 520년 12월 18일의 것이다. 학개의 두 번째('칠월', 2:1)와 세 번째('구월') 설교 사이에 선지자 스가랴가 자신의 사역을 시작했다('팔월', 슥 1:1).

2:11-14. 여호와께서는 학개에게 제사장들에게 두 가지 문제에 관하여 율법상의 공식적인 답변을 물어보라고 지시하셨다. 첫째, 다른 식물이 거룩한 고기(렘 11:15 참조), 곧 제사에 사용될 고기와 접촉하게 되었을 때 그 식물에 의전상의 거룩함이 이전되는가? 답은 물론 아니다! 둘째, 시체를 만져서 부정하여진 자에 의해 의전상의 부정함이 다른 사람에게 이전되는가? 그들은 부정하다고 대답했다(민 19:11-13). 14절에서 학개는 이 결정을 유다 백성들에게 적용시켰다. 거룩함은 이전되지 않는 데 반해 백성들 사이의 죄는 그들의 예배와 제물을 여호와 하나님께 바치지 못할 만한 것(부정한 것)으로 만들었다. 그 결과는 하나님의 축복이 끊어진 것이다. 또한 잘못된 무리와의 만남은 영적 부정을 가져올 수 있다. 사도 바울은 이렇게 경고한다. "속지 말라 악한 동무들은 선한 행실을 더럽히나니"(고전 15:33).

2:15-19. 학개는 예화를 한 걸음 더 진전시켜, 청중들에게 그들이 순종하기 전에 죄로 인하여 부정하게 되었고 그 결과 복을 받지 못했음을 깨우쳐주었다(1:5, 9-11 참조). 다섯 번 나오는 추억하여 보라는 구절 가운데 세 번이 이 부분에 등장한다. 그리고 그들은 회개하였고, 하나님은 오늘부터는 내가 너희에게 복을 주리라고 약속하셨다. 신나는 새 날이 하나님의 백성을 위하여 펼쳐지게 되었다.

E. 하나님께 헌신한 사람들의 미래의 소망(2:20-23)

Supporting Idea	학개는 신실한 자들에게 그들의 하나님이 세상을 이기실 것임을 확신시켜줌으로 자기 예언을 마무리한다.

2:20-22. 선지자 학개의 네 번째이자 마지막 메시지는 세 번째와 같은 날인 주전 520년 12월 18일에 임했다. 이 메시지는 구체적으로 스룹바벨에게 주어진 것이지만 여기 묘사된 영광스러운 미래의 왕국에 대한 약속은 모든 성도들을 위한 것이다. 광대한 페르시아 제국의 변방에서 이 적은 유대인 무리를 이끌어야 하는 스룹바벨의 임무는 너무나 힘든 것이어서 하나님은 그에게 특별한 격려의 말씀을 주셨다. 첫째, 스룹바벨은 자기 하나님이 궁극적으로 온 세상 권력자들을 이길 것이라는 확신을 받았다. 거기에다 여호와 하나님은 자연과 만국을 진동시키시겠다고 약속하셨다. 지상의 강국들(거대한 메대 - 페르시아 제국이라도) 여호와 앞에서 무너질 것이다. 사도 요한은 이렇게 외쳤다. "세상 나라가 우리 주와 그 그리스도의 나라가 되어 세세토록 왕 노릇 하시리로다"(계 11:15).

2:23. 둘째, 스룹바벨은 자신의 그 다스림(인, 통치자의 권위의 상징)으로 거룩한 축복인 하나님의 택한 종이라는 확답을 받았다. 그러나 이 구절의 궁극적인 성취는 스룹바벨에 대하여 말한 것 이상이다. 앞 절에서 말한 세상 권력자들의 멸망은 종말론적인 것이며 새 왕국으로 가는 길을 예비하는 것이다. 그날에는 미래의 여호와의 날을 가리킨다. (여호와의 날에 대한 자세한 내용은 스바냐서의 심층 연구를 보라.) 내 종 혹은 '나의 의로운 종'은 다른 곳에서는 메시아에게 적용되는 말로(사 42:1, 52:13, 53:11) 여기서 다윗의 후손인 스룹바벨은 메시아의 계보를 가리킨다.

따라서 이 구절은 다윗의 마지막 아들인 메시아이신 예수님이 미래에 있을 자신의 왕국에서 세상을 다스리실 것이라는 의미다. 악인의 세력은 무너지고 평화가 지상에 퍼질 것이다(21-22절). 이 새 세상에 대한 하나님의 약속은 스룹바벨에게 큰 힘이 되었을 것이다. 그것은 또한 모든 시대의 성도들에게 소망의 근원이 된다.

Main Idea 복습	하나님께 헌신하는 개인과 민족은 복을 받을 것이다. 하나님은 그들이 이 땅에서의 삶과 장차 올 세상에서 승리할 것이라고 약속하신다.

결론

암탉과 돼지

암탉 한 마리와 돼지 한 마리가 교회 근처를 지나다 다음과 같은 설교 제목이 붙어 있는 것을 보았다. "가난한 자를 돕기 위해 무엇을 할 수 있는가?" 암탉은 즉시 자기들이 그 사람들에게 베이컨과 달걀을 주면 어떻겠냐고 제안했다. 돼지는 좋은 의견이라고 생각했지만 가난한 사람들에게 베이컨과 달걀을 주는 것은 한 가지 문제가 있다고 암탉에게 말했다. "그러려면 너는 다만 한 번 힘을 써서 기증하면 되지만, 나는 내 온몸을 바쳐야 하잖아."

이 암탉과 마찬가지로 오늘날 많은 그리스도인들은 자기 희생이 포함되지 않는 일에만 기꺼이 동참하려 한다. 그러나 우리 주님이 요구하시는 것은 바로 완전한 헌신이다. "이에 예수께서 제자들에게 이르시되 아무든지 나를 따라오려거든 자기를 부인하고 자기 십자가를 지고 나를 좇을 것이니라"(마 16:24, 참조 눅 14:26). 선지자 학개는 하나님의 백성에게 자신의 모든 것을 드려 전적으로 하나님께 헌신할 것을 촉구한다. 그렇게 할 때 그들은 그분이 주시는 복을 받게 될 것이다.

■ 진리 알기

• 하나님의 나라(영적인 것들)는 세상의 재물보다 우리의 최우선순위가 되어야 한다.
• 가끔씩 우리의 영적 상태를 세밀히 점검하는 것은 지혜로운 일이다.
• 헌신이 부족하면 하나님께로부터 오는 복이 줄어드는 결과를 빚는다.
• 회개는 하나님과의 교제를 회복시키고 그분이 주시는 복을 가져온다.
• 하나님을 경외하는 지도자는 부강한 나라를 만드는 데 반드시 필요하다.
• 그 어떠한 일이라도 하나님의 영광을 위한 것이라면 사소한 일이 아니다.
• 불순종의 죄는 우리의 예배가 하나님께 열납되지 못하게 한다.
• 죄의 결과가 무엇인지 똑똑히 기억하면 앞으로 죄악된 행동을 멀리하게 된다.
• 언젠가는 이 땅의 악의 왕국이 심판을 받고 메시아가 다스리실 것이다.

■ 적용하기

• 부족한 헌신에 대한 변명은 하나님이 용납하지 않으신다는 사실을 깨달으라.
• 하나님과 그분의 나라가 당신의 삶에 최우선순위가 되도록 결단하라.
• 당신의 삶에 아직도 회개하지 않은 죄가 있다면 지금 그것을 회개하고 하나님의 용서와 은총을 체험하라.
• 크든 작든 하나님이 당신에게 주신 일을 기뻐하라.
• 당신의 예배를 방해하는 어떤 태도나 행동이 있다면 깨닫게 해달라고 하나님께 구하라.
• 그리스도께서 장차 악을 멸하고 멋진 새 세상을 세우기 위해 오실 것임을 아는 데 진력하라.

삶의 적용

그리스도를 위한 순교

짐 엘리엇(Jim Elliot)은 뛰어난 인물이었다. 그는 1949년 일리노이 주에 있는 휘튼대학(Wheaton College)을 최우등으로 졸업했다. 그는 재능 많은 대중연설가이자 레슬링 종목의 대학 선수권자였다. 그는 또한 음악, 미술, 문학 등에도 관심이 있었다. 이 젊은이 앞에 모든 세상이 열려 있었지만, 그는 예수 그리스도의 복음을 한 번도 들어보지 못한 사람들에게 복음을 전하는 선교사가 되기로 선택했다. 1952년 엘리엇은 에콰도르에 도착하여 케추아(Quechua) 인디언에게 복음을 전하기 시작했다. 그 다음 해에 그는 대학 동창이자 그 사역에 함께한 엘리자베스 하워드(Elisabeth Howard)와 결혼했다.

에콰도르는 또한 이웃 부족들로부터 아우카스(Aucas) 혹은 '야만족'이라고 불리는 미개한 부족들의 고향이기도 했다. 아우카스족은 그 난폭함으로 널리 알려졌지만 엘리엇과 동료 선교사들은 그들에게도 복음을 전하기로 결심했다. 그들은 3개월간 그 지역 위를 날아다니며 바구니에 물건을 담아 내려주면서 아우카스족이 자신의 호의를 이해해주기를 소망했다. 그런 다음 쿠라레이(Curaray) 강 하안에 비행기를 착륙시키고 조립식 목조주택을 세웠다. 1956년 1월 8일 주일, 엘리엇을 비롯한 네 명의 동료 선교사들은 그들이 도와주려고 했던 바로 그 사람들에 의해 창에 찔리고 칼에 맞아 죽고 말았다. 5일 후 그들의 시신은 쿠라레이 강 하류에서 발견되었다. 아내들의 요청에 의해 그 시신들은 고인들이 그리스도를 위해 순교했던 그 자리에 안장되었다. 이들 다섯 명의 죽음은 세상에 충격을 주었다. 이 얼마나 커다란 비극인가! (그리고 이 이야기에는 결국 많은 아우카스족이 그리스도를 주와 구세주로 받아들이게 되었다는 각주가 첨가된다.)

세상 사람들은 아마 짐 엘리엇의 죽음을 헛된 개죽음이라고 생각할 것이다. 그는 많은 은사와 재능이 있었고, 빛나는 미래의 보장이 있었다. 그는 세상에서 얼마든지 많은 것들을 성취할 수도 있었다. 그런데 서른도 채 되지 않은 너무나 젊은 나이에 죽음을 맞이했다. 자신의 삶을 그런 식으로 던져버린 그는 어리석은 사람이다. 그러나 엘리엇 자신은 그런 비난에 대답한다. 짐은 생전에 기록한 일기장에서 이런 명언을 남겼다. "잃어버릴 수 없는 것을 얻기 위해서 지킬 수 없는 것을 주는 사람은 바보가 아니다." 사도 요한은 이렇게 이야기한다. "이 세상도 그 정욕도 지나가되 오직 하나님의 뜻을 행하는 이는 영원히 거하느니라"(요일 2:17). 학개는 우리에게 하나님과 그의 나라를 무엇보다 우선으로 여기라고 촉구한다. 이것이야말로 영원히 거하는 것이다. 스투드(C. T. Studd)의 말처럼 "오직 한 번뿐인 삶은 쏜살같이 지나갈 것이며, 그리스도를 위해 행한 것만이 영원할 것이다."

기도

오 주님, 세상은 온갖 것들로 우리를 유혹하고 있습니다. 우리가 우리의 삶에 진정으로 중요한 것이 무엇인지 기억할 수 있도록 도와주시기 바랍니다. 부디 당신과의 관계와 당신을 향한 헌신이 우리의 최우선순위가 되게 하옵소서. 주의 백성들에게 승리를 약속하여 주신 것에 감사드립니다. 예수 그리스도의 이름으로 기도합니다. 아멘.

심층 연구

A. 다리오 왕(1:1)

다리오 왕(Darius I, 주전 522-486)은 히스타스페스(Hystaspes)의 아들로 고레스(Cyrus)와 그의 아들 캄비세스 2세(Cambyses II)의 뒤를 이은 메대 - 바사(페르시아)의 세 번째 통치자다. 캄비세스는 제국의 동쪽에서 반역자들이 제위를 찬탈했다는 보고를 듣고 자살했다. 그러자 다리오는 스스로 보좌에 올랐음을 선포하고 제국 전반에 걸쳐 일어난 모반을 진압하기 위해 나섰다. 학개가 예언서를 기록할 즈음인 주전 520년경, 다리오는 확고한 통치 기반을 마련하게 된다. 다리오는 이란의 베히스툰(Behistun)이라는 가파른 절벽에 유명한 베히스툰 비문을 새겨 자신의 군사적 업적을 증거하게 했다. 베히스툰 비문(고대 페르시아어, 바벨로니아어, 엘람어의 3개 언어로 기록됨)은 신명기의 세 배 분량이나 된다. 이 비문은 바벨론 언어(아카디아어, Akkadian)를 해독하는 중요한 열쇠가 되었는데, 이는 곧 성경을 더 잘 이해할 수 있는 역사와 언어에 대한 지식을 폭넓게 열어주었다. 다리오 1세는 성공적인 통치자로, 그의 유일한 커다란 패배는 그리스와의 유명한 마라톤 전투였다(주전 490).

B. 유다 총독 스룹바벨(1:1)

스룹바벨은 아마 '바벨론의 씨' 라는 의미의 바벨론식 이름이었을 것이다. 그에게 그런 이름이 지어진 것은 그가 바벨론에서 태어났기 때문임이 분명하다. 학개는 스알디엘을 스룹바벨의 아버지로 밝히고 있는데, 역대상 3장 17-19절에서는 스알디엘의 형제인 브다야가 그의 아버지로 나타나고 있다. 이 차이는 형사취수제라는 이스라엘의 관습으로 설명할 수 있다(신 25:5-10). 만일 한 남자가 자식이 없이 죽는다면, 그의 형제들에게는 죽은 이의 아내와 결혼하여 후사를 두어 그 형제의 이름을 잇게 해야 할 의무가 있었다. 틀림없이 스알디엘(법적인 아버지)이 죽자 그의 형제인 브다야(생부)가 그의 형제가 남긴 과부와 결혼을 했을 것이다. 스룹바벨은 이러한 결혼으로 태어난 후손이었다. 여호야긴 왕이 스룹바벨의 증조할아버지다. 따라서 스룹바벨은 왕족이었다.

스룹바벨은 오만 명의 다른 유대인 포로들과 함께 주전 537/7년 유다로 귀환했고 주전 536년 두 번째 성전의 기초를 놓았다(스 3:8-13). 학개 1장 1절과 또한 2장 2절에서 스룹바벨은 연거푸 유다 총독으로 호명을 받았다. 그는 페르시아 당국에 의해 그 자리에 임명되었을 것이다. 스룹바벨은 성경 역사상 매우 중요한 인물이다. 그의 이름은 NIV판 구약에 25회 등장하는데, 그중 학개서에만 7회 나타난다. 그가 여호야긴 왕의 손자라는 사실은 사실상 다윗의 계보를 잇는 후사임을 의미한다. 비록 어떤 학자들은 동의하지 않지만, 에스라 3장 8절과 5장 16절을 비교하면 스룹바벨은 세스바살과 동일인임을 확실히 보여준다(스 1:8, 5:14). 스룹바벨은 유다 총독의 역할을 수행한 다윗 왕가의 마지막 후계자였다.

C. 학개의 예언과 역사적 배경

다음 표는 학개서의 배경을 이루는 핵심적인 역사적 사건을 요약한 것이다.

주전 586년	솔로몬 성전이 바벨론에 의해 무너지고, 5만 명의 유대인이 포로로 끌려감
539년	바벨론이 메대-페르시아 연합군의 왕인 고레스에 의해 무너짐
538년	포로들이 고향으로 귀환하여 성전을 짓도록 허락하는 칙령(스 1장)
538/7년	약 5만 명의 유대인들이 유다로 귀환함(느 7장, 스 2장)
536년	성전 재건 공사가 중지됨(스 3장)
530년	고레스의 죽음
530-522년	고레스의 아들인 캄비세스 2세의 통치
522-486년	다리오의 통치
520년	다리오가 고레스의 칙령을 확인함(스 6장)
520년	학개의 메시지, 스가랴가 자기 사역을 시작함
516년	성전이 완공되어 봉헌됨(스 6:15-16)

D. 유대인 포로들을 해방시킨 고레스 대왕

에스라(1:1-4, 6:3-5)는 주전 538/7년 메대 - 페르시아 제국의 초대 황제인 고레스 대왕(주전 539-530)의 칙령에 의해 학개, 스룹바벨, 여호수아 그리고 그들을 따르는 유대인들이 자기 고향으로 돌아갈 수 있게 되었다고 기록한다. 고고학 자료들은 에스라의 증거가 정확함을 입증하고 있다. 1879년 고고학자 호르무즈 라삼(Hormuzd Rassam)은 고대 바벨론의 폐허 가운데서 점토로 만든 작은 원통형 도기를 발견했다. 그 표면에는 포로들을 자기 고향으로 귀환하게 하여 그들의 성전을 재건하게 허락하는 고레스의 공식 칙령, 곧 성경이 말씀하고 있는 바로 그 사건이 정확하게 기록되어 있었다. 이 일을 비롯하여 다른 여러 일들로 인해 고레스는 자기 신복들 대부분에게 긍정적인 인물로 비쳐졌다. 고레스의 행동은 또한 성경의 성취이기도 하다. 백오십 년 전에 선지자 이사야는 이렇게 예언했다. "내가 의로 그(NIV에는 Cyrus, 난하주에 Hebrew him으로 표기)를 일으킨지라 그의 모든 길을 곧게 하리니 그가 나의 성읍을 건축할 것이며 나의 사로잡힌 자들을 값이나 갚음 없이 놓으리라 만군의 여호와의 말이니라"(사 45:13, 참조 44:28, 45:1). 150년 전에 이사야가 유대인들을 해방시킬 사람의 이름을 정확히 언급하고 있는 것은 놀라운 예언이자 성경의 초자연적인 특징을 입증하는 것이다.

E. 두 번째 성전(1:14)

이 두 번째 성전은 그 시작은 초라했으나 결국 솔로몬이 지은 장엄한 건축물에 필적할 만한 것이 되었다. 역설적이게도 두 번째 성전은 악한 왕인 헤롯(주전 37-4) 때 그 장대함이 절정에 이른다. 헤롯 말년의 악행 가운데 새로 태어난 왕인 아기 예수님을 죽이기 위해 베들레헴의 두 살 아래 아기들을 모두 학살한 사건이 들어 있다(마 2:16-18). 이두메, 곧 에돔 출신인 헤롯은 유대 민중들에게 인정받은 적이 없었다. 그러나 그가 호화롭게 증축한 예루살렘 성전은 그 당시 가장 아름다운 건축물 가운데 하나였다(막 13:1을 보라). 헤롯은 솔로몬 성전의 동쪽 벽을 연장시키고 다른 세 방위의 벽들을 증축함으로써 그 대지를 2배로 확장했다. 그 결과 가로 330미터, 세로 530미터 크기의 연단이 만들어졌다. 서쪽 벽의 돌 하나는 길이가 13미터, 높이가 3.3미터, 무게는 500톤에 이르렀다. 이어서 헤롯은 성전 안에서 가장 커다란 건축물인 왕의 회랑(Royal Stoa)을 세웠다. 이 거대한 연회장은 성전 남쪽 사면 끝을 가로질러 뻗어 있는데, 4열로 된 회랑에 각각 40개의 기둥이 세워져 있었다. 이 성전에는 4개의 뜰이 있었는데, 각기 이방인, 여자, 남자(이스라엘) 그리고 제사장의 뜰이었다. 이 증축은 헤롯의 죽음 이후까지 오랫동안 지속되었다.

석회암과 황금으로 꾸며진 아름다운 건축물은 겨우 완공된 지(주후 64) 얼마 안 되어 로마 제국의 디도(Titus) 장군이 이끄는 군대에 의해 무너졌다(주후 70). 그는 성전 안에 있던 황금 촛대와 진설병을 놓는 상을 로마로 가져가 자기 이름으로 된 기념물(Arch of Titus)에 장식했다. 오늘날 남아 있는 헤롯 성전의 건축물은 서쪽 벽 (히브리어 코텔, Kotel)뿐인데 이는 '통곡의 벽' 으로 더 잘 알려져 있다.

교안

A. 들어가는 글

1. "유나이티드 항공기의 영웅" 을 읽어주라.
2. 배경 설명 : 학개는 포로기 이후 최초의 선지자다. 그는 이스라엘 동족들에게 16년 전쯤 시작된 성전 건축을 마무리하라고 독려했다. 문제는 하나님께 대한 헌신의 부족이었다. 백성들은 자기만족에 빠져 하나님의 일에 주목하기보다는 자신의 삶에 몰두하고 있었다. 학개의 선포를 들은 백성들은 그 즉시 회개하고 하나님의 집을 재건하는 일을 다시 시작했다. 학개는 백성들의 용기를 북돋워주고 그 사역이 반드시 끝을 맺게 될 것이라 약속했다. 그는 미래에 임할 메시아 왕국이라는 놀라운 예언으로 본서를 마무리한다.
3. 적용 : 학개는 본서에서 우리의 우선순위는 하나님과 그의 나라가 되어야 함을 일깨워준다. 우리는 옛 유다처럼 여호와 하나님께 대한 헌신이 부족한 결과를 몸소 당하고 있다. 그 해결책은 회개하고 순종하는 것이다. 그렇게 될 때 우리의 삶의 모든 영역에서 하나님의 풍성한 은혜를 충만히 체험하게 될 것이다. 우리는 전능하신 하나님이 우리에게 하라고 지시하신 모든 일을 성공으로 인도하시며 이 땅에서의 삶 이후에 놀라운 미래를 예비하고 계시기 때문에 용기를 잃지 말아야 한다.

B. 본문 이해

1. 헌신된 선지자와 헌신되지 못한 백성(1:1-2)
2. 헌신의 부족에 대한 고발과 백성들의 회개(1:3-15)
3. 헌신과 용기(2:1-9)
4. 과거에 유다의 헌신이 부족했던 결과들(2:10-19)
5. 하나님께 헌신한 사람들의 미래의 소망(2:20-23)

C. 결론: 암탉과 돼지

토의 질문

1. 당신은 일반적인 교회 성도들이 어느 정도 그리스도께 헌신하고 있다고 생각하는가? 그들이 하나님의 일에 진정한 희생을 바칠 것이라고 생각하는가? 당신은 어떻게 헌신하고 있는가?

2. 다음 진단을 통하여 당신의 삶에서 우선순위를 평가해보라. 당신은 하나님의 일을 후원하기 위해 수입 가운데 몇 퍼센트를 드리고 있는가? 당신은 자신을 위해 몇 퍼센트를 사용하고 있는가? 당신은 당신의 시간을 하나님께 얼마나 드리고 있는가?

3. 학개는 하나님이 자기 백성의 신실함을 경제적으로 축복하신다고 가르친다. 이 원리가 어떻게 남용될 수 있겠는가?

4. 당신은 크든 작든 하나님이 당신에게 명하신 임무를 얼마나 기뻐하고 있는가?

스가랴 서문

스가랴 개요

- 스가랴서는 211절로 되어 있는데, 소선지서 가운데 가장 긴 분량이다. 두 번째 긴 책은 207절의 호세아서다.
- 스가랴서는 이사야서를 제외하면 메시아에 관해 가장 많이 언급하고 있다.
- 본서의 역사적 배경은 학개서와 동일하다.
- 스가랴서는 신약성경에 71회 인용 혹은 언급되고 있다.
- 본서는 다양한 문학적 소재가 포함되어 있다. 1-8장은 산문으로 쓰여졌고 역사적 사건과 환상들이 포함되어 있는 반면, 9-14장에 기록된 미래의 주제는 예언적인 시와 산문이 포함되어 있다. 대부분의 학자들은 본서가 묵시문학의 전형이라고 간주한다. 이 장르는 그 메시지를 전달하기 위하여 환상, 상징, 천사의 전언 등과 같은 것들을 사용한다.
- 스가랴는 1-8장의 예언이 다리오 1세(주전 520-518) 2년부터 4년까지 임한 것임을 정확히 밝히고 있다. 9-14장은 날짜를 밝히고 있지 않은데, 이는 성전 재건과

같은 역사적 사건과 연계된 앞의 예언과 달리 먼 미래의 일과 관련이 있기 때문이다. 이 후반부는 아마 선지자의 생애 만년에 기록되었을 것이다.

- 에스라는 에스라 5장 1-2절과 6장 14절에서 이 예언의 역사적 배경을 기록하면서 구체적으로 스가랴를 언급하였다.
- 스가랴서는 고군분투하고 있는 유대인 귀환자들에게 전하는 소망과 위로의 메시지를 담고 있다. 성전과 국가를 재건하려는 그들의 사역은 성공할 것이고 그 국가의 미래는 확실히 보장될 것이다. 아마 스가랴서보다 하나님의 백성에게 주는 소망과 축복으로 가득한 예언서도 없을 것이다. 본서의 일관된 메시지는 하나님 나라는 승리한다는 것이다.
- 어떤 학자들은 9-14장을 앞의 부분과 분리해서 이 후반부를 보통 헬라 시대(주전 332년과 그 이후) 다른 저자(들)의 것으로 간주한다. 이런 견해를 뒷받침하는 증거들은 다분히 주관적인 것이며, 종종 미래에 대한 예언(특히 9:13에서 헬라를 언급한 것)의 가능성을 반대하는 선입관에서 기인한 것들이다. 그러나 그 어떤 성경 사본도 분리를 지지하지 않으며, 심지어 쿰란에서 발견된 사해사본조차도 마찬가지다.

저자 소개: 선지자 스가랴

- 스가랴(여호와께서 기억하시다)는 성경에서 가장 흔한 이름 가운데 하나다. 세례 요한의 아버지(눅 1:5)를 제외하고 구약에 이 이름을 가진 사람이 30명이나 살았다. 이 이름은 무엇보다 하나님께 이스라엘과 맺은 언약을 기억하사 도우심을 베풀 것을 호소하는 의를 갖고 있는 것으로 보인다.
- 스가랴의 부친은 베레갸로, 그는 스룹바벨과 함께 포로에서 귀환한 잇도라는 이름의 제사장의 아들이었다(느 12:4). 적어도 스가랴가 본서의 1-8장을 기록할 당시에 그는 나이가 어렸을 것이다(2:4).
- 스가랴는 예레미야와 에스겔처럼 선지자이자 제사장이었고(느 12:4, 16), 선지

자 학개와 동시대 사람이었다(스 5:1, 6:14).

• 스가랴는 포로기 이후 선지자 가운데 가장 위대한 선지자로 불리었다.
• 구약성경의 헬라어 버전인 70인경 가운데 어떤 사본은 시편 137편과 145-148편을 학개 혹은 스가랴의 저술로 보는 반면 라틴어 번역인 벌게이트(Vulgate)는 시편 125-126편과 145-147편을 학개 혹은 스가랴의 것으로 본다.

독자 소개: 포로기 이후의 유대 민족

• 주전 539년 바벨론은 고레스가 이끄는 메대 - 페르시아 군대에 의해 멸망당했다(단 5장). 이때부터 일련의 전투를 통해 알렉산더 대제에게 패할 때까지 메대 - 페르시아 제국은 세계를 지배했다. 유다는 그 제국의 한 속주가 되었고 메대 - 페르시아가 지명한 총독의 통치를 받았다. 고레스는 너그러운 통치자로 포로로 잡혀간 유대인들(그리고 다른 민족들)로 하여금 자기 고향에 돌아가도록 허락했다. 그래서 스가랴와 그 동료들은 유다로 돌아와 조국을 재건하는 과정 가운데 있었다.
• 스가랴의 예언은 포로로 잡혀간 지 거의 20년 만에 고향에 돌아온 유대인들에게 보내는 소망의 메시지다. 학개와 마찬가지로 스가랴는 총독 스룹바벨(4:6)과 대제사장 여호수아(3:1, 6:11)의 이름을 구체적으로 언급한다.
• 귀환자들을 둘러싼 주위 환경은 힘들었지만 그들은 아브라함과 이삭과 야곱의 땅에 돌아왔다는 기쁨으로 가득 찼다(시 126:1-3).

스가랴 1-2장

하나님은 당신을 돌보신다!

"별을 세면서 그 이름을 부르는 사람은 자기 친 자식을 잊을 염려가 없다."

- 찰스 하돈 스펄전(Charles Haddon Spurgeon)

스가랴는 1-2장에서 자기 동포들에게 죄를 회개하고 하나님께 순종하라고 촉구한다. 이 첫 번째 책망(백성들은 이를 마음에 새김) 이후에 선지자는 자신이 8일 밤 동안 본 환상 가운데 세 가지를 전한다. 말과 그 위에 탄 자에 대한 환상은 하나님이 자기 백성을 돌보심을 확증하고 그 나라가 분명히 다시 서게 될 것이라는 확신을 준다. 네 뿔과 네 공장의 환상은 하나님이 자기 백성을 대적하는 자들을 심판하심을 가르쳐준다. 척량줄을 든 사람의 환상은 예루살렘(당시 폐허였던)이 재건될 것이라는 약속이다.

Zechariah

들어가는 글

당신을 보살피는 천사

빌리 그레이엄(Billy Graham)은 자신의 소책자 「천사: 하나님의 비밀요원(Angels: God' s Secret Agents)」에서 하나님이 자기 백성을 보살피고 있다는 다음과 같은 멋진 이야기를 소개하고 있다.

> 뉴 헤브라이즈(New Hebrides) 섬의 선교사인 존 패튼(John G. Paton) 목사는 천사들의 보호와 관련된 흥미진진한 이야기를 들려준다. 호전적인 원주민들이 어느 날 밤 패튼 목사 일가족을 불살라 죽이려고 그의 선교본부 주위를 둘러쌌다. 패튼 목사와 아내는 그 공포로 휩싸인 밤에 하나님께 자기들을 구원해달라고 쉬지 않고 기도했다. 날이 밝자 그들은 습격자들이 돌아간 것을 보고 깜짝 놀랐다. 그들은 하나님이 자기들을 구해주신 것에 감사드렸다.
>
> 일 년 뒤에 그 부족의 추장이 예수 그리스도를 영접하게 되었다. 패튼 목사는 전에 있었던 일들을 기억하면서 추장에게 전에 선교본부를 불사르고 자기 식구들을 죽이려고 했을 때 어째서 그만두게 되었는지 물어보았다. 추장은 깜짝 놀라며 대답했다. "그때 당신과 함께 있던 사람들은 누구였습니까?" 선교사는 대답했다. "그곳에 내 아내와 나밖에 아무도 없었습니다." 추장은 그때 빛나는 갑옷을 입고 손에 검을 든 거대한 사람들이 수백 명이나 본부 주위를 지키고 있는 것을 보았다고 말했다. 그들이 선교본부 주위를 에워싸고 있어서 원주민들은 도저히 공격할 엄두를 내지 못했다고 했다. 그제야 패튼 목사는 하나님이 자기들을 지키기 위해 천사들을 보내셨음을 깨달았다(Graham, 「*Angels: God' s Secret Agents*」, Garden City, N.Y.: Doubleday, 1975, p. 3).

하나님이 언제나 이런 예외적인 방법으로 행동하시는 것은 아니지만 그분은 언제나 자기 자녀들의 안녕에 관심을 기울이고 계신다. 이것이 스가랴서의 첫 두 장이 전하는 내용이다. 이 두 장에서 하나님은 힘없고 압제받는 옛날 유다 백성들을 향한 사랑을 드러내보이신다. 스가랴는 회개를 촉구하는 호소(백성들은 이를 귀담아들음)로 시작하여, 하나님이 자기 백성을 돌보심을 나타내는 여러 가지 방법 가운데 세 가지 흥미진진한 환상을 보여준다. 스가랴가 전한 하나님의 사랑의 메시지는 2,500년 전의 유대인들만이 아니라 오늘날의 성도들을 위하여서도 기록되었다.

본문 이해

하나님은 당신을 돌보신다!

Main Idea	하나님은 자기 자녀들을 돌보시며 이 세상과 다음 세상의 삶에서 그들의 안녕과 성공을 책임지신다.

A. 선지자와 그의 시대(1:1)

Supporting Idea	스가랴는 어려운 시절에 소망의 메시지를 선포했다.

1:1. 이 구절은 첫 여섯 구절(혹은 첫 여덟 장)뿐 아니라 전체 예언의 서론으로서의 역할을 담당한다. 다리오 왕(주전 522-486) 이년 팔월은 환산하면 주전 520년 10/11월을 말한다. 팔월은 주전 520년 10월 27일 시작했고, 따라서 스가랴는 학개의 첫 설교보다 두 달 뒤인 11월에 자신의 사역을 시작했을 것이다('유월' , 학 1:1).

스가랴가 자기의 예언의 시기를 이방 왕의 연호에 맞추어 말한 것은 이스라엘에 왕이 없었기 때문이다. 이방인의 연호에 맞추어 예언의 날수를 계산한 것은 또한 이방인 시대가 시작되었음을 암시하는 것이다. 이 기간은 예루살렘이 느부갓네살에 의해 멸망당한 때부터 시작하여 그리스도의 재림(눅 21:24) 때까지 계속될 것이다. 다리오 왕(다리오 1세)은 동방의 통치자 가운데 가장 유명한 인물 가운데 한 사람이다. 그는 나라 전역에서 발생한 반역의 무리를 소탕하고 카스피 해 동쪽의 아르메니아와 북서쪽의 인도와 전쟁을 시작했다. 그의 군대는 주전 490년 그리스를 침공했지만 마라톤에서 패배했다. 다리오 1세는 그리스를 다시 공격하기 위해 준비하다 죽었다. 그리고 그의 아들 크세르크세스(에스더서의 아하수에로 왕)가 그의 뒤를 이어 보위에 올랐다. (다리오 왕에 대한 더 자세한 내용은 학개서의 '심층 연구' 를 보라.)

주전 520년 스가랴는 어린 나이였다(2:3). 주전 538/7년 스룹바벨을 비롯한 다른 5만여 명의 유대인들과 함께 유다로 돌아왔을 때 그는 필경 소년이었을 것이다. 하나님은 이 어린 선지자를 보내 고통받는 소수 민족인 유대인들에게 선포하게 하셨다. 포로 귀환은 커다란 소망의 시간이었지만 또한 커다란 위험과 불확실의 시간이기도 했다. 그들은 16년 전인 주전 536년에 성전을 재건하기 시작했지만 그 일은 사마리아인들의 반대에 부딪쳐 중단되었다. 이제 백성들은 다른 일들에만 매달려 하나님의 집을 완공하는 일에 별다른 관심을 보이지 않았다.

학개와 마찬가지로 스가랴도 백성들에게 그 사역을 마칠 것을 촉구했다. 스가랴의 임무는 또한 백성들에게 하나님이 그들을 돌보시며 이스라엘과 맺은 언약을 지키실 것이라는 확신을 주는 것이었다. 그 나라는 다시 일어나고 번성하여 이 세대의 마지막에 중요한 역할을 감당하게 될 것이었다. 스가랴가 사역을 시작(주전 516년 3월)한 지 4년 뒤인 다리오 왕 6년에 백성들은 성전을 완공했다(스 6:15)

스가랴란 이름은 '여호와께서 기억하시다' 는 의미다. 이 이름은 하나님이 그 부모를 기억하셔서 그들에게 아들을 주셨다는 의미로도 사용될 수 있지만, 그보다는 하나님께 이스라엘과 맺은 언약을 기억하셔서 도우심을 베풀어주시기를 바라는 호소로 보는 것이 더 타당할 것이다. 이는 이 이름이 포로기와 포로기 이후에 커다란 인기를 얻은 점을 설명해준다.

선지자의 부친은 베레갸('여호와께서 복 주신다')로 그는 젊었을 때 스가랴를 남겨두고 요절하여 스가랴는 그 할아버지인 잇도에 의해 양육을 받은 것이 분명하다. 이는 에스라 5장 1절과 6장 14절에 베레갸의 이름이 나타나지 않는 사실이 설명해준다. 히브리 민족에게 '아들' 이란 할아버지나 후손을 의미할 수 있고, 에스라서의 구절이 의미하는 것이 바로 그것으로 볼 수 있다. 느헤미야 12장 4절에 의하면 잇도는 스룹바벨과 함께 포로에서 귀환한 제사장이었다. 스가랴는 예레미야와 에스겔과 마찬가지로 제사장이자 선지자였다.

여호와의 말씀이 임하다는 구절은 본서에 6번(1:1, 7, 4:8, 6:9, 7:1, 8) 등장하며, 구약 전체에는 100번 이상 등장한다(예레미야에 24회, 에스겔에 50회). 스가랴가 하는 말은 단순히 그의 견해가 아니라 여호와 하나님이 친히 하신 말씀인 것이다. 여기서 선지자는 본서가 하나님의 영감으로 기록되었음을 강력히 주장하고 있다.

B. 하나님의 사랑의 초대(1:2-6)

Supporting Idea	하나님은 자기 백성의 죄를 무릅쓰고 그들을 돌보시며 자신에게 돌아오기를 사랑으로 초대하신다.

1:2. 스가랴의 첫 메시지는 2-6절에 기록되어 있으며, 이는 그보다 훨씬 더 긴 설교의 요약임이 분명하다. 이 회개에의 촉구는 본서 전체의 어조를 설정하는 것으로 회개가 하나님의 축복을 가져온다는 선언이다.

이 구절에서 스가랴는 그들의 반역하고 죄악된 조상의 결국을 상기시켜 그들에게 회개할 동기를 심어준다. 진노하다는 히브리어 원문에서 강조형으로 사용되었다. 예루살렘의 암울한 상황은 구체적인 본보기가 된다. 스가랴는 자기 동족들에게 "한번 봐라! 예루살렘은 폐허가 되었고 솔로몬이 지은 장엄한 성전은 무너졌다. 이것은 반역과 죄의 결과다. 우리는 우리 조상(열조)들이 그랬던 것처럼 여호와 하나님께 반역해서는 안 된다. 우리는 회개해야 한다!"라고 말할 수 있었다. 유다의 죄의 결과에 대한 스가랴의 교훈은 몇몇 청중들에게 더욱 호소력 있게 다가왔는데, 이는 그들이 사랑하는 예루살렘의 멸망을 직접 보았고(겨우 66년 전인 주전 586년의 일), 그들 대부분은 포로 생활을 겪었기 때문이다.

1:3. 그러나 여호와께서는 여전히 자기 백성을 사랑하셨다. 그분은 내게 돌아오라고 호소하시며, 만일 그들이 돌아온다면 내가 너희에게로 돌아가리라고 약속하셨다. 만군의 여호와라는 하나님의 호칭은 하나님의 전능하심을 강조하는 것이다. 그분은 하늘과 땅의 모든 권세를 주관하시는 분이시며, 죄를 벌하기 위해 그것들을 사용하시는 분이다. 이 호칭은 종종 심판과 관련된 본문에서 사용되었으며 하나님의 징벌에 대한 위협

을 암시한다. 이 호칭은 2-6절까지 회개를 촉구하는 짧은 본문 안에서 5회나 나타난다(3절에서만 3회). 만군의 여호와는 포로기 이후 선지서 안에서 하나님을 가리키는 전형적인 이름으로 90회 이상 등장한다(학개 14회, 스가랴 53회, 말라기 24회).

나 만군의 여호와의 말이니라는 구절과 축약형인 "여호와의 말이니라"는 구약에서 4백회 이상 등장하는데, 성경이 하나님께로부터 나온 것임을 가리킨다. 구약의 선지자들은 하나님의 메시지를 충실하게 전하는 사람들이었다.

'돌아오다'라는 말은 구약에서 회개를 가리키는 말로 빈번하게 사용되었다. '돌아오다'(4절)와 '돌치다'(6절) 모두 이 동일한 히브리어를 번역한 것이다. 이 말은 회개의 본질, 곧 죄에서 돌이켜 하나님께 돌아오는 것을 회화적으로 전달한다. 스가랴는 구체적인 문제를 거론하지 않았지만, 에스라서는 스가랴가 학개와 마찬가지로 백성들에게 성전 건축 사역을 다시 시작할 것을 촉구했다고 기록하고 있다(스 5:1-2, 6:14). 하나님의 집을 다시 세우는 일은 이미 시작되었지만(학 1:14-15), 여전히 반대 세력이 존재했다. 여기서 스가랴는 백성들 사이에 일어난 다른 죄악된 관행들을 염두에 두고 있을 수도 있다.

"내가 너희에게로 돌아가리라"는 하나님의 약속은 회개 뒤의 개인과의 교제를 약속하는 것인 동시에 또한 민족적인 의미를 담고 있다. 에스겔은 하나님의 영광이 예루살렘을 떠나는 것을 지켜보았다(겔 11:22-23). 그리고 이제 유다는 회개했고, 여호와 하나님은 그 땅에 돌아오실 것이다(사 40:3-11). 다시 한 번 하나님의 특별한 임재와 은총과 보호하시는 능력이 그 나라에 거할 것이다. 하나님의 집인 성전의 재건은 하나님이 자기 백성에게 돌아오심을 상징한다.

1:4. 하나님은 자비로우셔서 심판이 임하기 전에 선지자들을 통하여 유다에게 회개하라고 경고하셨다(대하 36:15-21). 이 옛적 선지자들에는 이사야, 예레미야, 에스겔, 하박국, 스바냐 그리고 다른 많은 선지자들이 포함된다. 틀림없이 스가랴와 다른 동료 유대인들은 이 선지자들의 기록이 성경임을 인지하고 있었음이 분명하다. 그러나 그들의 열조는 여호와의 말씀을 듣지 않고 귀를 기울이지 아니하였다.

1:5-6. 5-6절 상반절에서 스가랴의 질문의 요지는 선지자들(이사야와 같은)은 죽었으나 하나님의 말씀은 살아 있다는 것(사 40:6-8)이며, 결국에 그들의 악한 열조들을 붙들(임할) 것이라는 것이다. 모세는 만일 이스라엘이 하나님의 언약을 신실히 지키지 않으

면 "네가 네 하나님 여호와의 말씀을 순종치 아니하고 네게 명하신 그 명령과 규례를 지키지 아니하므로 이 모든 저주가 네게 임하고 너를 따르고 네게 미쳐서 필경 너를 멸하리라"(신 28:45, 참조 18:15)고 경고했다. 심판은 확실하고 피할 수 없는 것이다. 현재 이스라엘의 절박한 상황이 그 증거다. 스가랴는 백성들에게 옛적 선지자들의 말이 옳으며, 현재 하나님의 선지자인 스가랴와 학개의 말도 옳고 반드시 순종되어야 함을 간접적으로 경고했다. 내 종 선지자들은 구약에 9회 등장한다(왕하 9:7, 17:13; 렘 7:25, 26:5, 29:19, 35:15, 44:4; 겔 38:17; 슥 1:6).

그들의 조상들은 포로가 된 이후 뉘우쳤고 자신들에게 일어난 일들이 하나님의 말씀의 성취임을 깨달았다. 그 전까지는 예레미야 같은 선지자들이 하나님의 말씀을 대언했다는 것을 부인했지만 나중에는 그것을 인정할 수밖에 없었다. 그들은 또한 자기 죄에 대하여 하나님의 심판을 받아 마땅하다는 것을 깨달았다. 유대 백성이 회개하자 하나님은 그들을 용서하시고 그들을 고향에 돌려보내시는 은총을 베푸셨다.

스가랴의 메시지는 두 가지 내용이다. 죄는 심판을 불러오지만, 회개는 축복을 가져온다. 선지자는 동시대 백성들에게 두 번째를 선택하도록 권유했다. 다행히 그들은 그렇게 했고, 그들의 이어지는 행동이 그것을 보여주었다. 그들은 성전을 재건하여 주전 516년 3월 12일 완공했다(스 6:15). 이 책의 나머지 부분은 대부분 하나님의 백성을 향한 소망과 축복이라는 긍정적인 메시지다.

C. 하나님의 임재로 나타난 그분의 돌보심(1:7-17)

Supporting Idea	하나님은 자기 백성의 처지를 아시고 그 고난에 함께 동참하신다.

1:7. 이제 우리는 성경 가운데 가장 매력적인 부분을 만나게 된다. 스가랴는 여호와 하나님으로부터 천사, 여러 색깔의 말, 뿔, 장인, 하늘을 나는 두루마리를 비롯한 여덟 가지 환상을 받았다. 대부분의 학자들은 이 모든 환상이 같은 날(주전 519년 2월 15일) 밤에 주어졌다고 생각한다. 그 환상들은 유사한 형태를 보이는데, 그것은 소개하는 말, 스가랴가 본 것의 묘사, 자신이 본 환상에 대한 해석의 요청 그리고 천사의 설명이다. 모든 환상은 포로기 이후의 유대인 공동체와 역사적인 연관성을 갖고 있지만 어떤 점에

서는 선지자의 시대를 뛰어넘어 종말에 연결되기도 한다. 스가랴가 본 환상들은 1장 1-6절 회개에의 촉구와 학개 2장 10-23절 이후 3개월이 지난 다음에 주어졌다. 이 환상들은 소망과 위로의 예언이다.

1:8. 비록 시간은 밤이었지만, 그가 본 환상은 꿈에서 본 것이 아니라 깨어 있을 때 본 것이었다. 스가랴는 **홍마를 타고 서 있는 사람**을 보았다. 서 있다는 말은 사람을 태운 말이 서 있는 것을 가리킬 수도 있고, 말에 탄 사람이 말에서 내리는 것을 가리킬 수도 있다. 화석류나무 사이에 서 있는 사람은 11절에서 '여호와의 사자'로 밝혀지고 있지만, 그는 보통 천사가 아니었다. 구약에서 종종 여호와의 사자는 바로 하나님을 가리켰다(창 16:7-13, 22:11-12; 출 3:2-6; 삿 6:14, 22, 13:9-18, 22). 린지(Lindsey)에 의하면 "이 사자(Messenger)가 그리스도의 화신이라는 사실은 그가 또 다른 위격으로서 '여호와'를 가리키는 '여호와'로 호칭되고 있는 3장에서 확실히 나타난다(3:2). 또한 그분은 죄를 사하는 하나님의 특권을 행사하는 것으로 비쳐진다(3:4)."(Lindsey, p. 1550). 더욱이 이 인물은 다른 말을 탄 사람(천사)들의 보고를 듣고 있다(11절). 파인버그(Feinberg)에 따르면 바벨론 탈무드(Babylonian Talmud)에는 "이 사람은 바로 거룩하신 분과 다르지 않으니, 그에게 영광이 있으리라. 이는 '여호와는 전쟁의 사람'이기 때문이다"라고 기록되어 있다고 한다(Feinberg, 「*Minor Prophets*」, p. 275).

화석류나무는 흰색이나 분홍색 꽃이 피고 짙은 열매가 맺는 향기가 나는 상록수다. 이 나무는 높이가 거의 10미터 가까이에 이른다. 화석류나무는 예루살렘 인근 지역에서 자라며(느 8:15), 초막절에 거할 방을 만드는 재료로 사용되었다. 에스더의 히브리식 이름인 하닷사(에 2:7)는 '화석류'라는 뜻이다. 이 화석류나무 숲은 **골짜기 속**, 문자적으로는 '깊은 곳'에 위치해 있었다. 아마도 이 환상의 배경은 예루살렘 근처의 한 장소로 감람산과 예루살렘 성전이 세워진 산 사이에 있어서 선지자에게 친숙한 기드론 골짜기를 가리키는 것으로 보인다. 화석류나무 사이에 선 사람 뒤로는 **홍마, 자마, 백마**가 있었다. 그중 자색(brown, NIV)은 구약에서 오직 이곳에만 등장하는 히브리어를 번역한 말이다. 이는 '섞이다'는 의미를 가진 히브리어 어근에서 유래한 말로 보이는데, 그렇다면 빨강과 갈색이 섞인 밝은 '적갈색'(sorrel, NKJV, NASB, NRSV)을 가리키는 것으로 보인다.

환상은 상징적인 방식 가운데 담긴 영적인 진리를 전하기 위해 사용된다. 12-17절의 구체적인 진술은 이 환상이 이스라엘을 향한 하나님의 관심을 드러내기 위함임을 나타낸다. 이 사실을 염두에 둘 때 이 환상은 보통 다음과 같은 방식으로 해석된다. 달콤한 맛이 나는 화석류나무는 하나님을 기쁘시게 하고 그분의 귀한 존재인 하나님의 백성(이스라엘)을 상징한다. '골짜기 속' 이라는 구절은 현재 이스라엘이 다른 지상의 국가들 사이에서 처한 낮고 비천한 지위를 나타낸다. 나무 사이에 서 있는 여호와의 사자는 하나님이 고난받는 자기 백성들 가운데 계시며 그들을 돌보고 계심을 가리킨다. 계시록 1장 12-20절에는 이와 비슷한 모습이 나타난다. 일곱 교회를 상징하는 일곱 촛대 사이에 서 계신 그리스도는 그분이 고난받는 성도들과 함께 거하시며 그들을 보살피고 있음을 확인시켜준다.

말의 색상은 그 위에 탄 사람이 성취해야 할 일을 나타낸다(슥 6:2-8 참조). 빨강(피의 색)은 하나님의 백성을 대적한 자들에 대한 심판으로서의 전쟁을 상징한다(계 6:4). 백마는 정복과 관련이 있고(계 6:2, 19:11, 14) 하나님의 백성의 승리를 상징한다. 자색(혼합색) 말에 대한 해석에 대해서는 많은 논란이 있다. 다양한 의견(예: 심판과 축복의 혼합)이 제시되었지만, 확실한 것은 아니다. 그 색이 갖는 정확한 의미가 무엇인지는 불확실함에도 불구하고 이 말과 그 위에 탄 사람의 일반적인 임무는 분명하다. 그들은 지상을 돌아다니며 여호와 하나님의 분부를 수행하고 그 결과를 보고한다(11절). 따라서 이 환상은 자기 백성을 돌보시는 하나님의 모습을 보여주는 놀라운 메시지다. 하나님은 그들의 처지를 보시며 그들과 함께하신다.

1:9. 스가랴는 자기에게 말하는 천사에게 이들이 무엇인지 설명해달라고 요청했다. 이 천사는 설명하는 천사로 앞 절에 나온 여호와의 사자와 다른 존재다.

1:10. 10-17절은 이 환상에 대한 영감된 주석이다. 설명은 해설하는 천사가 아니라 화석류나무 사이에 선 자가 하였다. 그는 선지자에게 이 말과 그 위에 탄 자들은 세상을 두루 다니라고 보내심을 받은 것이라고 말하는데, 이는 하나님이 자기 백성들에게 일어난 일들을 모두 하시며 그들을 관심 있게 지켜보심을 상징한다. 볼드윈(Baldwin)은 이렇게 주석했다. "마치 페르시아의 황제가 자기 제국과 관련된 모든 일들을 신속히 전달받기 위해 빠른 말을 탄 사자들을 사용한 것처럼, 여호와 하나님은 페르시아 제국을 포함하여 지상의 모든 나라들에 관한 일들을 다 알고 계셨다" (Baldwin, p. 95).

1:11. 화석류나무 사이에 있는 말에 탄 자는 여기서 구체적으로 여호와의 사자(1:8의

심층 연구를 보라)로 밝혀진다. 다른 말 탄 자들은 세상을 이곳저곳 돌아다녀본 결과 온 땅이 평안하고 정온하였다고 보고했다. 그 당시 다리오 왕(Darius I)은 국정을 장악하고 보위를 든든히 했고, 큰 전쟁도 없었다. 그러나 다른 이방 나라들은 안전하고 평온하게 잘 살고 있는 동안 이스라엘은 (비천한 처지에 빠져) 수치를 당하고 있었다. 그들의 대적은 하나님의 백성이 수난을 겪는 동안 아무런 고통도 당하지 않는 것처럼 보였다.

1:12. 여호와의 사자는 예루살렘과 유다를 위해 탄원했다. 언제까지라는 구절은 성경에 65회 등장하는 친숙한 탄식으로, 하나님이 짐짓 공의를 베푸시는 일을 지연하시고 계심에 대한 항의의 표시로 사용되었다(시 6:3, 13:1-2, 35:17, 79:5, 94:3; 계 6:10). 그 말은 믿음과 기대와 간절한 공감과 열망의 개념이 포함된 말이다. 비록 5만 명의 유대인 포로들이 귀환했지만 그 땅은 아직도 폐허 가운데 있었다. 예루살렘은 아직 사람이 살 만한 곳이 못 되었고, 성전은 아직 재건되지 못했다. 더 나아가, 이방 나라들은 마땅히 받아야 할 심판 대신에 평화와 안식을 누리고 있었다.

예레미야는 바벨론으로의 포로 생활이 70년 동안 지속될 것이라고 예언했다(렘 25:11-12, 29:10). 이 기간은 주전 605년 느부갓네살의 첫 번째 예루살렘 정복으로 시작되었고, 주전 537/6년 유대인 포로들의 귀환으로 끝이 났다. 이 얼마나 놀라운 예언인가! 한 가지 흥미 있는 것은, 예루살렘 성전은 주전 586년에 무너졌고 주전 516년에 재건 사역이 완공되었는데, 이 기간 역시 정확히 70년이 소요되었다.

이 구절에서 한 거룩한 이('여호와의 사자' = 그리스도의 성육신 이전의 존재)는 다른 이, 곧 만군의 여호와께 탄원한다. 여기서 우리는 구약에서 살짝 드러난 삼위일체의 비밀을 엿볼 수 있다. 그리고 이 구절은 요한복음 17장에 나타난, 그리스도께서 우리를 위한 큰 중보가 되시는 사실을 상기시켜준다.

1:13. 여호와는 선한(문자적으로는 '좋은') 말씀과 위로(혹은 '안위', 17절을 보라)의 말씀인 14-17절의 내용으로 대답하신다. 우리는 그 말씀 안에서 하나님이 주시는 적어도 여섯 가지 위로의 말씀을 발견할 수 있다.

1:14-15. 첫째, 하나님은 자기 백성을 돌보신다. 크게 질투하다라는 말씀은 여호와 하나님이 이스라엘에 대하여 질투하실 정도로 살펴보시고 깊은 관심을 갖고 계심을 표현한다. (하나님의 질투에 관해서 나훔 1장의 '심층연구'를 보라.) 그분은 그들의 처지를 보시고 그들을 학대한 열국에 심히 진노하셨다. 안일하다('안심하고 있다', KJV,

NKJV, NASB, NRSV)는 말에 사용된 히브리어는 무관심과 거만한 태도를 가리킨다(암 6:1; 사 32:9, 11). 열국은 하나님의 백성을 압제하고 그들을 돌보지 않았다. 여호와 하나님은 분명 자기 백성이 저지른 죄에 분노하시고 심지어 바벨론을 막대기로 사용하면서까지 그들을 벌하셨지만(합 1:6), 열국이 이스라엘을 학대한 정도는 하나님이 눈감아주실 수 있는 정도를 벗어난 상태로, 힘을 내어 고난을 더한(문자적으로 '악을 도와주다') 수준이었다. 그들의 의도는 악했고, 그들은 심지어 언약 백성을 몰살시키려고까지 했다. 조금만 노하다라는 구절은 '잠시만' 이라는 의미로도 볼 수 있다.

1:16. 둘째, 하나님께 이스라엘에 긍휼을 베풀어달라고 한 천사의 요청은 받아들여졌다. 셋째, 성전은 완공될 것이다. 이것은 성전 재건이라는 어마어마한 과제에 매달린 유대의 귀환자들의 용기를 북돋워주는 약속이었다. 넷째, 전에 예루살렘을 멸망시키기 위해 다림줄이 쳐졌던 것처럼(왕하 21:13; 사 34:11), 이제 이스라엘의 재건을 위해 먹줄이 쳐질 것이다(2:1-5; 욥 38:5를 보라).

1:17. 다섯째, 유대의 성읍들이 넘치도록 풍성해짐으로 그 나라는 다시 성장하게 될 것이다. 예수님 당시 유대는 많은 사람들로 북적이고 활기찼다. 여섯째, 예루살렘은 여호와 하나님의 선택받은 도시로 특별한 지위를 다시 한 번 누리게 될 것이다. 시온은 구체적으로 다윗이 세운 첫 성읍의 남동쪽 언덕을 말하지만, 나중에 성읍 전체를 가리키게 되면서 예루살렘과 동의어가 되었다.

결론적으로 이 첫 환상은 스가랴 시대의 불쌍한 포로들에게 홍을 심어주는 소망의 메시지였다. 하나님이 함께하시고, 그들에게 관심과 자비와 복을 베푸신다는 그 약속은 우리에게도 동일하게 적용된다.

D. 압제자들에 대한 심판으로 증거된 하나님의 돌보심(1:18-21)

Supporting Idea	하나님은 자기 백성에 대한 학대에 관심을 갖고 계시며 그에 대해 책임 있는 자들을 벌하실 것이다.

1:18-19. 스가랴는 두 번째 환상 가운데 네 뿔을 보았고 해설하는 천사에게 설명을 요청했다. 천사는 '이들은 유다와 이스라엘과 예루살렘을 헤친 뿔' 이라고 대답했다. 바커(Barker)에 의하면, "뿔은 보통 동물의 머리에 나게 마련이다. 왜냐하면 그래야 상대

방에게 겁을 줄 수 있기 때문이다"(Barker, p. 615). 보통 성경에서 뿔은 국가를 상징하며(단 7:24, 8:3-4; 미 4:13), 21절에서는 그 뿔이 '열국의 뿔' 이라고 언급된다. 이 비유는 황소의 머리에 달려서 그 힘의 근원을 상징하는 뿔의 모습에서 나온 것이다. 이러한 뿔들이 유대 백성을 이곳저곳으로 헤친 것이다.

이 뿔에 대한 가장 일반적인 해석은 다음과 같다.

1. 과거에 유대인들을 괴롭힌 나라들. 이들은 보통 애굽, 앗수르, 바벨론, 메대 - 페르시아 등으로 알려져 왔다.

2. 다니엘이 예언한 네 나라(단 2:7). 이 견해는 근대의 학자들에 의해 인기를 얻었고 제롬(Jerome, 주후 345-419)과 같은 초기 기독교 지도자들에 의해 주장되었다. 복음주의 학자들은 다니엘이 말한 네 제국을 바벨론, 메대 - 페르시아, 헬라, 로마로 보고 있다. 스가랴가 다니엘을 잘 알고 있었고(다니엘이 죽은 지 20년이 채 되지 않았다), 네 나라에 대한 그의 예언 역시 알고 있었음은 의심의 여지가 없다.

3. 이스라엘의 모든 대적을 가리키는 상징물(이방 세력 전체). 네 뿔은 나침반의 네 방위 혹은 지상 사방을 가리킨다.

위의 견해 중 어느 것도 가능하며, 이들은 모두 뿔들이 유대 민족의 압제자를 가리킨다는 데 동의한다. '헤치다' 로 번역된 히브리어는 영어에서 과거 시제로 번역되었는데 이것은 꼭 그래야 하는 것은 아니다. 그 동사는 영어에서 현재나 미래 시제로도 번역될 수 있다. 그럼에도 불구하고 첫 번째 견해가 몇 가지 이유에서 가장 타당하다고 본다. 첫째, 이 환상은 분명히 하나님이 자기 백성을 괴롭힌 옛날 나라들에 대한 진노를 선포한 15절의 해설이 분명하다. 둘째, 이스라엘과 유다는 각기 포로기 이전 둘로 나뉘어졌던 북왕국과 남왕국을 가리키는 것으로 보인다. 만일 그렇다면 이들의 압제자는 과거의 나라임이 분명하다. 왜냐하면 나중에는 이러한 분열이 더 이상 존재하지 않기 때문이다. 셋째, 스가랴의 청중들의 마음에는 포괄적인 압제자보다는 자신들을 괴롭힌 구체적인 나라들이 떠올랐을 것이다.

1:20-21. 스가랴는 금속, 목재 혹은 석재를 다루는 숙련된 일꾼인 공장 네 명을 보았다. 사람으로 능히 머리를 들지 못하게 한다는 말은 그 나라들(뿔들)로 인해 고통받은 하나님의 백성이 받은 심한 핍박을 묘사하는 말이다. 두렵게 하다와 떨어치다는 그 장인들의 목표가 그들의 등록상표인 망치를 사용하여 그 뿔들을 쳐부수는 것을 암시한다. 공

장들은 또한 에스겔 21장 31절의 심판의 역할을 맡는데, 여기서 '멸하기에 익숙한 자'는 문자적으로 '파괴의 공장장'을 가리킨다.

이 공장에 대한 해석은 네 뿔에 대한 견해에 의해 결정된다. 만일 뿔이 애굽, 앗수르, 바벨론, 메대 - 페르시아와 같은 옛날 나라라면 이 공장들은 그들 나라를 각각 무너뜨리기 위해 하나님이 사용하신 나라를 상징한다. 그 가운데는 뿔이면서 동시에 공장이 된 나라도 있다. 예를 들어, 페르시아는 압제자(뿔)였지만 또한 이전 압제자(뿔)인 바벨론을 무너뜨릴 임무를 가진 공장이었다.

뿔과 공장이 구체적으로 무엇을 가리키는가에 상관없이 이 구절의 핵심은 하나님의 백성을 괴롭힌 자들은 지금 당장은 '안일'(15절)할 수 있지만 심판이 올 것이라는 것이 사실이다.

E. 영광스러운 미래에 대한 약속 가운데 나타난 하나님의 돌보심(2:1-13)

Supporting Idea	하나님은 자기 백성이 세상에서의 즐거움(예루살렘의 재건)과 궁극적인 승리를 누릴 것임을 약속하신다.

2:1-2. 바커(Barker)는 '이 책의 주된 강조점은 영광스러운 미래로 말미암은 하나님의 백성에게 주는 위로'(Barker, p. 600)라고 주장한다. 스가랴는 포로기 이후 그 나라의 번창한 미래와 세대의 종말에 메시아의 축복된 통치 두 가지를 모두 예언했다. 우리는 이 세 번째 환상 가운데서 손에 척량줄을 가진 한 사람 '사람의 형상을 가진 천사'과 만나게 된다. 1장 16절과 마찬가지로 그 척량줄은 예루살렘의 재건을 상징한다(4절을 보라).

2:3-4. 해석하는 천사는 다른 천사(아마 여호와의 사자)로부터 급히 달려가 스가랴로 하여금 예루살렘의 위대한 미래에 관한 신나는 소식을 전하게 하라는 명령을 받았다. 그 도시는 다시 세워질 것이며, 많은 사람이 살게 되어 성곽을 지나 주변 지역까지 넘치게 될 것이었다. 성곽 없이 산다는 것은 또한 평화와 안전을 암시한다. 이는 팔레스타인에 돌아와 어렵게 살아가고 있는 귀환자들에게 놀라운 약속이 아닐 수 없다. 대부분의 학자들은 소년(히브리어로 나아르, na 'ar)은 천사가 아니라 스가랴를 가리키는 것으로 본다. 천사들에게 이러한 지칭을 사용하는 것은 부적합한 것으로 보인다.

2:5. 이 구절에서 하나님은 이스라엘에게 자신이 그들을 보호하고 그들과 함께 거하실 것임을 확신시켜 주셨다. 예루살렘은 80년 정도 뒤에 느헤미야가 성벽을 세우기까지 성벽이 없었다. 성벽은 외부의 적을 지키는 데 반드시 필요한 것으로, 이스라엘 주위에는 호전적인 이웃이 사방에 둘러 있었다. 따라서 성읍의 사면에서 불 성곽이 되리라는 하나님의 약속은 매우 위안을 주는 것이었다. 하나님은 출애굽 때 행하신 것처럼 이스라엘과 그 대적들 사이에 서 계실 것이다(출 14:19-20). 그 가운데서 영광이 되리라는 구절은 여호와 하나님이 그 성읍 가운데 거하실 것을 가리키며, 영적으로는 스가랴 시대에, 육체적으로는 (예수 그리스도의 인격 안에서) 장래에 이루어질 것이다.

바커(Barker)에 의하면 "이 환상 가운데 약속된 회복과 축복의 규모는 그 성취가 역사적 회복 기간을 넘어 메시아의 왕국에까지 확장된다"(Barker, p. 616). 물론 하나님의 축복과 보호와 자기 백성과 영적으로 함께 거하심에 관한 약속은 모든 세대의 하나님의 자녀들에게 적용된다.

2:6. 6-13절은 바벨론에서 도망하라는 경고(6-9절)와 예루살렘과 유다의 복된 미래(10-13절)를 포함하고 있다. 본 장의 후반부는 전반부와 연관이 없는 것이 아니라 재건된 예루살렘이 유대인들의 안전한 고향이 되고(그래서 그들이 안전하게 돌아올 수 있는) 영광스러운 미래가 있음을 확인하고 있는 것이다.

히브리어에서 반복은 곧 강조를 의미한다(NIV에는 우리말 성경에는 드러나지 않은 Come! Come!이라는 번역이 나타남 - 역주). 아직도 바벨론에서 살고 있는 유대인들에게 어서 고향으로 돌아오고 북방 땅, 곧 바벨론(7절, 렘 6:22, 16:15를 보라)에서 도망하라는 시급한 경고가 주어졌다. 북방은 바벨론 군대가 유다를 침공한 방향이다.

2:7. 그 경고는 너무나 시급한 것이어서 스가랴는 그 경고를 거듭 반복했다(바벨론으로부터 피할지니라). 바벨론의 딸(NIV는 바벨론 성을 Daughter of Babylon으로 번역함)은 바벨론을 그 안에 사는 사람들의 어머니로 부른다. 비록 주전 538-537년에 오만 명의 포로들이 귀환했지만 대부분의 유대인들은 아직 돌아오지 못했다. 바벨론은 여전히 대도시로서의 모든 쾌적한 시설을 갖추고 있는 세계에서 가장 큰 도시였다. 유대인들은 그곳에서 안락한 삶을 누리고 있었고 경제적으로도 폐허가 된 고향에서보다 훨씬 풍족했다. 그들은 분명 아무런 성벽도 없는 예루살렘(2:5)보다 바벨론의 수많은 성벽 안이 더 안전하다고 느꼈을 것이다. 그러나 그것은 잘못된 생각이었다. (계 18:4에는 하

나님의 백성들에게 재앙이 예비된 바벨론에서 도망하라는 경고가 나온다.)

2:8. 바벨론은 하나님의 저주의 심판 아래 놓였다(8-9절). 바벨론에 임할 재앙은 구체적으로 밝혀지지 않았다. **영광을 위하여 나를 보내셨나니**란 구절은 문자적으로 "영광을 얻으신 후에 나를 보내셨다"는 의미다. 그 의미는 하나님이 그 열국의 능력이 무너진 다음 스스로 영광을 얻을 것이라는 뜻이다. "나를 보내셨다"는 것은 선지자를 가리키는 것으로 보지만(4:9에서처럼), 대부분의 복음주의 학자들은 본 장에서의 보내심을 받은 자(2:8-9, 11, 그리고 6:15)는 여호와의 사자(그리스도의 성육신 이전 존재)로 본다. 두 번째 해석이 분명히 옳은 이유는 이 보내심을 받은 자가 바벨론과 다른 나라들을 심판하는(9절) 거룩한 특권을 가졌고, 10-11절에서 여호와 하나님과 동등히 여김을 받았기 때문이다. 하나님은 자기 백성을 **눈동자처럼** 귀히 여기시기 때문에 그들을 괴롭힌 나라들을 벌하실 것이다. 눈동자(문자적으로는 '입구')는 눈에서 가장 예민한 부분인 동공을 말한다(신 32:10; 시 17:8; 잠 7:2). 우리는 눈동자를 가장 조심스럽게 보호한다.

2:9. 8절에서 보내심을 받은 이(그리스도)는 하나님의 백성을 학대한 나라들을 치기 위해 그 손을 들 것이다(혹은 흩어지게 만들려고 손을 '휘두를 것이다' 도 가능). **자기를 섬기던 자에게 노략거리가 되다라는** 구절은 바벨론을 섬기던 나라들이 이제 전에 주인이었던 그들을 다스리게 된다는 의미다. 그 나라들(특히 바벨론)에 대한 심판은 이스라엘에게 **만군의 여호와께서** 그 백성을 위하여 여호와의 사자 곧 그리스도(나)를 보내셨음을 증거할 것이다. 분명 이 구절은 스가랴 시대의 특정한 역사적 상황에 근거한 것이지만, 하나님의 실재와 그리스도의 주장(그리고 열국에 대한 최후의 심판)에 대한 그 궁극적인 증명은 그리스도의 재림 때 있게 될 것이다.

2:10-11. 이스라엘은 기뻐할 것이다. 왜냐하면 여호와께서 그들 가운데 임하여 거할 것이기 때문이다. 이 구절과 다음 구절에 나오는 **거하다**(거하다: KJV, NKJV, NASB, NRSV, 살다:NIV)에 해당하는 히브리어 동사는 샤칸(shakan)으로, 이는 "하나님의 임재의 영광인 셰키나(Shekinah)와 장막(미쉬칸, Mishkan)에 해당하는 말과 관련이 있다"(Kaiser, 「*Mastering the Old Testament*」, p. 316). 이 미래의 세대에서 **이방 나라들**은 하나님의 식구가 되어 그 축연에 함께 참여할 것이다. 그리고 여기서 보내심을 받은 자의 하나님으로서의 속성이 다시 한 번 등장한다. 10절에서 여호와 하나님은 자신이 자기 백성과 함께 거하기 위해 오실 것이라고 선언하시는 반면, 여기서는 **만군의 여**

호와께서 보내신 이가 백성 가운데 거하리라고 말씀하고 있다. 그는 또한 하나님의 백성을 내 백성이라고 부른다. 따라서 이 구절에는 하나님의 두 위격이 분명히 나타난다.

우리는 이후의 계시를 통하여 성부 하나님이 세상의 구세주와 심판주로 성자(메시아 = 그리스도)를 보내셨음을 안다. 바커(Barker)에 의하면 하나님이 자기 백성 가운데 친히 거하시겠다는 약속은 메시아를 통해서만 온전히 성취되기 때문에 곧 메시아에 대한 간접적인 예언이다(Barker, p. 619).

2:12. 유다(하나님의 땅)와 예루살렘(하나님의 도성)은 높은 지위를 얻게 될 것이다. 카이저는 이렇게 주석한다. "하나님은 분명 주전 1,000년 다윗의 보좌를 위해 선택하신 그 도시를 끝내지 않으셨다. 그 도성은 메시아의 통치 기간에 있을 심판과 천년왕국에 있을 그리스도의 다스리심의 중심이자 예배의 중심이 될 것이다"(Kaiser, 「*Mastering the Old Testament*」, p. 317). 오늘날 우리는 이스라엘을 거룩한 땅이라 자주 부르지만 이러한 호칭은 성경에서 오직 이곳에만 나타난다. (시 78:54의 히브리어 원문에는 '땅'이 포함되어 있지 않다.) 아마 유다를 거룩하다고 하신 것은 그 이전의 타락한 모습과 비교하기 위해서일 것이다(렘 2:7, 3:2, 9).

2:13. 하나님은 마치 잠에서 깨어난 막강한 전사처럼 그 성소(하늘에 있는 전, 합 2:20; 신 26:15 참조)에서 나오시고 자기 백성을 위해 행하실 것이다. 온 땅은 여호와의 날의 위대함으로 인해 침묵(잠잠함보다는 '침묵'이나 '고요'가 어울린다) 가운데 떨 것이다(욜 2:31; 계 6:15-17).

10-13절은 스가랴의 청중들과 오늘날 성도들에게 하나님이 자기 백성과 함께하시며 그들을 괴롭히는 자들을 심판하실 것이라는 확신을 심어준다. 그러나 이 구절의 궁극적인 성취는 종말론적인 것임이 분명하다. 하나님이 자기 백성과 육체로 함께하심(10-11절, 참조 14:4)과 예수가 곧 메시아이심이 드러남(11절, 12:10 참조), 이스라엘의 참된 거룩함(12절, 13:1-2 참조) 그리고 세상의 심판(13절)은 예수 그리스도의 재림 이후에야 일어날 것이다. 더 나아가, '그날에'(11절)는 종종 종말론에서 말하는 '여호와의 날'을 가리킨다.

Main Idea 복습	하나님은 자기 자녀들을 돌보시며 이 세상과 다음 세상의 삶에서 그들의 안녕과 성공을 책임지신다.

결론

그녀는 나의 영웅!

2001년 8월, 14세의 에드나 윌크스(Edna Wilks)는 다섯 명의 친구들과 함께 플로리다 올랜도(Orlando)에 있는 콘웨이(Conway)라는 작은 호수 하안에서 45미터 떨어진 물속에서 수영을 하고 있었다. 그런데 갑자기 한 악어가 에드나를 강한 턱으로 물고는 물속으로 끌고 들어가려 했다. 악어가 다시 물 위로 떠오르자 에드나는 악어에게서 벗어나려고 필사적으로 발버둥쳤다. 이 파충류가 에드나를 풀어주자 친구들은 한 사람만 빼고 모두 그곳을 빠져나왔다. 에드나의 가장 친한 친구인 아만다 발란스(Amanda Valance)는 에드나와 함께 있으면서 악어가 뒤를 따라오는 동안 그녀를 뭍으로 끌어당겼다. "아만다는 악어의 꼬리가 물속에서 채찍처럼 움직이는 것을 보고도 내게 나를 절대로 죽게 내버려둘 수 없다고 말했어요." 에드나는 병원 침대에서 이렇게 말했다. 에드나는 부러진 팔에 대한 치료와 수술을 받았고 수혈도 받았다. 이 소녀는 친구가 용감히 도와주지 않았다면 악어가 자기를 죽였을 것임을 분명히 알았다. 그 사건이 일어난 직후 각각 3.3미터와 1.8미터나 되는 두 마리의 악어가 그 습격이 일어났던 현장 근처에서 붙잡혔다. 에드나는 아만다에게 이렇게 말했다. "우리는 2년 반 동안이나 가장 좋은 친구 사이였지만, 이제 그녀는 좋은 친구를 넘어 나의 영웅이에요!"

친구를 향한 아만다의 정성은 우리의 마음을 훈훈하게 한다. 그러나 하나님은 세상의 그 어떤 친구보다 더 많이 우리를 사랑하신다. 스가랴서의 처음 두 장에서 하나님은 환상 가운데 자기 백성을 향한 사랑과 관심을 보여주신다. 그분은 우리의 처지를 아시고 자기 자녀가 학대받고 있는 것을 모두 아신다. 하나님은 어떤 환경 가운데서도 우리와 함께하실 것을 약속하신다. 그분은 우리를 괴롭힌 자들을 혼내주시고 자신의 뜻을 행하는 백성들에게 성공을 베푸실 것이다. 장차 하나님이 그 아들 예수 그리스도의 인격 안에서 우리와 함께 영원히 살기 위해 오실 것이므로 우리는 기뻐해야 마땅하다.

▣ 진리 알기

- 하나님은 우리가 하나님의 뜻을 거스를 때에도 우리를 사랑하신다.
- 과거의 경험은 현재의 삶에 귀한 교훈을 가르쳐준다.
- 회개는 하나님의 축복을 가져온다.
- 하나님의 백성은 그분에게 달콤한 향기이자 눈동자처럼 귀한 존재다.
- 하나님은 항상 우리와 함께 계신다.
- 하나님은 우리가 하나님의 뜻에 순종할 때 우리에게 성공을 보장하신다.
- 하나님은 자기 백성을 괴롭히는 자들을 심판하실 것이다.
- 하나님은 장차 주 예수 그리스도의 인격 안에서 자기 백성과 함께 거하실 것이다.

▣ 적용하기

- 당신이 하나님의 축복을 받지 못하도록 방해하는 모든 죄를 회개하라.
- 과거의 실수로부터 배우라.
- 하나님은 당신을 보살피시며 항상 당신과 함께하심을 기억하라. 당신은 그분에게 매우 소중한 존재다.
- 복수하지 말라. 하나님으로 하여금 당신을 괴롭힌 자들을 벌하게 하라.
- 하나님이 당신에게 행하도록 인도하는 모든 것에 성공을 허락하실 것이라는 사실을 기억하고 위로를 얻으라.
- 기뻐하라! 그리스도께서 오실 것이다!

삶의 적용

하나님은 나의 조종사

우리는 '하나님은 나의 부조종사' 라는 말을 들어보았을 것이다. 캔자스 주 호이징턴(Hoisington)에 사는 밥 프레이저(Bob Frayser)에게는 하나님은 단지 부조종사가 아니라 정조종사이시다. 1997년 12월 이 가정의는 토페카(Topeka)에서 열리는 모임에 참석하려고 소형 비행기 파이퍼 코만치 400에 몸을 실었다. 30분 정도가 지난 후에 프레이저는 일산화탄소에 중독되어 의식을 잃었다. 그리고 그가 조종했던 비행기는 자동조종장치로 425킬로미터를 날아(시간으로는 2시간) 연료가 거의 떨어질 지경에 이르렀다. 기적적으로 그 비행기는 눈이 내린 들판에 불시착하여 동체로 150미터를 미끄러져 간 후 미주리 주 카이로(Cairo) 근처의 풀숲에 처박혔다.

47세의 이 남자는 깨어났을 때 머리가 빠개질 듯 아파 도무지 방향을 분간할 수 없었다고 말했다. 그는 착륙 준비를 위해 연료 탱크 교환과 같은 일들을 시작했다. 그리고 마침내 자신이 이미 착륙해 있었음을 발견했다. "내 주위에 나무가 있는 것을 보았어요. 그래서 문을 열고 밖으로 나갔습니다"라고 프레이저는 말했다. 그리고 그는 비틀거리며 425미터를 걸어가 한 집을 발견하고 도움을 요청했다. 이 아마추어 조종사는 겨우 팔목이 부러지고 약간의 찰과상과 자상을 입었을 뿐이다. 연방항공국의 짐 웨슬리(Jim Wesley)는 이렇게 말했다. "이 사람은 로또에 당첨된 겁니다."

그렇지만 프레이저는 그 시련 가운데 자기를 지켜준 것은 행운이 아니라 하나님의 보호하심임을 깨달았다. 그는 이렇게 말했다. "이 모든 것은 하나님 덕분입니다." 프레이저의 경험은 하나님이 자기 백성을 어떻게 보살피시는지를 보여주는 놀라운 증거다. 그분이 그들을 항상 위험에서 구해주시는 것은 아니지만, 그분은 언제나 그들을 사랑하고 지켜보신다.

우리는 가끔씩 낙심을 하고 아무도 우리를 사랑하지 않는다는 생각에 빠질 때가 있다. 그것은 결코 바른 생각이 아니다. 왜냐하면 하나님은 항상 거기 계시기 때문이다. 그분은 '형제보다 친밀한 어떤 친구' (잠 18:24)가 되시기 때문이다. 우리는 경제적인 변화에 두려움을 갖게 마련이지만, 다윗은 이렇게 주장한다. "내가 어려서부터 늙기까지 의인이 버림을 당하거나 그 자손이 걸식함을 보지 못하였도다"(시 37:25). 하나님이 공급하실 것이다. 독일의 종교개혁가 마르틴 루터는 한동안 큰 절망에 빠져 있었다. 하루는 아침에 그의 아내가 검은 상복을 입고 식탁 앞에 나타났다. 루터는 누가 죽었느냐고 물었다. 그의 아내는 이렇게 대답했다. "글쎄요, 당신이 이곳에 힘없이 앉아 있는 것을 보면 아마 하나님이 돌아가신 것 같아요."

우리도 혹시 하나님이 돌아가신 것처럼 걱정하고, 안달하며 두려움에 빠져 행동하고 있지는 않는가? 우리의 전능하신 하나님은 살아계시며 우리 삶의 모든 장면들을 하나도 빼놓지 않고 다 살펴보고 계심을 기억하자. 그분은 우리가 상상하는 것 이상으로 우리를 보살피신다. 사도 베드로는 이런 위로의 말씀을 전한다. "너희 염려를 다 주께 맡겨버리라 이는 저가 너희를 권고하심이니라"(벧전 5:7). 만일 하나님이 스가랴 시대 때 이스라엘 민족을 죽음 가운데 일으키실 수 있었고, 조종사가 잠든 비행기를 무사히 착륙시킬 수 있으셨다면, 우리도 능히 돌보실 수 있을 것이다.

기도

오 주님, 우리를 돌보시는 은혜에 감사드립니다. 주님이 항상 우리와 함께하시며 어떤 고난 가운데서도 우리를 지켜보고 계심을 기억하게 하옵소서. 우리에게 걱정이 닥쳐오고, 외롭다고 느끼고, 근심이 찾아올 때 주님이 그 자리에서 우리와 함께 계시고 우리의 모든 문제를 해결하실 수 있음을 기억하게 하옵소서. 또한 세상에서 주님의 자녀들을 해치려는 무리들로부터 보호하심을 감사드립니다. 우리 마음 가운데 영으로 거하시는 주님을 기뻐하며, 주님이 그 아들 예수 그리스도 안에서 육체로 우리와 함께 거하실 그날을 기대하며 기뻐합니다. 예수님의 이름으로 기도합니다. 아멘.

심층 연구

A. 포로 귀환

바벨론 유수는 여러 경로로 이루어졌다. 첫째, 다니엘과 그의 친구들은 주전 605년 바벨론으로 끌려갔다. 둘째, 여호야긴 왕과 일만 명의 유다 지도층은(선지자 에스겔 포함) 주전 597년 강제로 이송당했다. 셋째, 5만 명에 이르는 유다 백성들이 주전 586년 예루살렘과 그 성전이 무너지면서 포로로 붙잡혀갔다. 이와 비슷한 방식으로 포로 귀환 역시 세 가지 연이은 경로로 이루어졌다. 이 귀환 방법을 요약하면 다음과 같다.

귀환	첫째	둘째	셋째
날짜	주전 538년	주전 458년	주전 445년
지도자	스룹바벨	에스라	느헤미야
페르시아의 왕	고레스	아닥사스다	아닥사스다
출처	에스라 1-6장	에스라 7-10장	느헤미야 1-13장
초점	성전	율법	성벽 재건

15만 명에 이르는 첫 번째 무리가 규모 면에서 가장 컸다. 에스라와 함께한 무리는 대략 1,800명으로 추산되지만, 느헤미야와 함께한 무리는 구체적으로 나타나 있지 않다. 스가랴와 학개는 첫 번째 무리와 함께했다.

B. 묵시문학

스가랴서의 많은 부분은 묵시문학의 범주에 속한다. 묵시 혹은 계시라는 용어는 헬라어 아포칼립시스(apokalypsis, 계시, 드러냄)와 동사 아포칼립토(apokalypto, 드러내다, 계시하다)에서 파생된 말이다. 따라서 이런 종류의 문학은 감추어져 있던 것을 들추어내는 것으로 예상할 수 있다. 묵시문학의 주요 특징은 다음과 같다.

- 하나님으로부터의 계시
- 종종 천사나 그리스도께서 친히 메시지를 전달하신다.
- 선지자가 계시를 받는다.
- 묵시는 핍박이나 역사적 위기 가운데 기록되었다.
- 그 메시지는 환상이나 꿈 가운데 제시되는 경우가 자주 있다.
- 상징과 숫자 해석을 많이 사용한다.
- 묵시문학의 주요 주제는 지상 왕국에 대한 하나님 나라의 승리다.

다니엘서는 묵시문학의 첫 출현이며 구약에서 이 문학 장르의 고전적인 본보기다. 다니엘서는 신약의 요한계시록과 짝을 이룬다. 이사야 24-27장과 요엘 3장과 같은 다른 성경 구절들도 보통 묵시문학의 범주로 분류된다.

신구약 중간기에는 10편의 유대인 묵시록(예: 에녹1서)이 등장했다. 그리고 신약 시대 이후에는 기독교 묵시록(예: 이사야의 승천)이 또한 저술되었다. 이러한 저작들이 정경에 포함될 만한 가치가 없는 것으로 간주된 이유는 그것들의 저자가 가명(저자의 이름이 거짓 기술됨)을 사용했고, 사이비 예언을 했고, 교리적으로나 윤리적으로 많은 문제를 불러일으키기 때문이다. 결론적으로, 이 후대의 묵시 작품들은 다니엘서와 요한계시록에 비하면 영감되지 않은 한 등급 낮은 모조품으로 보인다.

성도들은 성경 가운데 있는 묵시문학을 어떻게 보아야 하는가? 정경으로서의 묵시는 하나님이 자기 백성에서 놀라운 진리를 '드러내기' 위해 사용하신 하나의 방법(혹은 장르)으로서 긍정적으로 보아야 마땅하다. 첫째, 묵시문학은 하나님의 진짜 모습을 희미하게나마 세상에 보여준다. 묵시문학에서 하나님은 주권자이시며, 공평하시고, 능력 많으신 분으로 그려진다. 그분은 온 우주를 다스리시고 모든 사람의 삶을 주관하신다. 둘째, 정경에 포함된 묵시문학이 미래를 드러내는 것은 안일한 호기심을 만족시키기 위함이 아니라 어려움에 처한 성도들에게 위로와 격려의 원천이 되기 위함이다.

C. 스가랴가 예언한 시기(1:1)

학개와 마찬가지로 스가랴도 본서의 처음 8장이 기록된 시기를 다리오 왕 2년에서 5년(주전 520-518)으로 밝히고 있다. 현대의 달력으로 환산하면 그 시기는 다음과 같다.

주전 520년 10-11월	첫 예언의 메시지(1:1-6)
주전 519년 2월 15일	여덟 개의 환상과 여호수아의 면류관(1:7-6:15)
주전 518년 12월 7일	금식과 관련된 질문들(7-8장)

어떤 학자들은 9-14장에 기록된 두 요지에 대한 스가랴의 저작권에 의문을 제기한다. 왜냐하면 그 부분은 1-8장과 달리 시기를 밝히고 있지 않기 때문이다. 그러나 가장 설득력 있는 설명은 이 장들이 시기를 밝히지 않은 것은 그것이 성전 재건과 같은 구체적인 역사적 사건과 연관이 없기 때문이라는 것이다. 이 후반부의 예언은 먼 미래와 관련이 있으며 십중팔구 스가랴는 그 생애 말년에 그 부분을 기록했을 것이다.

D. 신약에 끼친 스가랴의 영향

스가랴는 신약 저자들에 의해 최소한 6회(4개의 서로 다른 본문에서) 인용되고 있는데 이는 이사야, 예레미야, 호세아를 제외한 다른 모든 예언서들보다 많은 것이다. 그 각각의 인용은 스가랴 9장 9절(마 21:5와 요 12:15), 11장 12-13절(마 27:9-10) 그리고 13장 7절(마 26:31과 막 14:27)이다. 이 가운데 마지막 인용은 예수님이 인용하신 것으로 주님이 그의 예언을 얼마나 신뢰하고 있는가를 암시하는 것이다.

그러나 신약에 미친 스가랴의 영향은 이러한 구체적인 인용 이상이다. 카이저(Kaiser)는 다음과 같이 본다.

> 신약에는 61회에 걸쳐 스가랴서의 인용 혹은 인유가 있다. 이 가운데 1/3은 복음서에 나오고 또 요한계시록에 31회 등장한다(그 가운데 20회가 1-8장에, 8회가 9-14장에). 구약의 모든 책 중에서 스가랴서는 에스겔을 제외하고 요한계시록에 가장 커다란 영향을 미쳤다(Kaiser, 「*Mastering the Old Testament*」, p. 285).

따라서 하나님의 영감을 받아 신약을 기록한 저자들은 스가랴서가 하나님의 말씀임을 인식하고 그 내용이 성도들을 교훈하고 있다고 보았다.

교안

A. 들어가는 글

1. "당신을 보살피는 천사"를 읽어주라.
2. 배경 설명 : 스가랴는 본서의 처음 두 장에서 포로기 이후의 이스라엘 백성들에게 위로와 소망이 되는 놀라운 메시지를 전한다. 스가랴는 백성들이 즉시 받아들인 회개의 촉구에 이어서 세 가지 환상을 통하여 하나님의 백성에게 다음과 같은 위로의 메시지를 전한다. (1) 하나님은 살아계시고 보살피신다, (2) 예루살렘은 재건될 것이다, (3) 유다는 번성할 것이다, (4) 이스라엘의 압제자는 심판을 받을 것이다, (5) 성도들에게는 하나님과 함께하는 영광의 미래가 있다.
3. 적용 : 우리는 스가랴서의 이 부분을 연구하면서 하나님이 우리에게 주신 약속인 그분의 임재, 관심, 성공, 대적으로부터의 보호 그리고 메시아 왕국 안에서의 빛나는 미래를 발견하게 된다. 스가랴의 청중과 마찬가지로 우리도 어려운 상황 가운데서도 능히 기뻐할 수 있다.

B. 본문 이해

1. 선지자와 그의 시대(1:1)
2. 하나님의 사랑의 초대(1:2-6)
3. 하나님의 임재로 나타난 그분의 돌보심(1:7-17)
4. 압제자들에 대한 심판으로 증거된 하나님의 돌보심(1:18-21)
5. 영광스러운 미래에 대한 약속 가운데 나타난 하나님의 돌보심(2:1-13)

C. 결론: 그녀는 나의 영웅!

토의 질문

1. 여호와 하나님은 자기 백성에게 다음과 같은 초대의 메시지를 전하신다. "내게로 돌아오라, 그리하면 내가 너희에게 돌아가리라." 구체적으로 여호와께 돌아간다는 말은 무엇을 의미하는가? 그리고 하나님이 우리에게 돌아오신다는 것은 어떤 의미인가?

2. 우리는 과거의 죄악된 사건을 처벌하시는 하나님의 모습을 연구하면서 어떤 교훈을 배울 수 있는가? 성경 시대에 이스라엘이 하나님께 등을 돌렸을 때 어떤 일들이 일어났는가? 죄로 인하여 무너진 또 다른 나라들의 예를 들어보라.

3. 당신은 하나님이 자기를 잊어버리시거나 자기가 어떤 일을 겪고 있는지 돌아보지 않으신다고 생각하는 사람들에게 무슨 말을 해주겠는가?

4. 하나님께서 자기 백성을 '내 눈동자' 라고 말씀하신 것은 어떤 의미인가?

5. 어떤 의미에서 하나님이 지금 우리와 함께 거하시는가? 그리고 장차 그분이 어떻게 자기 백성과 함께 거하시겠는가?

스가랴 3장

하나님은 용서하신다

"만일 하나님이 죄를 기꺼이 용서하지 않으신다면 천국은 텅 비게 될 것이다."

- 독일 속담

스가랴는 3장에서 대제사장 여호수아를 정결하게 하는 환상을 한 편의 드라마처럼 기록하고 있다. 이 법정 장면에서 여호수아는 여호와의 사자 앞에서 자신을 고소하는 사탄과 함께 서 있다. 그러나 여호와의 사자는 재판장이자 변호사이시며, 여호수아의 죄가 사하여졌다고 선고한다. 여호수아의 죄 사함은 하나님의 종, 순으로 묘사된 메시아의 속죄 사역으로 인해 가능해졌다. 본 장은 메시아 왕국에 대한 예언으로 끝을 맺는다.

Zechariah

들어가는 글

일본의 진주만 영웅

프랭클린 루스벨트(Franklin Roosevelt) 대통령은 1941년 12월 7일을 '영원히 수치로 기록될 날' 이라 불렀다. 그 아름다운 주일 아침 하와이 주 오아후(Oahu) 섬에 360기의 일본 전투기와 전폭기 그리고 대잠수함 초계기가 무방비 상태의 미 해군 태평양함대를 공격하기 위해 발진했다. 이 공습의 지휘관은 미츠오 후치다(Mitsuo Fuchida) 사령관이었다. 그는 부대원들에게 공격 명령을 하달하고는 일본군 함대에 이 유명한 말을 무선으로 날렸다. "도라, 도라, 도라!" 도라는 '호랑이' 를 의미하며 이는 곧 진주만 공격의 개시 신호였다. 2,300명 이상의 미국인이 죽었고, 만에 정박해 있던 전투함 여덟 기 가운데 다섯 기가 파괴되었으며, 다른 열네 척의 배 역시 침몰되거나 손상을 입었다. 후치다는 이것이 '내 생애 가장 흥미진진한 위업' 이라고 자랑했다.

전쟁이 끝난 후 후치다는 일본의 수치스러운 패배에 낙심하고 쓰라린 마음으로 고향으로 돌아갔다. 그의 삶은 비참했다. 그는 결혼을 했음에도 도쿄에 정부를 두었고, 그녀를 자주 방문했다. 1948년 10월 그녀를 만나러 가는 도중 도쿄의 한 기차역에서 '나는 일본의 죄수였다' 라는 제목의 소책자를 나누어주고 있는 미국인을 보았다. 그 책자는 1942년 4월 18일 일본을 공격한 용감한 전폭기 편대인 지미 둘리틀(Jimmy Doolittle) 대위의 휘하에 있던 한 미군 병사인 제이콥 드샤저(Jacob DeShazer)가 쓴 책에 기초한 것이었다. 그 뒤 그는 전쟁 중 40개월을 일본의 교도소에서 보내면서 정기적으로 고문을 받았다. 드샤저의 책은 그가 자기를 붙잡고 있는 사람들에 대한 증오를 그리스도를 통하여 어떻게 이겨냈는지 들려주고 있다. 전쟁 후 드샤저는 군인이 아니라 선교사로 일본에 돌아갔다. 후치다는 드샤저의 이야기를 읽고 깜짝 놀랐다.

며칠 후 후치다는 동일한 기차역에서 한 일본인이 성경을 파는 것을 보았다. 그는 성경책 한 권을 샀다. 이 이상한 책을 읽기 시작한 그는 누가복음 23장 34절에 나오는 예수님의 말씀에 큰 충격을 받았다. "아버지여 저희를 사하여 주옵소서 자기의 하는 것을 알지 못함이니이다." 후치다는 뒤에 이렇게 말했다. "나는 예수님의 기도는 바로 나를 위한 것이었음을 알고 큰 감명을 받았다. 내가 죽인 수많은 사람들은 애국심의 이름으로 도살된 것이다. 왜냐하면 나는 그리스도의 사랑을 알지 못했기 때문이다." 후치다는 주님을 영접하고 이어서 일본과 아시아를 위한 선교사가 되었다. 그는 더 나아가 과거의 적인 제이콥 드샤저와 친구가 되었다. 후치다는 1976년 74세를 일기로 숨을 거둘 때까지 신실하게 주님을 섬겼다. 놀랍게도 하나님의 은혜와 용서하심은 미국 역사상 가장 끔찍한 살육의 지휘자에게도 미친 것이다. 하나님의 사하심은 그 끝을 모른다.

우리는 스가랴의 네 번째 환상 가운데서 죄 사함을 상징하는, 여호수아를 씻기는 매력적인 장면을 만나게 된다. 우리는 본서를 연구해나가면서 죄의 심각함과 하나님의 은혜를 더 깊이 이해할 수 있게 될 것이다. 우리는 누구에게나, 어디서나, 그리고 언제나 적용되는 죄 사함이라는 영원한 진리를 배우게 될 것이다. 그리고 십자가에서 희생하심으로 우리의 죄 사함을 가능하게 하신 메시아의 모습을 살짝이나마 몇 가지 보게 될 것이다.

본문 이해

하나님은 용서하신다

Main Idea	하나님은 메시아의 대속 사역에 근거하여 너그럽게 죄를 사하신다.

A. 재판받는 여호수아(3:1)

Supporting Idea	사탄은 하늘의 재판장 앞에서 죄인들을 고소한다.

3:1. 내게 보이시다라는 구절은 해설하는 천사나 혹은 하나님을 가리키는 것이기도

하다. 여호와의 사자 앞에 섰다는 말은 섬김을 가리키는 말이며, '서다' 라는 말은 구약에서 이 의미로 번역된다. 예를 들어, 다니엘 1장 19절, "그들로 왕 앞에 모시게 하고"는 문자적으로 "그들을 왕 앞에 세우다"는 의미다(KJV 참조). '서다' 는 또한 신명기 10장 8절과 역대하 29장 11절에서 제사장 직분을 가리키기도 한다. 여호수아는 대제사장이라는 자신의 직분으로 여호와 앞에 섬기고 있었음이 분명하다.

그럼에도 불구하고 여기서 전하는 말은 섬기다라는 의미가 아니다. 오히려 우리는 이 네 번째 환상 가운데 대제사장 여호수아가 하늘의 재판장인 여호와의 사자 앞에서 재판을 받는 법정 장면을 보게 된다. 우리는 이 환상에서 여호와의 사자의 뛰어남을 보게 될 것이다. 그는 말 그대로 모든 것을 주관한다. 1장 11-12절에서와 마찬가지로 여호와의 사자는 바로 여호와 하나님 자신이다. 2절은 여호와의 사자가 말할 때, 그가 바로 '여호와' 임을 밝힌다. 4절에서 여호와의 사자는 죄를 사하는데, 이는 하나님만이 하실 수 있는 특권이다. 우리는 이 거룩한 존재가 그리스도의 성육신 이전의 모습임을 깨달을 수 있다.

사탄이란 이름은 선지서 가운데 오직 스가랴 3장 1-2절에만 등장한다. 이 강력한 천사(또한 신약에서는 30회 넘게 '마귀' [디아볼로스 = 비방하는 자]로도 불린다)는 성경에서 귀신으로 불리는 악한 천사들의 우두머리다. 이 하늘의 법정에서 사탄은 여호수아의 우편(문자적으로 '오른손')에 서서 그를 대적하였다. 오른편은 법적인 면에서 보면 고소하는 자의 자리다. 예를 들어, 시편 109편 6절은 "악인으로 저를 제어하게 하시며 대적으로 그 오른편에 서게 하소서"라고 말씀한다. 사탄은 하늘의 재판장 앞에서 여호수아를 고소하는 검사에 비교할 수 있다. 우리는 4절에서 사탄의 주장은 여호수아가 죄를 지었고 하나님의 은혜를 받을 자격이 없다는 것임을 발견한다. 이와 유사한 장면에서, 이 하늘의 검사가 천사(문자적으로 '하나님의 아들들')와 함께 서서 욥이 하나님을 사랑해서가 아니라 개인적이고 이기적인 이유에서 하나님을 섬긴다고 고소하고 있다(욥 1:6-11). 오늘날도 사탄은 계속해서 성도들을 고소하고 있다. 그러나 언젠가 하나님이 그의 공격을 끝장내실 것이다(계 12:9-10).

대제사장 여호수아는 제사장 나라로서 이스라엘을 대표한다(출 19:6). 따라서 사탄은 여호와 하나님께 그 민족의 지난날의 죄과(1:2, 4-6)와 그의 자격 없음을 지적하고 있다. 이스라엘은 하나님의 용서하심이나 앞의 환상에서 제시된 회복의 약속을 받을 자격이 없음이 분명하다.

사탄의 고발은 항상 동일하다. 그는 우리가 죄를 지었고, 용서가 아니라 심판을 받아 마땅하다고 주장한다. 그럼에도 불구하고 선지자 이사야는 하나님은 자비로우시며 회개하는 자들을 용서하신다고 선언한다. "악인은 그 길을, 불의한 자는 그 생각을 버리고 여호와께로 돌아오라 그리하면 그가 긍휼히 여기시리라 우리 하나님께로 나아오라 그가 널리 용서하시리라"(사 55:7). 사탄은 성도들을 정죄할 근거가 없다(롬 8장). 왜냐하면 그리스도께서 십자가에서 우리의 죄에 대한 심판을 대신 지시고 우리 죄값을 치르셨기 때문이다(골 2:13-14).

B. 여호수아의 변호(3:2)

Supporting Idea	여호와는 죄인의 재판장이자 변호인이시다.

3:2. 사탄은 여호와께서 개입하시자 맹렬하게 여호수아를 고소했다. 여호수아의 변호사는 다른 이가 아니라 바로 재판장이기도 하신 여호와 하나님 자신이셨다. 이 재판의 결과가 어떻게 나올지는 뻔하다! 여호수아는 이 소송에서 이길 것이 분명했다.

여호와께서 책망하다라는 구절은 유다서 9절에서 사탄에게 직접 사용되고 있다. "천사장 미가엘이 모세의 시체에 대하여 마귀와 다투어 변론할 때에 감히 훼방하는 판결을 쓰지 못하고 다만 말하되 주께서 너를 꾸짖으시기를 원하노라 하였거늘." 꾸짖다라는 말은 "강력한 훈계나 행동을 통하여 한 개인이나 집단에 적용된 반격을 암시한다. 야곱은 요셉이 해와 달과 열한 별이 자기에게 절하는 꿈을 이야기했을 때 그를 꾸짖었다(창 37:10). 침략을 좋아하는 나라들은 하나님께서 그들이 자기 백성에게 행한 행동에 대해 논박하실 때 하나님 앞에서 도망한다(사 17:13)" (Harris, Archer, and Waltke, TWOT, 1:170).

이 환상이 전개되어 가면서 다음과 같은 사항이 분명히 드러난다.

> 여호수아는 이스라엘 민족을 대표하는 대제사장으로서의 기량을 발휘하고 있다. 하나님이 여호수아가 아니라 예루살렘을 선택하신 것은 그 꾸짖음의 근거다. 나중에 죄는 여호수아뿐 아니라 그 땅 전체에서 사해진다(9절). 여호수아와 그의

동료 제사장들은 '예표의 사람'으로 불리었다(8절). 따라서 대제사장이 속죄의 날에 민족 전체를 대표하듯(레 16:1-10 참조), 여기서 대제사장 여호수아는 이스라엘 민족을 대신하여 기소되고 무죄선고를 받은 것이다(Lindsey, p. 1554).

사탄이 고소한 이스라엘의 잘못이 부인된 것은 아니다. 그러나 하나님은 주권적으로 예루살렘을 택하시고, 마치 불에서 꺼낸 그슬린 나무처럼(암 4:11 참조) 그 나라를 멸망으로부터 은혜로 구해주신다. 바커(Barker)는 이렇게 덧붙인다. "이 구절은 어떻게 거룩하신 하나님이 이스라엘과 같은 더러운 나라를 축복하시는가 하는 문제를 제기한다. 그 답은 그분은 메시아의 사역을 통한 은혜로 말미암아 능히 그렇게 하실 수 있다는 것이다"(Barker, p. 624).

C. 여호수아의 죄(3:3)

Supporting Idea	죄는 하나님이 생각하기조차 싫어하시는 것이다.

3:3. 사탄의 고소의 근거가 여기 구체적으로 제시되어 있는데, 그것은 여호수아의 부정함, 곧 더러운 옷을 입고 있는 것이다. 우리는 4절에서 이 더러운 옷을 제하여 버리는 것은 용서를 가리키는 것이라고 들었다. '더럽다'에 사용된 히브리어는 구약에서 이곳과 4절에서만 사용된 것이다. 그러나 동일한 히브리어 어근에서 파생된 다른 말들은 인간의 배설물(신 22:13; 겔 4:12)과 토하여 내뱉은 것(사 28:8)을 가리킨다. 파인버그에 의하면 이 말은 "히브리어에서 [illegible]고 혐오스러운 것을 가리키는 말 중에서 가장 강한 표현이다"(Feinberg, 「*God Remembers*」, p. 46). 여호수아의 옷에는 이런 오물이 묻어 있었다.

일반적으로 인간은 죄에 대하여 무척이나 즉흥적인 태도를 취한다. 완전한 사람은 아무도 없다는 사실에 대부분 동의하겠지만, 그러면서도 죄라는 것이 사실은 그렇게 나쁜 것이 아니라고 생각한다. 그러나 우리는 여기서 죄에 대한 하나님의 견해를 슬쩍 엿볼 수 있다. 그것은 극단적인 혐오다. 우리는 그런 오물이 묻은 사람과 함께 이야기를 나누고 앉아 있을 수 있겠는가? 물론 아니다! 우리는 그런 사람과 같은 방에 들어가려고

조차 하지 않을 것이다. 여호와 하나님도 마찬가지다. 우리가 거룩하신 하나님의 임재 안으로 들어가기 전에 우리의 죄는 반드시 씻겨야 한다.

D. 여호수아에게 내린 용서(3:4-5)

Supporting Idea	하나님의 은혜로 말미암아 죄인들이 죄를 깨끗이 씻을 수 있다.

3:4. 여호와 하나님(여호와의 사자)은 이 환상 가운데서 천사들에게 죄('죄악' KJV, NKJV, NASB, '범죄' NRSV)를 사하는 것의 상징으로 여호수아의 더러운 옷을 제하여 버리라고 명하셨다. 이 더러운 옷은 예식과 관련된 더러움이 아니라 도덕적인 더러움을 가리킨다. 왜냐하면 이 행동으로 여호수아의 죄가 깨끗이 씻어졌기 때문이다. 여호와의 사자가 죄를 사하는 능력을 갖고 있다는 사실은 그의 신성을 증명하는 것이다. 이는 여호수아에게 주어진 의롭다 하심, 곧 재판장이 어떤 이에게 의롭다거나 그 죄를 용서한다는 선고를 묘사하는 것이다. 의롭다 함은 죄에 대한 처벌로부터 벗어났음을 의미한다. 이 죄 사함의 행위가 오직 여호와 한 분만에 의해 이루어졌음은 주목할 만한 일이다. 구속은 하나님이 행하신 일이다.

여호수아에게 새 옷을 입히는 것은 신분상의 정화, 곧 그리스도 안에서 우리의 의를 묘사한다. 아름다운 옷은 축제와 같은 특별한 때에 입는 것이다. 의로 옷 입는 것은 성경 다른 곳에서도 찾아볼 수 있는 모습이다. 예를 들어, 시편 기자는 "주의 제사장들은 의를 입고 주의 성도들은 즐거이 외칠지어다"(시 132:9)라고 선포했다. 이사야는 "내가 여호와로 인하여 크게 기뻐하며 내 영혼이 나의 하나님으로 인하여 즐거워하리니 이는 그가 구원의 옷으로 내게 입히시며 의의 겉옷으로 내게 더하심이 신랑이 사모를 쓰며 신부가 자기 보물로 단장함 같게 하셨음이라"(사 61:10)고 말한다. 이런 묘사적 언어는 우리가 즐겨 부르는 찬송가에 많이 담겨 있다. 에드워드 모트(Edward Mote)의 찬송시 '이 몸의 소망 무엔가'의 4절은 이런 가사로 되어 있다. "바라던 천국 올라가 하나님 전에 뵈올 때 구주의 의를 힘입어(Dressed in His righteousness alone) 어엿이 앞에 서리라."

3:5. 스가랴는 분명 흥분하여 여호수아에게 정한 관(turban, NIV)을 머리에 쓰라고 소

리쳤을 것이다. 관은 몸단장의 마지막 순서다. 대제사장이 쓰는 관에는 '여호와께 성결' 이라는 문구가 새겨진 순금으로 만들어진 얇은 판이 붙어 있다. 이제 여호수아는 깨끗하게 되어 자기 직무에 적합하게 되었다.

E. 여호수아의 책임(3:6-7)

Supporting Idea	죄 사함을 받은 죄인은 믿음으로 살고 성실히 하나님을 섬겨야 한다.

3:6-7. 여호와의 사자는 여호수아에게 하나님의 도를 준행하고 하나님의 율례를 지키라고 권고했다. 첫 번째 권고는 여호수아의 개인적인 성결과 관계된 것이고, 두 번째는 대제사장으로서 그의 공식적인 임무를 신실히 준행하는 것과 관련되어 있다. 두 가지 모두 중요한 것이다. 우리는 하나님이 말씀하신 순서, 곧 개인적인 성결이 공적인 섬김을 성공적으로 수행하는 것보다 앞선다는 것에 주목해야 한다. 한 사람이 하나님의 종으로 다른 사람 앞에서 그 직분을 수행하기 전에 그 마음이 먼저 순결해야 한다. 파인버그가 지적한 것처럼 "예배는 경건한 삶에서 흘러나온다"(Feinberg, 「*Minor Prophets*」, p. 286).

만일 여호수아가 이 두 가지 조건을 지킨다면 그는 다음과 같은 두 가지 특권을 누리게 될 것이다. (1) 그는 대제사장으로서의 지위를 계속 누리게 될 것이다. 대제사장의 직무에는 분쟁을 잠재우는 것(**내 집을 다스릴 것**), 우상과 더러운 것들로부터 성전을 지키는 것(**내 뜰을 지킬 것**)이 포함되어 있다. (2) 여호수아는 하나님께 나아가는 특권이 주어질 것이다. **왕래**(NIV는 '자리' 로 번역함)는 문자적으로 '걸음' 혹은 '여행' 을 의미한다. NASB의 '자유로운 접근(free access)' 그리고 NRSV의 '접근할 권리(right of access)' 는 이 의미를 잘 파악하고 있는 것으로 보인다. **여기 섰는 자**는 환상 속의 천사들을 가리킨다. 따라서 여호수아는 하늘의 천사들처럼 하나님께 나아갈 수 있는 특권을 누리게 되었다. 하나님께 나아갈 수 있는 이 특권은 대속죄일에 성전 안의 지성소에 들어갈 수 있는 권리가 포함되어 있다.

이를 요약하면, 하나님은 용서받은 자들에게 개인적으로 성결하고 신실한 믿음으로 살 것으로 요구하고 계신다. 만일 우리가 그렇게 한다면 하나님은 우리에게 많은 특권이 따르는 책임과 우리와의 막힘 없는 교제를 통하여 우리를 높이실 것이다. 국가적으로 보면, 이스라엘은 제사장 나라로서 하나님께 나아갈 수 있는 특별한 지위와 권리를 계속 유지하기 위해 거룩하고 신실하게 살라는 권고를 받았다.

F. 여호수아의 구세주(3:8-9)

Supporting Idea	죄 사함은 메시아의 대속 사역으로 말미암아 가능해졌다.

3:8. 들을 것이니라(문자적으로는 "지금 들으라!")는 곧 중요한 내용이 전달될 것임을 암시하는 충고다. 예표의 사람이란 구절은 문자적으로 '놀라움의 사람들' 혹은 '(미래에 있을 사건의) 예표'를 말한다. NIV는 '앞으로 있을 일의 상징'으로 번역했는데, 이는 후자의 견해를 따른 것으로 그 의미를 잘 나타내고 있는 것으로 보인다. 여호수아와 그 제사장 동료들은 참 제사장이신(히 2:1, 4:14, 6:20, 9:11) 오실 메시아의 인격과 사역을 상징한다. 여호수아의 정결케 됨 역시 메시아가 장차 제사장 나라를 깨끗하게 하실 일을 예고하는 것이다. 스가랴는 세 가지 그림언어를 사용하여 오실 메시아를 서술했다.

첫째, 내 종은 성경에서 메시아를 가리키는 인기 있는 이름이다(사 42:1, 49:3, 50:10, 52:13, 53:11; 겔 34:23-24; 빌 2:6-8). 그리스도는 하나님 아버지의 뜻을 행하기 위해 오신 순종하는 종이다.

둘째, 히브리어 명사 체마크(tsemach)는 구약에서 12번 등장하는데, 그 가운데 다섯 번은 메시아 호칭인 순을 가리킨다(사 4:2; 렘 23:5; 33:15; 슥 3:8, 6:12; 참조 사 11:1). 나무에서 뻗어나는 가지처럼 메시아는 다윗의 계보에서 오실 것이다. 이런 메시아적 견해는 옛날 유대인들의 해석이기도 하다.

3:9. 셋째, 일곱 눈이 있고 그 위에 새길 것이 새겨져 있는 돌은 하나님의 나라(혹은 교회), 성전의 마지막 돌, 여호수아가 지닌 보석, 메시아 등 여러 가지로 해석되어왔다. 많은 복음주의 학자들은 메시아적 견해를 지지하며, 이 해석이 더 나아 보인다. 메시아적 해석은 본문 문맥(8절에서의 틀림없는 메시아 호칭)의 지지를 받으며, 돌이나 바위를 가리키는 말이 그리스도를 가리키는 다른 많은 성경 구절과도 호응된다(창 49:24; 시 118:22; 사 28:16; 마 21:42; 행 4:11; 엡 2:19-20; 벧전 2:6-8). 더욱이 돌은 메시아의 사역

인 죄의 제거와 관련이 있는 것으로 이 절의 후반부에 나타난다.

돌은 여호수아 앞에서 예언자적 모습을 취하고 있다. 한 돌은 유일한 돌을 의미하며 메시아가 유일한 분임을 상징한다. 그 누구도 그분과 같지 않다. 메시아적 견해를 취하는 복음주의자들은 일반적으로 돌에 있는 일곱 눈을 그리스도의 지성과 전지하심을 상징하는 것으로 본다(4:10 참조). 어떤 복음주의자들은 하나님이 돌에 새길 것을 새기는 일을 메시아가 십자가에 못 박힐 때 육체에 남은 못 자국, 가시면류관 자국, 채찍 자국 등으로 보는 초기 기독교의 해석에 동의한다. 다른 이들은 이것을 마치 아름답게 조각된 귀한 보석 같은 메시아의 아름다움, 재능, 은혜 그리고 귀중함을 묘사하는 것으로 이해한다.

메시아의 대속 사역은 이 구절의 마지막 부분에 구체적으로 나타난다. 4절에 서술된 죄 사함은 그리스도가 십자에서 흘린 피가 있기 때문에 가능한 것이다. 이사야는 "우리는 다 양 같아서 그릇 행하여 각기 제 길로 갔거늘 여호와께서는 우리 무리의 죄악을 그에게 담당시키셨도다"(사 53:6)라고 확증한다. 개인적인 용서와 국가적인 용서는 모두 그리스도의 희생으로 가능해졌다. 이스라엘은 예수님이 그들에게 약속된 메시아이심을 민족 전체가 거부했지만, 언젠가 그 나라(이 땅)는 단 하루에 그분께 돌아오고 용서하심을 받게 될 것이다(슥 12:10, 13:1; 롬 11:25-29 참조).

바커는 이렇게 주석한다. "예언과 관련해서 이 하루는 갈보리에서 비로소 가능하게 된 단번의 구원을 말하며, 그것은 이스라엘이 메시아의 두 번째 강림을 경험할 때 실질적이고 최종적으로 깨닫게 될 것인데, 그때는 그 민족 전체가 깨끗함과 용서함을 받게 될 것이다" (Barker, p. 626). 이 행위는 4절에서 여호수아의 더러운 옷을 제하는 것으로 상징되었다. 이 땅의 더러움을 제하는 내용은 여섯 번째와 일곱 번째 환상에 예견되어 있다(Barker, p. 626).

G. 여호수아의 장래(3:10)

Supporting Idea	죄 사함을 받은 죄인들은 메시아의 축복받은 미래 왕국의 구성원이 될 것이다.

3:10. 메시아가 이스라엘의 죄를 용서하는 순간, 메시아 시대가 시작될 것이다. 그날

에라는 구절은 여호와의 종말의 날을 가리킨다. '그날에' 혹은 '그날'은(히브리어에서는 동일한 형태임) 스가랴서에 20번가량 등장한다. 포도나무와 무화과나무 아래는 이스라엘을 향한 영적, 물질적 축복을 말한다(왕상 4:24-25; 왕하 18:31; 미 4:4). 바커는 다음과 같이 말한다.

> 포도나무와 무화과나무는 영적인 축복뿐 아니라 사막이 백합화같이 다시 꽃이 피고 열매를 맺게 되는 경작의 축복을 함께 일컫는다(사 11:1-9, 35장, 65:17). 메시아가 다스리는 나라가 이 땅에 충만히 임하기 전까지 이스라엘에게 그런 번영과 평화는 존재할 수 없으며, 이스라엘이 회복되기 전까지 그런 나라는 있을 수 없으며, 주께서 자기 성도들과 함께 지상에 다시 오시기까지 이스라엘에 참된 회복이 있을 수 없다(단 7:13-14, 27; 미 4:1-4 참조)(Barker, 627).

물론 그리스도의 통치는 이스라엘뿐 아니라 온 땅에 안녕과 평화와 번영을 보장하게 될 것이다.

Main Idea 복습	하나님은 메시아의 대속 사역에 근거하여 너그럽게 죄를 사하신다.

결론

루터의 악몽

월터 카이저(Walter Kaiser)는 위대한 종교 개혁가 마르틴 루터(주후 1483-1546)의 삶에 일어난 다음 사건을 들려준다.

세상에서 가장 유명한 잉크 자국은 독일 바르트부르크(Wartburg) 성벽에 있는 것이다. 거기에는 마르틴 루터가 끊임없이 자신의 지난 죄를 들추어내는 마귀와 싸워 이겼다고 적혀 있다. 이 이야기는 루터가 잠을 자는데 사탄이 자기 앞에 나타나 자기가 태어났을 때부터 지은 모든 죄를 기록한 두루마리를 읽기 시작하는 장면에서 시작한다. 사탄이 계속 읽어나가고 있는데 루터의 두려움은 극에 달하여 마침내 펄쩍 뛰면서 소리를 질렀다. "그 말이 모두 옳다, 사탄. 그리고 나는 내 생애에 오직 하나님만이 아시는 그보다 더 많은 죄를 지었다. 그렇지만 그 죄의 목록 맨 마지막에 이 구절을 추가해라. 즉 '하나님의 아들 예수 그리스도의 피가 우리를 모든 죄에서 씻기신다' 는 것이다." 그러고는 탁자 위에 놓인 잉크병을 집어들고 마귀를 향해 던졌더니 즉시 도망했다는 이야기다. 이 기념비는 바르트부르크 성에서 가장 유명한 장소가 되었다(Kaiser, 「*Mastering the Old Testament*」, pp. 320-321).

루터의 꿈에서와 마찬가지로 사탄은 여호수아의 죄를 고발하고 이스라엘의 대제사장이 축복이나 임무에 적합하지 않다고 하나님께 열변을 토하며 논쟁을 벌였다. 여호수아의 죄악과 관련한 사탄의 고소는 사실이었다. 그렇다면 어떻게 거룩하신 하나님(재판장)이 공의로우시면서도 동시에 죄를 지은 여호수아를 용서하실 수 있는가 하는 문제가 생긴다. 하나님은 자비를 베푸셔서 메시아의 대속 사역을 통하여 한 길을 예비하셨다(슥 3:8-9). 예수 그리스도는 십자가 위에서 "그 몸으로 우리 죄를 담당하셨으니 이는 우리로 죄에 대하여 죽고 의에 대하여 살게 하려 하심이라 저가 채찍에 맞음으로 너희는 나음을 얻었나니"(벧전 2:24; 사 53:4-6; 히 1:3, 9:14; 요일 2:1-2). 메시아의 사역은 또한 국가 이스라엘(여호수아가 대표한)의 죄 사함을 가능하게 만든다.

■ 진리 알기

- 사탄은 우리의 대적으로, 우리가 죄를 지었고 용서 받을 만한 자격이 없다고 고소한다.
- 그리스도는 사탄의 공격에 맞서 우리를 변론할 변호사다.
- 죄는 하나님이 가장 더러운 오물처럼 극도로 혐오하시는 것이다.
- 구원으로 우리의 죄는 용서 받았고, 우리는 그리스도의 의로 옷을 입게 되었다.

- 죄 사함을 받은 사람이라면 하나님께 쓰임받고 그분과 거리낌 없는 교제를 유지하기 위해 거룩하고 신실한 삶을 살아야 마땅하다.
- 죄 사함은 메시아의 대속 사역으로 인해 가능하게 되었다.
- 메시아(예수 그리스도)가 오실 때, 세상은 참된 평화와 번영을 경험하게 될 것이다.

▣ 적용하기

- 만일 당신이 아직도 당신의 죄를 용서하시겠다는(그리스도의 십자가에서의 희생을 근거로) 하나님의 제안을 받아들이지 않았다면, 지금 그 제안을 받아들이고 죄 사함과 그리스도 안에 있는 새로운 생명 그리고 하나님과 함께하는 미래에 대한 확신을 경험하라.
- 사탄이 공격할 때는 그리스도 안에 있는 모든 이에게 주어진 하나님의 죄 사함의 약속을 주장하라.
- 거룩하고 신실한 삶을 삶으로써 하나님을 위한 큰 일에 쓰임을 받고 그분과 막힘 없는 교제를 갖도록 결단하라.
- 그 아들이자 메시아이신 예수님의 사역을 통해 당신의 죄를 용서해주신 하나님께 감사하라.

삶의 적용

페루를 용서한 선교사

짐(Jim)과 로니(베로니카, Veronica) 바우어스(Roni Bowers) 부부는 북캐롤라이나에 있는 기독대학에 다니던 중에도 언젠가는 외국에 선교사로 가서 복음을 전하게 되기를 원했다. 그리고 1993년 세계 선교를 위한 침례교 연합회에서 페루에서 사역할 봉사자로 그들을 임명했을 때 그 꿈은 이루어졌다. 그들의 임무는 아마존 강을 따라 군데군데 자리 잡고 있는 작은 마을들에 교회를 세우고 지도자를 훈련시키는 일이었다. 그들은 아들 코리(Cory)와 최근에 입양한 딸 채리티(Charity)와 함께 배 위에서 숙식을 하게 된 것이 너무나 기뻤다.

2001년 4월 21일, 바우어스 부부가 채리티의 새 비자를 받기 위해 배를 타고 가던 도중 갑자기 그 평온했던 여행은 악몽으로 변해버렸다. 그들을 마약 밀매범으로 오인한 페루의 공군 조종사가 그 작은 배에 사격을 가한 것이다. 40-50발의 총탄이 지붕을 뚫고 들어와 로니와 아기 채리티는 즉사했고 짐과 코리는 겨우 빗맞았다. 조종사 케빈 도날드슨(Kevin Donaldson)은 심한 부상을 입었지만 놀랍게도 수상비행기로 강가에 상륙할 수 있었다.

짐이 자기 아내와 딸이 죽었다는 사실을 깨닫는 순간, 하나님은 그에게 "그들이 그분과 함께 있다"는 평화를 주셨다. 페루는 배를 교환해주기로 약속하고 유감을 표했다. "그러나 페루 공군은 어느 한 사람도 '우리가 잘못했다, 사격을 해서는 안 되는 거였는데. 아무런 할 말이 없다' 고 말하지 않았다. 누구 한 사람 그런 식으로 말하지 않았고 심지어 미안하다는 말도 하지 않았다"고 짐은 말했다. 그럼에도 불구하고 그 비극과 관련된 크리스틴 스타그(Kristen Stagg)의 새 저서 「만일 하나님이 택하신다면(「*If God Should Choose*」, Chicago: Moody Press, 2002)」에서 바우어스는 페루 정부의 행위를 용서할 뜻을 나타냈다.

바우어스의 이야기는 전 세계 언론의 주목을 받았고, 매체는 바우어스의 용서에 관한 이야기를 계속 추적 보도했다. 우리 지역 신문에 실린 AP 통신발 머릿기사는 "피격당한 선교사 남편, 페루의 공습을 용서하다" 였다. 그 기사에서 바우어스는 이런 말을 한 것으로 인용되었다. "코리와 나는 말로 설명할 수 없는 평화를 체험했습니다. 그리고 그것은 하나님이 이 안에 계시다는 증거였습니다. … 책임자를 향한 우리의 태도는 일종의 용서입니다. 그건 놀라운 일이 아니지요? 우리 그리스도인에게 그건 놀라운 일이 될 수 없습니다." 이 불신앙의 세상에 이 얼마나 놀라운 증거인가!

그리스도인에게도 용서는 어려운 것일 수 있다. 우리는 "나는 그 사람을 용서할 수 없어. 그는 그럴 자격이 없어. 그는 내게 너무 큰 상처를 입혔어"라고 생각한다. 그러나 우리는 하나님이 우리를 용서하는 가운데 무슨 일을 행하셨는지 생각해야 한다. 여호수아의 더러운 옷은 우리의 죄가 하나님 보시기에 얼마나 혐오스러운 것인지 어렴풋이나마 느끼게 해준다. 우리의 죄는 예수님을 십자가에 못 박게 한다(벧전 2:24). 그러나 하나님은 여전히 우리를 사랑하시고, 우리가 아무리 그럴 자격이 없어도 우리를 용서하신다.

예수님은 마태복음 18장 21-35절에서 오늘날 금액으로 수십억 원에 상당하는 빚을 진 종을 용서해준 주인에 관한 이야기를 들려준다. 그러나 그 종은 상대적으로 너무나 적은 금액을 빚진 동료를 용서하려 하지 않았다. 예수님이 들려주신 이 이야기의 핵심은 하나님이 우리가 도저히 갚을 수 없는 우리의 죄값을 사해주셨으므로 우리는 마땅히 우리에게 잘못한 사람을 얼마든지 용서해주어야 한다는 것이다. 사도 바울은 그것을 이렇게 표현했다. "서로 인자하게 하며 불쌍히 여기며 서로 용서하기를 하나님이 그리스도 안에서 너희를 용서하심과 같이 하라" (엡 4:32).

기도

주님, 예수님이 우리를 위하여 십자가에서 희생당하심으로 우리 죄를 사해주시니 감사합니다. 우리는 결코 그 빚을 갚을 수 없음을 잘 알고 있지만, 우리로 하여금 당신을 향한 사랑과 감사가 드러나는 그런 삶을 살 수 있도록 도와주시기 바랍니다. 우리도 주님이 우리를 용서하신 것처럼 다른 이들을 기꺼이 용서하게 하옵소서. 예수님의 이름으로 기도합니다. 아멘.

심층 연구

A. 페르시아 제국의 연대

주전 539년 고레스는 바벨론을 정복하고 바벨론 제국을 종식시켰다. 그때부터 알렉산더 대왕의 군대가 페르시아 제국을 무너뜨린 주전 331년까지 페르시아는 세상을 지배하는 통치자였다. 다니엘은 페르시아 제국의 초기에 사역했고, 학개, 스가랴, 말라기 같은 포로기 이후 선지자들은 모두 이 시대에 예언 활동을 했다. 에스라, 느헤미야 그리고 에스더 역시 이 시대에 살았고, 에스더와 느헤미야는 페르시아 궁정에서 높은 지위를 차지하기까지 했다. 다음은 구약 시대에 성경과 관련 있는 왕들의 연대표다.

페르시아 왕	시기	성경과의 연계
고레스	주전 539-530	첫 번째 귀환-스룹바벨, 여호수아, 학개, 스가랴(스 1-3장)
캄비세스	주전 530-522	예루살렘 재건이 중단됨(스 4장)
다리오	주전 522-486	학개와 스가랴가 예언함(주전 520), 성전이 완공됨(주전 516, 스 5-6장)
아하수에로	주전 486-465	에스더 이야기(에 1-9장)
아닥사스다	주전 464-423	에스라의 귀환(주전 458, 스 7-10장), 느헤미야의 귀환(주전 445, 느 1-2장), 말라기의 예언(주전 433, 말 1-4장)

구약 시대 이후 나타난 페르시아 왕들은 다리오 2세(423-404), 아닥사스다 2세(404-359), 아닥사스다 3세(359-338), 아르세스(338-335), 다리오 3세(335, 331) 등이다. 다리오 3세는 주전 333년과 331년 알렉산더 대왕과의 일련의 전투에서 패했다. 메대 - 페르시아 제국이 멸망된 이후에 로마 시대가 시작되기까지 헬라 제국이 지중해 연안을 지배했다.

B. 여호와의 사자(3:1, 5-6)

스가랴서에서 선지자는 자주 천사들과 말을 주고받았다. 때때로 그들은 보통의 천사들이기도 했지만(1:19, 4:1, 4, 11, 5:5, 10, 6:4-5), 여섯 번은 하나님 자신을 가리키는 '여호와의 사자' 였다(1:11-12, 3:1, 5-6, 12:8). '천사' 는 '전달자, 사자' 란 의미로, 이 경우에 그 메시지를 전하는 이는 하나님이셨다. 1장 8절에서 홍마를 탄 사람은 1장 11절에서 '여호와의 사자' 로 밝혀진다. 그의 뛰어남은 다른 말에 탄 자들(천사들)이 그에게 보고했다는 사실(1:11)에서 입증되었다. 3장에서 여호와의 사자는 천국의 법정을 주재하고 있다. 그가 2절에서 말할 때 그는 '여호와' 로 신분이 나타난다. 4절에서 여호와의 사자는 죄를 용서하는 하나님의 특권을 행사한다. 12장 8절에서 여호와의 사자는 두 가지 이름으로 불리는데 바로 '여호와' 와 '하나님' 이다.

그 밖에 구약에서 여호와의 사자는 하나님과 동등하게 간주된다. 사라의 몸종인 하갈이 여호와의 사자를 만난 후에(창 16:7-12) 그녀는 그를 '나를 감찰하시는 하나님' (창 16:13)이라고 불렀다. 아브라함에 대하여 여호와의 사자는 이렇게 말했다. "여호와께서 이르시기를 내가 나를 가리켜 맹세하노니" (창 22:16). 여호와의 사자는 떨기나무 불꽃 가운데서 모세에게 나타나셨다(출 3:2). 모세가 이상히 여겨 확인하려 하자 하나님은 떨기나무 가운데서 그에게 말씀하셨다(출 3:4-6). 여호와의 사자와 기드온과의 대화에서 본문은 거듭 반복하여 그 말하는 이를 '여호와' 로 밝히고 있다(삿 6:11-24). 삼손의 부모는 여호와의 사자를 만났을 때, 자신이 '하나님을 보았' 음을 알았다(삿 13:20-22).

복음주의 학자들은 대개 여호와의 사자를 삼위일체 하나님의 두 번째 위격인 그리스도의 성육신 이전의 존재로 본다. 폴 엔스(Paul Enns)는 이 해석을 다음과 같이 뒷받침한다.

> 이 신현은 그분(그리스도)의 영원한 존재를 증거한다. 따라서 하나님의 현현은 다음과 같이 정의할 수 있다. "이는 삼위일체의 두 번째 위격이 인간의 형태로 나타나신 것이다" … 그리스도께서 여호와의 사자와 동일한 분이라는 사실(신현)은 다음과 같은 방식으로 입증할 수 있다. 여호와의 사자는 하나님으로 인정을 받았다. 그분은 하나님으로 불리었다(삿 6:11, 14; 그가 11절에서는 '여호와의 사자' 로 불리다가 14절에서 '여호와' 로 불린 것에 주목하라). 여호와의 사자는 다른 사건

들에서 여호와와 대화를 나눔으로써 여호와와 구별되었다(슥 1:12, 3:1-2, 참조 창 24:7). 여호와의 사자는 성령이나 성부 하나님이실 수 없다. 왜냐하면 성령이나 성부 하나님은 육체의 형태로 나타나신 적이 없으시기 때문이다(요 1:18 참조). 여호와의 사자는 그리스도의 성육신 이후에는 더 이상 나타나지 않는다. 신약에는 여호와의 사자에 대한 언급이 전혀 없다. 그는 그리스도의 탄생 이후에 모습을 드러내지 않는다(Enns, 「*The Moody Handbook of Theology*」, Chicago: Moody Press, 1989, p. 216).

우리는 여호와의 사자의 모습에서 그리스도의 성육신 이전의 그분의 영광을 어렴풋이나마 볼 수 있다. 그분은 하나님으로서의 특권을 모두 자유롭게 행사할 수 있는 완전한 하나님이시다. 예를 들면, 그는 죄를 용서하고(3:4), 후손을 많게 하고(창 22:17, 그리고 창 16:10을 보라), 이스라엘을 애굽에서 인도해내고(삿 2:1, 참조 출 23:20-21), 미래를 알고(삿 13:3), 이적을 행했다(출 3:2; 삿 13:20). 이 구절들은 또한 삼위일체 교리(세 위격 - 성부, 성자, 성령 - 한 하나님)를 대략적으로 보여준다. 구약 시대에서도 우리의 한 분이신 하나님은 하나 이상의 위격으로 존재하심이 계시되었다.

C. 사탄(3:1-2)

사탄이란 이름은 선지서 가운데서는 스가랴 3장(1, 2절에 3회)에서만 나타난다. 히브리어로 사탄(satan)은 구약에서 27회 등장하며 그 의미는 '대적자' 다. 그 이름에 걸맞게 그는 타락한 천사 혹은 귀신의 우두머리를 가리키는 말로 사용되었다. NIV에서 이 히브리어 명사는 다음과 같이 다양하게 번역되었다. '사탄' (18회), '대적(adversary)' (4회), '훼방하다(oppose)' (2회), '고소자(accuser)' (1회), '대적들(adversaries)' (1회) 그리고 구의 일부로 '대항하다(turn against)' (1회). 동사형은 6회 등장하는데, 그 의미는 반대하고, 비방하고, 고소하는 "대적이 되다 혹은 대적으로 행동하다" 이다. 인간으로 대적자의 본보기는 에돔 사람 하닷(왕상 11:14)과 수리아의 왕 르손(왕상 11:23, 25)으로 이들은 솔로몬의 재위 말년에 그의 대적이 되었다.

구약에 등장하는 히브리어 명사 사탄(satan)은 대부분 우리가 알고 있는 대적하는 천사 사탄(Satan)을 의미한다. 이 구절에서도 다음 사실은 이 고소자가 천사임을 암시한다. 스가랴의 환상은 지상이 아니라 천국의 법정 장면이고, 여호와 앞에서 여호수아를 기소한 이 대적자는 분명 사람이 아니었다. 욥기 1장 6절에서 사탄은 하나님 앞에서 천사들(문자적으로 '하나님의 아들들')과 함께 등장하며, 욥은 이 천사인 고소자를 욥기에서 14회 사탄으로 이름 불렀다.

스가랴 3장 1-2절에서 사탄은 그 앞에 정관사인 the를 붙여서 사용되었다. 이런 이유로 어떤 학자들은 본문이 고유명사인 사탄(Satan)으로 번역되어서는 안 되고 '대적자' (물론 그래도 여전히 사탄임이 분명한)로 번역되어야 마땅하다고 주장한다. 관사의 존재 여부는 이 문제를 종식시키지 못한다. 왜냐하면 경우에 따라 고유명사도 관사와 함께 사용되기 때문이다. 이 장면이 가진 개인적인 성격과, 구약의 다른 곳에서 사탄이란 말이 천사인 대적자를 가리키고 있는 용례들은 이 말을 고유명사로 보는 것에 무게를 두고 있다. 예를 들어, 요한계시록 12장 9-10절에서 하늘의 고소자는 구체적으로 '사탄' 이라고 밝히고 있다(욥 1:6-12 참조). 그러나 주전 2세기에 이르러 사탄이 개인적인 이름으로 사용되었음은 의심의 여지가 없다.

위의 사실들 외에, 성경은 사탄이 다음과 같은 악행을 저질렀음을 우리에게 알려준다. 다윗으로 하여금 이스라엘의 인구를 조사하게 꼬드김 - 이는 교만죄에 해당하는 행동으로 바로 전형적인 사탄의 특징이다(대상 21:1), 예수님을 시험함(마 4:10; 막 1:13), 한 여인을 불구로 만듦(눅 13:11, 16), 유다에게 주님을 배반하려는 생각을 심어줌(요 13:27), 아나니아에게 성령을 속이게 만듦(행 5:3), 시험에 들게 함(고전 7:5), 그리고 성도들에게 궤계를 부림(고후 2:11), 하나님의 일을 가로막음(살전 2:18), '악한 자' 에게 힘을 실어줌(살후 2:9). 그의 능력은 크지만 그리스도는 십자가에서 그를 패배시켰고, 곧 사탄을 그 발 아래서 완전히 상하게 하실 것이다(롬 16:20). 성도들은 사탄의 능력을 인정해야 하나(유 1:8-9) 그를 두려워할 필요는 없다. 왜냐하면 하나님은 그보다 무한히 능력이 많으시고 우리를 보호하시기 때문이다(마 6:13; 요 17:15). 우리가 하나님의 말씀을 믿는 믿음으로 사탄에게 맞서 싸울 때 그는 도망한다(약 4:7). 결국에 이르러 사탄은 심판을 받고 불못에 영원히 던져지게 될 것이다(마 25:41; 계 20:10).

월터 엘웰(Walter Elwell)은 성경에 나타난 사탄의 다른 이름 26개의 목록을 제시한다. 그 가운데는 마귀(사탄을 제외하고 가장 많이 사용된 이름, 마 4:1), 아바돈(계 9:11), 아볼루온(계 9:11), 바알세불(마 12:24), 벨리알(고후 6:15), 용(계 12:9), 악한 자(마 6:13,

NIV는 '악한 자'로 번역하고 난하주에 '악'으로 병기), 이 세상 신(고후 4:4), 살인한 자(요 8:44), 뱀(계 12:9) 등이 있다(Elwell, 「*Topical Analysis of the Bible*」, Grand Rapids, MI: Baker Book House, 1991, pp. 294-97).

D. 순(3:8)

히브리어 명사 체마크(tsemach)는 구약에 12회 등장하는데, 그 가운데 5회는 메시아 호칭인 '가지' 혹은 '싹' 등으로 번역된다(사 4:2; 렘 23:5, 33;15; 슥 3:8, 6:12, 또한 사 11:1을 보라). 나무에서 뻗어난 가지처럼 메시아는 다윗의 계보로부터 오실 것이다. 이 메시아적 견해는 옛 유대인들의 해석이기도 하다.

찰스 파인버그는 이 중요한 메시아 형상의 의미를 다음과 같이 요약한다.

> 제마크(Zemach, 본문에 나타난 고유명사)란 이름은 몇 가지 진리를 전달한다. 첫째, 그 이름은 메시아의 비천함과 굴욕을 드러낸다(사 11:1). 둘째, 그 이름은 그의 탁월함을 보여준다(사 53:2). 그는 여호와 앞에서 자랐다. 셋째, 그 이름은 우리로 그분의 인간 됨에 주목하게 한다. 그는 땅, 더 구체적으로 근동 지방과 연계되었다(슥 6:12). 넷째, 그 이름은 그분을 다윗 왕조와 연계시킨다(렘 23:5, 6). 다섯째, 그 이름은 가지의 신성에 주목하게 한다(사 4:2). 여섯째, 그 이름은 열매 맺지 못하는 다른 모든 것과 달리 풍성한 열매를 맺는다는 진리를 전한다(사 11:1, 53:10). 일곱째, 그 이름은 그의 제사장으로서의 일과 특징을 말한다. 그분은 우리의 연약함을 몸소 체험하셨기 때문에 죄인 된 인간을 위한 가장 알맞은 대제사장이시다(슥 6:12). 하나님의 호칭들이 그분의 독생자이며 사랑하는 아들에 어찌 이렇게 딱 들어맞는가!(Feinberg, 「*God Remembers*」, p. 51).

나사렛 예수 안에서 싹의 모습과 관련된 모든 약속들이 다 성취된다.

교안

A. 들어가는 글

1. "일본의 진주만 영웅"을 읽어주라.
2. 배경 설명 : 스가랴는 네 번째 환상 가운데 대제사장 여호수아가 여호와의 사자 앞에 서 있는 것을 본다. 여호수아의 옷은 그의 죄를 상징하는 더러운 오물이 묻어 있었다. 사탄은 이스라엘 나라를 대표하는 여호수아가 용서와 축복을 받을 자격이 없다고 집요하게 추궁한다. 그러나 자비의 하나님은 '내 종', '싹', '돌'(8-9절)의 세 가지 모습으로 묘사된 메시아의 사역에 근거하여 주권적으로 여호수아를 용서하시기로 결정한다. 본 장은 칭의(하나님이 의롭다고 하심)와 성화(의의 옷을 입음)를 그림언어로 알기 쉽게 설명하고 있다.
3. 적용 : 스가랴 3장은 우리에게 죄의 위험과 하나님의 은혜를 깨달을 수 있도록 도와준다. 여호수아와 마찬가지로 우리는 모두 죄를 지었고 용서받을 자격이 없는 존재이지만, 하나님은 자비하시고 우리를 기꺼이 용서하신다. 우리의 용서는 메시아이신 예수님의 구속 사역으로 인해 가능하며, 그분은 언젠가 평화와 안전이 넘치는 세상을 가져올 것이다.

B. 본문 이해

1. 재판받는 여호수아(3:1)
2. 여호수아의 변호(3:2)
3. 여호수아의 죄(3:3)
4. 여호수아에게 내린 용서(3:4-5)
5. 여호수아의 책임(3:6-7)
6. 여호수아의 구세주(3:8-9)
7. 여호수아의 장래(3:10)

C. 결론: 루터의 악몽

토의 질문

1. 당신은 대부분의 사람들이 죄를 충분히 심각하게 여기고 있다고 생각하는가? 당신은 많은 사람들이 자신의 죄가 자신이 천국에 들어가지 못하게 할 정도로 나쁘다는 것을 믿고 있다고 생각하는가? 죄에 대한 그런 안일한 생각이 어떻게 해서 사람들로 하여금 복음(구원에 관한 '기쁜 소식')을 받아들이는 것을 어렵게 만드는가?

2. 오늘날 사탄이 우리들을 고소하는 방법들에 대해 몇 가지 예를 들어보라.

3. 어떻게 공의로우신 하나님이 우리의 죄를 용서하실 수 있는지 설명해보라.

4. 거룩한 삶과 신실함이 가져오는 축복에 어떤 것들이 있는가?

5. '내 종'과 '싹'이라는 메시아 호칭의 의미는 무엇인가? 그 호칭이 예수님 안에서 어떤 식으로 성취되었는지 이야기해보라.

스가랴 4장

능력 주시는 하나님

"우리의 영적 능력은 돈, 재능, 공인받은 계획 혹은 헌신된 사역에 달려 있는 것이 아니다. 오히려 영적 승리를 위한 능력은 성령님으로부터 온다."

- 빌 브라이트(Bill Bright)

스가랴는 이 다섯 번째 환상 가운데 순금 등대와 두 감람나무를 본다. 기름이 나무에서 등대로 흘러가는 것은 성령의 능력이 그 나라와 그 지도자 여호수아와 스룹바벨에게 임함을 상징한다. 이 환상은 성전을 재건하는(인간이 보기에 터무니없는) 사역이 성령님의 능력으로 완성될 것임을 나타낸다.

Zechariah

들어가는 글

던커크(Dunkirk)의 기적

아돌프 히틀러가 이끄는 독일 군대는 노르웨이, 덴마크, 네덜란드, 룩셈부르크, 벨기에 그리고 프랑스를 휩쓸었다. 1940년 5월 20일, 40만 명에 이르는 영국과 독일 군대가 프랑스의 세 번째 큰 항구도시인 던커크 근처의 플란더스(Flanders) 해안에 발이 묶여 있었다. 영국해협을 건너가는 것이 가능성 있는 유일한 대안이었지만, 그만한 큰 병력이 제시간에 퇴각하는 것은 절대 불가능한 일이었다.

영국은 다이나모 작전(Operation Dynamo)이라 이름 붙인 도강작전에 도움이 될 만한, 바다에 뜰 수 있는 모든 물건을 소집하는 명령을 내렸다. 45척의 여객선, 230척의 어선 그리고 200척 이상의 개인 소유의 배를 포함한 모든 종류의 소형 선박 700여 척으로 이루어진 소함대가 영국해협을 건너 구축함과 연결하여 구출 작전에 사용될 배를 수송했다. 5월 26일부터 6월 4일까지 198,000명의 영국군과 140,000명의 프랑스군 그리고 벨기에 군대가 구조되었다. 영국 수상 윈스턴 처칠은 이 던커크 구출작전을 '기적의 탈출' 이라고 불렀다.

그러나 이 이야기의 뒤에는 '던커크의 기적' 이라 불리는 더 놀라운 이야기가 숨겨져 있었다. 그것은 기도의 기적이었다. 5월 23일 많은 영국의 지도층, 신문 그리고 국왕 조지 6세는 5월 26일 주일을 국가 기도의 날로 정할 것을 요청했다. 제임스 돕슨(James Dobson)의 신문은 다음과 같이 전하고 있다.

> 기도 요청이 있은 뒤 겨우 24시간 만에 아돌프 히틀러는 불가사의하게도 독일 군대에 전투 정지 명령을 내렸고, 이에 친위부대장들도 놀라움과 실망을 금치 못했다. 이틀 뒤인 5월 26일, 온 국민이 기도로 모였다. 대규모 인파가 모인 웨스트민스터 성당을 포함하여 모든 교회는 교인들로 가득 찼고, 사람들은 전능하신 하나님께 던커크에 있는 자기 남편과 아들과 아빠를 구해달라고 기도했다.

다이나모 작전은 그 기도가 시작된 날 밤에 거행되었고, 첫 부대원들은 바로 그날 밤 고향에 돌아갈 수 있었다. 전직 왕실 각료인 에드문드 아이언사이드(Edmund Ironside) 대장은 이렇게 말했다. "나는 아직도 어째서 [독일군이] [우리 부대원들을] 이런 식으로 놓아주었는지 이해하지 못합니다. 더구나 폭탄과 총알이 바로 눈앞에서 쏟아지는 곳에서 그렇게 할 수 있었다는 것은 거의 환상에 가까운 일입니다." 의심의 여지 없이 던커크는 그 전쟁에서 전환점이 되었다. 히틀러의 돌연한 행동에 여러 가지 설명이 난무했지만, 돕슨을 비롯한 많은 이들은 히틀러의 군대가 전능하신 하나님의 능력에 의해 꼼짝하지 못했다고 믿는다.

우리는 이런 이야기를 들을 때 깜짝 놀라지만, 그래서는 안 된다. 말씀 한 마디로 우주와 그 가운데 있는 수십억 개의 별들을 만드신 하나님은 인류 역사의 물줄기쯤은 쉽게 바꾸실 수 있는 분이다. 우리는 스가랴 4장에서 우리를 대적하는 세상을 이기는 하나님의 능력을 다시 한 번 만나게 된다. 스룹바벨은 16년 전에 성전 재건을 시도하였지만 페르시아 정부에 의해 중지하라는 명령을 받았다. 그는 주위에 유대 민족의 부활을 방해하는 것을 목표로 하는 호전적인 이웃들로 둘러싸여 있었다. 과연 그 사역은 완성될 수 있을까? 그 대답은 분명히 '예!' 이다. 이 다섯 번째 환상 가운데 하나님은 그 어떤 장애물이나 세상의 힘도 성령님의 능력을 막을 수 없다고 약속하셨다.

본문 이해

능력 주시는 하나님

Main Idea 하나님의 목표는 성령님의 능력으로 반드시 성취될 것이다.

A. 환상: 등대와 두 감람나무(4:1-3)

Supporting Idea 스가랴의 다섯 번째 환상은 하나님의 백성에게 성령님의 사역과 증거의 능력을 상징적으로 확신시켜준다.

유대인의 종교 지도자인 여호수아는 3장의 환상을 통해 큰 힘을 얻었다. 이 다섯 번째 환상에서 하나님은 국가 지도자인 스룹바벨을 격려하신다. 학개와 스가랴는 민족과 그들의 총독인 스룹바벨을 불러모아 성전 건축을 재개할 것을 명했다(스 5:1-2). 성전의 기초는 16년 전에(주전 536년경) 스룹바벨의 지휘 아래 놓여졌지만(스 3:8-11), 페르시아 정부는 이스라엘의 대적들, 특히 사마리아인들의 불평을 근거로 건축 사업을 중단하라고 명했다(스 4:1-5). 스룹바벨은 어쩌면 페르시아와 호전적인 이웃 국가에 겁을 냈을지도 모른다. 뒤에 느헤미야는 그 동일한 적들로부터 전쟁의 위협을 포함한 엄청난 반대를 겪었다(느 4:7-23).

따라서 이 환상은 스룹바벨의 마음에 용기를 불어넣기 위해 주어진 것이다. 더구나 어떤 이들은 재건 사역이 중단되었으니 하나님은 스룹바벨이나 그의 노고를 기뻐하지 않으신다고 주장했다. 여기서 하나님은 백성들이 보는 앞에서 그런 견해를 일축하시고 스룹바벨을 인정해주셨다. 이 환상은 비록 구체적으로 거명되지는 않았지만 상징 가운데 언급된 여호수아에게 주는 위로의 말씀이기도 했다(3, 12, 14절).

4:1. 스가랴가 본 여덟 개의 환상은 모두 한날 저녁에 주어진 것이다(슥 1:7-8). 그러나 네 번째와 다섯 번째 환상 사이에는 분명히 시간의 공백이 있다. 어쩌면 스가랴는 과로로 인해 잠이 들었을 수도 있고, 혹은 해석하는 천사가 깨워야 할 정도로 입신의 상태

에 빠졌을 수도 있다(단 10:9-11 참조).

4:2-3. 천사는 질문을 통하여 선지자로 하여금 새 환상에 주목하게 만들었다(슥 5:2; 렘 1:13 참조). 스가랴가 그 환상을 바라보니 순금 등대와 두 감람나무가 보였다. 이 등대의 크기는 기록되어 있지 않지만 회막에 있는 등대는 순금 한 달란트로 만들어졌다(출 25:39). 한 달란트는 대략 25킬로그램 정도로, 순금 한 달란트는 오늘날 가치로 수십억 원의 가치가 있다.

스가랴의 환상 가운데 나오는 등대(히브리어로 메노라, menorah)는 회막(그리고 나중에 성전) 안에 들어 있는 등대와 비슷했다. 두 등대 모두 일곱 가지(혹은 끝)가 있고 각각의 가지 끝에 기름을 담을 작은 잔 같은 것이 있었다. 여기에 불을 붙여 회막 안에 빛을 비추었다. 스가랴가 본 등대는 세 가지 점에서 회막 안에 있는 등대와 달랐다. (1) 그 위에(혹은 꼭대기에) 주발이 있었다. (2) 등잔에 연결된 관이 있었다. (3) 두 감람나무가 그 옆에 서 있었는데, 하나는 그 우편에 하나는 그 좌편에 있었다. 따라서 기름은 중력에 의해 주발에서 일곱 개의 등잔으로 흘러 각 가지 끝에 있는 등잔에서 불이 붙었다. 제사장들은 날마다 회막 안에서 기름을 보충했지만, 여기서는 제사장이 필요 없었다. 왜냐하면 자체적으로 등잔의 주발에 기름이 끊임없이 공급되었기 때문이다.

히브리어 본문은 일곱 관(KJV, NKJV; '통로', NASB; '홈통', NRSV; '꼭지')이 각각 일곱 등잔으로 흘러가 모두 49개의 관이 만들어져 엄청난 양이 등잔에 소요되고 있음을 암시한다. 이러한 많은 양의 기름은 두 감람나무에서 충당되었다.

비록 본문에 구체적으로 명시되지 않았지만 등대는 영적인 빛 혹은 증거를 나타내며, 무엇보다 그 빛을 내고 있는 하나님의 백성(여기서는 이스라엘 민족)을 가리키는 것으로 보인다. 영적 증거로서 빛은 성경에서 분명히 규정되고 있다. 마태복음 5장 14절에서 그리스도는 성도들을 '세상의 빛'(마 5:16; 눅 12:35; 빌 2:15 참조)으로 부르셨다. 요한계시록 1장 20절에서 그리스도는 요한계시록의 첫 번째 환상 가운데 나타난 '일곱 금 촛대'(1:12)가 '일곱 교회'(하나님의 백성)임을 분명히 밝히셨다. 요한계시록 11장 4절에서 장래에 열국에 하나님을 증거할 하나님의 두 증인을 상징적으로 '두 촛대'(빛을 든 사람)로 부르셨다. 요한복음에서 예수님은 종종 세상의 빛으로 묘사되었다(요 1:4-5, 7-9, 3:19, 8:12, 9:5, 12:35-36, 46).

이스라엘은 만국을 비추는 영적인 빛이어야 하며, 성공적인 증거는 성령님의 능력

(기름)으로만 가능해진다. 기름을 전달하는 관이 많은 것은 성령의 능력이 다함이 없음을 가리킨다. 기름이 인간의 손길이 필요 없이 주발에서 나오는 것은 하나님의 역사가 인간의 능력이 아니라 그분의 주권적인 능력으로 이루어지는 것임을 암시한다(6절 참조). 앞의 환상에서 이스라엘(대제사장 여호수아가 대표로 나선)은 깨끗하게 되었다. 이제 제사장 나라는 만국에 하나님을 증거하는 증인이 될 준비가 되었다.

고대로부터 메노라(menorah, 등잔)는 유대 민족을 가리키는 민족적 상징이 되었고, 오늘날 이스라엘 국가를 나타내는 문장이 되었다. 이스라엘 국회 건물인 크네셋(Knesset) 앞에는 5미터 높이의 거대한 청동 등잔이 서 있다.

B. 환상에 대한 천사의 해석: 하나님의 능력(4:4-7)

Supporting Idea	하나님의 뜻은 인간의 힘이 아니라 성령의 능력으로 이루어진다.

4:4. 우리는 4-7절에서 이 환상에 대한 천사의 해석을 접하게 된다. 스가랴는 해설하는 천사에게 공손하게(내 주여) 자기가 본 것이 무엇을 의미하는지 물었다. 아마 스가랴는 감람나무뿐 아니라(어떤 학자들이 추측하는 것처럼) 그 환상 가운데 나타난 것들을 모두 염두에 두고 있었을 것이다. 선지자는 두 번 더 환상에 대해 질문했다(11-12절).

4:5. 천사의 질문은 수사법(대답을 기대하지 않은 질문)일 수도 있다. 그러나 천사는 스가랴가 그 환상 가운데 있는 몇 가지 상징, 특히 성령의 능력을 나타내는 기름에 대해 깨닫지 못한 것에 정말 놀랐을 수도 있다. 기름은 성경에서 분명히 규정하고 있는 상징이다. 파인버그에 의하면 "성경 어디서나 기름은 성령을 가리키는 예로 간주된다. 선지자, 제사장, 왕에게 바르는 기름은 성령의 사역과 임재를 상징하는 것으로 이해되었다"(Feinberg, 「*God Remembers*」, p. 59). 기름 부음과 성령의 능력이 한 사람에게 임하는 것과의 관계를 가장 알기 쉽게 묘사한 성경 본문은 사무엘상 16장 13절이다. "사무엘이 기름 뿔을 취하여 그 형제 중에서 그에게 부었더니 이날 이후로 다윗이 여호와의 신에게 크게 감동되니라." 감람나무 기름을 사람의 머리에 붓는 것 자체에 어떤 주술적인 힘이 있는 것은 아니다. 그 대신, 그 능력은 그 기름이 상징하고 있는 성령님으로부터 온다.

4:6. 스가랴는 그 환상은 주님이 상징으로 보여주시는 메시지라는 말을 들었다. 여기

서 스룹바벨의 이름이 구체적으로 거론된 것은 그가 총독으로서 성전 재건 사역을 이끌 책임이 있기 때문이다. 천사는 이제 성령의 상징으로 앞에서 서술된 기름의 풍성함을 해석한다. 성전을 완공하는 임무는 "힘으로 되지 아니하며 능으로 되지 아니하고 오직 나의 신으로 되느니라"고 만군의 여호와께서 말씀하셨다. 이것은 참으로 성경 가운데 가장 위대한 구절 가운데 하나다. 인간은 무르고 연약하지만 하나님은 능력이 많으시며 그분에게 불가능한 것은 없다(막 10:27).

4:7. 전능하신 하나님 앞에서 산들도 평지가 될 수 있다. 모든 장애물들은 성령에 의해 스룹바벨이 가는 길에서 제하여질 것이다. (이 장애물에 관해서는 스 4-5장을 보라.) 이스라엘의 빈궁한 처지나 그 적은 숫자 그리고 이스라엘에 호전적인 이웃의 능력도, 혹은 페르시아의 능력도 성전의 완공을 막을 수는 없다. 솔로몬은 7년의 기간과 연인원 2십만 명 그리고 자신의 모든 재산을 동원해 자신의 성전을 세웠었다. 겨우 5만 명밖에 되지 않는 사람들이 거센 반대에도 불구하고 성전을 완공하는 것은 터무니없는 과제였다. 그 마지막 손길인 머릿돌이 기쁨의 외침 가운데 제자리에 놓이게 될 것이다(스 3:11, 6:16-18 참조).

은총, 은총이 그에게 있을지어다란 구절은 문자적으로 "은혜, 은혜가 그것에!"란 의미다. 반복은 강조를 뜻한다. 이 구절 마지막 부분의 외침은 완성된 성전의 아름다움이나 우아함 혹은 그 위에 임한 하나님의 은혜로운 축복을 간절히 바라는 기도로 이해될 수 있다.

이 구절의 원리는 오늘날의 성도 개인이나 교회에 똑같은 능력으로 적용될 수 있다. 우리 자신의 힘으로는 그런 도전을 이겨낼 수 없다. 오직 하나님의 능력을 통해서만 하나님의 일은 완성될 수 있다. 만일 우리가 전지 전능하신 그리스도의 영의 힘을 충만히 얻지 못하면 실패하고 낙심할 수밖에 없다. 예수님이 가르치신 것처럼 말이다. "나는 포도나무요 너희는 가지니 저가 내 안에, 내가 저 안에 있으면 이 사람은 과실을 많이 맺나니 나를 떠나서는 너희가 아무것도 할 수 없음이라"(요 15:5).

C. 하나님의 능력은 성공을 보장한다(4:8-10)

Supporting Idea	하나님의 절대적인 능력은 그분의 사역(성전 재건)이 완성될 것임을 보장한다.

4:8-9. 스가랴는 스룹바벨이 성공할 것이라는 두 번째 약속을 받았다. 16년 전에 스룹바벨의 손이 이 전의 지대를 놓았었다(스 3:8-13). 그러나 페르시아 정부에 의해 다리오1세 통치 때까지 공사를 중단할 수밖에 없었다(스 4:1-5). 이제 하나님은 이 총독에게 그의 현재의 노력이 반드시 성공할 것이라는 확신을 주신다. 에스라는 다리오가 페르시아의 선왕들의 업적을 찾으라고 명하여 고레스 왕이 유대인들에게 자기 성전을 건축하도록 허락하는 최초의 칙령을 발견했다고 기록했다. 그래서 다리오는 그 지역의 다른 총독들에게 그 사역을 계속 진행하게 허락하고 심지어 국고에서 재정적인 지원도 하사하도록 명했다(스 6:1-12). 이 사역은 4년 뒤인 주전 516년 3월에 완성되었다(스 6:15). 앞의 구절(슥 2:8-9, 11)에서 보내심을 받은 자는 바로 메시아였다. 여기서는 그가 선지자인 것으로 보인다. 왜냐하면 본문의 맥락은 두 번째 성전의 완공을 말하기 때문이다. 성전 건축에 관한 스가랴의 말이 성취될 때 백성들은 하나님이 그를 보내셨음을 알게 될 것이기 때문이다. 그러나 어떤 학자들은 계속해서 그 보내심을 받은 자를 메시아로 해석하며, 본문이 가까이는 스룹바벨과 멀게는 미래에 성전을 세울 메시아에게 적용된다고 주장한다.

4:10. 우리는 에스라 3장 12-13절과 학개 2장 3절로부터 어떤 이들은 성전 복구의 작은 시작을 멸시했음을 알고 있다. 솔로몬의 찬란한 건축물과 달리 이 작은 건물은 하찮아보이는 열등한 재료들로 지어졌다. 그러나 하나님이 보시기에 그것은 커다란 사역이었다. 더욱이 이 작은 건축물은 결국 장엄한 헤롯 성전이 되어 솔로몬 성전과 그 영광을 견주고 더 나아가 어느 면에서는 그를 능가하게 될 것이다. 헤롯 성전의 건물이 분명히 솔로몬 성전보다 더 넓은 것이 사실이다.

그러나 대부분의 사람들은 스룹바벨이 그 사역을 시작했을 때 기뻐했다. 다림줄(문자적으로 '주석 돌')은 원래 석재로 만들어졌으나 그 당시에는 금속으로 만들어져 벽이 수직으로 되어 있는지 가늠하는 줄을 말한다. 일곱이라는 숫자는 성경에 거의 400회 가까이 등장하는데, 어떤 경우에는 완성 혹은 완전을 상징한다. 여기서 여호와의 일곱 눈(3:9 참조)은 하나님의 전지하심 혹은 완전한 지식을 가리킨다. (어떤 이는 이 일곱 눈을 2절의 일곱 등잔과 연결시켜 해석한다.) 이 눈으로 바라보면 온 세상은 모두 백일하에 드러난다(대하 16:9).

문맥상 이 말씀은 스룹바벨과 유대 백성들에게 위로가 되는 메시지다. 하나님은 그들의 노고를 보시고 기뻐하셨다. 어떤 영어판 성경은(예: NKJV, NASB) 하나님의 일곱 눈이 기뻐하리라의 주어로 해석되고 있다. 그것도 가능하며 더 나은 번역일 수도 있다. 그 의미는 비록 어떤 이들은 스룹바벨의 작아보이는 일을 멸시했지만 하나님은 모든 것을 보시고 그것을 기뻐하신다는 것이다. 물론 하나님을 기쁘시게 하는 것은 무엇보다 중요한 일이다.

D. 두 감람나무에 대한 천사의 해석: 섬길 능력(4:11-14)

Supporting Idea	하나님은 자기 종(두 감람나무)에게 성령의 능력을 부으셔서 하나님의 일을 수행하게 하신다.

4:11-13. 6-10절에 삽입된 예언 후에, 환상의 의미에 관한 선지자의 질문(4절에서 시작한)이 계속 이어진다. 첫째, 스가랴는 두 감람나무에 대한 설명을 요청했다. 그리고 천사가 미처 대답할 시간을 갖기도 전에 그 감람나무 두 가지의 의미에 대해서 질문을 던졌다. 그 가지는 금 기름(문자적으로 '금' 을 의미하며, 감람유의 색깔을 가리킨다)이 흘러나오는 감람나무의 열매가 달려 있었음이 분명하다.

4:14. 3-4장의 문맥을 보면 주 앞에 모셔 섰는 자인 기름 발리운 자(문자적으로 '기름의 아들') 둘은 대제사장 여호수아와 백성의 통치자 스룹바벨 외에 달리 없었다. 제사장과 왕(백성의 지도자)은 모두 기름 부음을 받았다. 파인버그는 감람나무와 감람나무 가지를 다음과 같이 구별한다. "감람나무는 이스라엘에서 제사장과 왕의 직위이며, 감람나무 두 가지는 당시 그 직무를 수행하던 여호수아와 스룹바벨이다" (Feinberg, 「*God Remembers*」, p. 64). 다른 한편, '가지' 는 (그 의미를 확장하여) '나무' 를 포괄적으로 지칭할 수도 있다. 인간은 성경에 종종 나무와 비교되었다(시 1:3; 단 4:20-22 참조). 하나님의 주권은 온 세상의 주란 구절에 의해 강조되고 있다.

기름이 가지에서 등잔으로 흘러가는 것처럼 여호수아와 스룹바벨(그리고 그들이 표상하는 왕과 제사장의 직무)은 성령이 그 능력과 은혜를 백성들에게 중거하는 통로였다. 등대(4:2)와 '두 감람나무' (4:3, 11, 14)는 모두 요한계시록 11장 3-4절에서 미래의 하나님의 두 증인(영적 빛을 담당하기 위해 기름 부음을 받은 자들)을 가리키는 상징으로 사용되었다(이 구절과 거의 흡사한 계 11:4 참조)

바커는 특히 스가랴 6장 9-15절에 비추어 이렇게 말하는데, 타당한 근거가 있는 것으로 보인다.

> 이러한 통치자와 제사장의 결합은 궁극적으로 메시아의 왕 - 제사장을 지목하기 위한 것이 명백하다(6:13, 시 110편, 히 7장 참조). 본 장의 핵심 내용 중 하나(말하자면 증인이 되는 것)와 보조를 맞추어 메시아의 왕 - 제사장직만이 완벽하게 '충성되고 참된 증인' (계 3:14)으로 인정받을 수 있었을 것이다(Barker, p. 631).

Main Idea 복습	하나님의 목표는 성령님의 능력으로 반드시 성취될 것이다.

결론

선교여행 중에 비행기를 구한 그리스도인

클라크 버넘(Clarke Bynum)은 교회 선교여행에 참가하여 비행기를 타고 우간다로 가던 도중 갑작스런 비명 소리와 비행기 엔진 소리에 잠이 깼다. 브리티시 항공사의 점보제트기는 항로를 벗어나 곤두박질치고 있었다. 그가 창밖을 바라보니 비행기는 똑바로 추락하고 있었다.

그는 꼼짝없이 죽었구나 하는 생각이 들었지만 자리에서 일어나 조종실로 달려갔다. 그의 마음은 요동쳤다. 무슨 일이 일어난 걸까? 테러리스트들이 총이나 칼을 들고 난입한 것일까? 그가 발견한 것은 한 케냐 사람(나중에 정신질환을 가진 것이 의심되는 사람으로 확인됨)이 비행기를 부수려 하고 있었고 조종사는 그를 막으려고 안간힘을 쓰고 있는 장면이었다. 버넘은 전에 클렘슨 대학(Clemson University)의 농구 선수여서

키가 197센티미터에 달하고 몸무게는 90킬로그램이 넘는 거구였다. 그는 그 수상한 사람의 손목을 감아쥔 다음 그를 안고 바닥에 눕힐 수 있었다. 비행기는 고도가 6,300미터나 떨어졌고, 조종사는 만일 몇 초만 더 계속됐다면 돌이킬 수 없는 상황이 벌어졌을 것이라고 말했다. 기자들이 사우스캐롤라이나 출신의 이 청년에게 어디서 그런 용기가 났는지를 물어보자 버넘은 이렇게 대답했다. "우리 뒤에는 우리를 위해 기도하는 말 그대로 수백 명의 가족들이 있어요. 그분들은 우리가 이 비행기를 타고 선교여행을 가고 있다는 것을 알고 있지요. 제가 자리를 박차고 일어나 달려갈 수 있었던 힘은 바로 거기에 있어요. 그 힘은 하나님께로부터 왔습니다."

성령님이 스룹바벨에게 성전을 완공할 힘을 주셨던 것처럼 그분은 이 시대의 그리스도인에게 수백 명이 타고 있는 비행기를 구할 힘을 주신 것이다. 그 동일한 성령님은 모든 성도들과 함께 계신다(요 14:17). 그분이 부어주시는 능력으로 우리는 영적으로 어두운 세상에 불을 밝히고 불가능해보이는 하나님의 일을 완수할 수 있다.

■ 진리 알기

- 우리의 전능하신 하나님께 불가능한 것이란 없다.
- 성령님은 자기 백성이 하나님의 일을 행할 힘을 주신다.
- 하나님의 백성은 어두운 세상을 비추는 영적 빛이 되어야 한다.
- 하나님이 함께하시면 그 어떤 일도 작은 일이 아니다.
- 우리 삶 가운데 성령님의 능력이 함께하지 않으면 우리는 아무 능력이 없는 것이다.

■ 적용하기

- 당신이 속한 공동체에서 영적 빛이 되기로 결단하라.
- 당신의 삶에 성령님의 능력이 없이는 어떤 영적인 일도 수행할 수 없다는 사실을 깨달으라.
- 성령을 소멸하고 당신이 성공적으로 주님을 섬기는 것을 방해하거나 그리스도의 증인이 되지 못하게 하는 모든 죄에서 돌이키라.
- 하나님이 당신에게 맡기신 임무가 크든 작든 하나님이 기뻐하심을 알고 그 가운데 즐거워하라.

삶의 적용

교회 다락방의 인질

레슬리 마리 가타스(Leslie Marie Gattas)는 멤피스(Memphis)에 있는 유명한 사업가의 딸이었다. 그녀는 모든 사람들이 부러워하는 삶을 사는 것처럼 보이겠지만, 이 15세 소녀가 겪은 믿을 수 없는 시련은 누구도 감히 상상하지 못했을 것이다. 1981년 11월 19일, 레슬리는 부모님 집에서 깊이 잠들었는데 새벽 2시 30분에 한 남자가 세탁실 창문을 통해 몰래 기어들어와 침대에 누운 그녀를 납치해갔다. 그리고 넉 달 동안 그는 그녀를 인질로 잡아 다른 곳도 아니고 멤피스에서 가장 큰 교회들 가운데 한 교회의 2층 성가대석 지붕 밑의 빈 공간에 숨겨두었다. 이 유괴범은 그녀를 풀어주는 대신 한몫을 챙길 계획이었다.

1981년 11월부터 1982년 3월까지 레슬리 유괴사건은 전국적인 미궁에 빠져들었다. 이 사건은 멤피스판 린드버그(Lindbergh) 아기 납치사건으로 불리었다. 지역 경찰도, FBI도 그녀가 어디 있는지 단서조차 잡지 못하는 동안 그녀는 교회 다락방에 있었다. 밤이면 그녀와 유괴범은 부엌으로 숨어들어가 음식을 먹었다. 이렇게 다락방 밖으로 나가는 때면 그녀는 교회 이곳저곳에 도와달라는 쪽지를 남겼다. 그러나 그 쪽지는 장난으로 간주되어 도와달라는 호소는 무시되었다.

결국 교회 관리인은 몰래 없어지는 음식물의 양이 너무 많은 것을 수상히 여기게 되었다. 어느 날 밤 두 관리인은 범인을 잡기 위해 덫을 놓았다. 그리고 11시 30분경 그들은 유괴범과 어린 희생양을 찾아냈다. 곧이어 벌어진 소동 가운데 관리인 중 한 명이 유괴범을 몽둥이로 쳤고 그 와중에 그는 그녀를 놓아주고 달아났다(나중에 경찰에 체포되었다). 관리인들은 그들이 구해준 그 소녀가 레슬리 가타스인 것을 알고 깜짝 놀랐다!

기자와 편집자, TV 프로듀서 그리고 할리우드 관계자들이 레슬리에게 이야기를 들려달라고 애걸했지만 그녀는 그 일에 응하지 않았다. 그리고 10년 뒤, 그녀는 결국 자기를 위해 기도해준 많은 사람들에게 전하는 감사의 뜻으로 멤피스의 한 기자와의 인터뷰에 응했다.

어떻게 15살 먹은 소녀가 그런 끔찍한 일을 이겨낼 수 있었을까? 레슬리는 자기의 믿음 때문이라고 했다. 그날 밤 납치되기 전에 그녀는 친구들과 함께 기도하고 있었다. 그리고 그 모진 시련 가운데서도 기도했다. 한번은 무신론자인 유괴범이 그녀를 놀렸다(그때 그녀는 기도하고 있었다). "네 하나님은 그렇게 좋은 분이 아니야. 그는 지금 너를 도울 수 없어." 그러나 하나님은 그녀를 도와주셨다. 레슬리는 인질로 잡혀 있는 동안 하루 여덟 시간 가까이 기도했고, 과거 어느 때보다 하나님의 능력을 느꼈다. 희한하게도 그녀는 교회 다락방에 인질로 잡혀 있는 순간이 평안했다고 말했다. "하나님의 집보다 더 좋은 곳이 있나요?"

현재 레슬리는 법률가로 가족과 함께 근사하게 살고 있다. 그녀는 자기의 경험을 아파할까? 절대 아니다. 그녀는 말한다. "만일 내가 그 일을 또다시 겪어야 한다면 (하나님과 가까이 있는) 얼마든지 그렇게 하겠어요." 그리고 또한 이렇게 말한다. "믿음은 위대한 거예요. 많은 사람들은 하나님이 계신지 의심하며 살아가죠. 나는 행운아예요. 하나님이 계신 것을 아니까요."

우리는 바다가 갈라지고 갈멜산에서 불이 내려와 하나님의 능력이 나타나는 것을 보고 놀라지만(놀라는 것이 당연하지만), 어떤 점에서 어린 소녀를 넉 달 동안 공포에서 지켜주신 하나님의 능력은 그보다 더 놀라운 것일 수도 있다. 우리의 힘이 충분하지 못할 때, 하나님은 우리를 도와주시기 위해 우리 곁에 함께하신다. 불가능해보이는 일이 있는가? 성령님은 그것을 해내실 수 있다. 아무런 희망이 없어 보이는가? 하나님께 불가능이란 없다. 당신에게 부족한 것이 있는가? 하나님이 그것을 채워주실 것이다. 스가랴 4장 6절은 이렇게 다시 쓸 수 있다. "우리의 힘과 자원은 충분하지 못하지만, 성령님의 능력으로 모든 것이 가능하다."

기도

오 주님, 우리의 빛이 영적으로 어두운 세상에서 당신을 비추기를 기도합니다. 우리 안에 거하신 성령님의 위로와 능력에 감사드립니다. 우리가 항상 주님의 능력을 의지하고 우리 자신을 의지하지 않게 하옵소서. 우리에게 주어진 일이 크게 보이든 작게 보이든 항상 믿음을 지킬 때 주님이 기뻐하심을 기억하게 하옵소서. 예수님의 이름으로 기도합니다. 아멘.

심층 연구

A. 스가랴의 등대(4:2)

주석가들은 스가랴가 본 등대의 정확한 형태에 대해 의견이 나뉜다. 만일 그 등대가 회막(그리고 나중에 성전) 안에 있는 등대와 같은 모습이라면, 그것은 밑받침이 있고 그 위에 일곱 가지 혹은 갈퀴가 달렸고 그 가지 끝에는 기름을 담는 접시 혹은 저장소가 있었을 것이다. 이 일곱 개의 접시 안에 담긴 기름은 불이 붙어 회막을 밝히는 것이었다. 그러나 다른 학자들은 볼드윈이 제시한 다음과 같은 설명(앞의 것과 조금은 다른)이 더 정확하다고 생각한다. "가나안 지역의 도시에서 발굴된 등 받침대는 원기둥 모양의 좁고, 속이 빈, 나무 둥치처럼 생겼다. 이런 등잔은 대개 도자기로 만들어졌다. 스가랴가 본 등대(menora)는 아마 원기둥 모양에 위쪽으로 갈수록 점점 가늘어져 그 위에 접시가 놓여 있었을 것이다. 스가랴가 말한 주발은 그 위에 일곱 개의 등잔이 있고 그 등잔에는 각각 일곱 개의 꼭지가 있었다. 이 모습은 중앙에 커다란 주발이 놓여 있고 그 가장자리에 돌아가며 일곱 개의 작은 주발이 그 안에 일곱 개의 심지를 넣을 자리가 있는 모습이다" (Baldwin, pp. 119-20).

스가랴가 본 등대의 정확한 모습이 논란이 되는 주제임을 인식한 린지(Lindsey)는 이런 주장을 한다. "그 등잔이 제사장의 성전 임무라는 문맥에서 등장한(앞의 환상과 비교해보라) 것으로 볼 때, 그것은 이스라엘의 회막에 놓여 있던 등대(출 25:31-40)와 솔로몬 성전에 놓인 10개의 등대(왕상 7:49)와 유사한 것이 분명하다" (Lindsey, p. 1555). 린지가 옳은 것으로 보인다.

물론 등대가 어떻게 생겼느냐보다는 그 상징이 전하는 본문의 메시지가 더 중요하다. 어느 경우이든 이 빛은 빛을 전하는 사람 혹은 증인을 가리키는 것으로 보인다.

B. 성경에 나타난 숫자 일곱(4:2)

스가랴서에는 일곱이란 숫자가 네 번 나온다(3:9, 4:2[2회], 10). 그리고 이 숫자는 성경 전체로 보면 거의 400회 가까이 등장한다. 그 숫자 그대로의 수치(창 23:1; 삼상 16:10) 외에도 일곱은 종종 상징적인 의미를 갖고 있다. 코헨(G. G. Cohen)은 다음과 같이 말한다.

> 여호와 하나님은 일곱이란 숫자의 상징과 거룩한 의미를 직접 확립하시고 확인하셨다. 출애굽기 29장 30절에서 새 대제사장이 입는 옷은 여호와의 말씀을 대언한 모세에 의해 7일 동안 봉헌하라는 명령을 받았다. 이것은 예식 행위로 그보다 길거나 짧아도 무방한 것이었지만 여호와 하나님은 정확히 7일을 지정하셨다! 출애굽기 23장 15절에서 무교병은 7일 동안 먹어야 했고, 출애굽기 25장 37절에서 메노라 혹은 회막의 거룩한 등잔은 기둥 하나에 여섯 개의 가지를 덧붙여 일곱이 되게 해야 했다(Harris, Archer, and Waltke, TWOT, 2:898).

「홀맨 도해 성경 사전(Holman Illustrated Bible Dictionary)」의 한 항목에서 드링커드 2세(J. F. Drinkard Jr.)는 숫자 7의 상징적인 사용에 대하여 다음과 같이 유용하게 요약했다.

> 성경에 나타난 숫자들은 그 구체적인 수나 양을 가리키는 것 외에도 상징적인 의미를 갖는 경우가 많다. 그래서 일곱은 완전이나 완벽함을 상징하게 된다. 하나님의 천지창조 사역은 완전하고 완벽했는데, 그 사역은 7일이 걸렸다. 인간의 실존은 하나님의 창조활동과 관련이 된다. 일주일이 7일인 것은 하나님의 첫 창조사역을 반영하는 것이다. 유월절과 초막절 같은 주요 절기들은 7일 동안 계속되었고 결혼 잔치 역시 그러했다(삿 14:12, 17). 바로의 꿈에 나타난 7년 풍년과 그 뒤를 이은 7년 가뭄은 풍요와 기근의 완벽한 주기를 반영한다.
>
> 숫자 7에 대한 비슷한 용례가 신약에도 나타난다. 일곱 교회(계 2-3장)는 그 숫자로 보아 모든 교회를 상징하는 것이다. 예수님은 용서의 횟수에 제한이 있어서는 안 되며, 충만수나 완전수로도 제한을 두어서는 안 된다고 가르치셨다. 우리는

일곱 번(이미 충분히 너그러운 횟수임)뿐 아니라 일흔 번씩 일곱 번이라도(무제한적인 용서, 수를 헤아릴 단계를 넘음) 용서해야 한다(마 18:21-22).

스가랴서에 나온 네 번의 7은 모두 상징적인 의미를 가진 것으로 보인다. 특히 4장 10절에 "이 일곱은 온 세상에 두루 행하는 여호와의 눈이라"는 말씀의 경우에는 분명히 그러하다. 살펴보는 데 사용되는 '눈'은 지식과 관련이 있고 '일곱 개의 눈'은 완전한 혹은 완벽한 지식을 가리키는 것일 수 있다(3:9 참조). 숫자 7이 상징적으로 사용된 예들은 다른 고대 민족의 문학 가운데서도 찾아볼 수 있다.

C. 사람을 상징하는 나무(4:3, 11-12, 14)

4장 14절에서 천사는 스가랴에게 두 감람나무는 '여호와를 섬기기 위해 기름 발리운 자'라고 알려준다. 학자들은 일반적으로 이 나무들이 대제사장 여호수아와 국가 지도자 스룹바벨 혹은/그리고 그들이 대표하는 제사장과 왕의 직무를 상징한다는 데 동의한다(슥 4:14의 본문 이해 부분을 보라). 인간은 성경에서 종종 나무에 비유되곤 했다. 시편 1편 3절에서 의인은 '시냇가에 심겨 시절을 좇아 과일을 맺으며 그 잎사귀가 시들지 않는 나무'에 비유됐다. 시편 92편 12-14절에서 성도들은 많은 열매를 맺는 '종려나무'와 튼튼한 '레바논의 백향목'에 비유되었다. 술람미 여인은 솔로몬을 달콤한 사과나무에 비유했다(아 2:3). 바벨론의 느부갓네살 왕은 자기 꿈에서 거대한 나무로 상징되었다(단 4:20-22). 예수님은 거짓 선지자들을 나쁜 열매 맺는 나무에 비유하셨다(마 7:15-20). 그 밖에 사람들이 나무에 비유된 구절들은 사사기 9장 8-15절, 시편 27편 35절, 52편 8절, 이사야 56장 3절, 예레미야 11장 19절, 유다서 12절, 요한계시록 11장 4절 등이다.

D. 구약의 성령님(4:6)

구약 시대 성령님의 위격과 사역에 관한 문제보다 보통의 그리스도인들에게서 많은 오해를 받고 학자들 사이에서 뜨거운 논쟁을 불러일으키는 주제도 별로 없다. 우리는 스가랴 4장 6절에서 본서에서는 처음으로 성령님을 소개받았다. '영'에 해당하는 히브리어는 루아흐(ruach)로, 이 말은 구약에 380회 이상 등장한다. 레온 우드(Leon Wood)에 의하면, 루아흐의 의미는 다음과 같이 다양하다. (1) 바람, 101회, (2) 숨, 18회, (3) 냄새,

13회, (4) 공간, 6회, (5) 인간의 영, 84회, (6) 하나님의 영, 97회, (7) 삶의 원리, 11회, (8) 감정적 대응, 28회, (9) 천사, 4회 (10) 악한 영, 18회, (11) 동물의 생활력, 1회(Wood, 「*The Holy Spirit in the Old Testament*」, Wipf and Stock Publushers, 1998, pp. 16-17).

스가랴서 4장 6절과 6장 8절 그리고 7장 12절에서 루아흐는 분명히 성령을 가리킨다. '은총과 간구하는 심령' (12:10)은 회개하는 마음을 가리킬 수도 있으나, 그보다는 은혜를 전달하고 그 사람으로 하여금 하나님께 자비를 구하도록 인도하는 성령을 가리키는 것으로 보는 것이 타당하다. 스가랴서 다른 곳에서 루아흐는 천사(6:5), 사람의 영(12:1), 기질(13:2)을 가리킨다.

성령은 성경에서 맨 처음부터 언급된다(창 1:2, 6:3 참조). 그분은 39권의 구약책 가운데 23권에서 직접 언급되며, 그의 사역은 다른 곳에도 암시되어 있다.

성령의 성품. 우리는 성령의 이름에서 그분이 영이시며 거룩하신 분임을 알 수 있다. 다윗은 그분을 '거룩한 영' (시 51:11)으로 부른 최초의 인물이며, 이 호칭은 구약에서 두 번 더 등장한다(사 63:10-11). 구약에서 성령의 신성은 명백한 사실이다. 그분은 구체적으로 '하나님의 영' (창 1:2; 출 31:3; 민 24:2; 삼상 10:10; 시 106:33)으로 불리며, 창조의 능력(욥 33:4; 시 104:3), 전지(사 40:13), 능력(삿 14:6, 19; 사 11:2; 슥 4:6), 편재(시 139:7)와 같은 하나님으로서의 특징을 갖고 계신 것으로 나타난다.

어떤 학자들은 구약의 성도들이 성령님이 성품을 갖고 계신 분임을 이해하지 못했다고 주장하지만, 그 반대를 입증하는 증거가 얼마든지 있다. 구약을 연구하면 성령님이 성품의 흔적을 드러내고 계심을 밝혀준다. 그분은 감정을 갖고 계신다. 이사야 63장 10절은 이스라엘이 "주의 성신을 근심케 하였다" 고 말씀한다. 인격이 아닌 힘이나 영향력은 근심하지 못하고 오직 성품을 가진 존재만이 가능하다. 그분은 마음을 갖고 계신다. 이사야는 성령의 지혜, 총명, 지식을 이야기한다(11:2). 느헤미야는 하나님이 저희를 가르치기 위해 '주의 선한 신을 주셨다' 고 말한다(느 9:20). 그리고 성령님은 에스겔에게 무엇을 말해야 할지 알려주셨다(겔 11:5). 성령의 독특한 성품은 이사야 48장 16절에 충분히 나타났다. "이제는 주 여호와께서 나와 그 신을 보내셨느니라."

구약에서 성령의 사역. 구약 시대에 성령은 극도로 활동적이셨다. 성령은 우주의 창조에 개입하셨고(창 1:2), 계속해서 생명의 창조에 자신의 역할을 감당하셨다(욥 33:4; 시 104:30). 창세기 6장 3절에서는 성령이 불신자들에게 죄를 선고하심을 볼 수 있다.

성령은 성경을 영감했다. 사무엘하 23장 2절에서 다윗은 이렇게 말했다. "여호와의 신이 나를 빙자하여 말씀하심이여 그 말씀이 내 혀에 있도다." 스가랴는 이렇게 예언했다. "그 마음을 금강석 같게 하여 율법과 만군의 여호와가 신으로 이전 선지자를 빙자하여 전한 말을 듣지 아니하므로 큰 노가 나 만군의 여호와께로서 나왔도다." 느헤미야 9장 30절은 이렇게 말씀한다. "주께서 … 또 선지자로 말미암아 주의 신으로 저희를 경계하시되 …."

오늘날의 성도들은 성령님이 구약의 성도들 개인의 삶에서 지극히 활발하게 활동하셨다는 사실을 배우고 깜짝 놀랄 수도 있다. 우리는 성령님이 지혜를 전하고(느 9:20; 사 11:2), 인도하고(왕상 18:12; 사 30:1), 간구하게 하고(슥 12:10), 능력을 주심(슥 4:6)을 발견한다.

구약에서 성령의 능력 주심은 특히 두드러진 일이며 더 많은 언급이 필요한 부분이다.

성령은 다음과 같은 사람에게 섬기는 능력을 주시거나 가득하게 하셨다. (1) 장인, 브살렐(출 31:3, 35:30-31), (2) 지도자: 모세(민 11:17), 70인의 장로(민 11:25), 사사 옷니엘(삿 3:10), 사사 기드온(삿 6:34), 사사 입다(삿 11:29), 사사 삼손(삿 14:6, 19, 15:14), 사울 왕(삼상 10:10, 11:6, 19:23), 다윗 왕(삼상 16:13), (3) 선지자: 발람(민 24:2), 아사랴(대하 15:1), 스가랴(대하 24:20), 에스겔(겔 3:24, 11:5). 제사장과 왕은 모두 기름 부음을 받았는데 이는 성령의 능력이 그들에게 임하여 이러한 능력을 갖게 됨을 상징한다(출 29:7; 삼상 10:1, 16:13; 왕상 1:39). 성령이 개인에게 기름 부은 능력은 제거되거나(사울, 삼상 16:14), 평생 유지될 수 있었다(다윗, 삼상 16:13).

구약에서 성령의 영원한 내주는 에스겔 36장 27절의 새 언약과 관련된 문맥을 제외하면 명백하게 가르쳐지고 있지 않다. "또 내 신을 너희 속에 두어 너희로 내 율례를 행하게 하리니 너희가 내 규례를 지켜 행할지라." 따라서 성령은 구약의 성도들에게 개별적인 목적으로 오시기는 했어도 그들에게 영원히 내주하기 위해 오시지 않았다는 사실이 일반적으로 받아들여지고 있다. 성령이 개인들에게 찾아오시고 또 떠나신 사실을 말하고 있는 구절들이 이 견해를 지지하기 위해 자주 인용되고 있다(삿 3:10, 6:34; 삼상 10:10, 16:13-14). 그러나 그러한 예들은 하나님이 한 임무를 위해 능력을 부어주시는 사실을 언급하는 것으로 보는 것이 옳은 것이며, 성령의 영원한 내주에 의문을 제시하는 것으로 보는 것은 타당하지 않다. 심지어 다윗마저도 하나님께 "주의 성신을 내게서 거두지 마소서"(시 51:11)라고 호소한 것은 자신이 왕의 직무를 수행할 수 있게 하는 성령이 부어주신 능력이 사울에게서와 같이 자기에게서도 떠나가지 않게 되기를(삼상 16:13-14) 두려워했던 것으로 이해하는 것이 타당할 것이다.

많은 복음주의 학자들은 성령이 실제로 구약의 성도들을 거듭나게 하고 그 안에 영원히 내주하셨다고 주장한다. 카이저 2세(W. C. Kaiser Jr.)는 자신의 탁월한 저서 「*Toward Rediscovering the Old Testament*(Grand Rapids: Zondervan, 1991)」에서 이 입장을 강력하게 지지하면서 그와 연관된 난제들을 다루고 있다. 오늘날 성도들에게는 성령이 영원히 내주하시는 은혜가 주어졌음은 의심의 여지가 없다(롬 8:9).

고안

A. 들어가는 글

1. "던커크의 기적"을 읽어주라.
2. 배경 설명 : 스가랴는 다섯 번째 환상 가운데 황금 등대와 두 감람나무를 본다. 그 감람나무에서 기름이 등대로 흘러가는 것은 성령의 능력이 민족의 지도자들(감람나무 가지)인 여호수아와 스룹바벨에게 임함을 상징한다. 이 기름 부음 받은 자들과 그들이 대변하는 왕과 제사장의 직무는 성령이 자신의 능력과 은혜를 그 민족에게 전하는 통로(관)다. 이 환상은 성전 재건 사역(인간이 보기에 너무 힘든)은 성령의 능력으로 완성될 것을 나타낸다.
3. 적용 : 우리는 이 장에서 하나님은 어떤 일이든 가능하시다는 것을 다시 한 번 깨닫게 된다. 그 어떤 과제나 장애물 혹은 난관도 하나님의 계획을 가로막을 수는 없다. 성령(기름으로 상징되는)님은 성도들이 하나님의 뜻을 수행하도록 능력을 부어주시고 우리가 영적으로 어두운 세상에 증인(빛)이 되도록 기름을 부어주신다. 우리에게 주어진 일이 비록 작아보일지라도 우리가 그것에 순종할 때 주님을 기뻐하신다.

B. 본문 이해

1. 환상: 등대와 두 감람나무(4:1-3)
2. 환상에 대한 천사의 해석: 하나님의 능력(4:4-7)
3. 하나님의 능력은 성공을 보장한다(4:8-10)
4. 두 감람나무에 대한 천사의 해석: 섬길 능력(4:11-14)

C. 결론: 선교여행 중에 비행기를 구한 그리스도인

토의 질문

1. 구약에서의 성령의 사역 가운데 본 장에서 특히 강조되고 있는 것은 무엇인가?

2. 당신은 당신이 속해 있는 공동체, 직장(혹은 학교), 가정, 사회 집단 안에서 어떻게 그리스도의 빛이 되겠는가? 이러한 자리에서 당신이 할 수 있는 일들을 구체적으로 말해보라. 당신의 증거를 방해할 수 있는 행동이나 태도에는 어떤 것들이 있겠는가?

3. 당신은 하나님이 그 나라를 위해 당신에게 하라고 주신 일이 하찮은 것처럼 느껴진 적이 있는가? 스가랴 4장은 이런 생각에 대해 어떻게 말하는가?

4. 당신은 보통의 그리스도인들이 날마다의 삶과 예배 가운데 성령님을 의지하고 있다고 생각하는가? 왜 그렇게 생각하는가?

스가랴 5-6장

죄로 인한 파멸과 패배

"만일 죄가 그 죄값을 즉시 치른다면 그 정도로 매혹적이지 않게 될 것이다."

- 저자 미상

스가랴는 5장과 6장에서 세 개의 환상과 대제사장 여호수아가 쓴 면류관을 보게 된다. 여섯 번째 환상에서 선지자는 죄의 심판(저주)이 기록된 커다란 두루마리가 하늘을 날아가는 것을 본다. 일곱 번째 환상은 천사가 바벨론으로 옮기고 있는 에바(곡식을 담는 바구니) 안에 있는 한 여인(사악함의 상징)의 모습을 그리고 있다. 여덟 번째이자 마지막 환상은 서로 다른 색깔의 말이 예루살렘 밖에 있는 골짜기로 끌고 있는 네 개의 전차를 보여준다. 이 병거는 자기 백성을 대적하는 이들에게 임하는 하나님의 심판을 상징한다. 6장은 대제사장 여호수아가 면류관을 쓰는 모습으로 마무리된다. 자기 보좌에 앉아 다스리는 제사장의 모습은 왕이자 제사장인 메시아에 의해 하나가 된 두 직분을 상징적으로 가리킨다. 그분은 마지막에 죄를 물리치고 그 흔적을 소멸하실 것이다.

Zechariah

들어가는 글

콜롬바인 고등학교의 비극

1999년 4월 20일은 콜로라도 주의 평화로운 작은 마을인 리틀톤(Littlton)에 있는 콜롬바인(Columbine) 고등학교 학생들에게 여느 날과 다름없이 시작되었다. 그러나 그날은 미국 역사상 전무후무한 날이 되고 말았다. 오전 11시 20분경(점심시간이라 식당이 붐볐다) 정신 이상을 보인 두 학생이 반자동 권총과 엽총 그리고 폭약으로 중무장을 한 채 마치 자신이 코만도라도 되는 양 콜롬바인 고등학교와 그 안에 있는 사람들을 향해 공격을 감행했다. 검은 바바리코트를 입은 에릭 해리스(Eric Harris)와 딜런 크레볼드(Dylan Klebold)는 먼저 주차장에서 총을 발사하여 두 명을 살해했다. 그리고 학생식당에 들어선 그들은 피하려고 몸을 던지는 학생들을 향해 난사했다. 마지막으로 이 두 명의 졸업반 학생은 점심시간을 이용해 50여 명의 학생들이 모여 공부하고 있던 위층 도서관으로 진입했다.

이 살인범들은 그들을 모두 죽이겠다고 협박하고 운동선수들에게 일어서라고 명령했다. 어떤 학생은 자기 책상에서 살해되었다. 총을 든 범인들은 웃음을 터트리고 자신들이 마치 대단한 일이라도 하는 양 자신들에 의해 희생당한 이들을 비웃었다. 12시 30분 마침내 두 범인이 자신들을 향해 총구를 겨눈 상태에서 마지막 총성이 울렸다. 이 사건으로 학생 12명, 교사 1명, 그리고 범인 2명이 숨을 거두었다. 10명의 희생자와 2명의 범인이 도서관에서 발견되었다. 이들 희생자 외에 24명의 학생이 인근에 있는 6개의 병원으로 나뉘어 이송되었고, 160명은 현장에서 치료를 받았다. 이 콜롬바인 고등학교 총격사건은 고등학교에서 일어난 총기사고로는 미국 역사상 가장 많은 희생자를 낸 총격사건이 되었다.

그 공포의 와중에서도 이런저런 영웅담이 빛을 발했다. 교사 중 유일하게 희생당한 데이브 샌더스(Dave Sanders)는 학생들에게 복도 아래로 피하라고 가리키는 동안 두 발을 맞았다. 15세의 대니얼 로어버그(Daniel Rohrbough)는 다른 학생들이 피할 수 있도록 비상구 문을 붙잡고 있다가 총을 맞았다. 동료 학생들에 의하면 범인 가운데 한 명이 활동적인 크리스천인 캐시 버날(Cassie Bernall)에게 총을 겨누고 이렇게 물었다고 한다. "너 하나님을 믿냐?" 그녀는 용감하게 대답했다. "그래, 난 하나님을 믿어." 그리고 그 즉시 범인이 바로 코앞에서 총을 발사하여 이 말은 그녀가 남긴 마지막 말이 되었다. 그녀의 장례식장에서 목사는 그 자리에 모인 2,000명의 추도객들에게 이렇게 말했다. "캐시는 순교자로 죽음을 맞이했습니다. 그녀는 순교자가 가는 명예의 전당에 들어갔습니다." 그 사고가 있기 몇 주 전에 범인들에게 복음을 증거한 레이첼 스코트(Rachel Scott)는 학교 정문 바로 밖에서 자리에 앉아 성경을 읽다 총에 맞았다. 어떤 보도에 의하면 그녀 역시 총에 맞기 전에 하나님을 믿느냐는 질문을 받았다고 한다.

이런 비극이 일어날 때 세상은 어떻게 이런 일이 일어날 수 있느냐며 울부짖는다. 도대체 무엇이 유복한 가정에서 자란 두 젊은이로 하여금 이런 비참한 행동을 하도록 만들 수 있을까? 세상 사람들은 콜롬바인 참사에 대해 수많은 해설을 늘어놓았지만 성경적인 가치관을 가진 사람들은, 비록 충격을 받았기는 하지만 그 사건을 올바로 이해할 수 있다. 비록 많은 요소들이 개입되어 있지만 콜롬바인 고등학교에서 일어난 참사와 다른 많은 악행들의 근본 원인은 바로 성경이 죄라고 부르는 그것이다. 우리는 스가랴 5장과 6장에서 죄가 개인과 국가에 미치는 참혹한 결과를 보게 된다. 그러나 본문은 죄를 쳐부수고 궁극적으로 그것을 종식시킬 메시아에 대한 예고로 개선을 알리며 끝을 맺는다.

본문 이해

죄로 인한 파멸과 패배

Main Idea	죄는 개인과 국가에게 참혹한 결과를 가져오지만 메시아(왕 - 제사장)는 죄를 이기고 그 공포의 굴레를 끝장내실 것이다.

A. 죄의 저주: 날아가는 두루마리(5:1-4)

Supporting Idea	앞뒤로 죄의 저주가 가득 적힌 날아가는 두루마리는 하나님의 법을 어긴 사람에게 미칠 죄의 결과를 상징한다.

5:1. 스가랴는 자신에게 주어진 여섯 번째 환상 가운데서 날아가는 **두루마리**를 보았다. '두루마리' 로 번역된 히브리어는 메길라(megillah)로, 이는 문자적으로 '돌돌 말린 것' 을 의미한다. 그런 이름이 붙은 이유는, 옛날 책들은 오늘날과 같은 형태가 아니라 파피루스(식물의 껍질)나 동물 가죽(양피지)에 기록한 다음 그것을 서로 이어 붙여 긴 두루마리 형태로 만들었기 때문이다. 그런 다음 그 양 끝을 둥글게 말아서 보관했다. 그것을 읽을 때는 한쪽 끝에서부터 다른 쪽으로 펼쳐 가며 읽었다. 오늘날에도 유대인 회당에서는 손으로 기록한 율법 두루마리를 낭독한다. 유대인들은 메길라의 복수 형태인 메길롯(Megilloth)을 구약 가운데 아가, 룻기, 예레미야애가, 전도서, 에스더의 다섯 책을 가리키는 전문 용어로 사용하면서 특별한 유대인 명절 때 낭독한다. '날아가는' 은 두루마리에 선언된 것들이 급하고 신속하게 다가오는 것을 가리킬 수도 있다. 아마도 그 두루마리는 운동장이나 해변에서 꽁무니에 광고 현수막을 달고 날아가는 비행기처럼 사람의 머리 위로 날아가 시선을 끌었던 것으로 보인다.

5:2. 다섯 번째 환상에서처럼(4:2) 천사는 선지자에게 무엇을 보느냐고 물었다. 그 두루마리는 크기가 커서 **장이 이십 규빗이요 광이 십 규빗**(길이가 9미터, 폭이 4.5미터)에 이르렀다. 히브리어 원문에는 그 두루마리의 크기가 규빗이란 단위로 나타나 있다(KJV, NKJV, NASB, NRSV). 1규빗은 약 45센티미터 정도다. 이 두루마리의 치수는 회

막 안에 있는 성소의 크기(출 26:15-25)와 솔로몬 성전의 현관(낭실)의 크기(왕상 6:3)와 동일하다. 이러한 숫자상의 일치가 어떤 의미를 갖는지 구체적으로 명시되어 있지 않지만, 많은 주석가들은 이 유사한 치수는 심판이 '하나님의 집' (벧전 4:17), 곧 하나님의 백성인 이스라엘에서 시작함을 암시하는 것이라고 추측한다. 또 다른 가능성은 하나님의 심판이 그분의 거룩한 성품에 근거하여 이루어질 것이라는 내용이다.

그 두루마기의 크기를 잴 수 있었던 것을 보면 그것이 펼쳐진 것이 분명하다. 그 펼쳐진 두루마리는 그 내용이 읽을 수 있는 것이었고 누구나 그 경고를 읽을 수 있을 정도로 크기가 컸다. 그리고 그 두루마리가 컸던 것은 하나님의 법을 아주 많이 범하였음을 상징하는 것으로 볼 수 있다.

5:3. 죄는 그 범죄자에게 가혹한 결과(저주)를 온 지면에 두루 행한다. 이 즉각적인 적용은 스가랴 시대의 백성들이었지만, 언젠가 온 세상 모든 사람들이 하나님의 법에 의해 심판을 받게 될 것이다. 이스라엘이 약속의 땅에 막 들어갈 무렵 모세는 이렇게 경고했다. "내가 오늘날 복과 저주를 너희 앞에 두나니 너희가 만일 내가 오늘날 너희에게 명하는 너희 하나님 여호와의 명령을 들으면 복이 될 것이요 너희가 만일 내가 오늘날 너희에게 명하는 도에서 돌이켜 떠나 너희 하나님 여호와의 명령을 듣지 아니하고 본래 알지 못하던 다른 신들을 좇으면 저주를 받으리라" (신 11:26-28).

이스라엘이 그 믿음을 지킬 때 주어지는 구체적인 은총은 국가의 번영, 많은 열매, 대적에의 승리, 하나님의 백성으로서의 특별한 관계 그리고 때에 맞는 비였다(신 28:1-14). 저주에는 경제적 궁핍, 열매 맺지 못함, 질병, 기근, 곡식에 돌림병이 걸림, 적에게 패배함 그리고 포로로 잡혀감이다(신 28:15-68).

오늘날도 개인과 나라는 축복이냐 저주냐, 두 가지 선택의 기로에 서 있다. 하나님의 법을 순종하면 복(기쁨, 평화, 천국 등)이 오고 그것을 불순종하면 모든 비참한 죄의 저주가 온다. 인간의 문제는 예수님을 제외하고 모두 하나님의 법이 요구하는 것을 완전히 지키지 못했다는 데 있다. 따라서 모든 사람은 율법의 저주(심판), 곧 영적 죽음 아래 놓이게 되었다(롬 6:23). 그러나 우리는 "그리스도께서 우리를 위하여 저주를 받은 바 되사 율법의 저주에서 우리를 속량하셨" (갈 3:13)음을 알고 기뻐할 수 있다. 메시아이신 예수님은 십자가 위에서 우리의 죄의 형벌(저주)을 지셨고, 그럼으로써 우리는 그 죄값에서 해방될 수 있게 되었으며, 장차 죄 그 자체로부터 벗어나게 될 것이다.

여기서 도적질과 맹세, 두 가지 죄가 특별히 언급되었다. 그러나 그 두루마리는 너무나 크기 때문에 십계명(출 20:1-17)은 물론이고 모세오경의 613가지 율법(랍비들이 내세우는 숫자) 전부를 담을 수 있을 것이다. 도적질과 거짓되이 하나님의 이름으로 맹세하는 것은 인간이 그 율법 전체를 범하는 것을 가리킴이 분명하다. 이는 야고보 사도가 말한 것과 같다. "누구든지 온 율법을 지키다가 그 하나에 거치면 모두 범한 자가 되나니"(약 2:10). 도적질(십계명 중 8계명)은 인간에 대한 범죄(5-10계명)를 대표하며 맹세(3계명)는 하나님께 대한 죄(1-4계명)를 대표한다. 아마도 도적질과 거짓 맹세는 그 당시 가장 일반적인 범죄 행위였거나, 혹은 그 두 가지가 십계명 가운데 하나님과 인간에 대한 범죄에 속하는 것이기 때문에 선택되었을 수도 있다.

율법을 범한 자는 땅에서 **끊쳐질**(문자적으로 '깨끗이 씻기다' 혹은 '제거되다') 것이다. 그들은 그들의 행위가 그 두루마리에 기록된 것(하나님의 법)에 비추어 심판받을 때 유죄를 선고받을 것이다. 심판의 두루마리와 관련된 주제는 에스겔 2장 9-10절, 요한계시록 5장과 10장 2절이다.

5:4. 하나님의 법을 어긴 자는 심판으로 말미암는 죄의 저주를 피할 수가 없다. 하나님의 심판은 그것을 어긴 자(**도적**과 하나님의 **이름을 가리켜 망령되이 맹세한** 자)가 자기 집 돌담 가운데 숨어도 추적할 것이다. 사실상 하나님의 심판은 너무도 철저하여 그 집 자체가 비록 **돌**로 되어 있어도 불살라지게 될 것이다. 하나님의 말씀은 분명히 이루어진다. 카이저는 이렇게 적절한 주석을 달았다. "범죄는 스가랴 시대에 값을 치른 것도 아니고, 앞으로도 값을 치르지 않을 것이다. 이것은 사법부나 변호사들이 범죄자들을 올바로 다루느냐에 상관없는 일이다. 범죄자들은 하나님의 심판을 받게 될 것이다"(Kaiser, 「*Mastering the Old Testament*」, p. 337).

여기서 스가랴는 본서의 시작 부분에서 설정된 주제(1:2-6)로 돌아간다. 축복이 소나기처럼 부어지기 전에 반드시 죄의 회개가 선행되어야 한다. 이스라엘은 회개하고 국가의 회복과 성전의 재건 그리고 국가의 번영을 보증하는 하나님의 축복을 받았다. 어떤 주석가들은 여기서 그 땅에서 죄가 제거되는 것을 장차 임할 메시아 왕국의 예고로 본다(3:9-10).

B. 악함과 그 제거: 에바 안에 있는 여인(5:5-11)

Supporting Idea	유다의 악함(에바 안에 있는 여인으로 대변됨)은 그 나라를 멸망으로 이끌었고 결국 그들을 포로로 만들었다. 포로생활 가운데 그 백성들은 회개했고 바벨론의 우상숭배의 관행을 벗어났다.

5:5-6. 이제 천사는 스가랴에게 일곱 번째 환상에 나오는 에바를 주목하게 했다. '에바'는 히브리어를 그대로 음역한 것이다. 에바는 곡식의 양을 재는 단위로 한 에바는 1/10호멜이며, 액체의 용량을 재는 단위인 한 밧과 동일하다(겔 45:11). 또한 10오멜과 같은 분량이다(출 16:36). 한 에바는 오늘날 표준 단위로 22리터 정도에 해당한다. 여기서 말하는 에바는 한 에바 분량의 바구니를 말한다.

천사의 말에 의하면, 그 에바는 이스라엘의 **모양**(혹은 죄악 iniquity, NIV)을 상징한다. 히브리어 원문 역시 그들의 외형(KJV, NKJV) 혹은 '그들의 생김새'(NASB)로 되어 있다. 이 말의 번역은 상당히 난해하지만, 스가랴가 본 바구니는 그 백성의 죄악됨을 상징하는 물건('모양')을 의미하는 것으로 볼 수 있다. 계량용 바구니는 죄를 상징하는 적당한 표현이다. 왜냐하면 비양심적인 상인들은 순진한 고객을 속이기 위해 부정직한 도량형을 사용하기 때문이다(레 19:36; 신 25:14; 잠 20:10; 겔 45:10; 암 8:5).

5:7. **둥근 납 한 조각**은 '납으로 만든 뚜껑'(NIV)으로 이는 '납 한 달란트'를 말하는 것이다. 만일 그렇다면 그 무게는 대략 30킬로그램 정도 된다. 그 뚜껑이 열리자 선지자는 한 여인이 **그 바구니** 안에 앉아 있는 것을 보았다. 한 에바가 들어가는 바구니 안에 여자 한 명이 들어갈 수는 없음이 분명하다. 그 바구니 크기가 보통 것보다 무척 크거나 아니면 그 여인이 그 바구니 안에 들어갈 수 있을 정도로 무척 작아 30킬로그램 무게의 납으로 만든 뚜껑을 가두어 놓을 수 있었거나 둘 중 하나였을 것이다.

5:8. 스가랴는 그 여인이 악이라는 말을 들었다. 아마 여기서 죄가 여인으로 대변된 것은 '악함'에 해당하는 히브리어가 여성형이기 때문일 것이다. 다른 한편으로, 만일 우상숭배가 여기서 말하는 그 죄이거나 가장 중대한 죄로 여겨진다면 여인의 모습이 나타난 것은 쉽게 이해가 될 것이다. 창녀는 우상숭배를 상징하는 모습으로 자주 사용되었으며(렘 2:20; 겔 16:15, 23:7; 호 9:1; 계 17:1), 그 죄는 영적 간음을 상징하는 것으로 간주되었다. 이 해석은 그 여인이 시날 땅(NIV는 바벨론으로 번역함)으로 쫓겨간 것(11

절)과 일치한다. 왜냐하면 유다의 우상숭배가 그곳에서 정화되었기 때문이다. 분명히 이 여인은 도망하려고 애썼고 다시 한 번 그 나라에 재앙을 내리려 했을 것이다. 그래서 천사는 그녀를 도로 에바 속으로 던져 넣어야 했다. 나중에 에스라, 느헤미야, 말라기는 동료 유대인들 사이에서 초기 우상숭배의 문제와 직면하게 된다(스 9:1-2; 느 13:23-27; 말 2:11).

5:9. 이제 우리는 그 악한 여인을 처리할 다른 두 여인을 만나게 된다. 그들은 학의 날개 같은 강한 날개로 바람을 일으키며 신속하게 내려와 (그 날개에 바람이 있더라) 에바를 하늘 높이 들고 올라갔다. 이 두 여인은 그 이야기에 장식으로 삽입된 것에 지나지 않으며, 황새 또한 팔레스타인에서 흔한 새다.

5:10-11. 죄는 온 나라를 유린하여 죽음, 도시의 멸망, 성전의 황폐화, 포로로 잡혀가는 등의 형상을 가져왔다. 그러나 바벨론의 유대 백성은 회개하고 용서를 받았다(슥 3:4). 이 구절에서 우리는 그들에게 죄 사함이 베풀어지는 놀라운 모습을 보게 되는 것 같다. 왜냐하면 악함이 던져졌기 때문이다. 스가랴는 그 악한 여인이 유다가 최근에 포로로 잡혀 있던 시날 땅(바벨론)으로 옮겨졌다는 말을 들었다. 시날은 바벨론의 옛 이름으로(창 11:2) 인간의 교만, 반항 그리고 우상숭배와 다름없던 바벨탑이 있던 곳이다(창 11:9). 아마 시날이 선택된 것은 그 안에 담긴 사악한 의미 때문일 것이다. 바벨론에 있는 집의 제 처소에 머물게 되리라는 말은 이스라엘에서 영원히 악이 제거됨을 말한다.

'집' 은 하나님의 집인 성전(NASB)을 가리키는 것일 수도 있다. 그리고 제 처소에 머물게 하리라는 구절은 우상 신상의 받침대를 가리키는 것일 수도 있다. 만일 후자가 옳다면 그 여인이 우상숭배를 의미한다는 사실을 더 확실히 지지하게 된다. 우상숭배는 이스라엘 백성이 바벨론에 포로로 잡혀 있는 동안 제거되었다. 유대인들이 고향에 돌아왔을 때 우상숭배는 귀양지에 남겨져 있었다. 우상숭배는 포로기 이후의 유대인들에게도 조심해야 할 위협이 되긴 했지만 일반적으로 포로기 이전만큼 성행한 적은 없었다. 멀리 바벨론의 동상에 혼자 새겨진 우상숭배하는 여인은 거짓 신의 무익함과 능력 없음을 분명히 보여주는 것이다. 우상숭배는 바벨탑 사건 때 시날에서 시작하였다가 이제 그곳에서 남겨지게 되고 말았다.

만일 여기서 악이 영원히 제거되는 것이 보인다면 미래에 대한 적용의 예언도 반드시 존재할 것이다. 왜냐하면 죄 없는 세상은 오실 메시아를 기다리고 있기 때문이다. 더욱이 카이저가 지적한 것처럼, "바벨론이 이 마지막이 가까운 세대에 맡은 종말론적인 역할을 고려할 때 악이 바벨론으로 이전된 것은 선과 악 사이의 최후의 갈등을 예비하는 것으로 볼 수 있다" (Kaiser, 「*Mastering the Old Testament*」, p. 340).

C. 열방의 심판: 네 병거(6:1-8)

Supporting Idea	열방은 자기가 지은 죄에 대해 심판을 받을 것이다.

6:1. 하나님은 여덟 번째이자 마지막 환상 가운데 자기 백성을 괴롭힌 나라들에 대한 심판을 발하셨다(1:18-21, 2:8-9 참조). 스가랴는 두 산 사이의 골짜기를 질주하는 네 병거를 보았다. 여기 사용된 병거에 해당하는 히브리어는 보통 전투용 마차를 가리키며, 따라서 그들의 임무인 심판이 착수되었음을 보여준다. 넷이란 숫자는 나침반의 네 방위를 가리키는 것으로 그 심판이 우주적임을 암시한다(6:5-8 참조).

'두 산' 이란 말의 앞에 히브리어 정관사가 붙어 있는데, 이는 두 개의 구체적인 산이 보인다는 의미다. 스가랴가 지금 있는 곳은 예루살렘이므로 이 산은 예루살렘과 관계가 있다. 가능성이 있는 산은 세 곳인데, 시온산, 감람산 혹은 모리아산(성전이 세워진 산)이다. 많은 주석가들은 이 두 산을 감람산과 시온산으로 간주한다. 기드론 골짜기가 바로 그 사이에서 발원하고 있다.

놋(황동, NIV는 청동 bronze로 번역)은 종종 심판과 연계된다. 예를 들어, 회막 뜰에서 속죄 제물을 드리는 번제단은 그 위에 놋쇠를 입혔다(출 27:2-6). 이 제물은 그것을 바치는 사람 대신에 그 동물에게 하나님의 심판이 임하는 것을 나타낸다. 그리스도의 '주석' 같은 발(계 1:15, 참조 계 2:18)은 악에 대한 결정적 승리(심판)를 상징하는 것이다. 따라서 이는 심판이 이 산, 곧 예루살렘에 거하시는 하나님께로부터 나왔음을 선언하는 것이다.

6:2-3. 네 병거는 각각 건장하고 색깔이 있는 말들이 끌고 있었다. 첫째 병거는 홍마들이, 둘째 병거는 흑마들이, 셋째 병거는 백마들이, 넷째 병거는 어룽지고(적이 박힌, 혹은 얼룩무늬가 있는, KJV는 적갈색) 건장한 말들이 메었는지라. 창세기 31장 10, 12절에 의하면 야곱의 양 가운데 이 무늬가 있는 것들이 있었다.

우리는 앞에서 스가랴의 첫 번째 환상에 나오는 붉은색, 갈색, 흰색의 말들이 상징하는 의미를 살펴보았다(1:8). 그보다 훨씬 더 흥미 있는 병행 구절이 요한계시록에 나오는데 요한계시록 6장에는 스가랴의 여덟 환상과 분명한 유사점을 보이고 있으며 흰색, 붉은색, 검은색, 청황색 말이 등장한다. 두 본문은 네 마리 말을 언급하고 있으며, 각기 세상에 대한 하나님의 심판을 수행하러 가고 있다. 두 본문 모두 백마, 홍마, 흑마가 등장한다. 만일 스가랴서의 아롱진 말이 밝은 회색 점이 찍힌 말이라면 요한계시록의 청황색 말과 연결되는 것으로 볼 수 있을 것이다.

환상을 이루는 구성 요소들은 대개 상징적인 의미를 갖는다. 따라서 이 말의 색상은 어떤 의미를 갖고 있다고 할 수 있다. 붉은색(피의 색)은 하나님의 백성의 대적들을 향한 심판으로서 전쟁을 가리킨다(계 6:4 참조). 백마는 정복과 관련되어 있고(계 6:2, 19:11, 14) 여기서는 하나님이 그 대적을 물리치심을 가리킨다. 만일 본문의 흑마가 요한계시록 6장 5-6절의 흑마와 같은 의미라면 그 둘은 기근(또한 기근과 관련된 죽음도 가능)을 의미하는 것으로 볼 수 있다. 어떤 주석가들은 아롱진 말이 온역과 같은 돌림병을 가리킨다고 본다. 그러나 색상의 정확한 의미보다는 말이 이끄는 병거가 열국에 대한 심판임을 간과해서는 안 된다.

6:4-5. 이제 천사는 스가랴가 본 환상을 해석한다. 네 바람은 '네 영'(NIV)으로 번역될 수도 있는데 후자가 더 정확하다고 본다. 왜냐하면 이 영들이 주 앞에 모셨다가 나가는 것은 천사를 가리키는 것이 분명하기 때문이다(눅 1:19; 계 8:2 참조). 비록 앞에서 언급되지는 않았지만, 이 천사가 병거를 끄는 것이 분명하다. 그들은 땅을 심판하기 위해 하나님께로부터 보내심을 받았다. 하나님의 주권은 온 세상의 주라는 구절에서 강조되고 있다.

6:6. 이 천사들 가운데 적어도 셋은 구체적인 지역이 할당되었다. 흑마가 이끄는 병거는 북편 땅, 곧 바벨론으로 갔다. 백마는 '그 뒤를 따르거나'(KJV, NASB) 서편(NIV)으로 갔다. 만일 '그 뒤를 따르다'가 옳다면 북편에 있는 바벨론을 공격하기 위해 합류한 백마와 흑마의 두 병거는 그 땅에 대한 심판이 훨씬 심각함을 가리키는 것이다. 어룽진 말은 애굽을 심판하기 위해 남편 땅으로 서둘러 갔다. 동편이나 홍마에 대해서는 아무 언급이 없으나 아마도 홍마는 동편 나라들을 심판하러 갔을 것이다. 만일 그렇다면(그리고 NIV에서처럼 백마가 서편으로 갔다면) 나침반의 네 방위가 모두 포함되게 된다.

반면, 본문에 명백히 기록된 방위는 이스라엘의 최대 적인 바벨론과 애굽이 있는 북쪽과 남쪽이다. 바벨론과 애굽은 메대 - 페르시아 연합군과 그 뒤를 이은 침략자들을 통해 심판받았다. 어느 나라도 그 옛 영광을 남기지 못했다.

6:7-8. 땅에 두루라는 구절은 그 심판의 임무가 온 세상에 미침을 강조하는 것이다. 흑마가 이끄는 병거가(그리고 어쩌면 백마가 끄는 병거 역시) 바벨론에 대한 심판을 수행할 때 이 범죄한 나라를 향한 하나님의 진노가 누그러들었다(내 마음을 시원케 하였느니라). 바커에 의하면, "북방에 대한 정복이 선언됨으로써 모든 대적에 대한 승리가 확실시 되었다"(Barker, p. 637). 이 마지막 환상은 스가랴 시대의 이스라엘의 적에 대한 심판을 이야기하지만 그 함축적 의미는 그리스도의 재림 때 있을 미래의 바벨론에 대한 종말론적 심판에 적용됨을 암시한다(계 14:8, 16:19, 18:2, 10, 21).

D. 메시아에 대한 예언: 면류관을 쓴 여호수아(6:9-15)

Supporting Idea	왕 - 제사장이신 메시아는 십자가에서 죄를 이기시고 언젠가 그 존재 자체를 멸하실 것이다.

6:9. 이제 스가랴의 환상은 끝이 났고, 본 장은 실제 역사적 사건인 여호수아의 대관식 장면으로 마무리된다. 여기서 우리는 친숙한 예언의 형식인 **여호와의 말씀이 임하다**는 구절과 만나게 된다. 이 구절은 구약에 100회 이상 등장하고 스가랴서에 6회 등장한다(1:1, 7, 4:8, 6:9, 7:1, 8, 참조 7:4, 8:1, 18). 스가랴에게 주어진 이 메시지는 극적인 요소들을 포함하게 될 것이다(11:4-17 참조).

6:10. 헬대, 도비야, 여다야는 아직도 바벨론에 포로로 잡혀 있는 유대인들로부터 받은 선물을 갖고 도착했다. 비록 그 남은 유대인들은 귀환을 선택하지 않았지만 자기 고국에 관심을 갖고 있었고 사랑하던 성전을 다시 짓는 일에 도움이 되기를 소원했다(15절). 오늘날에도 많은 유대인들은 이스라엘에서 거주할 것을 선택하지 않지만 그곳에서 일어나고 있는 일에 깊은 관심을 보이고 있으며 여러 가지 방법으로 이스라엘 국가를 지원하고 있다. 이날에라는 구절은 포로들이 귀환한 날 혹은 환상을 받은 날을 가리키는 것으로 보인다. 하나님은 스가랴에게 요시아의 집에서 그 손님들을 만나보라고 명하셨다. 요시아는 그 조상의 이름이 거명되고 그 집에서 만남이 주선된 것으로 보아

저명한 인사임이 분명하다. 어떤 주석가들은 요시아를 네 번째 포로 가운데 한 명으로 거론하지만 그가 예루살렘에 집을 갖고 있었다는 사실은 그가 이미 그곳에 살고 있었음을 보여준다.

6:11. 스가랴는 이제 매우 이상한 일을 행하라는 말을 듣는다. 그 일은 페르시아 정부가 보기에 역모 행위로 간주할 수 있는 위험한 것이었다. 하나님은 선지자에게 포로들이 가져온 은과 금으로 면류관을 만들라고 명하셨다. '면류관'에 해당하는 말은 히브리어로 복수(KJV 'crowns')였지만 여기서는 하나의 면류관을 의미하는 것이다. 왜냐하면 면류관은 머리(여호수아의)에 쓰는 것이고 14절에서는 히브리어 단수 동사 형태(두다)와 함께 사용되었기 때문이다. 히브리어에서 복수는 여러 부분으로 구성된 물건을 가리키는 데 사용되기도 한다. 예를 들어, '얼굴'에 해당하는 히브리어를 살펴보면 얼굴은 항상 여러 구성 요소들이 모여 있는 것이기 때문에 항상 복수로 사용된다. 따라서 스가랴의 면류관은 두 가지 귀금속(은과 금)으로 만들어진 면류관이고, 여러 개의 고리나 원으로 구성되었음이 분명하다.

면류관은 왕이 쓰는 것이지만 여호수아는 왕이 아니라 제사장이었다. 사실 여호수아는 이스라엘 율법상 적법한 왕이 될 수 없었다. 왜냐하면 왕은 유대 족속, 특별히 다윗의 가문 출신이어야 했다. 제사장인 여호수아는 그와 전혀 다른 혈통인 레위 지파였고, 다윗이 아니라 아론의 후손이었다. 스가랴의 동료들은 경악을 금치 못했을 것이다. 왜냐하면 그런 행위는 말도 안 되는 일이었기 때문이다. 더욱이 만일 스가랴가 여호수아로 하여금 자신을 이스라엘의 왕으로 선포하도록 부추겼다면 페르시아 정부의 분노가 나라 전체에 미치게 될 것이다. 물론 스가랴는 그럴 의도가 전혀 없었다. 계속해서 보게 되겠지만, 여호수아의 대관식은 순전히 상징적인 행동에 지나지 않는다. 파인버그(Feinberg)는 11절은 구약에서 히브리어 알파벳이 모두 포함된 26개 구절 가운데 하나라고 지적한다(Feinberg, 「*God Remembers*」, p. 81).

6:12. 3장 8절에서처럼 순은 메시아의 호칭이다(사 4:2; 렘 23:5, 33:15; 슥 3:8, 6:12; 참조 사 11:1). (순에 대한 자세한 내용은 스가랴 3장의 심층 연구를 보라.) 따라서 여호수아의 대관식은 오실 메시아의 상징으로 설명된다. 자기 곳에서 돋아난 순은 메시아가 자기 땅 이스라엘에서 자라나실 것을 의미한다. 어쩌면 열방에 대한 심판에 관한 스가랴의 환상 뒤에 메시아의 대관식 예언이 바로 등장한 것은 의미심장한 일이다. 메시아는

인간의 반역이 진압되기 전까지는 세상 모든 백성들에게서 주님으로 받아들여지지 않을 것이다.

6:13. 이 구절에는 메시아와 그분의 통치에 관한 세 가지 중요한 사실의 윤곽이 드러난다. 첫째, 메시아는 미래의 여호와의 전을 건축할 것이다. 스가랴의 열정적인 유대인 동포들은 두 번째 성전을 건축하는 일에 열심을 내고 있었다. 그러나 메시아가 통치하실 때는 그보다 훨씬 더 거대한 건물이 세워지게 될 것이다(겔 40-43장; 미 4:1 참조). 메시아가 새 성전을 건축할 것이라는 사실은 그 의미를 강조하기 위해 반복되었다.

둘째, 그분은 세상을 다스리실 것이다. 영광(위엄 - NIV, 존경 - NASB)은 하나님 혹은 왕의 광채를 가리키는 말로(대상 16:27, 29:25; 시 96:6) 두 가지 속성 모두 거룩한 왕이신 메시아에게 적용된다. 예수님이 처음 이 땅에 오실 때 아무도 모르게 오셨다. 그분의 탄생은 몇몇 목자들과 지혜 있는 이들에게만 선포되었다. 그분은 살면서 부당한 대우를 당하고, 거절당하고 결국 죽임을 당하셨다. 겨우 소수의 제자들만이 그분을 하나님이 보내신 메시아로 인정했다. 그러나 그분이 영광 중에 다시 오실 때 모든 백성들은 그분이 받으시기에 합당하신 존귀와 영광을 돌릴 것이다. 사도 바울이 선포한 것처럼 "이러므로 하나님이 그를 지극히 높여 모든 이름 위에 뛰어난 이름을 주사 하늘에 있는 자들과 땅에 있는 자들과 땅 아래 있는 자들로 모든 무릎을 예수의 이름에 꿇게 하시고 모든 입으로 예수 그리스도를 주라 시인하여 하나님 아버지께 영광을 돌리게 하셨느니라" (빌 2:9-11).

메시아의 보좌(위)는 새 성전 안에 있을 것이다. 에스겔이 묘사한 미래의 제단은 그 지성소 안에 언약궤(하나님의 임재의 상징)가 없는 것이 특징이다(겔 41:3-4). 메시아 왕국에 언약궤가 필요 없는 이유는 하나님이 친히 메시아 안에서 우리와 함께 거하시고 성전 안 거룩한 곳에서 다스리실 것이기 때문이다.

셋째, 메시아는 제사장이자 곧 왕이실 것이다('그 위에서 다스릴 것이다'). 유대의 왕은 반드시 유다 지파 가운데 태어나야 했고, 제사장은 레위 지파 출신이어야 했다. 그런데 어떻게 제사장이 왕이 되어 다스릴 수 있는 것일까? 메시아이신 예수님은 유다 지파이며 다윗 가문의 후손이기 때문에 적법한 왕이 되실 수 있다. 비록 그분은 레위 지파 출신은 아니지만, 히브리서 기자는 예수님이 제사장 멜기세덱의 반차를 좇는 대제사장이기 때문에 우리의 대제사장이 되실 수 있다고 설명한다(히 7:1-17; 참조 창 14:18-20).

역사상 다른 그 누구도 이 두 직분을 하나로 할 수(이 두 사이에 평화의 의논이 있으리라) 없었다. 예수님은 십자가에서 자기 자신을 속죄 제물로 드림으로써 대제사장의 사역을 수행하셨다(히 9:11-14). 그리고 왕으로서 우주를 다스리신다. 이 놀라운 예언과 시편 110편은 장차 오실 다윗 왕가의 왕께서 동시에 제사장이심을 말해주는 구약의 두 핵심 구절이다.

6:14. 스가랴의 청중은 그의 행동이 상징적이며 여호수아가 실제로 예루살렘의 보좌에 앉아 세상을 다스릴 의도가 없다는 것을 이해했다. 따라서 **그 면류관**은 여호수아의 머리에서 벗겨져 **성전** 안에 두어 언젠가 그 적법한 소유자이신 메시아가 오실 것을 기념하게 되었다. 역사적으로 이 면류관은 바벨론에서 선물을 들고 먼 길을 찾아온 포로들의 헌신을 기념하는 증거로서의 역할을 한다. 헨('은혜로운 자')은 요시아(둘은 같은 아버지를 둠, 10절)의 다른 이름으로, 이렇게 불리는 것은 자기 집 손님들에게까지 너그러운 환대를 베풀었기 때문일 것이다.

6:15. 유대인 포로들이 먼 바벨론으로부터 스룹바벨의 성전을 짓기 위해 돌아온 것처럼 지구상 도처의 백성들(참조 2:11, 8:22; 사 2:2-4, 56:6-7, 60:1-7)이 미래의 메시아가 세울 **성전**을 위하여 준비할 것이다(13절을 보라). 메시아가 와서 이 예언들이 성취될 때, 모든 이들은 **만군의 여호와가 나[메시아]를 보내신 줄을 알게** 될 것이다. 미래의 성전과 메시아 시대라는 문맥에 비추어볼 때, 여호와가 보내신 자는 오직 메시아뿐이며 그분의 주장은 그분이 오실 때 세상이 눈으로 확인하게 될 것이다. **여호와의 말씀을 청종**하는 이들은 이 놀라운 새 세계를 함께 소유할 것이다. 하나님은 참 신자들이 성령이 부어주시는 능력으로 끝까지 믿음을 지킬 것을 확신시켜주실 것이다.

Main Idea 복습	죄는 개인과 국가에게 참혹한 결과를 가져오지만 메시아(왕 - 제사장)는 죄를 이기고 그 공포의 굴레를 끝장내실 것이다.

결론

죄란 무엇인가?

죄라는 개념은 오늘날 세속화된 사회에서 점점 더 인기 없는 것이 되어가고 있다. 예전에는 잘못된 것으로 여겨졌던 것이 이제 정상적이고 용납할 만한 것으로 간주되고 있다. 사람들이 점점 나쁘게 행동하는 것은 그들이 그렇게 되도록 프로그램되어졌거나 어떤 것이 부족해서라는 주장이 종종 제기된다. 그렇지만 인간의 악은 죄를 있는 그대로 인식하기 전까지 결코 깨닫거나 고쳐질 수 없을 것이다. 고 칼 메닝거(Karl Menninger)는 자신의 저서 「무엇이 죄가 되는가(*Whatever Became of Sin?*)」에서 죄는 진짜로 존재하는 실체라고까지 주장했다.

> 유명한 정신과 의사는 현대 사회가 죄라는 단어 없이 그 문제를 풀고 도덕에 대해 이야기하려 한다고 개탄했다. 그는 현대 문명에 도덕적 반향을 불러일으키고, 외과의사, 정신과의사 그리고 일반 대중에게 전염병처럼 퍼져가는 우울증과 심리적 불안을 해결하기 위해서는 죄가 무엇인가에 대한 이해를 되살려야 한다고 확신했다(Paul Lee Tan, 「*Encyclopedia of 7,700 Illustrations*」, Rockville, MD: Assurance Publishers, 1979, pp. 1284-85).

스가랴서 5장과 6장은 죄는 정말로 실재하는 것이고 참혹한 결과를 가져오는 것이라고 가르친다. 우리는 날아가는 두루마리 환상 가운데서 죄가 개인과 국가에 저주를 가져온다는 사실을 다시금 깨닫게 된다. 만일 회개가 없으면 범죄한 행동의 결과는 피할 수 없는 것이다. 유다와 예루살렘은 그 백성 가운데 퍼진 '악'으로 인하여 각각 포로로 잡혀가고 폐허가 되었다. 병거의 환상은 심판이 세상의 범죄한 나라에 반드시 임할 것이라는 진리를 전한다. 그러나 본문은 죄를 물리치고 우리를 죄에서 건져내실 메시아에 관한 영광의 예언으로 절정에 이른다. 메시아의 제사장으로서의 사역(십자가에서 희생제물이 되심)은 우리를 죄의 형벌(영적 죽음)에서 건져주실 것이며, 그분은 왕으로서 죄의 존재 자체를 멸하실 것이다.

■ 진리 알기

- 죄는 개념이 아니라 실재다.
- 죄는 개인과 국가에 참혹한 결과를 초래한다.
- 회개와 그리스도에 대한 믿음이 없이는 죄의 궁극적 형벌인 영적 죽음을 피할 수 없다.
- 우리가 예수 그리스도를 우리의 주와 구세주로 영접할 때 하나님은 우리의 죄를 다시 돌아오지 못하도록 제거해주신다.
- 죄를 범한 나라는 심판을 받을 것이다.
- 메시아(그리스도)이신 예수님은 우리의 제사장(구세주)이자 왕이시다.

■ 적용하기

- 우리는 반드시 깨어서 죄의 참혹한 결과로부터 우리 삶을 지켜야 한다. 당신으로 하여금 생각이나 행동 가운데 죄를 짓도록 유혹하는 TV 프로그램, 영화, 인터넷 사이트 혹은 잡지들을 멀리하기로 결단하라.
- 당신의 자녀에게 죄악된 습관(마약, 부도덕함, 세속주의 등)의 위험에 대해 경고하라. 당신의 자녀가 잘 알고 있는 배우나 가수 혹은 운동선수나 그 밖에 다른 유명인사들에게 미친 죄의 끔찍한 결과를 보여줌으로써 더욱 생생하게 경고할 수도 있을 것이다.
- 만일 당신이 아직도 회개하지 않은 죄가 있다면 지금 당장 회개하고 십자가에서의 그리스도의 대속의 죽음으로 말미암아 가능해진 용서를 받으라.
- 메시아이신 예수님이 죄악을 끝장내기 위해 오실 것을 인해 하나님께 감사하라.

삶의 적용

나 같은 죄인 살리신

카를라 페이 터커(Karla Faye Tucker)는 1959년 11월 18일 태어났다. 그녀는 일곱 살 때 마리화나를 피우기 시작했고 열 살 때 헤로인에 손대기 시작했다. 십대를 지나고 성년이 되어서는 마약과 폭력단에 빠져들었고 결국 매춘에도 빠졌다. 1983년 6월 카를라는 마약에 취한 남자 친구와 아파트에 뛰어들어 텍사스 주 역사상 가장 으스스한 살인 사건을 일으켜 무명인사에서 악명 높은 인사가 되었다. 그 충격적인 범죄로 카를라는 사형을 선고받았다. 그녀는 자신이 살아온 끔찍한 죄악된 삶의 값을 치르고 있었다.

그러나 이야기는 거기서 끝난 것이 아니다. 카를라는 해리스 카운티(Harris County) 교도소에서 재판을 기다리는 동안 한 기독교 예배에 참석하여 인형극을 관람했다. 그녀는 교회에 다니지는 않았지만 감방에 혼자 남겨져 있고 싶지 않았던 것이다. 그날 밤 늦게 성경을 읽던 그녀는 죄를 깨닫고 무릎을 꿇고 하나님께 용서를 빌었다. 1983년 이 너무나 악한 젊은 여인은 그리스도 안에서 새로운 피조물이 되었다.

그리고 이어지는 기간 동안 그녀의 삶은 하나님의 변화시키는 능력을 증거하고 있었다. 예를 들어, 사형 집행 날짜를 한 달도 채 남기지 않은 때 CNN의 래리 킹(Larry King)과 사형수 병동에서 이야기하는 도중 킹은 그녀에게 언제까지나 그렇게 기분 좋게 있을 수 있을지를 물어보았다. 그녀가 그렇다고 대답하자 킹은 말했다. "거기에 대해 좀 더 설명해주셔야겠어요. 그건 하나님도 하실 수 없습니다."

그녀는 설명했다. "아니에요. 그럴 수 있어요. 그건 하나님이 주신 기쁨이에요. 난 용서가 무엇인지 알아요. 비록 그렇게 끔찍한 짓을 저질렀지만 말이에요. 하나님이 나를 용서하셨고, 또 나는 예수님이 십자가에서 행하신 것을 받아들였기 때문에 그것을 알 수 있습니다. 내가 이곳을 떠나면 그분과 함께 있을 거예요."

카를라의 재판은 사형제도의 당위성에 대한 논쟁을 불러일으키는 시발점이 되었고 전국적인, 아니 전 세계적인 이목을 끌었다. 그녀의 간증을 통해 온 세계 사람들이 그리스도에 대해 알게 되었다. 카를라는 최후 진술을 통해 희생자의 가족들에게 진심으로 유감을 표했고, 자신이 곧 예수님을 대면하게 될 것이라는 확신을 보여주었다. 1998년 2월 3일, 카를라 페이 터커의 사형 집행이 텍사스 주 헌츠빌(Huntsville) 교도소에서 거행되었다.

카를라의 이야기는 죄의 참혹함(그녀에게 희생당한 사람들과 그녀 자신에게)뿐 아니라 회개하고 그리스도를 믿게 될 모든 이에게 소망의 교훈을 생생하게 보여준다. 그녀의 삶은 우리의 자비로우신 하나님의 은혜가 얼마나 크고 놀라운지(찬송가 405장)를 보여주는 증거다. 죄의 용서로 천국에 가게 되는 것은 십자가 위에서 자신을 죄의 제물로 드린 메시아의 제사장 사역으로 인하여 가능하게 되었다.

카를라와 같은 끔찍한 행동을 저지른 사람은 얼마 되지 않지만 우리 모두는 셀 수 없이 많은 방식으로 죄를 지었고, 하나님의 용서를 필요로 하고 있다. 비록 죄가 모든 것을 파괴하지만 그리스도께서 죄를 이기시고 언젠가 그 영향력에서 우리를 구해주실 것을 아는 것이 얼마나 기쁜 일인가!

기도

하늘에 계신 사랑의 하나님, 죄가 우리 삶과 우리 주위 사람들의 삶에 얼마나 위험하고 치명적인 것인지 잊지 않도록 도와주시기 바랍니다. 또한 하나님을 거스려 죄를 짓게 만드는 상황에 빠지지 않게 조심하고 그 자리를 피할 수 있도록 도와주시기 바랍니다. 우리의 크신 대제사장 예수님 메시아께서 행하신 일로 인해 우리의 죄를 용서받을 수 있음을 감사드립니다. 예수님 이름으로 기도합니다. 아멘.

심층 연구

A. 1규빗은?(5:2)

스가랴는 장이 이십 규빗이요 광이 십 규빗인 날아가는 두루마리를 보았다. 규빗은 이스라엘과 고대 근동 지방에서 사용한 표준 도량형이었다(비록 시대와 장소에 따라 조금씩 수치가 변하기는 했지만). 히브리어 규빗은 구약에 대략 250여 회 정도 등장한다. 그 첫 등장은 노아의 방주를 기록한 치수이며(창 6:15), 스가랴서의 경우(본 절에만 등장)는 가장 마지막으로 사용된 용례 가운데 하나다.

1규빗은 성인의 팔꿈치에서 가운데 손가락까지의 평균 길이로, 대략 45센티미터 정도다. 이 치수의 확인은 '실로암 비문' (현재 이스탄불 박물관에 소장됨)을 통하여 알 수 있다. 이 비문은 주전 701년 바로 전에 히스기야 왕이 수행한 굴착공사를 기록하고 있다. 앗수르의 침공이 임박한 상태에서 기혼 샘에서 예루살렘 성벽 근처(혹은 안쪽)에 있는 실로암 연못까지 갱도를 뚫어 물을 흐르게 하는 일이었다. 그 비문(수로 안에서 발견됨)에 의하면 이 물길의 길이는 1,200규빗이었다. 고고학자들이 그 수로의 길이를 측량한 결과 525미터였고, 따라서 1규빗은 45센티미터 정도였음을 보여준다.

B. 구약의 천사(5:5, 10, 6:4-5)

천사는 스가랴서에서 현저하게 주목을 끄는 존재로, 천사라는 단어는 21회 등장한다(구약 전체의 1/5). '천사' 로 번역된 히브리어는 '말락(mal'ak)' 으로 기본적으로 '전달자' 란 의미를 갖고 있다. 말락이 등장한 215회는 대략 하나님의 사자 혹은 천사와 인간의 전달자(삼상 11:3)로 절반씩 나눌 수 있다. 말라기란 이름은 '내 전달자' 란 의미다. 천사는 또한 '하나님의 아들들' (욥 1:6, 2:1, KJV, NKJV, NASB), '권능 있는 자들' (시 29:1, 89:6), '거룩한 자' (시 89:5, 7; 단 4:13, 17, 23, 8:13)로 불리었다. 하나님은 하나님을 섬기고 경배하도록 하기 위해 천사들을 창조하셨다(시 103:20-21, 148:2). 영인 그들은 일반적으로 사람에게 보이지 않으나 인간에게 모습을 드러내기도 하고 심지어 인간의 형상을 입기도 했다(창 19:1-22). 구약에는 서로 다른 천사의 등급이 언급되어 있다. 그룹(겔 1:4-14, 10:19-22)과 스랍(사 6:2)은 동일한 존재의 다른 호칭으로 보이는데, 천사 가운데 가장 높은 지위이며 하나님의 보좌 앞에 서 있다.

천사들은 거룩한 천사와 악한 천사(귀신)로 나뉜다. 선한 천사 가운데 둘의 이름이 성경에 나오는데, 가브리엘(단 8:16, 9:21; 눅 1:19, 26)과 미가엘(단 10:13, 21, 12:1; 유 9; 계 12:7)이다. 악한 천사 중에서는 그들의 우두머리인 사탄만 이름이 알려졌다(사탄에 관한 자세한 내용은 스가랴 3장의 심층 연구를 보라). 추정하기는 사탄이 하나님께 반역할 때 모든 천사들의 영적 상태가 결정되어진 것으로 보인다. 사탄을 따른 천사들은 영원히 저주를 받고, 하나님께 진실되게 남아 있던 천사들은 복을 받았다. 선지자 다니엘은 천사가 수행한 전쟁에 대한 베일을 살짝 들추어 우리에게 그 일면을 조금이나마 엿볼 수 있게 해주었다(단 10:12-11:1).

그 이름이 암시하듯 천사는 하나님의 뜻을 인간에게 전하는 일을 하는 거룩하고 능력 있는 존재다. 이들은 또한 성도들을 지키고(왕하 6:8-17), 하나님의 뜻을 수행한다(시 103:20; 슥 1:10-11). 천사들은 하나님의 개별적인 피조물로 무제한의 수명과 초자연적인 능력을 갖고 있다. 구약에서 '여호와의 사자'란 구절은 일반 천사라기보다 하나님 자신(그리스도의 성육신 이전의 모습)을 가리키는 경우가 많다(여호와의 사자에 대한 자세한 내용은 스가랴 3장의 심층 연구를 보라).

결론적으로 하나님의 천사들은 능력 있는 존재이며, 같은 그리스도의 일꾼으로 우리의 존경과 감사를 받을 자격이 있는 존재들이다. 천사들은 고상한 존재이긴 하지만 예배의 대상이 되지는 못한다(계 19:20, 22:9). 그들은 인간과 마찬가지로 절대자 하나님의 피조물에 불과하다. 천사들은 오늘날에도 성경 시대와 마찬가지로 인간을 돕는다. 우리는 천국에 가기 전까지는 그들이 우리를 어떻게 돕고 있는지 알지 못할 것이다.

C. 스가랴서에 나오는 죄와 관련된 단어들

구약은 아람어로 기록된 몇 개의 장들을 제외하면 모두 히브리어로 기록되었다. NIV나 KJV와 같은 영어 성경은 히브리어 원문을 번역한 것이다. 히브리어는 매우 묘사적인 언어로, 그 가운데서 죄를 뜻하는 여러 낱말들을 발견하게 된다. 이 단어들은 각기 조금씩 다른 어감과 의미를 전한다. 이 낱말에 대한 연구는 죄의 본질을 더 정확하게 이해하는 데 도움이 될 것이다. 스가랴는 이 중요한 용어 가운데 몇 가지를 사용하고 있다.

첫째, 히브리어 라(ra')와 그 여성형 라아(ra'ah) 그리고 연관된 동사 라(ra'a')는 스가랴서에 모두 6회 등장하고 구약 전체에는 750회 등장한다. 본질적으로 이 말들은 육체적이든 도덕적, 영역이든 나쁜 것 혹은 나쁜 행동을 의미한다. 그래서 이 용어는 스가랴 1장 4절(2회)과 8장 17절에서는 '악' 으로, 1장 15절에서는 '고난' 으로, 8장 14절에서는 '재앙을 내리다' (동사)로 번역되었다. 라(ra')는 창세기 37장 33절에서 '악한 짐승' 으로까지 사용되었다. 이 용어가 물질 세계의 나쁜 것들을 의미할 수 있음을 이해한다면 이사야 45장 7절의 "나는 빛도 짓고 어두움도 창조하며 나는 평안도 짓고 환난도 창조하나니 나는 여호와라 이 모든 일을 행하는 자니라 하였노라" 는 선포를 설명하는 데 도움이 될 것이다. KJV는 환난도 창조하다를 '악도 창조하다' 로 번역하여 하나님이 도덕적 악이나 죄를 창조하시기도 한다는 인상을 전하였다. 문맥상으로 보면 그 본문은 하나님이 '재앙' 이나 물리적 심판을 사용하여 범죄한 백성들을 벌하신다는 의미로 이해하는 것이 옳다.

둘째, 히브리어 아원('awon)은 NIV의 스가랴 3장 4, 9절에서 '죄' 로, 5장 6절에서는 '불법(iniquity, 우리말 성경은 '모양' - 역주)' 으로 번역되었다. 이 낱말은 구약에서 232회 등장한다. 아마 아원은 '구부리다, 꼬다, 왜곡시키다' 를 의미하는 동사에서 파생되었을 것이다. 만일 그렇다면 이 말은 죄를 '하나님의 기준에서 벗어난 것이나 비틀린 것' 으로 설명하는 것이다(Richards, 「*Expository Dictionary of Bible Words*」, p. 566).

셋째, 리샤(rish'ah), 곧 '악함' 은 스가랴에서는 단 1회(5:8) 그리고 구약 전체에서는 15회 찾아볼 수 있다. 그러나 동일한 히브리어 어원에서 나온 다른 낱말들은 구약에 300회 이상 등장한다. '악함' 은 의와 반대되는 것이다(잠 12:3). 이사야는 악에는 안정함과 평강이 없다고 선언했다(사 57:20-21).

넷째, 히브리어 어근인 차타(chata')는 구약에 580회 등장한다. 놀랍게도 그 동사 형태는 스가랴서에 나오지 않지만 명사인 차타트(chatta' t)는 13장 1절에서 '죄' 로, 14장 19절에서 '벌' 로 번역되었다. 헬라어 하마르타노(harmartano)와 마찬가지로 차타의 기본적인 의미는 '표적에서 벗어나다' 이다. 사사기 20장 16절은 이 낱말의 기본 의미를 분명히 보여준다. 베냐민 자손 가운데 남은 700명의 군사는 '물매로 돌을 던지면 호리도 (표적에서) 틀림이 없는 자' 들이었다. 따라서 죄는 하나님이 사람에게 정하신 완전한 기준에서 우연히가 아니라 의도적으로 벗어나는 것이다. 사도 바울은 다음과 같이 우리를 깨우쳐준다. "모든 사람이 죄를 범하였으매 하나님의 영광에 이르지 못하더니" (롬 3:23).

다섯째, 파샤(pasha', '반역하다' 혹은 '범하다')는 스가랴서에는 등장하지 않지만 구약에서 죄를 의미하는 또 다른 핵심어다(41회). 그 낱말의 명사 형태는 93회 등장하는데, 그 의미는 '반역' 혹은 '일탈' 을 의미한다.

이상과 같은 용어들을 살펴본 결과 죄는 도덕적으로 나쁜 것, 하나님의 기준에서 벗어난 것, 의의 반대, 하나님이 정하신 표적(요구)에서 의도적으로 벗어난 것 그리고 하나님께 반역하는 것이라는 결론을 내릴 수 있다.

D. 바벨론인가 시날인가(5:11)

앞의 '본문 이해' 에서는 5장 11절에서 '시날' 로 번역된 히브리어가 '바벨론을 가리킨다' 고 지적했다. 바벨론을 뜻하는 이 고지명은 구약에 8회 등장한다(창 10:10, 11:2, 14:1, 9 NIV, KJV, NKJV, NASB, NRSV; 수 7:21 NASB, NRSB; 사 11:11; 단 1:2; 슥 5:11 KJV, NKJV, NASB, NRSV). 오스텔(H. J. Austel)은 이 낱말과 관련하여 다음과 같은 유용한 요약을 제공한다.

> 시날은 구약에서 남부 메소포타미아인 유프라테스 강과 티그리스 강 사이의 충적평야를 가리키는 말이다. 이 지역은 수메르인들에게 수메르(Sumer)와 아카드(Akkad)로 알려져 있었다. 그 지역은 나중에 바벨론으로 알려지게 된다. 70인역은 여덟 개의 본문 가운데 두 곳에서 시날을 바벨론으로 부른다(사 11:11과 슥 5:11).
>
> 창세기 10장 10절에서 영걸이자 폭군이었던 니므롯은 바벨, 에렉(수메르의 우르크), 악갓(혹은 아가데, Agade) 그리고 시날 땅 갈레에 자기 왕국을 세웠다. 그는 여기서부터 북쪽 앗수르로 진격했다. 반역한 인간이 유명한 바벨탑을 세워 하나님께 정면으로 도전한 것도 바로 이곳 시날 땅이었다(창 11:2). 다니엘 1장 2절

> 에서 느부갓네살이 하나님의 전에 있던 제기를 옮겨둔 곳도 이곳 시날 땅이었고, 이사야 11장 11절에서는 천년왕국이 세워질 때 다시 모인 이스라엘이 돌아갈 곳 중의 하나가 바로 시날이다. 스가랴 5장 11절에서 에바 안에 들어 있어 악에 골몰하고 있음을 상징하고 있는 여인(8절)은 그녀를 위해 신전이 세워진 시날 땅으로 옮겨졌다.
>
> 이 모든 지적은 시날이 사이비 종교와 참되신 하나님과 그분의 계시된 말씀을 향한 반역 위에 세워진 문화와 문명의 발전의 중심지이자, 전제 군주의 폭정과 하나님의 백성들의 대적들의 요람, 한 마디로 악의 화신임을 의미하는 것이다 (Harris, Archer, and Waltke, TWOT, 2:943).

스가랴가 이 용어를 선택한 것은 그 말이 담고 있는 암울한 분위기가 청중들에게 미칠 극적인 효과 때문임이 분명하다.

E. 청동인가 황동인가?(6:1)

KJV는 우리말 성경과 같이 '놋산'으로 번역한 데 반해 NIV는 '청동 산'으로 번역하고 있다. 대부분의 현대 번역들은 구약의 다른 부분에서도 히브리어 네호쉐트(nechoshet)를 '황동(놋)'이 아닌 '청동'으로 번역하고 있다. 이 두 금속은 구리를 주원료로 만든 서로 비슷한 금속이다. 청동은 구리에 주석을 섞어 만든 합금인 반면, 황동은 구리에 아연을 섞어 만든 합금이다. 청동은 일찍부터 개발되어 주전 3,500년경 티그리스 - 유프라테스 골짜기의 수메르인들에 의해 만들어졌다. 청동 제작은 주전 3,000년경 페르시아로(장식품, 무기 등에), 그리고 주전 2,000년경에는 애굽과 중국에 전해졌다. 그러나 황동은 주전 30년경에 처음으로 애굽에 그 모습을 드러냈고, 로마인들에 이르러 황동은 동전과 장식품 등에 광범위하게 사용되기 시작했다. 실제로 주전 20년경의 로마의 동전은 황동이 사용된 가장 오래된 증거 가운데 하나다. 이런 이유로 현대의 번역본들은 이 히브리어에 대한 번역으로 '황동'보다는 '청동'(혹은 몇몇 경우에는 '구리'로)을 선호한다.

고안

A. 들어가는 글

1. "콜롬바인 고등학교의 비극"을 읽어주라.
2. 배경 설명 : 스가랴 5-6장에서 선지자는 여덟 가지 환상 가운데 마지막 세 가지와 여호수아의 대관식 환상을 받는다. 날아가는 두루마리 환상은 하나님의 법을 어긴 모든 사람에게 미칠 피할 수 없는 결과를 경고한다. 일곱 번째 환상은 에바 바구니 안에 들어 있다가 영원히 바벨론으로 던져진 한 여인의 모습을 보여준다. 천사는 스가랴에게 그 여인은 '악'을 상징한다고 말한다. 유다의 죄, 특히 우상숭배의 죄는 바벨론으로의 포로 생활과 나라의 멸망이라는 결과를 빚었다. 그 포로기간 동안 백성들은 회개했고 그들의 우상숭배의 관습은 바벨론에 버려짐으로써 그들의 현재의 축복을 가능하게 만들었다. 여덟 번째 환상은 세상의 범죄한 나라들을 향한 하나님의 심판을 이야기한다. 6장은 성전 건축을 위한 선물을 갖고 바벨론에서 찾아온 사절단의 방문으로 끝을 맺는다. 하나님은 스가랴에게 그 포로들로부터 은과 금을 받아 면류관을 만들어 대제사장 여호수아의 머리에 씌우라고 명하셨다. 이 행동은 오실 메시아 아래에서 제사장과 왕의 직분이 하나가 될 것임을 상징하는 것이다. 따라서 선지자의 행동은 메시아에 대한 예언을 연극의 형태로 보여주는 것이다.
3. 적용 : 이 장은 죄가 개인과 나라에 미치는 참혹함을 강조한다. 하나님의 법을 어기고 회개하지 않는 개인은 죄의 결과로부터 피할 수 없다. 나라 역시 죄 때문에 멸망당한다. 유다의 악은 그 나라의 멸망과 포로로 잡힘을 가져왔었고, 나중에 결국 회개하고 민족이 회복될 수 있었다. 병거는 온 땅을 두루 다니며 범죄한 나라는 언젠가 그 죄에 대해 심판을 받게 될 것임을 경고한다. 본문은 놀라운 소망의 예언으로 마무리된다. 메시아의 십자가에서의 제사장으로서의 사역은 죄의 형벌을 이기실 것이다. 왕이신 메시아는 장차 죄의 존재 자체를 멸하실 것이다.

B. 본문 이해

1. 죄의 저주: 날아가는 두루마리(5:1-4)
2. 악함과 그 제거: 에바 안에 있는 여인(5:5-11)
3. 열방의 심판: 네 병거(6:1-8)
4. 메시아에 대한 예언: 면류관을 쓴 여호수아(6:9-15)

C. 결론: 죄란 무엇인가?

토의 질문

1. 죄의 저주는 무엇인가? 당신은 대부분의 사람들이 자기 죄가 천국에 들어가지 못하게 할 정도로 중대한 것이라고 믿는다고 생각하는가? 또 다른 죄의 결과를 말해 보라.

2. 하나님은 유다의 악을 바벨론으로 던져버리셨다. 이 원리를 하나님이 오늘날 성도들의 죄를 다루시는 방법에 어떻게 적용할 수 있겠는가?

3. 범죄한 나라의 운명은 무엇인가? 과거에 하나님의 심판을 경험한 나라들을 예로 들어보라.

4. 나사렛 예수님은 제사장과 왕으로서의 역할을 어떻게 성취하시겠는가? 예수님은 레위 자손도 아론의 후손도 아닌데 어떻게 제사장이라 불릴 수 있는가?

스가랴 7-8장

동기가 중요하다

"만일 그리스도께서 하나님이시며 나를 위해 죽으셨다면, 내가 그분을 위해 치른 희생은 그 어떤 희생도 보잘것없는 것이다."

- 넬슨 C. 힝크슨(Nelson C. Hinkson)

스가랴 7장과 8장은 금식에 관한 질문을 다루고 있다. 벧엘에서 온 유대인 사절단은 제사장과 선지자들에게 예루살렘과 성전의 멸망 및 그와 관계된 사건을 기념하기 위해 일정한 금식을 계속하는 것이 필요한지 문의했다. 분명 현재 진행중인 성전 건축이 이러한 질문을 제기하는 원인이 되었을 것이다. 그 질문은 백성들이 이 힘든 금식을 지키는 것에 지쳐 있고 그것을 끝내기를 원하고 있음을 암시한다. 하나님은 먼저 이 금식은 하나님이 명하신 것이 아니며, 이제 그 나라에 하나님의 축복이 돌아옴을 기뻐하는 축제로 바뀔 것이라고 대답하신다.

Zechariah

들어가는 글

요크 상사

앨빈 요크(Alvin C. York)는 1887년 12월 13일 내슈빌에서 150킬로미터 정도 떨어진 테네시 주의 폴몰(Pall Mall)이라는 작은 마을에서 태어났다. 테네시 산지에서 근근이 생계를 이어가고 있는 요크 일가에게 삶은 힘든 것이었다. 그는 주중에는 온 힘을 다해 일했지만 주말이 되면 폭음과 도박에 빠지고 말썽을 일으켰다. 그러나 1915년 설날 저녁에 앨빈은 한 부흥회에 참석했다가 예수 그리스도를 주로 믿고 고백했다. 그날 밤 그의 인생은 완전히 바뀌었다.

요크는 모범적인 시민이 되어 주일학교 교사로 가르치고, 교회에서 지휘자로 봉사했다. 요크는 사랑하는 그레이시 윌리엄즈(Gracie Williams)와 결혼할 계획을 세웠고, 1971년 징병 신체검사에 응하라는 통지서를 받았다. 그는 종교적 이유로 다른 사람을 살해하는 것을 온몸으로 반대했고, 파일(Pile) 목사님은 그에게 양심적 병역기피자가 되어 군 면제 기회를 찾아보라고 충고하셨다. 모든 탄원서가 기각된 후에 자기 의무를 다하기 위해 군대에 들어갔다.

요크는 자기에게 주어진 책임을 더 열심히 감당했다. 그는 뮤즈 - 아르곤(Muese-Argonne) 공세에서 82보병사단에 배치받았다. 1918년 10월 프랑스 아르곤 숲에서 언덕을 포위하고 있던 요크와 16명의 다른 부대원은 본대의 진격을 가로막고 있는 기관총 기지를 공격하라는 명령을 받았다. 분대원 가운데 9명은 죽거나 부상을 당했고 겨우 8명만이 남았다. 다른 7명도 쏟아지는 화력에 꼼짝도 못하거나 포획한 몇 명의 죄수를 지키고 있는 동안 요크 하사는 단독으로 기관총 기지를 공격했다. 엄청난 정확도로 적을 향해 사격을 가한 그는 25명을 죽이고 다른 이들에게 항복을 권유했다. 미군 기지로 돌아오는 길에 더 많은 독일군을 포획한 그는 장교 3명을 포함해 132명이라는 놀라운 죄수를 체포했다.

요크는 그 영웅적인 행위로 상사로 진급되었고, 수훈 십자훈장, 프랑스 게르 십자훈장, 의회 명예훈장을 비롯한 많은 훈장을 받았다. 프랑스의 마샬 페르디난드 포크

(Marshal Ferdinand Foch)는 요크의 위업에 대해 "유럽의 전군 가운데 사병이 해낸 일로는 가장 위대한 일"이라고 평가했다.

요크의 삶은 1941년 게리 쿠퍼(Gary Cooper)가 출연한 영화 〈요크 상사〉를 통해 영원히 남게 되었다. 그 영화는 워너브러더스사의 영화 가운데 전쟁 중 가장 많은 수입을 가져온 영화가 되었고, 게리 쿠퍼에게 아카데미 최우수 배우상을 안겨주었다. 그 영화 가운데 가장 기억에 남는 장면은, 요크가 다른 장교들과 함께 그 사건이 일어난 전쟁터를 순찰하고 있는 장면이다. 한 장교가 요크에게 왜 적군의 목숨을 뺏기로 마음을 바꾸었느냐고 물었다. 요크는 기관총이 수백, 아니 수천 명의 목숨을 앗아가는 것을 보고 어떤 희생을 치르고라도 그 기관총을 막아야 한다고 생각했다고 대답했다. 다른 말로 하면 그는 목숨을 구하기 위해 목숨을 빼앗은 것이다. 깜짝 놀란 장교는 절레절레 머리를 흔들며 말했다. "요크, 자네가 내게 한 말은 너무나 황당한 말이네." 그러나 앨빈 요크는 정당한 동기를 갖고 있었다.

우리는 스가랴서 7장과 8장에서 하나님을 섬기는 바른 동기와 잘못된 동기에 대해 배운다. 그리고 하나님이 자기 백성을 위해 행하시는 동기가 무엇인지 발견하게 된다. 본문을 연구하면서 당신이 하나님을 섬기는 동기는 무엇인지 생각해보라.

본문 이해

동기가 중요하다

Main Idea	하나님을 기쁘시게 하기 위해서는 하나님을 섬기는 올바른 동기가 필요하다. 하나님이 우리를 위해 행하시는 동기는 사랑의 관심(거룩한 질투)이다.

A. 동기 부족(7:1-3)

Supporting Idea	우리는 하나님을 섬기는 일에 지쳐서는 안 된다.

7:1. 스가랴서 7장과 8장은 금식과 관련된 문제를 다루고 있으며, 스가랴서의 다른 부분과 분명히 구별된 단위를 이루고 있다. 본문에는 다섯 개의 서로 다른 신탁이 규정되어 있는데, 각각은 (만군의) 여호와의 말씀이 임하여 이르시되라는 친숙한 구절로 시작한다(7:1, 4, 8, 8:1, 18). 다리오 왕 사년 구월, 곧 기슬래월 사일은 주전 518년 12월 7일일 것이다. 스가랴가 기록된 예언 사역을 시작한 후로 2년 가까이 흐른 것이다.

7:2. 벧엘 사람이 여호와께 은혜를 구하고, 아마도 제사를 드리기 위해 사레셀과 레겜멜렉이 인도하는 사절단을 보냈다. 벧엘은 예루살렘 북쪽으로 17킬로미터 떨어진 곳에 위치한 작은 마을이다. 이전에 벧엘은 이스라엘이 북쪽의 열 지파인 이스라엘과 남쪽 두 지파인 유다로 나뉠 때(주전 931) 여로보암 1세에 의해 세워진 사이비 종교 분위기의 제사 중심지 가운데 하나였다. 여로보암은 여호와 하나님을 섬긴다고 주장했지만 급속히 참 종교를 변질시켰다(왕상 12:25-33). 그는 새로운 금식일과 새로운 제사장 자격을 정하고 벧엘과 단에서 예배를 드리기 위해 예루살렘을 능가할 새 성전을 지었다. 더 나쁜 것은 이 새 성전에 새 종교의 상징으로 금송아지 우상을 들여놓은 것이다. 신성한 황소가 애굽의 대표적인 종교적 상징인 것에 비추어보면 이 우상은 그가 솔로몬 통치 하에 애굽에 망명했을 때 그곳의 영향을 받았던 것임에 틀림없다(왕상 11:40).

여로보암의 새 종교는 하나님의 말씀에 정면으로 배치되는 것이었고, 하나님이 보시기에 증오하시는 것이라고 성경이 분명히 정죄하는 것이었다. 여로보암은 '이스라엘을 죄에 빠뜨린' 혹은 죄를 '범한' 자라는 별칭을 거듭 들었다(왕상 15:30, 34, 16:26, 22:52 참조). 아모스는 벧엘로 가서 그 거짓 종교를 비난했고(암 7:10-13, 4:4), 호세아는 '하나님의 집' 이라는 뜻의 벧엘을 '악의 집' 이란 의미의 '벧아웬' 으로 불렀다(호 10:5). 그 뒤로 그 우상숭배의 중심지는 오랫동안 폐허가 되었고, 그러다 성도들이 벧엘에 많이 거주하게 되었다. 벧엘은 다시 한 번 진정한 '하나님의 집' 이 되었다.

사레셀과 **레겜멜렉**은 이방 이름으로, 이는 이들이 분명 바벨론에서 출생했음을 암시한다. 마찬가지로 그들은 20년 전 스룹바벨과 함께 고향으로 돌아왔었고 벧엘에 정착했다. 그들은 하나님의 인도하심을 구하기 위해(**여호와께 은혜를 구하고**) 예루살렘으로 올라왔다.

7:3. 이들은 **제사장들**과 **선지자들**에게서 여러 가지 금식에 관한 하나님의 말씀을 구했다. 구약 시대 때 하나님의 주요 대변인은 **제사장들**과 **선지자들**이었다. 제사장은 율법을 가르치는 선생이었다. 그들은 율법상의 분쟁에 결정을 내려주었다(신 17:8-9). 대제사장은 우림과 둠밈을 통하여 하나님의 특별한 인도하심을 받았다(출 28:30; 민 27:21). 악한 왕 헤롯조차도 성경상의 문제에 관해 제사장들에게 자문을 구하는 관습을 따랐다(마 2:4). 선지자들은 하나님께로부터 하나님의 뜻에 관해 직접 계시를 받았다. 이 회합에는 대제사장 여호수아와 학개, 스가랴 같은 선지자들이 포함되었을 것이다. 벧엘에서 온 사절단은 특정한 금식을 계속해야 하는지에 대해 알고자 했다.

3절에는 **오월**에 행한 **금식**만 언급되고 있지만 다른 금식 세 가지는 뒤에 구체적으로 언급된다. 이 금식들은 모두 예루살렘이 바벨론에 멸망당한 것과 연관되어 있다.

첫째, 5월 10일에 시행된 금식(7:3, 5, 8:19)은 주전 586년 솔로몬의 아름다운 성전을 포함하여 예루살렘이 불탄 것(왕하 25:9)을 기념하는 것이다. 현재 유대인들은 '압월 9일' (Ninth of Ab, 혹은 7/8월)이라는 이름의 특별한 날을 정하여 첫 번째(주전 586년)와 두 번째(주후 70년) 성전의 파괴를 애도하고 있다. 이날은 유대인에게 가장 비극적인 날이며 대속죄일을 제외하면 일 년 가운데 가장 큰 금식일이다.

둘째, 칠월(7:5, 8:19)에 유대인인 유대 총독 그달라야가 살해당하고 남은 이들은 도망했다(왕하 25:23-26; 렘 41:1-3). 파인버그는 "7월 3일은 여전히 정통 유대교에서 그달라야 금식일로 지켜지고 있다"(Feinberg, 「*Minor Prophets*」, p. 305) 라고 말한다.

셋째, 사월의 금식은 바벨론 사람들이 최후에 예루살렘 성벽을 무너뜨리고 성 안으로 들어온 날을 회상한다(왕하 25:3-4; 렘 39:2).

넷째, 시월 십일(8:19)은 느부갓네살이 예루살렘을 포위하기 시작한 날이다(왕하 25:1-2; 렘 39:2).

이 금식들은 국가가 제정한 것이지 하나님이 주신 율법에 포함된 것이 아니었지만, 백성들은 자신들이 그것들을 지켜야 할지 말아야 할지 하나님으로부터 말씀을 듣기 원했다. 현재 진행중인 성전 건축이 이런 질문을 촉발시켰음은 두말할 나위가 없다. 성전 건축은 이년 전부터 속개되었고, 이제 절반 정도 공정이 지났다. 백성들이 돌아오고 성전이 지어져감에 따라 많은 유대인들이 금식을 계속해야 할 필요가 있는지 의문을 품은 것이 분명하다.

유대 백성은 주전 586년부터 518년까지 여러 해 동안 금식을 지켜왔다. 한 해 네 차례씩 68년이라는 긴 세월 동안 이 옛날 사건을 애도하며 금식한 것이다. 그 행간을 읽어보면 그들의 질문은 그 백성이 이 부담스러운 금식을 지키는 데 지쳤고 그것을 끝내기를 원하고 있음이 배어 있다. 그 금식들이 지금 필요한 것인지의 여부를 떠나서 우리는 그들 마음에 그것을 지키고자 하는 동기가 거의 없다는 것을 느끼게 된다.

오늘날 많은 하나님의 성도들이 주님을 섬기는 일에 낮은 수준의 열의를 보이고 있다. 어떤 교회 식구들은 예배에 신실하지 못하고, 다른 이들은 교회 어느 곳에서도 봉사하거나 예물을 드리지 않는다. 목회자들은 사람들을 계속해서 '펌프질' 하는 데 종종 환멸을 느낀다. 심지어 신실하게 주님을 섬기는 이들조차도 '선을 행하다 낙심' (갈 5:9)할 수 있다. 어떻게 하면 지속적인 열의와 동기를 가질 수 있을까? 어떤 성도들에게도 가장 중요한 동기의 요소는 주님에 대한 사랑이다. 예수님이 분명히 말씀하신 것과 같다. "너희가 나를 사랑하면 나의 계명을 지키리라"(요 14:15).

B. 잘못된 동기(7:4-7)

Supporting Idea	하나님을 기쁘시게 하기 위해서는 우리의 섬김에 정당한 동기가 필요하다.

7:4-5. 여기서 또 다른 말씀이 **만군의 여호와의 말씀이 내게 임하여**란 구절과 함께 소개된다. 7장과 8장에 나오는 네 가지 금식 가운데 두 번째 금식인 이 금식의 이름은 일곱 번째 달의 금식이다. 앞에서 말한 것처럼, **칠월의 금식**(그리고 8:9)은 유대인으로서 유다 총독이었던 그달라야의 암살을 추모하는 것이다(왕하 25:23-26, 렘 41:1-3). 예레미야는 바벨론의 포로생활이 70년간 지속될 것임을 예언했는데(렘 25:11-12, 29:10), 주전 586년의 성전 파괴와 주전 516년 사이에 70년이 소요되었음은 주목할 만한 것이다. 예레미야의 예언을 알고 있던 백성들은 심판의 때가 완성되었으므로 이 금식들은 더 이상 필요 없게 되었다고 추론했을 것이다.

5-7절에서 여호와 하나님은 그 금식을 지키고 시행하는 일과 관련된 모든 사람들인 **온 땅의 백성과 제사장들**에게 세 가지 질문을 하신다. 첫째, 여호와 하나님은 마음을 찌르는 질문을 하신다. **너희가 칠십 년 동안 금식하고 애통하였거니와 그것이 나를 위하여 한 것이냐?** 유대인들은 반세기가 넘게 1년에 4일씩 스스로 음식을 삼가고 애도했다. 그러나 진짜 문제는 그 동기였다. 그들은 하나님의 명을 좇아 그렇게 행했는가, 아니면 스스로 그런 규례를 세웠는가? 대답은 후자였다. 율법에 규정된 금식일은 오직 하나, 대속죄일, 곧 욤 키푸르였다(레 16:29, 23:27, 29, 32). 그날 유대 백성들은 금식하고(겸손의 표현) 자기 죄를 슬퍼해야 했다. 대제사장은 희생제물의 피와 함께 지성소에 들어가 이스라엘의 죄를 대속하기 위해 언약궤(전통적으로 '시은좌' 로 불림, KJV, NASB, NRSV) 위에 그 피를 뿌렸다.

더 나아가 백성들이 이 금식을 지킨 것은 하나님을 사랑해서인가, 아니면 이기적인 이유에서인가? 이는 문제의 본질과 관련된 것으로 하나님의 질문은 후자가 그 답임을 암시하고 있다. 유대인들은 이기심의 발로로 자신들의 고국이 다시 한 번 번성하는 것을 보고 싶어했다. 그들은 예루살렘이 예전의 영광을 되찾는 것을 보고 싶어했고 훌륭한 성전에서 다시 한 번 제사 드리기를 고대했다. 그들의 금식은 하나님께 자신들의 나라를 회복시켜달라는 호소였다. 금식과 그런 소원 자체는 아무런 잘못이 아니었지만 꿈과 소망은 반드시 우리 자신이 아니라 하나님의 영광과 하나님의 나라에 초점이 맞추어져야 한다. 우리의 동기는 항상 다음 질문이어야 한다. 무엇이 하나님 나라에 가장 좋은 것이고 그리스도께 가장 큰 영광을 돌리는 것인가?

옛 이스라엘처럼 우리 역시 잘못된 동기를 가지고 무언가를, 때로는 매우 좋은 일들을 행한다. 우리는 우리의 말과 행동에 관하여 "그것이 정말 나를 위한 것이냐?" 고 물으시는 하나님께 무어라 대답할까? 당신이 주일학교에서 아이들을 가르치고, 지난 주일 예배에 참석하고, 찬양대에서 독창을 하고, 심지어 설교를 했어도 그것이 진정 주님을 위한 것이었을까? 재정을 위해, 병 고침을 위해 기도한 것이 과연 하나님의 영광을 위한 것이었을까? 카이저가 말한 것처럼 "모든 종교 행위는 하나님을 향한 믿음과 순종에서 나온 순수한 반응이어야 한다. 만일 그렇지 않으면 자기를 섬기고, 자기가 영광을 받고 결과적으로 자기 정죄에 빠지고 마는 것이다"(Kaiser, 「*Mastering the Old Testament*」, p. 355).

7:6. 여호와 하나님의 두 번째 질문은 첫 번째 질문의 이면이다. 그들은 이기적인 이유에서 금식했을 뿐 아니라 해마다 절기를 지키는 동기도 순수하지 못했다. 유월절과 초막절과 같은 절기들은 금식이 아니라 백성들이 먹고 마심을 통해 축하하는 축제였다. 많은 사람들에게 그 행사들은 단순히 즐거운 놀이이지 제사가 아니었다(마치 어떤 미국인들에게 성탄절이 그러하듯!). 스가랴의 말은 절대적인 단정은 아님이 분명하다. 많은 유대인들은 진정으로 금식하고 그 절기들을 순전한 마음으로 지켰지만 다른 이들은 그러지 않았다. 다음 구절에 비추어볼 때, 우리는 이런 태도가 포로기 이후 유다에 있던 사람들의 전형적인 특징인 것을 이해할 수 있게 된다.

7:7. 여호와 하나님은 세 번째 질문에서 스가랴의 청중들에게 헌신된 마음이 없이 행하는 예식에 주어지는 처벌을 깨우쳐주셨다. 이스라엘이 사람들로 가득하고 형통하였을 때 하나님은 이전 선지자로 예식 자체가 아니라 그들이 원하는 실체를 경고하셨다(사 1:11-17, 58:3; 호 6:6; 암 5:21-24). 스가랴의 동족들은 자기 주위를 둘러보기만 하면 그런 위선이 자기의 사랑하는 고국과 성읍과 성전과 민족에 가져온 폐해를 얼마든지 찾아볼 수 있었다. 예루살렘이 그 죄로 말미암아 무너졌다는 사실은 그 멸망이 하나님의 공의로운 심판의 결과이기 때문에(겔 24:15-27 참조) 그 멸망을 놓고 금식하는 것은 부당하다는 것을 암시하는 것으로 볼 수도 있다. 남방(NIV는 네게브, Negev로 번역, 문자적으로 '마른')은 브엘세바를 지나 시나이반도의 고지대로 내려가는 남부 팔레스타인의 건조지대다. 평원(NIV는 '서쪽 구릉 지대'로 번역, 'Shephelah')은 유대 지역의 언덕과 지중해 해안 평야 사이를 말한다. 별로 맘에 들지 않는 이 지역조차도 농경과 목축에 사용되면서 사람들이 거주했었다.

C. 올바른 동기(7:8-14)

Supporting Idea	삶과 섬김에 대한 올바른 동기는 진심으로 하나님의 뜻에 순종하는 것이다.

7:8. 7장과 8장의 다른 질문과 마찬가지로 스가랴에게 주어진 하나님의 세 번째 메시지는 여호와의 말씀이 임하다는 구절을 신호로 삼았다. 우리는 이기적인 목적에서 행하는 외형적인 종교적 행사나 종교 행위보다는 하나님을 위해 살고 그분의 말씀을 순종하는 가운데 그분을 섬기는 일을 동기로 삼는 것이 마땅하다. 물론 우리의 순종은 하나님을 사랑하는 마음에서 흘러나와야 한다. "하나님이 말씀하시고, 내가 그것을 믿으면 그것으로 충분하다"는 경구에 "이제 내가 그것을 행하리이다!"를 더해야 한다. 하나님은 11-14절에서 스가랴의 청중들에게 불순종의 결과로 지금 나라가 황폐해졌음을 상기시켜주셨다.

7:9-10. 하나님은 이 구절에서 하나님이 자기 백성에게 주신 네 가지 간단한 명령 가운데서 그들이 어떠한 삶을 살아야 할지 하나님이 기대하셨던 것들을 요약하셨다. 사도 요한이 말한 것처럼 "하나님을 사랑하는 것은 이것이니 우리가 그의 계명들을 지키는 것이라 그의 계명들은 무거운 것이 아니로다"(요일 5:3). 하나님의 명령은 이것이다. 진실한 재판을 행하라(법정에서 8:16), 피차에 인애[혹은 '신실한 사랑']와 긍휼을 베풀라, 불쌍한 사람을 이용해먹지 말고 남을 해하려 하여 심중에 도모하지 말라.

과부, 고아, 이방인 그리고 궁핍한 자들은 언약의 책에서 보호하고 있는 불쌍한 네 가지 계층이다(출 21-24장). 남을 해하려 하여 심중에 도모하는 것은 증오, 악의, 복수 그리고 음모를 꾸미는 일을 포함한다(8:17 참조). 이 네 가지 간단한 명령에 순종하면 그때나 지금이나 대부분의 사회적 문제가 해결될 것이다.

7:11-12. 스가랴는 자기 동포들에게 조상들의 악과 그에 대한 심판을 상기시킴으로써 그들이 여호와 하나님께 순종하도록 용기를 불어넣어주게 되기를 소망했다. 그들 조상의 완고한 고집은 다섯 가지 형태로 표현되었다. 청종하기를 싫어했다. 등을 돌렸다. 귀를 막았다. 마음을 돌같이 굳게 했다. 선지자를 통하여 전한 하나님의 말씀을 듣지 않았다. 이 얼마나 부끄러운 모습인가! 그들은 하나님께 등을 돌리고, 귀를 가리고, 그 마음을 굳게 했다. 그들은 기록된 말씀(율법)과, 여호와의 신으로 말미암아 영감을 주

시고, 선지자를 통하여 전하신 하나님의 메시지에 귀를 기울이려 하지 않았다. 하나님은 상상할 수 없을 만큼 참으시는 분이지만 그러한 행동은 그분의 거룩한 진노를 불러일으킨다.

7:13-14. 하나님이 그들에게 회개하라고 호소했음에도 그들이 하나님의 말씀을 듣기를 거부한 것처럼, 하나님은 바벨론 군대가 그 땅을 휩쓸 때 그들의 호소를 듣지 아니하셨다. 그들은 그런 와중에도 진정한 회개를 표하지 않았고, 오늘날의 많은 사람들처럼 하나님이 그 재앙으로부터 자기들을 건져주시기만을 원했다. 그들의 반역하는 마음의 결과는 포로생활과 아름다운(혹은 '탐이 나는') 땅, 혹은 이스라엘(다른 곳에서는 오직 렘 3:19; 시 106:24에서만 등장)이 황무하게 되는 것이었다.

D. 하나님의 동기(8:1-17)

Supporting Idea	하나님이 우리를 위해 행동하시는 동기는 자기 자녀를 향한 사랑의 관심(질투)이다.

8:1. 7장과 8장은 '만군의 여호와의 말씀이 임하다'는 구절을 신호로 나누어지고 있다. 하나님은 그 백성에게 불순종의 위험을 엄히 경고하셨지만 이제 신실한 귀환자들에게 위로와 격려가 되는 가슴 벅찬 메시지를 전달하신다. 하나님의 말씀은 한 마디로 심판은 끝이 났으며, 그들의 조국을 복 주시고 다시 세우시려고 계획하신다는 것이다. 스가랴 8장 1-17절은 "만군의 여호와가 말하노라"는 구절로 시작하는 일곱 개의 말씀(요약의 형태로 보임)으로 구성된다. 이제부터 우리는 이스라엘을 향한 하나님의 놀라운 약속을 발견하게 될 것이다.

8:2. 첫째, 하나님의 돌보심의 약속이다. 하나님은 유다를 위해 행하실 것을 약속하셨고, 그 행동의 동기는 시온을 위하여 크게 질투하며 그를 위하여 크게 분노함으로 질투하노라는 강조의 형태로 표현되었다. 하나님의 질투는 마치 사랑하는 남편이 자기 아내를 위험으로부터 보살피는 것과 같이 자기 백성을 향한 사랑의 관심을 말한다. (하나님의 질투에 관한 자세한 내용은 나훔 1장의 심층 연구를 보라.) 사실상 다른 약속들은 이 첫 번째 약속을 근거로 한 것들이다. 자기 백성을 향한 하나님의 사랑의 관심은 하나님으로 하여금 그들을 위해 행동하시게 이끈다.

8:3. 둘째, 하나님의 임재의 약속이다. 포로 이전 시대처럼 축복과 번영과 보호를 보증하는 하나님의 특별한 임재가 예루살렘에 임하게 될 것이다. 돌아왔은즉이란 구절은 히브리어 원문에서 최고의 강세로 표현되어 있다(이른바 '예언적 완료' 형태). 예루살렘은 진리의 성읍이라 일컬음을 받을 것이다. 왜냐하면 여호와 하나님의 진리가 그곳에서 퍼져나갈 것이기 때문이다. 그리고 성전이 위치한 산(만군의 여호와의 산)은 성산이라 일컫게 될 것이다. 왜냐하면 거룩하신 하나님이 그곳에 거하실 것이기 때문이다. 영적으로 이 예언은 그 나라의 회복과 성전(하나님의 집 = 처소)의 재건으로 성취되었지만, 그리스도의 재림 때 문자적으로 실현될 것이다. 오직 그때에만 진정한 의미에서 예루살렘은 '진리의 도성' 이 되고, 성전이 세워진 산은 '거룩한 산' 이 될 것이다.

8:4-5. 셋째, 평강과 안전의 약속이다. 영적 축복에는 물질적 복이 따른다. 백성들은 노년이 되어서도 안전하게 살 것이며, 그 땅은 많은 아이들이 길에서 아무런 두려움 없이 놀 수 있는 복을 받게 될 것이다. 바커에 의하면, "그 사회에서 가장 연약하고 보호막이 없는 구성원들도 안전하게 살 수 있게 될 것이다"(Barker, p. 650). 여기서 우리는 본 예언이 포로기 이후에 부분적으로 성취되었음을 발견할 수 있다. 그러나 완전한 평화와 안전은 메시아를 기다리고 있다. 우리로서는 오늘날 이스라엘에서 일어나고 있는 비극적 사건들을 보면서 이 예언이 속히 성취되기를 기도하는 수밖에 없다.

8:6. 넷째, 하나님의 능력의 약속이다. 이 놀라운 약속의 성취는 인간에게 불가능한 것으로(기이하게) 보이겠지만 만군의 여호와, 곧 전능하신 여호와 하나님께는 그렇지 않다. 하늘과 땅의 모든 권세(만군)들을 지으시고 명하시는 분에게 어려운 일이란 없다. 예수님은 마가복음 10장 27절에서 "사람으로는 할 수 없으되… 하나님으로서는 다 하실 수 있느니라" 고 선포하셨다.

8:7-8. 다섯째, 이스라엘이 다시 모이게 된다는 약속이다. 여호와 하나님은 자기 백성이 흩어졌던 나라로부터 다시 모이게 될 것을 약속하신다. 동방에서부터, 서방에서부터란 구절은 대부분의 유대인들이 포로로 끌려갔던 바벨론과 애굽을 각각 가리킨다. 본문은 흩어졌던 하나님의 백성이 모두 고향으로 돌아올 것을 암시하므로 이 방향은 모든 방위를 가리키는 것이 된다. 만일 본문이 의미하는 것이 모든 이스라엘 백성이 절대적인 영적 의미에서 하나님의 백성이 되는 것이라면 미래의 적용이 요구된다.

8:9-13. 여섯째, 하나님의 축복의 약속이다. 이때까지(주전 518년) 백성들은 성전을

건축하는 와중에 있었고 격려가 필요했다. 그들의 어두운 과거를 현재의 나아진 상황과 빛나는 미래와 비교하는 것은 그 선한 일을 지속케 하는 자극이 될 것이다. 주석가들은 일반적으로 9절의 성전의 지대를 놓는 일이 주전 536년에 시작된 첫 사역이 아니라, 주전 520년에 선지자 학개와 스가랴로부터 감동을 받아 다시 시작한 일을 가리키는 것으로 본다.

우리는 여기서 '그날 전'과 '이제는'이라는 두 핵심 어구에 주목해야 한다. 전에 그들이 하나님께 불순종할 때는 많은 문제에 부딪쳤으나(학 1:3-11), 이제 하나님은 그 문제들을 뒤집어 신실한 민족에게 경제적 번영, 적으로부터의 안전, 풍성한 수확, 나라 가운데 명성(축복)이 되게 하시겠다고 약속하셨다. 전에는 이방인들이 이스라엘로 하여금 그 적들 가운데서 황량한 폐허가 되기를 바랐으나(저주가 되었으나) 장래에는 이스라엘의 친구가 되어 그의 번영(축복의 하나로서)을 바랄 것이다. 이스라엘 백성은 이 여섯 번째 말씀의 시작과 끝에서 용기를 내라는 권고를 받았다(손을 견고히 할지니라).

8:14-17. 일곱째, 하나님이 은총을 베푸시겠다는 약속이다. 하나님이 그들의 조상들에게 재앙(포로)을 내리시기로 뜻하였던 것처럼 이제 예루살렘과 유다 족속에게 은혜를 베풀기로 뜻하셨다. 이제 하나님이 그들 편이시기 때문에 그들은 두려워할 필요가 없었다(롬 8:31). 그러나 이 선한 일이 계속되게 하기 위해서는 백성들이 거룩한 삶을 살아야 한다. 하나님은 7장 9-10절에서처럼 네 가지 구체적인 명령을 강조하셨다. 성문은 NIV에서는 뜰로 번역되었다. 바커는, "고대 팔레스타인에서 도성의 성문은 돌로 만든 긴 의자를 설치하여 백성들이 친구들과 함께 앉고, 거래를 행하고, 법적 계약을 맺고, 재판을 받고, 공개적인 선포를 하는 곳이었다" (Barker, p. 653)라고 설명한다. 죄에 대한 하나님의 마음은 '이 모든 일은 나의 미워하는 것임이니라' 고 간단명료하게 요약되어 있다.

E. 새로운 동기(8:18-23)

Supporting Idea	하나님의 백성은 빛나는 미래로 인한 새로운 기쁨으로 주님을 섬겨야 한다.

8:18-19. 오월과 칠월의 금식은 앞에서 이미 언급했지만(7:3, 5) 사월과 시월의 금식

에 대해서는 여기서 처음으로 소개하고 있다. 앞에서 말한 것처럼 네 가지 금식은 모두 예루살렘이 바벨론에 멸망당한 것과 관련이 있다. 사월의 금식은 바벨론이 예루살렘 성벽을 무너뜨리고 성 안으로 난입한 날을 애도하는 것이며(왕하 25:3-4; 렘 39:2), 시월의 금식은 바벨론이 예루살렘을 포위하기 시작한 것을 애도한 것이다(왕하 25:1-2; 렘 39:1). 이 암울하고 침침한 금식은 유다 족속에게 장차 기쁨과 즐거움과 희락의 절기가 될 것이다. 그 금식들은 축제가 될 것이다. 백성들은 더 이상 비참한 과거에 머물 필요가 없이 하나님과 함께하는 빛나고 즐거운 미래를 고대할 수 있었다. 이는 그들에게 하나님의 일을 새로운 열심으로 수행할 최고의 동기가 아닐 수 없다! 하나님의 백성 앞에는 위대한 미래가 있고 그들은 흥분과 기쁨 가운데 주님을 섬길 수 있다. 진실과 화평을 사랑하라는 말은 경고다. 백성들이 슬픈 금식이 아니라 기쁜 축제를 계속 유지하려면 반드시 하나님께 순종해야 한다.

8:20-23. 우리는 이 구절에서 온 세상 백성들이 만군의 여호와를 찾고 은혜를 구하기 위해 예루살렘으로 올 것이라는 말을 듣는다(2:11; 사 2:1-4; 미 4:1-5 참조). 이스라엘의 하나님은 세상 사람들에 의해 유일하신 참 하나님으로 인정받으실 것이다. 이 구절은 영적으로 볼 때 이 시대에 이방인들이 하나님을 알게 된다는 사실에 적용할 수도 있지만, 그 주된 초점은 장차 메시아 시대에 온 세상 백성이 그리스도를 주로 인정하게 되는 것에 맞추어져 있다.

그리스도의 오심과 우리에게 주어질 놀라운 새 세상을 생각한다면 뜨겁게 주님을 섬길 이유가 충분하게 된다. 이 땅에서 주님을 섬길 기회는 곧 끝나게 될 것이다. 예수님은 "때가 아직 낮이매 나를 보내신 이의 일을 우리가 하여야 하리라 밤이 오리니 그때는 아무도 일할 수 없느니라"(요 9:4)고 깨우쳐주신다.

이 두 장의 마지막 부분에 이르러 혹시 스가랴가 벧엘의 사절단이 제기한 원래의 질문을 잊어버린 것은 아닌지 의문이 든다. 그들은 그 금식을 계속해야 하는가 아닌가? 사실 스가랴는 간접적이기는 하지만 7장과 8장에서 그 질문에 대해 이미 여러 차례 대답했다. 그들은 다음과 같은 이유에서 그 금식을 계속할 필요가 없다. (1) 그 금식은 여호와 하나님이 명하신 것이 아니었다(7:5). (2) 그들은 이기적인 이유에서 금식을 했다(7:5). (3) 예루살렘의 멸망은 그 악에 대한 하나님의 공의로운 심판이었다(7:11-14). (4) 하나님의 축복이 그 나라의 회복과 성전의 재건이라는 증거를 통해 그들에게 돌아왔다

(8:1-17). (5) 이전의 금식은 장차 기쁨의 축제로 바뀌게 될 것이다(8:18-23).

Main Idea 복 습	하나님을 기쁘시게 하기 위해서는 하나님을 섬기는 올바른 동기가 필요하다. 하나님이 우리를 위해 행하시는 동기는 사랑의 관심(거룩한 질투)이다.

결론

지퍼를 위해 한 번만 이겨다오!

아마 운동과 관련된 이야기 가운데 가장 유명한 이야기를 들라면 지퍼(the Gipper) 이야기가 빠질 수 없을 것이다. 그러나 지퍼에 대해 많은 것을 알고 있는 사람은 소수이며, 심지어 그의 진짜 이름조차 모르는 경우가 많다. 조지 지프(George Gipp)는 유명한 감독인 크누트 로크너(Knute Rockne)에 의해 노트르담 팀의 미식축구 선수로 들어갔다. 지퍼(the Gipper)라는 별명을 얻은 그는 대학 미식축구 역사상 가장 훌륭한 선수가 되어 32경기에 연속 출장하여 83회의 터치다운을 기록했다. 아쉽게도 지프는 대학 4학년 때 폐렴으로 숨을 거두었다(1920년 12월 14일). 로크너가 사우스벤드에 있는 성 요셉 병원에 입원한 지프를 찾아갔을 때는 그가 숨을 거두기 몇 시간 전이었다.

로크너는 8년이나 지프가 남긴 마지막 말을 혼자 간직하고 있다가 노트르담의 최대의 맞수인 아미와의 경기에서 한 점도 얻지 못하고 시작된 중간 휴식 시간에 그 말을 전했다. 1928년 그가 맡은 팀은 부상으로 많은 선수가 결장했고, 처음 6경기에서 이미 두 경기를 진 상태였다. 바로 그 순간 조지 지프는 위대한 선수에서 전설이 되었다. 로크너는 자기를 둘러싼 선수들에게 지프를 마지막 찾아갔을 때 그가 침상에서 남긴 마지막 요청을 들려주었다. "로크, 난 달려야 해요. 난 괜찮아요. 무섭지 않아요. 로크, 언젠가 말이에요, 우리 팀이 궁지에 몰리게 되면, 그러니까 일이 꼬이고 아이들이 실수에 빠지게 될 때, 이렇게 말해주세요. 자기가 가진 것 전부를 들고 나가서 지퍼를 위해 한 번만 이겨달라고요. 그때 제가 어디 있을지 저도 잘 모르겠지만, 로크, 전 그 사실을 알고 기뻐할 거예요."

로크너는 계속 이야기했다. "지프는 내게 상황이 절망적이 될 때까지 기다리라고 말했다. 아무 희망이 없을 때 노트르담 팀에게 나가서 지프를 위해 아미를 이기라고 말하라고 했다. 그리고 오늘이 그날이고, 너희가 바로 그 팀이다." 로크너가 말을 마쳤을 때 흐느끼던 선수들은 온몸에 전율이 흐르는 것을 느꼈다. 그들은 문 손잡이가 비틀어지도록 세차게 문을 열고 운동장으로 뛰어나갔다. 말할 것도 없이, 그날 노트르담은 승리했다. 무엇이 이런 차이를 만들었을까? 그것은 동기다.

스가랴서의 이번 본문에서 우리는 동기가 무엇보다 중요한 것임을 발견했다. 실제로 동기는 하나님을 기쁘시게 하는 열쇠다. 선지자 스가랴 시대에 유대인들은 여러 가지 부담스러운 금식을 행할 동기를 상실했다. 더 나쁜 것은 그들이 그 금식을 지키는 것이 하나님을 기쁘시게 하지 못했다는 점인데, 그 이유는 그들이 잘못된 이유에서 금식을 행했기 때문이다. 스가랴는 그들에게 하나님을 섬기는 바람직한 동기, 곧 사랑의 순종을 전했다. 또한 하나님이 우리를 위해 행하시는 동기는 우리의 행복을 위한 질투의 사랑임을 밝혀주었다. 8장은 성도들이 더욱 열심히 주님을 섬기게 만드는 위로의 진리, 곧 자기 백성에게 주어진 영광스러운 미래에 대한 약속으로 끝을 맺는다.

▣ 진리 알기

- 사람들은 잘못된 동기에서 종교적 행위를 할 수 있다.
- 하나님을 섬기는 올바른 동기는 그분의 말씀에 대한 순종이다.
- 죄를 회개하라는 하나님의 경고에 귀 기울이지 않으면 재앙이 온다.
- 하나님은 우리를 향한 사랑의 관심(질투)으로 인해 우리를 위해 행하신다.
- 하나님께 불가능이란 없다.
- 하나님은 성도들을 위해 영광스러운 미래를 준비하고 계신다.

▣ 적용하기

- 만일 당신이 주님을 섬기는 열심을 잃어버렸다면 잠시 시간을 내어 그분이 당신에게 행하신

놀라운 일들, 특히 십자가 위에서의 예수님의 희생을 생각해보라.

• 당신의 종교 행위의 동기가 무엇인지 살펴보라. 당신은 구세주이신 주님을 기쁘시게 하고 있는가?
• 하나님께 순종하는 삶을 살기로 결단하라.
• 하나님이 당신을 사랑으로 지켜보고 계시며 언제라도 당신을 위해 움직이실 만반의 준비를 하고 계심에 감사하라.
• 하나님이 자기 자녀들을 위해 예비하신 영광의 미래 가운데 기뻐하라.

삶의 적용

내가 뛰는 모습을 아버지가 처음 볼 때

루 리틀(Lou Little)이 조지타운 대학교에서 미식축구 감독으로 있을 때 그의 팀에는 한 번도 시합에 출전한 적이 없는, 평범한 능력을 갖고 있는 한 선수가 있었다. 그러나 감독은 그가 마음에 들었고, 특히 그가 아버지와 함께 팔짱을 끼고 대학 캠퍼스를 걷는 것을 마음에 들어했다.

어느 날, 포드햄과의 대결전을 며칠 앞두고 있을 때 그 학생의 어머니가 리틀 감독을 불러 자기 남편이 그날 아침 심장 발작으로 숨을 거두었다는 말을 전하고 이렇게 부탁했다. "이 소식을 감독님이 제 아들에게 전해주시면 안 될까요? 감독님이 전해주시면 그 아이가 잘 견뎌낼 것 같아요."

그 학생은 그날 오후 무거운 마음으로 집에 돌아갔지만, 삼일 후에 다시 모습을 나타냈다. 그리고 간청했다. "감독님, 포드햄과의 경기에 저를 선발로 출전시켜주시면 안 되겠습니까? 아버지가 정말 기뻐하실 겁니다."

리틀은 잠시 머뭇거리다 대답했다. "좋아, 그렇지만 겨우 한 번이나 두 번의 공격 기회 때뿐이다." 그는 자기 말대로 그 학생을 출전시켰지만, 경기가 끝날 때까지 그를 교체시키지 않았다. 온몸으로 부딪치는 60분 동안 그 학생은 마치 국가대표라도 되는 양 달리고, 막고, 패스했다. "자네, 오늘 최고였어. 전에는 이렇지 않았는데 말이야. 무슨 일이라도 있나?"

"제가 아버지와 함께 팔짱을 끼고 걷는 것을 보신 적이 있으시죠?" 그가 대답했다. "음, 이 사실을 아는 사람은 별로 없는데, 아버지는 앞이 전혀 보이지 않으셨어요. 전 오늘이야말로 아버지가 제가 경기하는 모습을 처음으로 보실 수 있는 날이라고 생각했습니다."

그 학생은 아버지가 보고 있다는 것을 알았기 때문에 최선을 다해 경기할 동기를 부여받았다. 우리는 살아가면서 하늘에 계신 우리 아버지도 우리를 지켜보고 계시다는 것을 잊지 말아야 한다. 경건한 삶과 종교 활동의 최고의 동기는 하나님을 기쁘시게 하는 것이어야 한다. 언젠가 우리가 주님 앞에 설 때 예수님이 우리에게 이런 말씀을 하시게끔 살아가도록 다짐하자. "잘하였도다."

기도

오 주님, 주님을 기쁘시게 하는 것이 항상 우리의 동기가 되기를 위해 기도합니다. 주님을 섬기다 낙심에 빠지려 할 때 주님이 우리를 위해 행하신 일들을 기억하게 하옵소서. 또한 주님의 계시된 뜻을 순종하기 위해 모든 노력을 기울이게 하옵소서. 우리를 사랑하시고, 질투하는 마음으로 우리를 지켜보시고, 필요할 때 언제라도 우리를 도와주심에 감사합니다. 그리고 우리를 위하여 예비하신 놀라운 미래를 인하여 감사합니다. 예수님 이름으로 기도합니다. 아멘.

심층 연구

A. 벧엘(7:2)

영어 성경을 읽는 독자들은 이 구절이 NIV에서는 "벧엘 사람이… 보내어"(NASB, NRSV도 이와 비슷)라고 번역되어 있는 반면 KJV에서는 "그들이 하나님의 집에 사람을 보내어…"(NKJV도 이와 비슷)라고 번역되어 있는 것을 보고 의아해할 것이다. 이러한 번역의 차이는 벧엘이라는 이름이 '하나님의 집' 이라는 의미를 갖고 있어서, 마을 이름을 의미할 수도 있고 성전을 의미할 수도 있기 때문이다. KJV의 '그들' 은 문자적으로 히브리어 본문에서 남성 단수(he/it)이다. 특정한 경우 이 남성 단수는 복수 집합 형태로 간주되기도 하지만 여기서 사용된 단수형은 주어가 '벧엘' 임을 암시하는 것으로 보는 것이 더 타당하다. KJV에서 '그들' 은 보낸 사람들의 정체를 규정하지 않고 있고, '하나님의 집으로 보내다' 는 말도 성립이 되지 않는다. 왜냐하면 그 성전이 완공되려면 아직 2년이 넘게 남았기 때문이다. 비록 KJV의 번역도 분명 가능한 것이지만 벧엘을 주어로 보는 것이 문법적으로 간결하고 문맥에도 가장 잘 어울린다.

벧엘은 예루살렘 북쪽으로 17킬로미터 정도 떨어진 작은 마을이다. 이 이름은 구약에 약 70회가량 등장한다. 프레드릭(D. C. Fredericks)은 「홀만 도해 성경 사전(*Holman Illustrated Bible Dictionary*)」에서 이렇게 말한다.

> 벧엘은 지리적으로나 종교적으로나 구약에서 중요한 곳이다. 풍부한 샘으로 인해 그 지역은 땅이 기름져서 주전 3,200년 정도 되는 초기부터 사람들이 정착하기에 매력적인 곳이었고, 아브라함이 살던 무렵에 최초로 도시를 유지하던 곳이었다. 오늘날은 베이틴(Beitin) 마을이 벧엘이 남긴 폐허의 대부분에 자리하고 있다. 산악으로 이루어진 나라의 남 - 북을 연결하는 간선도로와 여리고에서 해안평야에

이르는 간선도로가 만나는 교차점에 위치한 벧엘은 내국인이나 외국인이 여행하는 모습을 많이 찾아볼 수 있다. 벧엘은 여러 부족과 그 뒤를 이은 두 왕국 사이에 위치한 중요한 변경 도시다. 종교적으로 벧엘은 족장, 사사 그리고 분열왕국 시기에 성소의 역할을 감당했고, 그 이후로 예루살렘의 뒤를 잇는 종교의 중심지였다.

아브라함도 그 지역을 방문했지만(창 12:8, 13:3), 그곳에서 하나님을 만난 이후 그 이름을 루스에서 벧엘로 바꾼 것은 야곱이었다(창 28:10-22).

여로보암 1세는 주전 931년 이스라엘의 열두 지파가 북왕국 이스라엘과 남왕국 유다로 분열된 이후 자신의 우상 제사의 중심지로 벧엘과 단을 선택했다. 아모스는 벧엘에서 이 거짓 종교를 비난했고(암 7:10-13, 4:4), 호세아는 벧엘('하나님의 집')을 경멸이 담긴 의미로 벧아웬('악의 집')이라 불렀다(호 10:5). 벧엘은 주전 6세기에 불에 타 무너졌다(바벨론에 의한 것으로 추정됨).

페르시아에서 벗어난 몇몇 유대인 포로들이 그곳에 귀환하여(스 2:28; 느 7:32, 11:31) 여호와 하나님께 드리는 예배를 다시 시작했다. 그때 비로소 벧엘은 다시 한 번 진정한 '하나님의 집' 이 되었다. 예루살렘의 제사장과 선지자(스가랴를 포함)를 방문한 것은 바로 이 사람들이 보낸 사절단이었다. 벧엘은 그리스도 당시 중요한 의미를 가진 도시였고, 후에 아랍에 의해 정복될 때까지 그 명맥을 유지하고 있던 것으로 보인다.

B. 성경에 나오는 금식(7:3)

스가랴 7-8장은 특정한 금식들에 관한 질문을 다룬다. 금식은 성경 전체에서 자주 언급되고 있는 관습이다. 금식은 세 가지 다른 형태가 있다. (1) 보통의 금식은 음식을 금한다. (2) 음식과 음료를 모두 금하는 전적인 금식이 있다. (3) 다니엘은 부분적인 금식을 행한 적이 있는 것으로 보인다(단 10:2-3). 금식은 길이도 다양했다. 대부분의 금식은 하루 동안 지속되지만, 길르앗 야베스 백성들은 사울 왕의 죽음 앞에서 7일 동안 금식했다(삼상 31:13). 에스더와 수산궁에 함께 있던 유대인들은 3일간 금식했다(에 4:16). 모세는 시내산에서 십계명을 받을 때 사십일 사십야를 금식했다(출 34:27-28).

금식은 하나님의 도우심이나 은혜를 구하기 위해 행해지는 것이다. 예를 들어, 에스라와 에스더는 하나님의 보호하심을 구하기 위해 금식했고(스 8:23; 에 4:16), 여호사밧은 적의 침입에 위협을 느끼고 금식을 선포했다(대하 20:1-4). 그리고 금식은 죽은 이를 애도할 때 시행하는 관습이었다(삼상 31:13; 삼하 1:12). 금식은 종종 죄의 고백을 동반했고(삼상 7:6; 단 9:3-20), 국가적 위기 시에 금식이 선포되기도 했다(삿 20:26; 욜 1:14). 개인은 금식할 때 겸손을 표시하기 위해 베옷(거친 재질)을 입고, 의복을 찢고, 재 위에 앉거나 머리 위에 먼지를 날렸다(왕상 21:27; 느 9:1; 시 35:13).

진정한 금식은 하나님의 마음을 움직인다. 에스라는 이렇게 말했다. "그러므로 우리가 이를 위하여 금식하며 우리 하나님께 간구하였더니 그 응낙하심을 입었느니라"(스 8:23). 하나님은 니느웨 백성이 회개하고 금식하면서 하나님 앞에서 자기를 낮출 때 그 악한 도시를 용서하셨다(욘 3:5-10). 놀랍게도 주님은 아합에게 심판이 예정되었음에도 그 악한 왕이 여호와 앞에서 금식하고 자신을 낮출 때 그것을 연기하셨다(왕상 21:27-29).

구약에서 요구된 유일한 금식은 해마다 대속죄일에 있던 금식이었다("스스로 괴롭게 하라" 레 16:29, 31, 23:27, 29, 32). 그날 대제사장은 이스라엘의 죄를 덮는 상징으로 언약궤 위에 피를 뿌렸다. 금식에는 죄의 고백이 뒤따랐다.

신약 시대에도 역시 금식이 시행되었다. 예수님도 친히 자신의 사역을 시작하시면서 40일간 금식하셨다(눅 4:1-2). 누가는 예수님의 금식이 끝났을 때를 "예수께서 성령의 능력으로 갈릴리로 돌아가시니"(눅 4:14)라고 기록하고 있다. 예수님은 산상수훈 가운데서도 금식이 성도들의 일반적인 관행임을 암시하셨다(마 6:16). 안디옥 교회가 금식하고 기도할 때 성령님이 영적으로 인도하셨다(행 13:1-3). 예수님은 가식적인 금식을 심히 정죄하셨다(마 6:16; 참조 사 58:3-5).

결론적으로, 금식은 하나님께 겸손함을 드러내고 예배자에게 영적인 것에 더 깊이 집중할 수 있게 해준다. 구약의 성도들에게 금식은 일 년에 한 번, 대속죄일에만 요구되었다. 신약의 성도들에게 금식은 항상 자발적인 것이었다. 예수님도 친히 금식하셨고 성도들이 사안에 따라 금식할 것을 암시하신 것으로 보인다. 우리는 금식을 통하여 하나님과 더 깊이 교제할 수 있고, 인도하심과 보호와 능력과 기도 응답과 그 밖에 다른 많은 복을 받을 수 있다. 국가적으로 금식을 선포하는 것 역시 성경적인 일이다.

C. 오월의 금식(7:3)

벧엘에서 온 사절단은 자기들이 오월의 금식을 계속해야 하는지 물어보았다. 그들이 질문한 금식은 오월 10일에 시행된 것으로(7:3, 5, 8:19), 주전 586년 예루살렘(렘 52:12-13)과 솔로몬의 아름다운 성전(왕하 25:9)이 불탄 것을 애도하는 것이다. 오늘날에도 유대인들은 '압월 9일' 이라 불리는 특별한 날에 솔로몬 성전의 무너짐을 애도한다. '압월 9일' (히브리어로 티샤 밥, Tisha B' Ab)은 그 앞에 3주간에 걸친 애도 기간이 있고, 유대인의 절기 가운데 가장 슬픈 날이며 대속죄일을 제외하면 한 해에 가장 큰 금식일이다. 그날은 솔로몬 성전의 파괴를 기억할 뿐 아니라 다른 많은 유대인의 비극을 애도하는 날이다.

카이저는 이렇게 설명한다.

> 탈무드에 의하면, 그날은 하나님이 광야에 있던 이스라엘 백성들로 하여금 그들의 불신앙으로 인해 가나안 땅으로 들어가지 못하도록 명하신 날이다. 더 나아가 그날은 솔로몬이 세운 첫 성전이 무너진 날일 뿐 아니라 로마군에 의해 두 번째 성전이 무너진 날이기도 하다[주후 70년]. 게다가 그날은 베달 성읍이 발 코크바(Bar Kokbah)에 의해 무너졌다가 다시 이방인의 손에 함락되어 스스로 메시아라 주장했던 발 코크바를 포함한 모든 사람이 죽임을 당한 날이다(주후 135년). 마지막으로 그날은 악한 터누스 루푸스(Turnus Rufus)가 성전이 있던 언덕을 갈아엎어 "시온은 밭같이 갊을 당하고"(미 3:12)라는 미가의 예언을 성취시킨 날이다(Kaiser, 「*Mastering the Old Testament*」, p. 354).

압월 9일의 금제는 욤 키푸르(대속죄일)의 것과 유사하다. 먹을 것과 마실 것을 금하는 것 외에, 엄격한 유대인은 씻거나 심지어 구두를 닦는 것도 금했다. 욤 키푸르와 다른 것은 압월 9일에 토라와 탈무드의 일정 부분을 연구하는 것이 허용된다는 점이다. 그리고 예레미야애가가 저녁 제사 때 낭독되었다.

D. 인애(7:9)

NIV 성경이 말하는 인애(mercy, KJV, NKJV 역시)는 히브리어 체세드(chesed)의 번역으로 신학적으로 중요한 의미를 갖는 용어다. NASB와 NRSV는 이 구절을 '친절(kindness)' 로 읽고 있다. 체세드는 구약에 244회 등장하며, NIV에서의 가장 일반적인 번역은 사랑(129회), 친절(41회), 끝없는 사랑(32회), 큰 사랑(6회) 그리고 인애(6회) 등이다. 리처드(Richards)는 다음과 같이 설명한다.

> 사람들 사이에서 헤세드(hesed)는 친척, 친구 혹은 동맹자 사이에 수립된 충성스러운 관계를 말한다. 헤세드란 행위는 그 관계와의 조화 가운데 자유로운 선택에 의해 수행된다. 따라서 헤세드는 관계에 걸맞은 사랑의 표현이다.
>
> 이 용어는 종종 하나님의 마음과 행위를 표현하는 데 사용되기 때문에 신학적으로 중요한 의미를 갖는다. 이는 구약에서 언약과 긴밀히 연결되어 있고 많은 사람들은 '언약의 성실함' 으로 번역되어야 한다고 믿는다. 그러나 '언약의 성실함'은 하나님의 행동을 올바로 설명한 것이 아니다. 우선 하나님으로 하여금 사람과 언약을 세우게 하신 것은 그분의 깊은 사랑이다. 그분의 헤세드 행동은 그분 자신의 사랑의 성품으로부터 기원한다. 따라서 여호와 하나님은 모세에게 자신을 계시하실 때 헤세드를 모세와의 언약에 의해 짊어지신 의무를 뛰어넘어 일관됨과 용서와 연계시키셨다. 하나님은 "여호와로라 여호와로라 자비롭고 은혜롭고 노하기를 더디 하고 인자와 진실이 많은 하나님이로라 인자를 천 대까지 베풀며 악과 과실과 죄를 용서하나 형벌받을 자는 결단코 면죄하지 않고 아비의 악을 자녀손 삼사 대까지 보응하리라"(출 34:6-7)(Richards, 「*Expository Dictionary of Bible Words*」, pp. 418-19).

따라서 체세드는 많은 의미가 담겨 있고 하나의 다른 언어로 번역하기 난해한 용어다. 그 말은 사랑, 친절, 충성을 표현한다. 아마 '신실되고 사랑이 담긴 친절' 정도가 대부분의 경우 그 의미를 가장 잘 담고 있는 것으로 본다.

신약에서는 정기적으로(행 9:32, 26:10; 고전 14:33), 구약에서는 가끔씩(시 16:3, 34:9; 단 7:18, 21) '성도(들)' 로 번역된 용어는 '거룩한 자(들)' 이다. 그러나 구약에서 '성도들' (NIV의 경우)로 가장 많이 번역된 단어는 체세드와 관계있는 표현인 차시드(chasid)이다. 하나님의 백성은 하나님이 주신 체세드의 수혜자이기 때문에 차시드라 불려져 왔다. 그러나 그들을 그 이름으로 부른 것은 무엇보다 그들이 체세드, 곧 사랑과 친절을 특징으로 하고 있기 때문이다.

E. 성경에 나오는 절기들(8:19)

오늘날의 사회와 마찬가지로 고대 이스라엘도 절기나 축일이 있었다. 이스라엘은 매주 안식일(Sabbath)을 지켰는데, 이날은 기쁨으로 예배를 드려야 하는 날이었다(레 23:3). 그달의 초에는 월삭(New Moon festival, 민 10:10; 느 10:33)을 지켰다. 모세 율법에는 모두 일곱 가지의 해마다 열리는 종교적 절기가 거명된다.

일월(니산 혹은 3/4월)
1. 유월절(출 12:2-20; 레 23:5)
2. 무교절(레 23:6-8)
3. 초실절=칠칠절(레 23:9-14)
삼월(시반 혹은 5/6월)
4. 오순절(출 23:16, 34:22; 레 23:15-21)
칠월(티쉬리 혹은 9/10월)
5. 나팔절(로쉬 하쉬나)(레 23:23-25; 민 29:1-6)
6. 대속죄일(욤 키푸르)(레 23:26-32; 출 30:10)
7. 초막절(레 23:33-43; 민 29:12-39; 신 16:13)

처음 두 절기는 이스라엘이 애굽에서 해방된 것을 기념하는 절기이고, 칠칠절은 첫 수확을 하나님께 봉헌하는 절기이며, 오순절은 수확을 축하하는 절기이고, 나팔절은 새해의 시작을 기념하고, 대속죄일은 민족의 죄를 대속하는 것을 기념하고, 초막절은 40년 동안 광야에서 방황한 것을 기념하는 절기다. 신약에 의하면 유월절(고전 5:7)과 대속죄일(히 2:17, 9:11-14)은 메시아의 인격과 사역을 예언한 예표였다.

그리고 두 개의 다른 연례 절기가 성경 시대에 유대인들에게 추가되었다. 하누카(Hanukkah, 봉헌축제 혹은 빛의 축제)는 구월(기슬르, 혹은 11/12월)에 시행되었다. 그날은 성전이 헬라의 폭군 안디오쿠스 4세에 의해 모독을 당한 후 주전 164년 다시 봉헌된 것을 기념하는 날이다. 이 절기는 요한복음 10장 22절에 언급되고 있다. 부림절은 십이월(아달 혹은 2/3월)에 지켜졌다. 그날은 유대인이 하만으로부터 구함을 받은 것을 기념한다(에 9장). 부림절은 유대인에게 가장 커다란 경축일 가운데 하나다.

교안

A. 들어가는 글

1. "요크 상사"를 읽어주라.
2. 배경 설명 : 스가랴 8-9장은 금식과 관련된 문제를 다루고 있다. 벧엘에서 온 유대인 사절단은 제사장과 선지자들에게 예루살렘과 성전의 멸망 그리고 그것과 관련된 사건을 기념하는 금식을 계속해야 할 필요가 있는지 문의했다. 그때(주전 518)까지만 해도 성전 공사는 아직 중간 단계를 거치고 있는 중이었다. 이 성전 증축이 이러한 질문의 기폭제가 되었음은 의심의 여지가 없다. 그 질문은 또한 백성들이 이 부담스러운 금식을 지키는 데 지쳐 있었고, 그것을 끝내기를 원하는 마음을 담고 있었다. 하나님은 우선 그 금식이 자신이 명한 것이 아니며, 자신의 축복이 그 나라에 돌아온 이상 앞으로 기쁨의 축제로 바뀔 것이라고 대답하셨다.
3. 적용 : 이 장은 오늘날의 성도들이 어떤 동기로 하나님을 섬기는지와 관련하여 많은 것을 이야기해준다. 우리는 단지 의무감에서 주님을 섬기고 있지는 않은가? 아니면 하나님의 일에 진정으로 열심을 내고 있는가? 우리의 동기는 이기적인 것인가, 순수한 것인가? 하나님을 사랑하는 마음에서 순종하는 것이 우리의 주된 동기가 되어야 한다. 동유럽과 구소련 선교사였던 고 넬슨 힝크슨(Nelson C. Hinkson)은 이렇게 말한다. "만일 그리스도께서 나를 위해 죽으셨다면, 내가 치른 그 어떤 희생도 그분께는 작은 것에 불과할 것이다"(J. D. Woodbridge, 「*Ambassadors for Christ*」, Chicago: Moody Press, 1984, p. 263에서 인용).

B. 본문 이해

1. 동기 부족(7:1-3)
2. 잘못된 동기(7:4-7)
3. 올바른 동기(7:8-14)
4. 하나님의 동기(8:1-17)

5. 새로운 동기(8:18-23)

C. 결론: 지퍼를 위해 한 번만 이겨다오!

토의 질문

1. 하나님을 섬기는 잘못된 동기를 몇 가지 들어보라. 당신은 잘못된 동기의 문제가 오늘날 교회 안에 널리 퍼져 있다고 생각하는가? 당신은 어떤 사람들(특히 사교나 이교에 빠진 사람들)이 영생을 얻기 위해 종교적인 행위나 그 밖에 다른 선행을 한다고 생각하는가? 그에 대해 성경은 어떻게 말씀하고 있는가?

2. 하나님을 섬기는 올바른 동기에는 어떤 것들이 있는가? 당신은 그 가운데 어느 것이 가장 중요하다고 생각하는가?

3. 참 성도들이 신실하게 하나님을 섬기도록 동기를 부여하는 가장 좋은 방법은 무엇인가?

4. 하나님이 자기 자녀들에게 복을 주시게 만드는 동기는 무엇일까?

5. 하나님이 약속하신 미래의 세상이 어떻게 우리의 현재의 삶을 더 잘 살게 만든다고 생각하는가? 만일 당신이 그리스도의 오심이 가까웠음을 믿는다면 그 믿음이 당신에게 어떻게 행동하도록 동기를 부여하는가?

스가랴 9-10장

왕이 오신다!

"알렉산더, 시저, 샤를 대제 그리고 나는 제국을 세웠다. 그런데 예수 그리스도는 홀로 사랑 위에 자신의 왕국을 세웠다. 그리고 지금 이 순간 그를 위해서라면 수백만 명이라도 목숨을 바칠 것이다."

- 나폴레옹 보나파르트(Napoleon Bonaparte)

스가랴는 9장과 10장에서 두 분의 왕이 오실 것을 기술하고 있다. 그 처음은 메대-페르시아 제국(선지자 시대에 최고의 통치국가)을 정복한 알렉산더 대왕이다. 본 장에는 그가 시리아, 페니키아, 팔레스타인 영토를 휩쓰는 것이 사실적으로 언급되고 있다. 유대인들에게 더 중요한 것은 하나님이 알렉산더 대왕의 침공 때 그들을 보호하시겠다고 약속하셨다는 것이다. 이와 대조적으로 스가랴는 하나님의 백성에게 언젠가 그보다 더 위대하신 왕, 왕 중 왕이요 만주의 주이신 그들의 메시아가 오실 것임을 확실히 증거했다. 그리고 메시아의 첫 번째(나귀를 타고 예루살렘에 입성)와 두 번째(우주적 통치) 임하심이 예언되고 있다. 9장 후반부는 하나님의 백성이 헬라 제국으로부터 건짐 받을 것이 기술되고 있다. 그리고 10장에는 메시아가 왕으로 다스리시는 축복이 기록된다.

Zechariah

들어가는 글

헤롯 대왕 - 위대한 탕아

역사를 살펴보면 나쁜 왕들이 많이 있다. 역설적이게도, 가장 사악한 왕은 그리스도의 탄생 때 유대 지방을 다스렸던 헤롯 대왕이었다. 헤롯은 주전 73년에 태어났고 주전 40년에 로마 원로원에 의해 '유대의 왕' 으로 승인받았다. 유대 백성들은 그가 이두매인(에돔인)이었기 때문에 그에 대해 적개심을 갖고 있었다. 헤롯은 그 나라에 몇 가지 선행을 베풀었다. 그는 광범위한 건축 계획의 일환으로 유대 성읍들을 재건하고 자신을 위한 궁전을 지었는데, 마사다(Masada)에 있는 궁전 겸 요새가 거기에 포함된다. 그의 가장 큰 업적은 주전 19년에 시작한 성전 증축 작업으로 성전 건물들을 세상에서 가장 아름다운 건물들로 개조하는 것이었다.

그러나 그가 행한 이런 좋은 일들은 그의 악한 성품 때문에 빛이 바래지고 말았다. 헤롯에게 처형은 흔한 일이었다. 그는 심지어 가장 좋아했던 마리암네 1세(Mariamne I)와 그녀의 어머니마저 살해했다. 헤롯은 마리암네가 낳은 두 아들인 알렉산더(Alexander)와 아리스토불루스(Aristobulus)가 반역을 일으킬 것이 두려워 교살시켰다. 또한 마리암네의 오빠인 아리스토불루스 3세를 여리고에서 벌어진 축하 잔치에서 살해했다. 어떤 바리새파 교사들은 제자들에게 성전 문 위에 조각된 독수리상을 제거하라고 가르쳤다는 이유로 살해당했다. 헤롯은 죽기 5일 전 또 다른 아들 안티파터(Antipater)를 사형에 처했다. 가이사 아우구스투스(Caesar Augustus)는 이런 오싹한 농담을 남겼다. "헤롯의 아들이 되느니 차라리 그의 돼지가 되는 게 낫지." 헤롯은 돼지고기를 금한 유대교의 율법을 준수했기 때문에 그의 돼지들은 안전했지만 아들에 대해서는 그렇지 않았던 것이다.

유대인 역사가 요세푸스(Josephus)에 의하면 헤롯은 임종 때 침상에서 많은 저명한 유대인들을 감금하고 자기가 죽으면 그들에게 사형을 집행해서 다른 사람의 죽음을 통해서라도 사람들의 곡하는 소리를 들리게 하라고 여동생에게 명령했다. 다행히도 그 여동생은 그 명령을 철회하였다. 헤롯은 주전 4년에 70세를 일기로 숨을 거두었다. 그의 아들들은 그를 귀금속으로 장식한 황금 관에 넣어 헤로디온(베들레헴 근처의 궁전 - 요새)에 안장했다.

헤롯이 저지른 일 가운데 가장 비열한 짓은 그의 통치 말년에 일어났다. 동방박사(현자)들은 '유대인의 왕' 이 유대 땅에 태어나셨음을 그에게 알려주었다(마 2:1-2). 미가 선지자에 의하면(미 5:2) 메시아이신 왕은 베들레헴에서 태어나실 것이었다. 동방박사들이 돌아와 그 구체적인 장소에 대한 정보를 알려주지 않자, 헤롯은 그 작은 마을의 2살 아래 아기들을 모두 학살했다. 비록 이 사건은 성경 외에는 기록상으로 찾아볼 수 없지만, 우리가 알고 있는 대로 헤롯이 자기 지위와 자신의 사악한 성품에 대해 광적인 질투를 갖고 있었다는 점과 일치한다.

헤롯 대왕은 역사상 무수히 등장하는 사악한 폭군의 한 예에 지나지 않는다. 세상은 공의와 사랑으로 다스릴 의의 왕을 필요로 하고 있다. 우리는 전쟁으로 찢기고 테러에 멍든 이 땅에 평화와 안전을 가져다줄 통치자가 필요하다. 이것이 바로 스가랴 9장과 10장이 예언하고 있는 내용이다. 그는 알렉산더 대왕에 대한 예언(이는 그 당시 살고 있던 하나님의 백성에게 매우 중요하고 위로가 되는 메시지임)을 시작으로 이어서 이스라엘의 위대한 메시아 왕의 오심을 예언한다. 스가랴는 그리스도의 보잘것없는 초림과 승리의 재림을 우리에게 들려준다. 그리고 10장에서 메시아의 통치하에 보여줄 세상의 모습으로 결론을 내린다.

본문 이해

왕이 오신다!

Main Idea	우리의 메시아는 왕 중 왕이시며, 세상의 모든 통치자는(제아무리 훌륭해도) 그분과 비교하면 하찮은 존재다. 그분은 처음 오실 때 죄로부터의 구원을 베푸셨고, 두 번째 오실 때 만국에 평화를 가져오시고 자기를 따르는 이들에게 축복을 주실 것이다.

이 시점에서 본서의 주제가 근본적으로 바뀌게 된다. 파인버그(Feinberg)는 다음과 같이 설명한다.

> [스가랴서] 1장부터 8장은 지금까지 반복해서 살펴본 것처럼 비록 전적으로는 아니어도 주로 스가랴 생존 당시를 가리키고 있다. 그것이 기대하는 목표는 성전 재건을 격려하는 것이다. 9장부터 14장은 본서의 두 번째 부분을 구성하고 있는데, 주로 미래의 일을 다루고 있고, 처음 8장이 기록된 지 오랜 후에 [스가랴에 의해] 기록되었다. 1-8장은 이스라엘이 메대 - 페르시아의 통치하에 있을 때를 다룬다면, 9장과 10장은 헬라에 의해 지배받고 있을 때를, 11장은 로마에 점령당했을 때, 그리고 12-14장은 그 민족의 역사상 마지막 날에 있을 일들을 다룬다(Feinberg, 「*Minor Prophets*」, p. 314).

스가랴서 후반부의 예언이 그리고 있는 미래의 모습은 18회 등장하는 종말론적인 어구인 '그날에'로 인해 강조되고 있다. 스가랴는 이 마지막 장들에서 신탁(혹은 경고)이라는 용어를 통해 각 부분의 서두를 분명히 그려지고 있는 두 부분으로 나눈다. 엉거(Unger)는 이렇게 말한다. "첫 말씀은 목자 - 왕이신 메시아의 초림과 거부당함을(9-11장) 그리고 두 번째 말씀은 목자 - 왕이신 메시아의 재림과 받아들임(12-14장)을 다루고 있다(Unger, p. 151).

A. 세상의 왕이 임함(9:1-8)

Supporting Idea	하나님의 백성들의 대적은 여호와 하나님의 심판의 대리인, 곧 알렉산더 대왕에 의해 제거될 것이다.

첫 예언(말씀)은 이스라엘의 오랜 대적인 시리아, 페니키아 그리고 블레셋에 미칠 여호와 하나님의 심판과, 이와 대조적으로 자기 백성에 대한 하나님의 보호하심에 대한 설명으로 시작한다. 본문은 종말론적으로 해석되고 있지만 대부분의 복음주의 신학자들은 여기 기술된 심판의 도구를 알렉산더 대왕으로 본다. 1-8절에 기록된 내용과 알렉산더의 침공 사이에는 누가 보더라도 분명히 일치하는 내용이 존재한다. 알렉산더는 주전 333년 10월 페르시아를 패퇴시킨 다음 애굽을 향해 진격하였고, 그 과정에 시리아, 페니키아 그리고 블레셋을 정복했다(1-7절에 설명된 바로 그 지역임).

이런 예언은 유대 백성들에게 너무나 다행스러운 것이었다. 첫째, 하나님은 시리아, 페니키아, 블레셋과 같은 이스라엘의 호전적인 이웃을 쓸어 없앨 도구를 보여주셨다. 심지어 애굽과 스가랴 당시의 막강한 메대 - 페르시아 제국조차도 알렉산더 앞에서 무너질 것이다. 둘째, 이 예언은 알렉산더의 침공 당시에 살던 유대 백성들에게 하나님이 자신들을 지켜주시리라는 확신을 주는 것이다. 그런 약속은 헬라의 왕에 의해 약소국에 불과한 이스라엘이 멸망당하고 자신들은 죽임을 당할 것이라는 두려움에 떨고 있던 유대인들에게 위로가 되었음이 분명하다. 따라서 본문은 이스라엘을 향한 구원과 안전에 대한 영광의 예언으로 스가랴와 동시대 백성들뿐 아니라 그 이후의 백성들에게도 적용되는 것이다.

9:1. NIV에 신탁 혹은 말씀으로 번역된 단어는 많은 번역본에서 '경고(burden)'로 번역된다(KJV, NASB). 이 개념은 중한 메시지, 즉 심판에 대한 예언을 의미하는 것이다. (신탁에 관한 자세한 내용은 나훔 1장의 '심층 연구'를 보라.) NIV에 작은 글씨의 제목으로 기록된 신탁(An Oracle)이란 말은 히브리어 원문상 스가랴 12장 1절과 말라기 1장 1절에도 동일하게 나오며, 구약에서 이 세 경우에만 등장한다. 선지자는 자신의 메시지가 하나님께로부터 온 것임을 다시 한 번 강조하고 있다.

1-2절 상반절에서는 시리아의 정복이 기술되어 있다. 하드락 땅(성경에서 오직 이곳에서만 언급됨)은 하타리카(Hatarikka)와 같은 곳이며, 앗수르 왕의 연대기에는 다메

섹과 하맛(2절) 근처에 위치한 아람인들의 도시 - 국가로 그 이름이 실려 있다. 앗수르는 주전 772, 755, 733년에 그 지역과 전쟁을 일으켰다. 하나님의 심판은 또한 아르메니아의 주요 도시 - 국가인 **다메섹을 멸망시킬 것이다.**

세상 사람과 이스라엘 모든 지파의 눈이 여호와를 우러러봄(the eyes of men and all the tribes of Israel are on the LORD)이란 구절은 난해한 구절이다. 아마 세상 모든 사람들이 알렉산더로부터 하나님이 구원하실 것을 기대하며 우러러본다는 의미로 보이는데, 왜 이교도들이 이스라엘의 하나님께 도움을 구하는 것일까? 어떤 주석가들은 세상이 알렉산더의 정복을 바라볼 때 실제로 그를 하나님의 심판의 도구로 들어 쓰신 하나님을 바라보는 것이라고 주장한다. 더 좋은 해법은 "…과 이스라엘 모든 지파(and all the tribes of Israel)"를 "심지어[혹은 특히] 이스라엘 지파 역시(even [or specifically] all the tribes of Israel)"로 번역하는 것으로, 이렇게 되면 그 '세상 사람의 눈'이 이스라엘 지파의 눈이 된다(NASB). 이런 해석은 언어학적으로도 타당하고 문맥과도 잘 통한다. 세상의 눈이 알렉산더와 그의 표면적인 정복을 바라보고 있을 때 이스라엘은 하나님의 구원을 바라보았다.

9:2. 하맛 지역(오늘날 하마 Hama)은 다메섹에서 오론테스 강을 따라 북쪽으로 220킬로미터 떨어진 곳에 위치하고 있다. 따라서 또 다른 아르메니아의 도시 - 국가가 이 심판에 포함되었을 수도 있다(암 6:2).

9장 2-4절에 두로와 시돈에 대한 심판이 생생하게 묘사되어 있다. 이 도시들은 오늘날 레바논으로 알려진 고대 페니키아의 해안을 따라 위치해 있었다. 알렉산더는 시리아를 정복한 다음 페르시아 군대가 기지로 삼고 있는 항구를 점령하기 위해 지중해 연안을 따라 휩쓸고 내려왔다. **비록 시돈이 북쪽에 위치하고 있었지만 두로**(아마 '바위'라는 의미일 것으로 봄)가 먼저 거명된 것은 그 이름이 두 도시 가운데 더 중요하기 때문이었다. 두로와 시돈은 상거래에 **능숙하거나**(NIV), 혹은 **지혜가 있었다**(KJV, NASB, NRSV). 그래서 이들 해양 세력은 장사와 교역의 큰 중심지가 될 수 있었다. 두로 거민들은 속담에 오를 정도로 교만해서 '스스로 보기에' 지혜로웠다(겔 28:3-5).

9:3. 두로의 방어는 가공할 만한 것이었고(**자기를 위하여 보장을 건축하여**), 그 도시는 스스로 난공불락이라고 생각했다. 실제로 두로는 두 항구로 이루어졌는데, 옛 항구는 본토에 있고 다른 하나는 바다 쪽으로 2.5킬로미터 떨어진 섬에 위치해 있다. 그리고 50

미터 높이의 성벽이 그 섬 도시를 둘러싸고 있다. 느부갓네살은 13년 동안 그 도시를 포위했다가(주전 585-573) 내륙의 도시를 점령할 수 있었다. 그러나 두로인들은 대부분의 재물을 섬 도시로 옮길 수 있었고, 실망한 바벨론인들은 아무것도 손에 넣을 수 없었다. 두로는 방어만 잘 하는 곳이 아니라 부유한 곳이었다. 스가랴는 두로에는 은과 금이 풍부하여 옛날 동양의 길거리에 흔히 찾아볼 수 있던 티끌과 먼지처럼 쌓여 있었다고 생생하게 기술하고 있다.

9:4. 두로는 그 엄청난 부와 막강한 방어막에도 불구하고 주권자이신 주(히브리어 아도나이, 'Adonay)께서 명하셨기 때문에 무너지고 말 것이다. 두로의 재물은 옮겨질 것이고 해상무역 장악은 끝이 날 것이며(혹은 '그 재물을 바다에 던지고' NASB), 그 도시는 불에 탈 것이다. 이 모든 일이 분명 두로에 임할 것이다.

주전 332년 알렉산더는 그 섬 도시를 7개월 동안 포위했다. 두로를 정복하기로 결정한 알렉산더는 내륙 도시의 폐허더미를 바다에 집어던져 섬까지 이르는 길이 840미터, 폭 300-200미터에 이르는 제방을 놓았다. 알렉산더의 군사들은 농성용 무기를 들고 가교를 건너가 도시를 함락시켰다. 알렉산더의 두로 정복은 그의 가장 위대한 업적으로 여겨졌다.

두로는 헬라 왕의 맹렬한 진노를 그대로 겪었다. 1만 명의 시민이 처형당했고, 3만 명은 노예로 팔려갔으며, 도시는 불에 탔다. 알렉산더가 만든 제방은 그 뒤로도 제거되지 않았고 섬을 반도로 만들었다.

놀랍게도 에스겔은 이렇게 예언했는데 "나도 티끌을 그 위에서 쓸어버려서 말간 반석이 되게 하며"(겔 26:4), 이는 알렉산더의 군사들이 내륙도시의 자갈을 모아 바다에 던져 제방을 만든 이후의 도시의 정확한 모습이었다. 하나님의 말씀은 진정으로 놀라운 것이다! 스가랴의 예언은 이 사건이 이루어지기 200여 년 전에 기록되었으며, 에스겔의 예언은 250년 전이었지만 두 예언 모두 문자 그대로 이루어졌다.

9:5. 이 구절에서 스가랴는 알렉산더의 애굽으로의 진격에 앞서서 다음 기착지인 블레셋 정복을 기술하고 있다. 스바냐 2장 4절에서는 골리앗의 고향인 가드(삼상 17:4, 23)가 블레셋의 주요 다섯 도시 가운데 유일하게 언급되고 있지 않다. 가드가 빠진 이유에 대해서는 본토에서 너무 멀다, 유다에 복속되었다, 혹은 그 마을은 멸망되었다 등 여러 가지 설명이 제시되었다(습 2:4-7의 본문 이해를 보라).

번창한 항구도시 아스글론은 두로의 멸망을 보았고 겁을 집어먹었다. 막강한 두로도 헬라의 공습을 견디지 못했다면 우리에게 어떤 희망이 있을까? 알렉산더가 애굽에 이르기 전에 마지막으로 만난 중대한 위협은 20미터 높이의 언덕 꼭대기에 새 둥지처럼 자리 잡은 요새인 가사였다. 페르시아는 애굽을 상대로 한 군사작전의 기지로 가사를 활용했다. 가사는 알렉산더의 진격과 관련하여 구체적으로 기록된 유일한 블레셋 도시였고, 그 포위와 공략은 충분히 입증되었다. 두 달간의 치열한 저항 끝에 그 도시는 함락되었다. 알렉산더는 항복하지 않은 그 시민들을 무자비하게 다루었다. 1만 명의 주민들이 도륙되고 남은 자들은 노예로 팔렸다. 바티스 왕은 병거에 산 채로 매달려서 가사 거리를 끌려 다니다 죽었다.

그러나 임금이 끊어질 것이라는 구절은 알렉산더가 가사의 당시 통치자를 처형한 것으로 그치는 것이 아니라 아예 왕이 다스리는 군주정치 자체를 종식시킨 정책을 가리킨다. 가장 북쪽에 위치해 있어 두로에서 가장 가까웠던 에그론은 두로가 알렉산더의 맹공습에도 살아남을 것이라 기대했지만 그 큰 도시가 무너지자 소망을 잃었다. 아스글론에는 거민이 없을 것이란 구절은 결국 그 땅이 황무지가 될 것(NIV)이라는 의미다.

9:6. 잡족은 이방인들(NIV), 혼합인종(NKJV), 혼혈족속(NASB) 혹은 혼혈백성(NRSV)으로 번역될 수 있다. 이는 서로 다른 피정복민들을 섞어버린 알렉산더의 정책을 가리킴이 분명하다. 파인버그에 의하면, "정치적 자주성, 도시의 위용 그리고 그 성전의 영광의 상실은 블레셋의 자존심이 크게 짓밟힘을 의미한다"(Feinberg, 「*Minor Prophets*」, p. 316). 알렉산더의 블레셋 정복은 실질적으로 블레셋의 종말을 가져왔다. 이 성읍들은 신약 시대에도 사람들이 거주했으나 여러 인종이 뒤섞인 명백히 헬라화 된 도시가 되었다.

9:7. 이 구절은 엄청난 충격을 주는 예언을 포함하고 있다. 이스라엘의 가장 큰 원수의 하나인 블레셋이 언젠가 하나님을 믿는 식구들과 함께 거주하게 되리라는 것이다. 그들은 더 이상 율법에서 금하고 있는(레 7:26, 17:10, 12) 우상제물의 피를 먹지 않게 될 것이다. 가증한 것(KJV, NKJV, NRSV)은 금지된 음식(NIV)으로, 우상 제물 혹은 의식에 사용된 부정한 음식을 가리킨다. 블레셋 족속은 유다의 한 두목이나, 초기 예루살렘 거주민이던 여부스 사람같이 될 것이다. 하나님은 5-6절에서 예언된 블레셋을 향한 모진 심판에도 불구하고 이 백성을 사랑하시고 그들의 죄악된 교만이 깨지자 그들을 하나님

의 가족으로 반갑게 맞이하셨다.

9:8. 알렉산더가 주변 지역을 물밀듯이 휩쓸자 유대 백성은 크게 걱정했을 것이 분명하다. 그 막강한 임금 앞에 누구도 맞서지 못했다. 알렉산더는 자신들을 어떻게 대할까? 이것으로 우리 연약한 나라는 끝이 나는 것일까? 이 구절에서 우리는 이 견디기 힘든 시기에 주어진 하나님의 보호하심이라는 마음 든든한 약속을 발견하게 된다(내가 내 집을 둘러… 적군을 막아). 내 집을 둘러에서 '둘러' 는 방어를 가리키고, '내 집' 은 성전이 아니라 문맥상 나라를 가리키는 것으로 보인다. 따라서 하나님은 자기 백성을 보호하시겠다고 약속하셨고, 유대 민족은 알렉산더의 진노로부터 벗어날 수 있었다.

1세기 유대인 사가인 요세푸스는 알렉산더가 예루살렘을 방문하고 그 도시를 구원한 흥미진진한 이야기를 기록하고 있다. 비록 요세푸스의 기록이 전설이라는 옷으로 채색이 되었을 수도 있지만 알렉산더의 예루살렘 방문은 터무니없는 일만은 아니며, 알렉산더는 사마리아인들을 북쪽까지 쳐부수었음에도 예루살렘만은 남겨두었다.

스가랴는 8절에서 이스라엘의 최종적 구원을 예언하는 것으로 결론을 내린다. 포학한 자가 다시는 그 지경으로 지나지 못하리니라는 이 약속의 궁극적 메시지는 "메시아의 두 번째 강림이 마지막으로 완전히 성취될 것을 기대하게 만든다"(Barker, p. 661).

B. 왕 중 왕의 오심(9:9-10)

Supporting Idea	우리 왕이신 메시아 예수님은 처음 오셨을 때 구원을 베푸셨고 다시 오실 때 세상을 다스리시고 만국에 평화를 가져오실 것이다.

9:9. 우리는 9절에서 그리스도의 초림에 대한 놀랄 만한 예언을 접하게 되며, 10절에서 그분의 다시 오심에 관한 영광스러운 예언을 발견하게 된다. 스가랴는 앞에서 세상의 위대한 왕의 오심을 기술했지만, 이제 그는 예루살렘(시온)에게 앞으로 놀라운 일이 일어날 것이기 때문에 크게 기뻐하고 즐거이 부르라고 권고한다. 그 놀라운 일은 이스라엘의 왕이 예루살렘으로 들어오신다는 것이다. 물론, 그 왕은 다름 아닌 인류 역사상 가장 위대한 임금이신 메시아 예수님이다. 신약성경을 기록한 사람들은 이 예언이 종려주일에 그리스도께서 예루살렘으로 개선의 입성을 하신 일로 성취되었음을 분명히 밝히고 있다(마 21:1-10; 막 11:1-11; 눅 19:28-38; 요 12:12-15). 특히 마태(21:5)와 요한

(12:15)은 스가랴서의 이 구절의 일부분을 인용하고 있다. 수세기 동안 많은 유대교 랍비들도 이 구절이 메시아에 대해 말씀하고 있다고 해석해왔다.

이스라엘의 메시아는 **공의로우실 것**, 혹은 '공평하실 것' (KJV, NASB)이다. 알렉산더는 변덕스럽고 무자비할 수도 있었지만, 그리스도는 공의로우시고 공평으로 다스리실 것이다. 메시아는 인류에게 영적으로, 그리고 궁극적으로 육체적 **구원**을 베푸실 것이다. 교만한 알렉산더(속국들에게 자신을 신으로 경배하라고까지 요구)와 달리 (참 하나님이신) 그리스도는 **겸손**(NASB, NRSV, 혹은 '온순' -NIV)하실 것이다. 그분은 전쟁용 말(알렉산더처럼)이 아니라 **나귀**, 더 정확히 **나귀새끼**를 타고 예루살렘에 들어가실 것이다.

9:10. 9절과 10절 사이에는 적어도 2,000년간의 공백이 있다. 선지자가 11장에서 전하는 것처럼 이 놀라운 메시아는 처음 오셨을 때 자기 백성으로부터 거절당하셨다. 그분은 죽으시고, 다시 살아나시고, 하늘에 오르셔서 지금 다스리고 계신다. 언젠가 그분은 이 땅에 다시 오실 것이며 그때는 이전과 다를 것이다. 그분은 나귀 등에 타고 예루살렘에 입성하시지 않고 이 땅을 정복한 왕으로서 천사들을 거느리고 들어가실 것이다(계 19:11). 전에는 이스라엘 전체가 그분을 배척하셨지만, 그분이 다시 오실 때 이스라엘은 자신의 메시아로 그분을 맞이할 것이다(슥 12:10). 그리스도께서는 다시 오실 때 전쟁을 종식시키고(**병거와… 말을 끊겠고**) 세상에 화평을 인도할 것이다. 이 땅에 평화를 인도하려는 모든 노력들은 칭찬받을 만한 일이지만, 진실되고 항구적인 평화는 평강의 왕이 오실 때에만 이루어질 것이다.

메시아의 우주적인 통치는 시편 72편 8절을 회상하는 언어로 펼쳐지고 있다. **"바다에서부터 바다까지와 강**(유프라테스 강을 말하며 약속의 땅의 동쪽 경계, 창 15:18; 출 23:31)**에서부터 땅 끝까지 이르리라."** 알렉산더는 세상의 작은 부분만을 통치했지만 메시아는 그 전체를 다스리실 것이다.

이 구절에는 메시아와 그분의 오심에 관한 일곱 가지의 놀라운 진리가 담겨 있다. 첫째, 메시아의 초림이 정확히 예언되었다. 예수님은 스가랴가 500년 전에 예언한 방식 그대로 예루살렘에 입성하셨다. 이 예언이 메시아 예언으로 간주되는 사실은 종려주일에 보인 유대 백성들의 반응에서 분명히 암시되고 있다. 그리스도의 두 번째 오심 역시 구체적으로 성취될 것이다. 둘째, 메시아는 왕으로서 통치하실 것이다. 예수님은 지금 하늘에서 통치하고 계시며, 언젠가 직접 이 땅을 다스리실 것이다. 셋째, 메시아는 성품이 공의로우시며 공평한 통치자가 되실 것이다. 넷째, 그분은 영적 구원과 궁극적으로 자신을 따르는 자들의 육체적 구원을 베푸실 것이다. 다섯째, 메시아는 겸손하고 온유하실 것이다. 여섯째, 그분의 통치는 온 우주에 미칠 것이다. 일곱째, 그분은 전쟁을 종식시키고 세계 평화를 정착시키실 것이다. 나사렛 예수는 9절의 예언을 완전히 성취하셨고, 다시 오실 때 10절의 예언을 성취하실 것이다.

C. 왕의 개선(9:11-16)

Supporting Idea	막강한 전사와 같이 이스라엘의 왕은 자기 백성을 이끌고 대적을 이기실 것이다.

9:11-12. 9장 11-16절에서 이스라엘의 하나님은 자기 백성을 승리로 이끄는, 싸움에 능한 왕으로 묘사되고 있다. 이 본문은 다음과 같은 전쟁 용어로 가득 차 있다. 갇힌 자들(11절), 보장(요새, 12절), 활(13절), 칼(13절), 살(화살, 14절), 나팔(14절), 행하다(진군하다, 14절), 호위하다(15절), 물맷돌(농성용 투석기에 사용되는 돌, 15절).

9장 11-12절에서 하나님은 자기 백성과의 언약에 근거해서 그들을 구원하시겠다고 약속하셨고, 그들이 예루살렘(보장)으로 돌아올 것이라고 격려하셨다. 만일 이 구절이 10절의 그리스도의 재림과 연관된다면 이는 그때 임할 자기 백성의 구원, 다시 모으심, 축복을 말하는 것이다. 그러나 선지자의 말은 바벨론 포로들을 구원하시겠다는 기존의 약속을 회상하는 것이며, 스가랴와 동시대 사람들에게 자기 고향으로 돌아갈 것을 촉구하는 것이다(2:6-12). 이 예언은 선지자와 같은 시대에 살고 있던 사람들(하늘의 왕에 의해 구함을 받은)과 그리스도의 재림 때 살고 있을 사람들(메시아 왕에 의해 구함을 받은) 모두에게 적용되는 것으로 보인다.

네 언약의 피란 구절은 모세 율법에 의한 희생제물을 가리키는 것으로 보이는데, 이는 구약에서 찾아볼 수 있는 이와 유사한 구절이 출애굽기 24장 8절의 '언약의 피' 뿐이기 때문이다. 그러나 아브라함과 맺은 하나님의 언약 역시 피의 제물로 추인되었다(창 15:9-11). 하나님은 아브라함과의 언약에서 아브라함의 후손이 땅을 받고, 큰 민족을 이루고, 복을 받을 것이라 약속하셨는데(창 12:1-2, 13:14-17, 15:18, 18:18), 그 약속은 모두 이 구절에 포함되어 있다. 갇혔던 자들은 그들의 왕이 장차 그들을 풀어줄 것이기 때문에 소망을 품게 되었다. 물 없는 구덩이는 물이 마른 저수지를 가리키는데 죄인을 가두는 감옥으로 자주 사용되었다. 요셉(창 37:24)과 예레미야(렘 38:6)는 모두 그런 구덩이에 감금되었었다. 배나 네게 갚을 것이라는 구절은 이스라엘에게 축복이 가득 주어질 것을 암시하는데(사 61:7), 초림 때 베풀어진 복의 두 배를 가리키는 것으로 볼 수도 있다(신 21:17).

9:13. 9장 13-17절에서 다음번에 메시아가 거둘 종말론적 승리를 암시하는 유대 백성의 헬라에 대한 승리가 나타난다. 이와 관련해서 다양한 시나리오가 제기되었지만 역사적으로 유다와 헬라 간의 중요한 전쟁은 주전 2세기에 일어난 마카베오 전쟁뿐이다. 린지(Lindsey)에 의하면 다음과 같다.

> 적어도 이 구절은, 어쩌면 본 장의 나머지 전체도, 마카베오(Maccabees, 주전 169-135)가 헬라가 임명한 시리아의 통치자인 안디오쿠스 4세 에피파네스(단 11:32 참조), 안디오쿠스 5세 유파토, 안디오쿠스 6세 그리고 안디오쿠스 7세 시데테스와 벌인 분쟁을 가리킨다. 유대인이 거둔 이 승리는 하나님이 천 년 동안 이스라엘에게 복을 베푸실 이스라엘의 마지막 싸움과 승리를 예고한다(Lindsey, p. 1563).

이스라엘 하나님의 거룩한 전사로서의 역할은 13-16절에 특히 두드러진다.

유다는 여호와의 활, 에브라임은 그분의 화살 그리고 시온은 그분의 칼로 비유되고 있다. 여호와 하나님은 이 무기로 대적을 무너뜨리실 것이다. 스가랴는 알렉산더 대왕의 침공을 통해 이미 헬라를 우리에게 소개한 적이 있다(9:1-8). 주전 323년 알렉산더가 죽은 뒤 그의 방대한 제국은 그의 휘하 장군들에 의해 나뉘어졌고, 결국 네 개의 커다란 분할을 이루게 된다. 팔레스타인은 처음에 애굽을 다스리던 프톨레마이오스 왕조의 헬라인에 의해 통치를 받다가 나중에 셀레우시드(Seleucid, 시리아)계의 헬라 왕에게 넘어갔다. 전쟁은 폭군 안디오쿠스 4세(주전 175-163)의 통치 때 일어나 그의 사후 20년 이상 지속되었다. 마카베오로 알려진 가문이 그 유대인의 저항운동을 이끌었고 마침내 유대의 독립을 얻는 데 성공했다.

9:14. 이 구절은 여호와 하나님을 이스라엘을 위해 전쟁을 수행하는 위대한 전사 - 왕

으로 묘사하고 있다. **남방 회리바람**(가장 맹렬한)과 함께하는 여호와의 **나팔**은 아마 천둥일 것이다.

9:15. **만군의 여호와**(NIV는 '전능하신 여호와', the LORD Almighty)라는 어구에서 만군은 하나님의 지시를 받는 하늘의 군대를 말한다. 누구도 이 힘을 견디지 못한다. 그들의 승리는 결정적이다. **그들은 원수를 삼킨다**(NIV는 멸하다, destory). **물맷돌을 밟을** 것이란 어구는 표적을 놓친 물맷돌 위를 걸을 것이란 의미일 수도 있다(NASB 참조). 물맷돌은 적진에서 투석기를 통해 날아온 것이지만 그 어떤 무기도 하나님의 백성에게 해가 되지 못한다. 앗수르의 왕 산헤립(주전 704-681)을 그린 부조에는 그런 돌이 그려져 있고, 마사다에는 로마 시대에 사용된 물맷돌이 아직도 쌓여 있다. 이 절의 마지막 부분은 개선을 축하하는 잔치에 제공된 많은 음식(**마시고, 가득한**)과 여호와께서 하나님의 백성을 대신하여 거둔 승리에 동참한 하나님의 백성의 풍성함(**즐거이 부르기를 술 취한 것같이**)을 가리킨다. **피 묻은 제단 모퉁이**와 **같다**는 말은 넘치도록 가득함을 강조하는데, 이는 제단에 뿌리는 피가 가장자리까지 구석구석 채워지기 때문이다. NRSV의 "그들이 포도주처럼 피를 마실 것이라"는 번역은 히브리어 원문의 오역이다.

9:16. 이스라엘은 그 대적들로부터 구함(구원)을 받을 것이지만 종말론적인 어구인 **이날에**(여호와의 날에)는 이 구원이 스가랴 12장 10절부터 13장 1절에 기록된 대로 그리스도의 재림 때 있을 영적 변화를 포함하고 있음을 암시한다. 그때 이스라엘은 절대적인 의미에서 **자기 백성의 양떼**가 될 것이다. 이스라엘은 여호와의 **땅**에 거할 것이며 **면류관에 박힌 보석**같이 하나님께 높임을 받을 것이다. '면류관'에 해당하는 히브리어는 때때로 대제사장이 머리에 쓰는 관을 가리키기도 한다(출 29:6, 39:30). 아마 이 의미는 이제 이스라엘이 제사장 나라로서의 위치를 회복했다는 것으로 보인다(슥 3장; 출 19:6 참조). 주석가들은 여기 언급된 값비싼 보석과 앞에서 나온 하찮은 물맷돌 사이의 대조를 지적한다.

D. 왕의 축복(9:17-10:12)

Supporting Idea	메시아의 통치는 곧 자기 백성에게 임할 축복을 의미한다.

9:17-10:1. 우리는 9장 17절부터 10장에 걸쳐 하나님의 백성에게, 특히 메시아 왕국 동안 주어진 축복을 보게 된다. *첫째, 경제적 번영(9:17-10:1).* 이스라엘의 구원 이후 농사가 잘되고 성도들에게 육체적 건강이 있을 것이다. 비가 필요할 때면 하나님의 백성은 모두 여호와께 비를 구해야 한다. 이스라엘과 같은 건조한 지역은 비가 축복을 나타내는 증표가 되며('복된 장맛비', 겔 34:26), 어떤 주석가들은 이곳의 비가 영적 소생을 상징한다고 이해한다. 아마 여기서는 자연적인 비와 영적 축복 모두가 포함되는 것으로 보인다. 봄비 때(혹은 '늦은 비의 때' KJV)는 4/5월에 오며, 곡식을 튼튼하게 하고 성숙하게 하는 데 중요한 역할을 한다. 우리는 모든 축복은 하나님께로부터 온다는 사실을 잊어서는 안 된다(약 1:17).

10:2. *둘째, 사랑의 통치자(10:2-4).* 이스라엘과 고대 근동 전역에서 목자란 말은 교사, 선지자, 제사장, 사사, 통치자, 왕 그리고 총독 등 다양한 지도자들을 가리키는 말로 사용되었다. 여기서 주된 초점은 백성의 지도자 혹은 왕에게 맞추어져 있다(사 44:28; 렘 23:2-4). 2-4절에서 우리는 악한 목자(10:2-3상)와 사랑의 목자(10:3하-4)를 비교하게 된다.

악한 목자는 백성들을 헤매게 만드는 우상숭배자다. 왜냐하면 그들은 자기의 거짓 신들이 전하는 거짓말을 따르기 때문이다. 복술자들은 자신들이 미래를 예언할 수 있다고 주장한다. 여기서 계시의 세 가지 방법이 소개된다. 직접적인 하나님과의 교통(말하다), 진실치 않은 것(vision, NIV) 그리고 꿈이 그것이다. 구약 시대 때는 참되신 하나님께로부터 받은 모든 것은 올바른 계시의 형태였다. 거짓 선지자들로부터 받은 성공과 행복의 약속들은 그 위로함이 헛되다. 예레미야가 경고한 것처럼 "그들이 딸 내 백성의 상처를 심상히 고쳐주며 말하기를 평강하다, 평강하다 하나 평강이 없도다"(렘 8:11)

스가랴는 앞의 1절에서 진정한 복의 근원은 (거짓 신이 아니라) 여호와 하나님이심을 분명히 말했다. 길을 잘 아는 목자가 없으면 백성은 양같이 유리한다. 이 말은 우상숭배가 현재의 문제임을 가리키는 것이 아니라, 스가랴의 청중들에게 그들을 포로 되게 만든 과거의 죄를 깨우치는 것이다(1:4-6, 7:11-14). 이 구절이 포로 이전에 초점을 맞추고 있음은 포로 이후에는 유다에 왕(목자)이 없고 오직 페르시아 정부가 임명한 총독만이 있었다는 사실에 의해 암시된다. 이스라엘은 자신들을 인도할 경건한 다윗 왕가의 왕이 없었기 때문에 곤고를 당했다. 메시아는 그 빈자리를 채워줄 것이다.

10:3. 여호와 하나님은 이 신실치 못한 수염소(곧 지도자, NIV)들의 악함을 벌하실 것이다. 이 지도자들은 수염소처럼 하나님의 양떼를 들이받고 깔아뭉갰다. 그때 이스라엘은 왕이 없었으므로 이 정죄의 칼날은 이방인 압제자가 받을 것이 분명하다. 이 절은 오늘날의 정치, 종교 지도자들에게 만일 그들이 지도자로서의 신뢰를 잃으면 반드시 벌을 받게 될 것임을 강하게 경고하고 있다. 하나님은 이 악한 지도자들을 제거하시는 한편, 그 무리를 친히 권고하실 것이다. 하나님은 유다를 흩어지고 길들여지지 않은 무리로부터 왕이 타기에 적합한 준마로 변화시키실 것이다. 페르시아의 왕은 자신이 타는 말의 머리에 정교한 머리장식을 해서 씌웠다(에 6:8 NIV; 우리말 성경에는 왕의 쓰는 관으로 해석됨 - 역주).

10:4. 하나님의 메시아는 앞절에서 기록된 유다의 구원을 가능하게 하실 것이다. 그에게로서는 문자적인 번역이며, NIV는 그 의미를 살려 '유다에게로서' 로 번역하고 있다. 메시아는 유다 민족에서 오실 것이다. 이 구절에는 네 가지의 메시아 호칭이 실려 있다. 모퉁잇돌, 말뚝, 싸우는 활, 권세 잡은 자가 그것이다. 구약의 다른 곳에서도 '모퉁잇돌' 에 해당하는 히브리어는 '지도자' (삿 20:2; 삼상 14:38)를 가리키며, 특별히 이사야 28장 16절과 시편 118편 22절은 메시아의 상징을 가리킨다. 메시아(그리스도)이신 예수님은 우리 믿음의 기초이시다. 모든 능력과 권세는 그분을 기반으로 한다(사 9:6). 더욱이 시편 118편 22절에서처럼 그분은 교회의 빛나는 영광(머릿돌)이시다. 이 표현은 또한 신약에서 잘 알려진 메시아의 상징이다(고전 3:11; 벧전 2:6).

말뚝의 형상은 장막을 단단히 고정시키기 위해 땅에 박는 쐐기모양의 나무를 가리키기도 하고(삿 4:21), 혹은 고대 동방의 장막에서 여러 가지 귀중한 것들을 걸어놓는 못을 가리키기도 한다(겔 15:3). 이사야 22장 22-24절의 유사한 용법은 후자에 더 가깝다. 하나님은 국가 관리인 엘리아김에게 마치 단단한 곳에 박힌 못에 귀중품을 걸어놓은 것처럼 '존귀' 와 '영광' 을 더하셨다. 그리스도께도 존귀와 영광이 임하실 것이다.

싸우는 활(군사 정복에 필요한 힘을 상징, 왕하 13:15-17; 계 6:2)은 자기 백성의 모든 대적을 굴복시키실 승리의 왕인 그리스도를 묘사한다. 4절 마지막 부분은 메시아가 오실 때 모든 압제자를 몰아내실 것(KJV)을, 혹은 하나님의 인정을 받은 왕이 다 유다에게서 나올 것을 의미한다. 메시아를 가리키는 본문의 문맥상 후자의 견해가 더 옳은 것으로 보인다.

이는 오실 메시아에 대한 화려한 설명이다. 마지막으로 세상은 진정으로 자기 백성을 사랑하고 보살필 왕, 우주적인 평화와 안전을 보장할 능력을 가진 영광의 왕을 갖게 될 것이다.

10:5-7. *셋째, 승리(10:5-7).* 이제 하나님의 양은 메시아의 능력 안에서 대적을 무너뜨릴 용사의 모습으로 그려지고 있다. 이 승리의 전투의 배경이 무엇인지에 대해 여러 가지 의견이 제시되었다. 4절의 메시아 문맥에 이어짐을 생각하면 그 주된 초점은 이 세대의 끝에 있을 미래의 구원을 가리키며, 마카베오의 승리를 암시하는 것으로도 볼 수 있다(9:13). 남왕국 유다와 북왕국 요셉(에브라임과 므낫세 두 북쪽 지파가 태어난) 두 나라는 다시 하나가 될 것이다. 본문의 맥락이 미래를 그리고 있는 것과 상관없이 포로기 이후에 모든 지파의 유대인들이 자기 고향에 돌아온 것은 분명한 사실이다. 그 나라는 하나님의 호의로 온전히 회복되어 마치 이전에 있었던 내어 버리움이 없었음같이 될 것이다. 하나님의 용서는 온전하고 완전하다(시 103:12). 내가 그들을 들으리라는 구절은 그들이 회개하는 마음으로 하나님의 도우심을 믿는 가운데 하나님께 부르짖을 것임을 암시한다(슥 12:10; 욜 2:32). 유다와 마찬가지로(6절) 에브라임(북왕국)은 적에게 승리를 거두고 여호와께서 그들을 구하실 때 즐거워할 것이다.

10:8. *넷째, 민족의 재집결(10:8-12).* 메시아와 관련된 문맥으로 보아 이 구절은 마지막 날에 있을 민족의 재집결을 가리키는 것으로 봄이 가장 타당하다. 휘파람은 원어를 직역한 것으로, NIV에서는 '신호(signal)'로 번역하고 있다. 파인버그에 의하면, "벌을 치는 사람이 휘파람을 불어 벌들을 한곳에 모으는 것처럼, 여호와께서 자기 옛 백성을 모으기 위해 신호를 보내는 것으로 그려진다(사 5:26, 7:18을 보라)" (Feinberg, 「*Minor Prophets*」, p. 322). 휘파람은 목자가 피리나 휘파람을 불어 자기 양 떼를 모으는 신호를 가리키는 것으로 봄이 타당하다. 구속에 해당하는 히브리어는 노예, 포로(신 13:5, 삼하 7:23; 미 6:4) 그리고 죽을 처지(요 5:20; 호 13:14)에서 값을 주고 사는 것을 말한다. 이스라엘의 인구는 흩어지기 전에 번성하였던 것과 같이 번성하게 될 것이다.

10:9-11. 이 미래의 흩음은 로마인들에 의해 저질러진 일을 가리키는 것으로 보인다. 유대인들이 회개하고 여호와 하나님께 간구하자(나를 기억하고) 하나님은 그들을 그들의 땅으로 돌아오게 하시려 했다. 전에 유대인들이 노예 생활하던 곳인 애굽과 앗수르는 이스라엘이 흩어질 열국을 대표한다. 이스라엘 인구는 레바논과 길르앗(오늘날의

요르단)으로 모여들 것이지만 그들이 거할 곳이 부족할 것이다. 모든 장애물(출애굽 때 마른 땅처럼 되었던 바다와 같이)은 이스라엘의 귀환을 위해 제거될 것이고, 세상의 모든 악한 세력(다시 한 번 앗수르와 애굽에 의해 대표됨)은 무너질 것이다.

10:12. 여기서 하나님이 주실 능력에 대한 약속이 반복되는데(6절), 이는 에브라임(7절)뿐 아니라 이스라엘 전체에 적용되는 것으로 보인다. 그들이 그 땅으로 돌아올 수 있었던 것은 자신의 솜씨가 아니라 하나님의 능력으로 이루어진 것이다. 더욱이 하나님의 능력은 그들로 하여금 여호와의 이름을 받들어 왕래할 수 있게 하신다. 이것은 그들이 하나님의 이름을 나타내거나 하나님의 거룩하신 성품과 조화를 이룬다는 의미다. 미가는 이스라엘이 메시아 왕국에서 여호와 하나님의 이름으로 행할 것을 이미 예언하면서(미 4:5), 본문의 미래적 해석을 뒷받침하였다.

Main Idea 복습	우리의 메시아는 왕 중 왕이시며, 세상의 모든 통치자는(제아무리 훌륭해도) 그분과 비교하면 하찮은 존재다. 그분은 처음 오실 때 죄로부터의 구원을 베푸셨고, 두 번째 오실 때 만국에 평화를 가져오시고 자기를 따르는 이들에게 축복을 주실 것이다.

결론

나는 돌아오리라!

전쟁이 지구 전역으로 맹렬히 퍼져나가자 프랭클린 루스벨트(Franklin Roosevelt) 대통령은 1941년 퇴역한 더글러스 맥아더(Douglas MacArthur) 장군을 불러 필리핀에 파견된 미군을 지휘하게 했다. 일본이 진주만을 공습한 이후 상황은 급속도로 악화되어, 1942년 3월 대통령은 맥아더에게 잠수함을 타고 그곳을 빠져나와 호주로 가라고 명령했다. 맥아더는 마지못해 대통령의 명령에 따르면서 자기 부하들을 남겨두고 그곳을 떠났다. 일본 군대에 숫자적으로 절대열세에 빠진 미국과 필리핀 병력은 포로가 되어 강제수용소로 끌려가다 7만 명 가운데 1만 명이 목숨을 잃은, 악명 높은 바탄 죽음의 행진(Bataan Death March)을 겪었다.

맥아더는 호주에 도착한 직후 그에 대해 잘 알지 못하는 사람들도 알고 있는 미국 역사상 가장 유명한 선언을 했다. 맥아더는 기자들에게 말하던 도중 이렇게 선포했다. "미합중국 대통령께서는 나에게 일본군의 전열을 돌파하여 필리핀의 코레기도에서 호주로 건너가, 내가 생각하기에, 필리핀 사람들을 구하는 것을 최우선 목표로 하여 일본군을 향한 미국의 공격을 정비할 것을 명했습니다. 나는 그 명령에 따랐고, 반드시 돌아갈 것입니다!"

1944년 10월 20일, 맥아더 장군은 치열한 공방을 벌이고 있는 레이테 섬(Leyte) 공습이 최고도에 달했을 때 레드비치(Red Beach) 해안에 착륙했다. 잠시 후 그는 한 라디오 연설을 통해 이렇게 북받치는 말을 전달했다. "필리핀 국민 여러분께 드립니다. 저는 돌아왔습니다. 전능하신 하나님의 은혜로 우리 미군은 다시 필리핀 땅에 발을 디딜 수 있었습니다." 맥아더는 자기 약속을 지켰다.

이천 년 전, 한 사람이 떠나면서 다시 오겠다고 약속했다. 그의 이름은 예수 그리스도이시며, 맥아더가 돌아왔다는 사실보다 예수 그리스도께서 자기 백성을 구원하기 위해 돌아오실 것이라는 사실이 더 확실하다. 스가랴는 메시아가 자기 백성을 죄에서 구원하기 위해 처음 오시고, 세상을 다스리고 죄를 영원히 멸하기 위해 다시 오실 것이라고 예언했다. 그분은 다시 오고 계시며, 그때는 속히 이를 것이다!

▣ 진리 알기

- 하나님은 자기 백성의 대적을, 보통 섭리라는 수단으로 쓸어버리실 것이다.
- 여호와 하나님은 자기 백성을 위험에서 지켜주신다.
- 메시아(그리스도) 예수님은 온유한 구세주이시자 승리의 왕이시다.
- 메시아의 장차 오심은 믿는 이들에게 기쁨과 위로를 가져다줄 것이다.
- 축복은 이 세상의 거짓 신이 아니라 참 하나님께로부터 오는 것이다.
- 거짓 종교는 속이고 멸망시킨다.

- 하나님은 자기 백성을 함부로 대하는 지도자들을 심판하실 것이다.
- 그리스도는 우리 신앙의 초석이며 영광스러운 능력의 왕이시다.
- 메시아는 이 세대의 끝에 자기 백성을 자기 앞으로 모으실 것이다.

▣ 적용하기

- 당신을 부당하게 대우한 자들에게 보복하려 하지 말고 하나님이 그들을 처리하시게 하라.
- 예수님을 더 닮아 공의롭고, 온유하고, 겸손해지기로 결심하라.
- 당신의 구세주가 되기 위해 이 땅에 처음 오셨던 예수님을 보내신 하나님께 감사하라.
- 예수님이 평화와 기쁨의 새 세상을 이루기 위해 다시 오실 것이라는 사실에 기뻐하라.
- 거짓 종교의 속임수에 넘어가지 않도록 경계하라.
- 모든 지도자는 하나님 앞에서 자신의 모든 것을 해명할 것임을 기억하고 신실하고 사랑이 넘치는 지도자가 되라. 복음서 안에서 예수님의 삶을 연구하여 당신의 삶과 사역에 필요한 리더십 원칙을 개발하라.
- 삶의 능력을 주시는 주님을 의지하라.

삶의 적용

나머지 이야기

세상을 둘러보면 때로는 악의 세력이 승리하는 것처럼 보이는 때도 있다. 악은 강하고 범죄는 날뛴다. 그리스도인들은 세상 곳곳에서 자신의 신앙을 위해 죽어가고, 세상 사람 대다수는 예수님의 주 되심을 거부한다. 그러나 그것은 우리가 아직 그림 전체를 보지 못하는 것이다. 유명한 라디오 프로그램 진행자인 폴 하비(Paul Harvey)는 '나머지 이야기'를 들을 필요가 있다고 말한다.

1815년 6월 18일 워털루 전쟁 동안 나폴레옹이 이끄는 프랑스는 웰링턴의 지휘를 받는 연합군(영국, 화란, 독일)과 싸우고 있었다. 영국 국민들은 신호 체계에 의지하여 전쟁이 어떻게 진행되고 있는지 알아보고 있었다. 그 신호 수신처 가운데 하나는 윈체스터 성당(Winchester Cathedral)의 탑에 위치했다.

그날 늦게 탑은 다음과 같은 신호를 불빛으로 신속히 타전했다. "W-E-L-L-I-N-G-T-O-N- - -D-E-F-E-A-T-E-D(웰링턴이 패했다)." 그 순간 갑자기 영국의 안개구름이 탑을 가려 다음 내용을 알아볼 수 없었다. 이 패퇴 소속은 삽시간에 도시 전체에 퍼졌다. 조국이 전투에 패했다는 소식을 들은 사람들은 모두 슬픔에 잠겼다. 그때 갑자기 안개가 걷히고 나머지 속보가 보이게 되었다. 그 소식은 두 단어가 아니라 네 단어였다. 완전한 메시지는 "W-E-L-L-I-N-G-T-O-N- - -D-E-F-E-A-T-E-D- - -T-H-E- - -E-N-E-M-Y!"였다. 이 기쁜 소식이 퍼지는 데는 몇 분이 걸리지 않았다. 슬픔은 기쁨으로 변했고, 패배는 승리로 바뀌었다.

하나님 나라가 지고 있는 것처럼 보일 때, 싸움은 아직 끝나지 않았음을 기억하라. 헨리 롱펠로는 훌륭한 찬송시 "성탄절 종소리를 들었네"에서 이렇게 표현했다.

> 이제 종을 더 크게 멀리 울리세.
> "하나님은 돌아가시지도, 주무시지도 않는다네.
> 잘못된 것은 물러가고 옳은 것은 일어서며
> 땅에는 평화, 사람에겐 온정이 넘친다네."

우리 왕이 오실 것이며, 그때에는 모든 악의 세력은 도망하고 하나님의 백성은 구원될 것이다. 예수님은 승리하실 수 있는가? 하늘과 땅의 모든 능력이 그분의 손 안에 있다. 그분은 결코 패하지 않으신다!

기도

사랑의 하나님, 세상을 보고 두려움에 빠지려 할 때 하늘에 계신 우리의 왕께서 우리를 돌보시며 어떤 상황에서도 우리를 살피심을 기억하게 하옵소서. 세상을 사랑하셔서 자기 아들 예수님을 보내셔서 구세주가 되어 십자가에서 돌아가시게 하신 하나님께 감사합니다. 예수님이 다시 오셔서 공의와 사랑으로 세상을 다스리실 것을 기뻐합니다. "아멘, 주 예수여 오시옵소서." 예수님 이름으로 기도합니다. 아멘.

심층 연구

A. 9-14장의 저자

어떤 학자들은 스가랴 9-14장을 본서의 첫 부분과 분리하여 다른 저자, 혹은 저자들(주로 헬라 시대, 주전 332-200년경)의 작품으로 간주한다. 뒷장들은 모두 스가랴후서로 이름 붙일 수 있을 정도지만, 보통 스가랴 2서는 9-11장에 국한되고 12-14장은 스가랴3서로 거명된다.

본서의 통일성에 관해 많은 논쟁이 제기되었다. 첫째, 9-14장에서 선지자의 이름이 등장하지 않기 때문에 그가 본서를 기록하지 않은 것이 분명하다는 주장이다. 그러나 스가랴가 1장 1절에서 밝힌 자신의 저자 됨은 다른 선지서들의 경우와 마찬가지로 전체 저작물에 적용된다고 보는 것이 타당하다(나 1:1; 합 1:1; 습 1:1; 학 1:1).

둘째, 스가랴가 살던 시대 이후를 암시하는 역사적 사건이나 상황은 후대의 저자(들)가 이 예언을 기록했음을 확실히 보여준다. 예를 들어, 9장 13절에 헬라란 이름이 거명된 것으로 보아 이 부분이 헬라 시대(주전 332년, 알렉산더의 정복 이후)에 기록된 것이 분명하다. 보통 그러한 논거는 초자연적인, 이 경우는 예언의 가능성을 반대하는 철학적 편견에 근거하고 있음을 밝혀준다. 하나님이 전지하시다는 사실을 믿으며 기적을 인정하는 이들에게 그러한 주장은 아무런 설득력이 없다.

스가랴는 성령의 영감 아래 헬라 시대의 사건들, 알렉산더의 침공, 마카베오의 전쟁 등을 예언할 수 있었다. 만일 스가랴가 헬라 시대의 사건들(자신보다 200년 이후)을 예언할 수 없었다면, 그는 분명 그리스도의 초림(500년 뒤의 사건)이나 재림(적어도 2,000년 뒤)을 예언할 수 없었을 것이다. 더욱이 그리스도는 구약이 자신의 삶과 사역에 대한 기적 같은 예언들을 포함하고 있음을 친히 확증하셨다. "너희가 성경에서 영생을 얻는 줄 생각하고 성경을 상고하거니와 이 성경이 곧 내게 대하여 증거하는 것이로다"(요

5:39). "또 이르시되 내가 너희와 함께 있을 때에 너희에게 말한 바 곧 모세의 율법과 선지자의 글과 시편에 나를 가리켜 기록된 모든 것이 이루어져야 하리라 한 말이 이것이라 하시고"(눅 24:44).

셋째, 문장과 문체의 다양성, 곧 1-8장에는 나타나지 않거나 자주 등장하는 낱말이나 구절이 9-14장에는 그 반대로 나타나는 모습은 어떤 학자들에게 서로 다른 저자의 존재를 암시한다고 주장하게 한다. 그에 대한 반론으로 우리는 그러한 다양성은 일반적으로 내용상 주제가 바뀌었기 때문에 일어난 결과임을 지적한다. 예를 들어, 9-14장에서 '그날에' 란 표현이 18회 등장하는 데 반해 앞의 장들에서는 3회 등장한다. 그러나 '그날에' 는 종말론적인 용어로 후반부에서 중요하게 강조되고 있는 부분이다. 더욱이 본서 전체에는 문체적 유사성이 분명히 존재한다(예: '만군의 여호와').

반면 유대인들과 기독교 전승은 본서의 통일성을 지지한다. 예를 들어, 가톨릭 외경인 집회서(Ecclesiasticus, 주전 108년)는 소선지서를 열두 권으로 언급한다. 만일 집회서의 저자가 스가랴서를 두 권이나 세 권으로 분리했다면 그 숫자는 열둘 이상이 되었을 것이다. 따라서 집회서의 저자는 스가랴서가 하나의 저작물이라는 유대인들의 믿음을 분명히 증거하는 것이다. 더 나아가, 본서에 사용된 히브리어는 초기 히브리어이지 후기 히브리어가 아니다. 결론적으로 본서를 구분하려는 견해는 다분히 주관적인 것이며 그것을 지지할 분명하고 객관적인 증거는 없다.

카이저는 이렇게 지적한다.

> 문제의 본질은 본서의 통일성 결여에 대한 모든 토론은 순전히 가설에 불과하다는 것이다. 왜냐하면 8장과 9장 사이에 그러한 단절을 보이고 있는 히브리어 사본이 발견된 적이 없기 때문이다. 실제로 사해 사본에서 발견된 헬라어 사본 가운데 스가랴 8장의 마지막 부분과 스가랴 9장의 서두 부분을 포함하고 있는 사본들은 두 장 사이에 아무런 공간이나 여백을 두고 있지 않다(Kaiser, 「*Mastering the Old Testament*」, pp. 287-88).

이런 증거를 고려한다면 우리는 스가랴가 본서 전체를 기록했다는 결론을 내릴 수밖에 없다.

B. 알렉산더 대왕(9:1-8)

알렉산더 대왕이 역사상 가장 위대한 군사 전략가 가운데 하나임은 의문의 여지가 없다. 이 카리스마적인 군주인 알렉산더는 주전 356년 스스로의 힘으로 위대한 정복자가 되었던 마케도니아 필립 2세의 아들로 태어났다. 필립은 그리스와 마케도니아를 합병하고 페르시아를 공격할 계획을 세우다 주전 336년에 암살되었다. 아테네의 유명한 철학자인 아리스토텔레스 문하에서 교육을 받은 알렉산더는 겨우 열아홉이란 나이에 아버지의 뒤를 이어 왕위에 올랐다. 그리고 일 년 반 뒤(주전 334) 그는 페르시아를 향한 공격을 감행했다. 페르시아에 대한 증오는 고레스 때부터 페르시아와 그리스 사이의 끊임없는 분쟁과 싸움으로 인해 싹트고 있었고, 그리스는 다리오 1세(주전 490년)와 그 아들 크세르크세스(아하수에로, 주전 480)의 침공으로 쓴맛을 보았었다. 알렉산더의 페르시아 공격은 자기 고국을 공격한 그들에게 복수하기 위함이었다.

주전 334년 알렉산더는 소아시아의 그라니쿠스(강) 전투에서 페르시아 군대를 무찌름으로써 메대 - 페르시아 제국의 지배에 종지부를 찍었다. 연이어 주전 333년 이수스 전투와 주전 331년 10월 아르벨라 전투(고가멜라 전투라고도 불림)에서의 승리를 통하여 메대 - 페르시아 제국의 정복은 완결되었다. 놀랍게도 알렉산더는 겨우 3년 안에 근동과 중동 전역을 정복했다. 알렉산더는 이수스 전투에서의 승리 이후 애굽이 있는 남쪽으로 방향을 돌려 스가랴 9장 1-7절에 언급된 시리아, 페니키아, 팔레스타인을 침략했다.

알렉산더는 그 당시 세상에서 알려진 거의 모든 곳을 정복했고, 그의 군사 행동은 인도에까지 이르렀다가 지친 그의 군대가 모반을 일으켜 고국에 돌아가겠다고 주장하기도 했다. 이 그리스 왕은 자신이 거둔 믿기 어려운 성공으로 인해 교만해졌다. 아킬레스(트로이 전쟁 당시 그리스 군 최강의 전사)는 알렉산더의 영웅이었는데, 그는 아킬레스와 신인 헤라클레스가 자신의 선조라고 믿었다. 알렉산더는 교만 혹은 정치적 이유로 자신이 정복한 지역 거민들에게 자신을 신으로 섬기도록 강요했다. 자연스레 그의 그리스 군대는 그러한 명령에 반기를 들었다.

이 위대한 정복자는 그 면적이 255만 제곱킬로미터에 이르는 고대 서양에서 가장 거대한 제국을 세웠다. 그러나 알렉산더는 알려진 세상의 대부분을 정복하는 자신의 위업의 정점에 달할 때 죽고 말았다. 동방에서 바벨론으로 돌아오던 중에 극심한 열병(말라리아일 가능성)에 걸린 것이다. 주전 323년 6월 13일 그는 32세의 나이로 숨을 거두었다(어떤 이는 알렉산더가 독살되었을 것이라고 주장한다). 느부갓네살 왕의 궁전(또한 하나님을 모독한 벨사살이 벽에 쓰인 글씨를 본)이 있는 바벨론에서 맞이한 그의 죽음은 역설적이지 않을 수 없다. 알렉산더는 바벨론을 자기 제국의 수도로 삼고 그 영광을 회복시킬 계획이었지만 하나님은 바벨론이 그 이전 영화를 되찾지 못할 것이라고 엄명하셨다(사 13:19-22).

알렉산더는 알렉산더4 세와 헤라클레스(Herakles), 두 아들을 두었는데 모두 살해되었다. 제국은 물고 물리는 혼전을 거쳐 디아도키(Diadochi, 후계자)라 불리는 네 명의 그리스 장군에 의해 분할되었다. 알렉산더는 헬라어와 헬라 문화를 전 세계에 퍼뜨렸는데, 이는 신약이 기록된 언어인 코이네 헬라어가 공용어로 자리 잡아 복음이 전파될 수 있도록 예비한 것이다.

C. 두로와 시돈(9:2-3)

두로와 시돈은 페니키아(오늘날 레바논)의 해안가에 형성된 평야 지대를 따라 레바논 산맥과 지중해 사이에 위치해 있다. 두 도시는 고대도시였다. 시돈은 주전 2000년경부터 성경 이외의 문헌에도 모습을 나타내며, 두로는 주전 2000년 이후부터 등장했다. 처음에는 시돈이 더 중요한 위치를 차지했으나 결국 두로가 더 우월한 지위를 차지하게 되었다. 두 도시는 모두 강력한 전투력을 가진 교역의 중심지였다. 자주색 염료는 두로의 가장 인기 있는 수출품 가운데 하나였다.

이스라엘은 두 도시 모두와 교역을 했지만 특히 두로와 더 많은 거래를 했다. 다윗은 두로에서 목수와 석공을 채용해왔고 그 지역에서 나온 백향목을 성전 건축에 사용했다(삼하 5:11; 대상 14:1). 두로의 히람 왕은 솔로몬의 통치 기간 동안 예루살렘 성전 건축에 필요한 원자재와 기술자들을 보내주었다(왕상 5:1-18). 나중에 두로와 시돈은 스가랴 시대에 세워진 두 번째 성전에 필요한 자재들도 공급했다(스 3:7). 아합(주전 874-853)은 시돈 왕 엣바알의 딸 이세벨과 결혼했다가(왕상 16:31) 비극적인 결과를 초래했다. 그녀는 자신이 섬기던 바알신을 이스라엘 왕궁에 끌어들였고, 이 가증한 것을 나라 전체에 퍼뜨렸으며, 여호와의 선지자를 무참히 살해했다(왕상 18:13). 선지자들은 두로와 시돈을 멸시했는데(사 23:1-5; 암 1:9-10), 두로의 왕을 교만의 화신으로 특징지은 에스겔(겔 28:1-6)보다 더 신랄하게 비판한 이는 없었다. 두로에 대한 심판은 알렉산더가 주전 332년 그 도시를 무너뜨림으로써 부분적으로 성취되었다(슥 9:2-4).

로마의 통치하에서 두로는 직물과 바다달팽이로부터 추출된 자주색 염료로 널리 알려졌는데, 그 염료는 같은 무게의 금보다 더 비쌌다고 한다. 자주색 옷감은 부와 왕족을 나타내는 동의어로 사용되었다. 예수님은 두로와 시돈을 방문하셨었고(마 15:21), 바울은 3차 전도여행 후에 일주일 동안 두로에 머문 적이 있다(행 21:3-4). 오늘날 두로의 인구는 약 7만 명 정도이고, 시돈은 8만 명 정도다.

D. "내가 내 집을 둘러 진을 쳐서 적군을 막아" (9:8)

알렉산더의 막강한 군대가 세상을 휩쓸 것처럼 보일 때 유대인들은 걱정에 빠졌다. 200년 전 선지자 스가랴를 통해 주신 자기 백성을 보호하시겠다던 하나님의 약속은 그들에게 큰 위로가 되었음이 분명하다. 1세기 유대인 역사가인 요세푸스는 알렉산더의 예루살렘 방문과 그 도시를 구한 흥미진진한 이야기를 기록하고 있다. 다음은 요세푸스가 기록한 긴 이야기를 요약한 것이다.

알렉산더는 두로에서 예루살렘에 있는 대제사장에게 편지를 보내 자기 군대에 필요한 지원과 물자 공급을 명했고 전에 페르시아의 다리오에게 바친 조공을 돈으로 바칠 것을 요구했다. 대제사장은 자신은 다리오를 향하여 무기를 들지 않기로 그 앞에서 맹세한 바 있다고 주장하며 그 요구를 거절했다. 알렉산더는 분노했고 가사를 무너뜨린 후 예루살렘을 벌할 때가 되었다고 결정했다. 유대인 대제사장 야두스(혹은 야두아)는 백성들에게 여호와 하나님께 구해달라고 기도하도록 호소했다. 꿈에서 하나님은 대제사장에게 그는 대제사장의 예복을 입고 다른 제사장들과 백성은 흰 옷을 입은 상태에서 알렉산더와 만나라고 지시하셨다. 알렉산더가 예루살렘 근처에 있음을 안 사절단은 헬라 왕을 만나기 위해 용감히 행진해갔다.

알렉산더는 그 행렬을 보고 혼자 다가가 대제사장 앞에 엎드렸다. 알렉산더의 병사들은 놀라 어안이 벙벙한 채 그의 행동이 무슨 의미인지 물었다. 알렉산더는 자신이 대제사장 앞에 엎드린 것이 아니라 대제사장의 하나님 앞에 엎드린 것이라고 대답했다. 그는 자신이 아직 마케도니아에 있을 때 자기 앞에 서 있는 사람이 지금과 똑같은 복장을 하고서 자기가 페르시아와의 싸움에서 승리하게 될 것이라고 말해주는 꿈을

꾸었었다고 설명했다. 유대인들은 알렉산더를 예루살렘 성읍 안으로 반갑게 맞이했다. 그곳에서 그는 다니엘서의 예언 가운데 헬라인 한 명이 페르시아 제국을 무너뜨릴 것이라는 놀라운 예언을 보게 된다. 그리고 알렉산더는 유대인들에게 호의를 베풀었다.

요세푸스의 기록에는 신화적인 요소가 다분히 존재하지만 어느 정도 역사적인 근거도 포함되어 있는 것으로 보인다. 알렉산더의 예루살렘 방문은 전혀 터무니없는 것이 아니며, 유대 민족은 실제로 헬라 왕에 의해 구함을 받은 것이 사실이다. 페르시아가 헬라에게 멸망당할 것이라는 다니엘의 예언(단 8:5-8, 21)을 알렉산더가 보았다는 요세푸스의 진술도 전혀 허무맹랑한 말은 아니다. 하나님이 어떻게 행하셨든지 간에 하나님은 자기 백성을 보호하시겠다는 자신의 약속을 지키셨다.

E. 마카베오 전투(9:13)

스가랴는 9장 13절에서 시온과 그리스 사이의 전쟁을 언급하고 있다. 여기 언급된 그리스는 먼 훗날, 아직 알려지지 않은, 시온(하나님의 백성)을 대항하는 백성을 가리키는 종말론적인 것으로 간주되었다. 다른 이들은 본문을 알렉산더 대왕의 활동에 적용시킨다. 그러나 앞에서 살펴본 것처럼 알렉산더는 유대 민족을 침공하지 않았다. 본문은 또한 교회와 이방 세상 사이의 갈등을 서술하고 있는 것으로 해석되어왔다. 역사적으로 유다와 그리스 사이에 있었던 분쟁 가운데 알려진 가장 중요한 것은 주전 2세기 무렵에 있었던 마카베오 전쟁이다.

스가랴는 알렉산더의 그 지역 침공을 기술함으로써 이미 그리스를 우리에게 소개한 바 있다(9:1-8). 알렉산더가 32세란 나이에 바벨론에서 죽은 이후 그의 방대한 제국은 휘하 장수들에 의해 나뉘었다가 결국 네 개의 커다란 나라로 분할되었다. 원래 팔레스타인은 애굽의 톨레미 가문의 그리스 통치자에 의해 다스림을 받았지만, 셀루시드(시리아의) 헬라 왕 안디오쿠스 3세(대왕, 주전 223-187) 때 셀루시드에 복속되었다. 악명 높은 안디오쿠스 4세 치하(주전 175-163)에 유대 백성과 그들의 그리스 통치자들 사이에 극심한 분쟁이 발발했다. 안디오쿠스는 그 교만한 성격을 드러내어 스스로를 에피파네스, 즉 '하나님이 나타나심' 이라고 불렀다.

안디오쿠스와 유대인 사이의 적대감은 주전 169년 그리스의 폭군이 예루살렘 성전을 노략질하고 유대인 남녀노소 8만 명을 살육함으로써 그 절정에 달했다. 주전 167년 12월 안디오쿠스는 심지어 성전 안에 제우스의 제단을 세우기까지 했고, 그 위에 돼지를 제물로 바쳤다. 이 만행은 외경인 마카베오 1서와 2서에 기록되었다(마카베오1 1:20-63, 마카베오2 5:11-21, 6:2-5).

그때 하나님은 이스라엘을 이끌고 그리스에 대항한 마카베오라 알려진 한 가문을 일으키셨다. 원래 마카베오('망치'를 의미)란 이름은 맛다디아의 아들인 유다스(Judas Maccabeus)에게 주어진 존경의 호칭이었다. 나중에 마카베오란 이름은 그의 모든 가문, 구체적으로 그의 아버지와 요한, 시몬, 엘르아살, 요나단 네 형제를 가리키는 말로 그 범위가 확장되었다. 유다스는 일련의 전투를 통해 시리아인들을 물리쳤고, 주전 164년 12월 14일 여호와의 성전을 다시 봉헌했다(하누카 Hanukkah).(마카베오1 4:52).

이어진 그리스 통치자와의 싸움은 주전 142년 5월 셀루시드 왕 드미트리우스 2세에 의해 유대의 독립이 공포되기까지 시몬의 영도 하에 계속되었다. 셀루시드 왕 안디오쿠스 7세는 유다에 대한 자신의 권위를 재천명하려 했지만 주전 128년 파르티안과의 싸움에서 죽었고, 이로써 셀루시드의 유다 지배는 영구히 종지부를 찍게 되었다. 마침내 유대인들은 자유를 얻었다. 그러나 마카베오 가문이 치른 대가는 너무 큰 것이었다. 엘르아살과 유다스는 전투 중에 죽임을 당했고, 요나단과 시몬은 암살당했다. 비록 하나님은 시리아의 굴레를 벗겨버리기 위해 이 용감한 지도자들을 사용하셨지만, 스가랴는 그들이 막강한 적들에게서 얻은 승리는 '주 여호와'(9:14)의 능력으로만 가능한 것임을 깨우쳐주고 있다.

F. 지도자로서의 목자(10:2-3)

이스라엘을 비롯하여 고대 근동 전역에서 '목자'란 말은 교사, 선지자, 제사장, 사사, 통치자, 왕 그리고 총독 등의 다양한 지도자를 가리키는 말이었다. 스가랴 10장 2-3절에서 주된 초점은 국가 지도자 혹은 왕에게 맞추어져 있다. 목자는 이스라엘에서 왕을 상징하는 말로 자주 사용되었다. 예를 들어, 다윗 왕은 여호와께 이스라엘 백성의 '목자'로 선택받았다(삼하 5:2; 참조 사 44:28; 렘 23:2-4). 그 밖에 다른 고대 근동 지역에서도 이와 비근한 예를 찾아볼 수 있다. 수메르의 왕(주전 2450)은 자기 백성의 목자로 불렸고, 바벨론 왕 함무라비(주전 1700년경)는 자신을 목자로 기술했다. 앗수르의 왕 앗수르바니팔(주전 7세기)과 느부갓네살 왕(주전 6세기) 역시 목자로 묘사되었다. '목자' 는 가끔씩 거룩한 왕이신 하나님께 적용되기도 했다(시 23:1, 100:3).

교안

A. 들어가는 글

1. "헤롯대왕 - 위대한 탕아" 를 읽어주라.
2. 배경 설명 : 스가랴는 9-10장에서 역사상 가장 위대했던 세상 임금인 알렉산더 대왕이 올 것을 서술하고 있다. 그의 시리아, 페니키아, 팔레스타인 정복은 그 일이 일어나기 200년 전에 놀라울 정도로 예언되어 있다. 그러나 이 강력한 그리스 왕도 9장 9-10절에 그 초림과 재림이 예언돼 있는 이스라엘의 메시아 왕에 비교하면 미미한 존재에 불과하다. 우리는 메시아가 인류를 구원하고 궁극적인 세계 평화를 가져오실 것이라고 들었다. 알렉산더와 달리 이 왕은 사랑과 겸손의 왕이시며 그의 통치는 온 우주에 미칠 것이다. 9장은 하나님의 백성과 그리스 사이의 분쟁과 승리에 대한 예언으로 끝을 맺는다. 이는 주전 2세기에 있었던 마카베오 전쟁을 가리키는 것으로 보이며, 열국에 대한 메시아의 종말론적 승리를 암시하기 위해 삽입된 것이다. 9장 17절부터 10장 12절에서는 메시아 왕이 베푸시는 경제적 번영, 사랑의 통치 그리고 하나님의 백성의 재집결이라는 축복을 보게 된다.
3. 적용 : 이 장을 살펴보면 다시 오실 우리의 왕 메시아 예수님이 얼마나 위대하신 분인지 새삼 깨닫게 된다. 그분은 처음 오셨을 때 우리 죄를 위하여 십자가에서 죽으심을 통하여 모든 이에게 주어지는 구원을 베푸셨다. 그분은 두 번째 오실 때 전쟁으로 얼룩진 세상에 평화를 가져오실 것이다. 우리는 또한 역사 안에서 자기 백성을 위해 일하신 하나님의 섭리를 발견하게 된다. 알렉산더 대왕은 이스라엘의 대적을 향한 하나님의 심판의 도구였으며, 여호와 하나님은 마카베오를 들어 쓰셔서

시리아를 통한 그리스의 지배로부터 유대인들을 구하셨다. 마지막 세대에 이루어질 메시아의 자기 백성의 구원은 번영과 평화와 사랑이 넘치는 놀라운 세상을 가져올 것이다.

B. 본문 이해

1. 세상의 왕이 임함(9:1-8)
2. 왕 중 왕의 오심(9:9-10)
3. 왕의 개선(9:11-16)
4. 왕의 축복(9:17-10:12)

C. 결론: 나는 돌아오리라!

토의 질문

1. 스가랴 9-10장에서 하나님이 어떤 방식으로 자기 백성을 위한 섭리를 베푸셨는지 보게 되는가?

2. 우리의 메시아 왕은 어떤 점에서 알렉산더 대왕과 같은 세상의 왕과 다른가?

3. 예수님이 오실 것이라는 사실을 아는 것이 당신에게 어떤 느낌을 주는가? 메시아가 다스리실 미래의 나라는 오늘날 세상의 나라와 어떻게 다를까?

4. 거짓 종교(우상)는 어느 면에서 우리를 속이고 위험을 주는지 이야기해보라.

5. 메시아를 가리키는 호칭들인 모퉁잇돌, 말뚝, 싸우는 활은 각각 어떤 의미인가? 이 장에서 메시아에 적용된 또 다른 이름에는 어떤 것들이 있는가?

스가랴 11장

거절당한 목자에 대한 예언

"선지자로서 그가 받을 점수는 100점이나 0점, 이 두 가지밖에 없다."

- 찰스 스윈돌(Charles Swindoll)

스가랴는 북쪽에서의 침공을 서술하는 것으로 11장을 연다. 이어서 여호와 하나님은 선지자에게 이스라엘 백성에게 연극을 통해 메시지를 전달하라고 지시하신다. 스가랴는 사랑 많은 목자, 곧 양떼인 그 민족들에 의해 거절당한 메시아의 역할을 맡아 연기했다. 그 백성은 이 목자의 사랑 넘치는 지도력을 겨우 노예 한 명의 가격인 은 삼십에 불과하다고 평가했다. 그 결과 여호와께서는 그들의 목자로서의 지위를 버리시고 그들을 학대하고 무너뜨릴 사랑 없는 목자 - 지도자의 손에 맡기셨다.

Zechariah

들어가는 글

또 틀렸어!

심령술은 미래를 예언할 능력이 있다고 공언하지만, 그 정확성은 어느 정도일까? 1998년 1월자 AP통신은 한 기사에서 1997년도에 행한 심령술사들의 예언을 조사하였다. 신문 머리기사는 "1997년 심령술 예언 한참 빗나가다"란 제목을 싣고 다음과 같은 이야기를 들려준다.

만일 심령술사들이 맞았다면 1997년은 가수 믹 재거(Mick Jagger)가 국회의원이 되고 명 앵커 월터 크론카이트(Walter Cronkite)는 술집 가수가 되어서 혹평을 받은 해가 되어 역사 속으로 사라졌을 것이다. 그리고 다이애너(Diana) 비는 아직 살아 있을 것이다. 다만 갑상선 질병으로 몸무게가 97킬로그램이 나가거나 올림픽 장거리 육상선수가 되기 위해 아프리카에서 훈련을 받고 있을 텐데, 어느 쪽이 될지는 당신이 어느 심령술사를 택할지에 달려 있다.

〈내셔널 인콰이어러(National Enquirer)〉, 〈내셔널 이그재미너(National Examiner)〉 그리고 또 다른 타블로이드판 대중지에서도 심령술이 맞은 적이 없다고 〈스켑티컬 인콰이어러(Skeptical Inquirer)〉 지는 말한다.

그 잡지는 초능력을 입증하기 위해 과학적 방법을 적용했다고 말했다. 그러나 심령술사들의 실패는 1979년부터 그 잡지에 실린 예측들을 하나하나 점검해온 진 에머리(Gene Emery)라는 사람에게 전혀 놀라운 일이 아니었다. "그들은 항상 그랬어요." 진은 말했다. 에머리는 1979년 이후 단 한 건의 예측만이 절반만 실현된 것을 보았다. 그것은 1993년으로, 〈내셔널 인콰이어러〉의 심령술사가 플로리다 주에 역사상 최악의 허리케인이 휩쓸고 간 뒤 일주일 후에 지진이 강습할 것이라고 예언한 것이다. 허리케인 앤드루가 불어온 시간은 맞았지만 땅은 흔들리지 않았다.

그 밖에 1997년의 예측으로는 다음과 같은 것들이 있다.

• 가수 바브라 스트라이샌드(Barbra Streisand)가 골수 보수파인 라디오 평

론가 러시 림보(Rush Limbaugh)를 자유민주당 당원으로 끌어들일 것이다.

- 모델 출신 육체파 여배우 파멜라 앤더슨 리(Pamela Anderson Lee)가 워싱턴의 로비스트가 되거나 하워드 스턴(Howard Stern)과 함께 〈바람과 함께 사라지다〉의 록음악판 뮤지컬에 출연할 것이다.
- 영국 앤드루(Andrew) 왕자의 전처인 사라 퍼거슨(Sarah Ferguson)이 유명 TV 드라마 〈멜로즈 플레이스(Melrose Place)〉에 출연하고 디자이너 캘빈 클라인(Calvin Klein)과 재혼할 것이다.
- 마돈나(Madonna)가 어린이용 TV 드라마에 관심을 갖고 옛날 프로그램인 〈미키마우스 클럽〉을 부활시키고 스스로 그 작품에 출연할 것이다.

1997년의 실패는 어쩌다 한번 일어난 일이 아니다. 과거의 다른 머리기사 제목들도 심령술의 암울한 기록을 반영한다. "수정 구슬이 부서지다: 1991년 일어나지 않은 심령술 예언", "올해(1991년)의 심령술 실패 올해의 웃음에 선정되다." 더욱이 1998년 2월 심령술사 단체인 PFN(심령술 친구 연합, Psychic Friends Network)은 모기업이 파산하여 문을 닫았다. 그들은 분명 '예측하지 못한 초과비용'으로 파산한 것이 분명하다. 2천 명의 점성술사가 모여 있는 PFN의 간부들 가운데 이런 사태가 올 것이라는 것을 한 사람도 미리 알지 못했다는 말인가?

심령술이나 다른 거짓 선지자들이 미래를 예측하지 못한다는 것은 너무나 명백한 사실이다. 그러나 우리 하나님은 모든 것을 처음부터 끝까지 다 아시며 자기 종들에게 몇 가지 분명한 미래의 일들을 밝혀주셨다. 우리는 스가랴 11장에서 하나님의 말씀 전체에서 가장 놀라운 예언 가운데 하나를 발견하게 된다. 스가랴는 500년 전에 이미 그리스도께서 유대 민족에게 버림을 받을 것이며, 겨우 은 30에 배신을 당할 것임을 예언했다. 예수 그리스도의 삶을 연구해보면 이 예언이 그분에게 정확히 성취되었다는 것을 알 수 있다. 파인버그는 메시아의 배척당함을 기록한 이 장에 "이스라엘 역사상 가장 어두운 때"라는 딱지를 붙였다(Feinberg, 「*Minor Prophets*」, p. 324).

본문 이해

거절당한 목자에 대한 예언

Main Idea	메시아는 진심으로 양떼, 곧 세상 모든 사람들을 보살피는 선한 목자이시다. 슬프게도 많은 사람들은 그분의 사랑의 인도하심을 거부하고 그 결과 고통받고 있다.

A. 거절의 결과(11:1-3)

Supporting Idea	하나님의 목자를 거부하면 참혹한 결과를 가져온다.

11:1-3. 이 짧은 시에서(본문이 시적 구조를 갖고 있음은 NIV에서처럼 운율을 맞추어 적으면 쉽게 파악할 수 있다) 선지자는 북쪽으로는 레바논, 동쪽으로는 바산의 멸망을 묘사하고 있다. 여기 사용된 언어는 매우 묘사적이다. 나무는 인격화되어 자신의 처지를 두고 곡을 하고 있으며, 불은 백향목을 게걸스럽게 삼키고 있고, 목자는 슬피 울며, 사자들은 울부짖는다. 본문은 보통 10장에 기술된 열국에 대한 메시아의 승리의 연속으로 이해되기도 한다. 여호와의 심판은 불처럼 레바논과 바산의 아름다운 나무로 상징되고 있는 교만한 나라들을 무너뜨릴 것이다. 이 세력의 왕들은 목자와 사자로 나타난다.

다른 주석가들은 1-3절은 10장의 결론이 아니라 11장 4-14절의 거절당한 목자 이야기의 소개라는 견해를 지지한다. 이스라엘이 자신의 선한 목자를 거부했을 때 여호와 하나님은 그에게 심판을 내리셨다(8-9절). 따라서 여기에 그림처럼 묘사된 그 땅의 멸망은 이스라엘이 메시아이신 목자 - 왕을 거절한 직접적인 결과를 가리킨다. 라에치(Laetsch)에 의하면, "본문의 문맥은 메시아의 날을 가리키므로(12절 이하) 본문이 가리키는 것은 예루살렘의 포위와 함락 그리고 주후 70-71년 로마 군대에 의해 전 국토가 황폐화된 사건이다"(Laetsch, p. 467). 병력은 보통 이스라엘 북쪽인 레바논으로부터 밀고 들어왔고, 참화는 바산과 요단강 유역을 포함한 전 국토에까지 미쳤다.

저항은 아무 소용이 없었고 따라서 레바논은 자신을 기다리고 있는 하나님의 심판의 불에 문(요새화된 도시의 문처럼)을 열 수밖에 없었다. 만일 레바논의 백향목도 그 공습을 견디지 못했다면 잣나무(소나무 - NIV, 전나무 - KJV, 편백나무 - NASB, NRSV)에게 무슨 희망이 있겠는가? 탈무드에서 유대인 랍비들은 여기서 레바논이 성전을 가리키는 것으로 해석하는데, 이는 레바논이 성전 건축에 필요한 백향목을 공급했기 때문이다. 바산은 갈릴리 바다의 북쪽과 동쪽에 위치해 있으며 무성한 초지에서 방목한 대규모 소떼(겔 39:18; 암 4:1)와 거대한 상수리나무(사 2:13; 겔 27:6)로 유명하였다. 그 유린은 너무도 맹렬히 진행되어 불길이 파괴하지 못한 것은 모두 엎드러질 것이다. 목자들은 그 목초지가 훼멸되었기 때문에 곡하였고, 굶주린 사자들은 요단강 주위의 은신처를 잃어버렸다.

영화로운 것이란 구절은 '영광'의 문자적인 번역으로 NIV는 비옥한 목초지(rich pastures)로 번역하고 있으며, 요단의 자랑 역시 '자랑거리' 혹은 '장대함'을 직역한 것으로, NIV는 무성한 덤불(lush thicket)로 번역하고 있다. 목자의 영광은 비옥한 초지이고 요단강의 '자랑거리'는 사자가 은신처를 두고 있는 무성한 강둑의 수풀이므로(렘 12:5) NIV의 번역이 본문의 의미를 좀 더 잘 살리고 있는 것으로 보인다. 본문은 비유적인 요소가 들어 있는데, 그럼에도 불구하고 대적들이 그 땅을 휩쓸고 지나가며 전답을 불사르고 삼림을 폐허로 만드는 가운데 남긴 약탈과 공포를 사실적으로 묘사하고 있다(왕하 3:25).

B. 악한 목자들(11:4-6)

Supporting Idea	악한 목자 - 지도자는 개인과 나라에 큰 피해를 안겨준다.

11:4. 바커(Baker)는 다음과 같이 말한다.

> 1-3절의 재앙의 원인이 이제 밝혀지는데, 그것은 바로 백성들이 메시아이신 목자 - 왕을 거부한 것이다(4-14절). 종의 노래(기본적으로 사 42, 49, 50, 53장에 나오는)에 나오는 종이 거절당한 것처럼 여기서도 선한 목자(왕의 모습)는 거부당했

다. 두 사건 모두 동일한 메시아이신 왕을 가리킨다(Barker, p. 675).

여호와께서는 스가랴에게 약간의 기발하고 창조적인 설교를 명하셨다. 그는 선한 목자 역을 맡아(먹이라) 양떼에게 자기 할 일을 행동으로 보여야 했다. 물론, '양떼'는 이스라엘 민족이며 목자가 그들을 먹이는 것은 그가 자신을 그들의 지도자로 내세우는 것이다. 내용이 진행되면서 스가랴가 맡은 선한 목자는 메시아임이 분명해지는데 이는 신약에서 분명히 확증된 내용이다. 우리는 11절에서 백성들은 선지자가 보여준 연극이 하나님이 주신 메시지인 것을 깨달았음을 알 수 있다. 잡힐이란 표현은 그들이 5-6절에 기술된 구매자와 목자들에게 잔혹한 대우를 받을 것을 가리킨다. 이 양들은 그들에게 잡아먹히기 위해 사육되다가 도살장으로 보내질 것이다. 아마 여기서는 구체적으로 주후 70년 로마인들의 손에 쓰러진 무수한 생명을 가리키는 것으로 보인다.

11:5. 스가랴는 백성들을 장터에서 사고 팔리는 양떼와 비교했다. 산 자들과 판 사람들은 아무런 죄책감도 없이, 심지어 내가 부요케 되었은즉 여호와께 찬송하리라고 자랑하며 이스라엘 백성을 도륙하고 착취한 이방 통치자였다. 로마와 같은 이방 권력은 그 백성을 착취의 대상으로 삼아 세금과 각종 재산을 앗아갔다. 더 나쁜 것은 이스라엘의 동료 유대인 지도자들(그 목자들)은 그들을 전혀 보살피지 않았다는 것이다. 예수님 당시 유대의 국가 지도자들과 바리새인과 사두개인 같은 사회 지도층은 종종 서민들의 복지보다는 자신의 지위와 부를 유지하는 데 더 큰 관심을 가진 것으로 보이곤 했다. 따라서 우리는 이스라엘에 목자가 있기는 했지만 그들은 잘못된 목자였음을 알 수 있다.

11:6. 그들의 죄로 인해(구체적으로 그들이 메시아를 거부한 것) 여호와 하나님은 그 땅을 이웃의 손과 이방 왕들의 손에 넘어가도록 허락하셨다. 치다는 말은 일반적으로 전제적인 로마 통치나 주후 70년 유대인들을 유린한 로마의 공격을 묘사하는 것이기도 하다.

C. 거절당한 선한 목자(11:7-14)

Supporting Idea	메시아는 선한 목자로 옛 이스라엘과 오늘날의 많은 사람들에게 거절을 당하셨다.

11:7. 이스라엘은 그 백성을 학대하고 심지어 도살했던 목자들에 둘러싸여 있었고,

그래서 여호와 하나님은 자비를 베푸셔서 그들을 사랑하고 그들을 보호하기를 원하는 선한 목자를 보내주셨다. 놀랍게도, 그들은 그 목자를 무시하려 했고 심지어 그를 싫어했다(8절)!

스가랴는 여호와의 명령에 순종하여 선한 목자인 메시아의 역할을 연기했다. 가련하다에 해당하는 히브리어는 “불쌍하다, 고통받다, 혹은 비천하다”는 의미다. 이 말은 메시아의 초림 때 거하던 경건한 성도들을 가리키는 것일 수도 있다. 메시아는 이 참으로 가련한 양들에게 특별한 관심을 기울이셨다. 목자는 막대기 두 개를 가지고 다녔다(시 23:4). 하나는 야생 동물들로부터 양떼를 보호하는 막대기이고 다른 지팡이는 부축하거나 양들을 위험한 곳에서 불러 모을 때 사용했다. 린지는 이렇게 설명한다. “두 막대기에는 은총(Favor, 혹은 아름다움, 은혜, 유쾌함)과 연락(Unity, 문자적으로 끈 혹은 ‘매듭’)이라는 상징적 이름이 주어졌다. 이 말은 자기 백성을 향한 하나님의 너그러운 호의를 묘사하며(9:14-17 참조), 이스라엘과 유다가 내부적으로 하나의 국가로 연합됨을 가리킨다(호 1:11 참조)” (Lindsey, p. 1565). 메시아는 그 나라에 하나님의 은총과 연합을 가져온다.

11:8. 학자들은 수세기 동안 이 절의 첫 부분에 당황해했다. 세 목자가 누구인지에 대해 무려 40여 가지의 다양한 의견이 제시되었다. 만일 메시아적 관점이 계속 유지된다면 이 목자는 과거 이스라엘의 역사적 지도자들(대제사장 혹은 셀루시드 왕)일 수는 없게 된다. 왜냐하면 메시아는 그들을 제거(끊었으니)할 것이기 때문이다. 아마도 세 목자는 세 사람의 개인을 가리키는 것이 아니라 이스라엘의 세 지도계층인 선지자, 제사장 그리고 왕(국가 지도자)을 가리키는 것이 더 타당한 것으로 보인다. 이들은 로마의 침공 때 제거될(출 9:15, 23:23) 것이었다. 한 달은 목자들이 끊어질 수 있는 짧은 기간을 가리키는 것으로 보는 것이 가장 타당하다. 미워하다는 말은(구약에서 이곳에만 등장) ‘구역질이 날 정도로 싫어함’을 의미한다. 싫어하다(문자적으로 ‘짧다’)는 그리스도께서 그들에 대한 인내심을 잃어버림을 의미하는 것으로 보인다.

11:9. 이 모든 기적과 놀라운 가르침과 친절한 행위 뒤에 메시아는 여전히 그 백성들에게 버림을 받았다. 그리스도는 그들의 소원대로 따르고 그들의 목자라는 지위를 포기하고, 그들을 올바른 인도와 보호하심이 없는 상태로 버려두셨다. 그 결과는 죽음과 파멸이었다. 유대인 역사가 요세푸스는 주후 70년 로마의 예루살렘 침공 때 있었던 끔

찍한 식인 사건(피차 살을 먹는 대로 두리라)을 기록하고 있다.

11:10-11. 스가랴는 은총이라는 막대기를 잘랐는데, 이는 하나님의 축복과 보호하심이 더 이상 그 민족에게 함께하지 않음을 상징하는 것이다. 세상의 모든 백성들이 이스라엘을 해하거나 멸망하지 않게 하는 하나님의 보호하심의 언약은 해제될 것이다. 메시아의 신성은 10절에 분명히 나타나는데, 세상의 모든 나라를 다스리실 분은 하나님 한 분뿐이기 때문이다. 가련하다는 7절에 나온 가련하다와 같은 히브리어로, 그곳에서와 마찬가지로 여기서도 스가랴의 행동이 참으로 여호와 하나님께로부터 온 말씀임을 깨달은 이스라엘 안의 성도들을 가리킨다. 1세기의 그리스도인들은 이스라엘이 로마인들에 의해 멸망당한 것이 하나님의 약속의 성취임을 깨달았을 것이다(마 23:34-39).

11:12. 12-13절은 성경 전체에서 가장 놀라운 예언 가운데 하나를 포함하고 있다. 메시아는 민족의 목자임을 거절당하셨고 그래서 그분은 그들과 단절된 삯을 달라고 요구하셨지만 만일 그들이 삯을 지불하고 싶지 않으면 그러지 말라고 덧붙이셨다. 메시아의 삯, 그들 눈에 비친 그분의 가치는 은 삼십으로, 이는 소에 떠받혀 죽은 노예 한 사람의 값인(출 21:32) 모욕적인 가격이다.

11:13. 여호와 하나님은 스가랴에게 은 삼십을 나를 헤아린 그 준가로 호칭하고 그것을 토기장이에게 던지라고 지시하셨다. 스가랴는 그 돈을 여호와의 전에서 토기장이에게 던졌다. 성전과 토기장이 사이의 관계는 낯선 것으로 여러 가지 다양한 설명이 시도되었다. 토기장이는 성전 예식에 필요한 그릇을 만드는 데 필요하므로(레 6:28) 어떤 해석가들은 토기장이들이 그곳에 거하고 있었다고(렘 18:6, 19:1) 추론한다. '그 준가를 토기장이에게 던지라'는 구절은 또한 영어 속담에 '개에게 던지다'와 같이 아무 소용이 없거나 천한 물건을 던진다는 속담이 되기도 했다. 앞으로 보게 되겠지만 신약은 이 성전 - 토기장이 사이의 관계의 비밀을 밝혀주었다.

스가랴의 예언은 예수님의 생애 가운데 놀라울 정도로 완전하게 성취되었다. 첫째, 유다는 은 삼십에 우리 주님을 배신했다(마 26:15, 27:3, 9). 둘째, 유다는 후회 막급한 심정으로 유대교 지도자들을 만나 그 돈을 돌려주기 위해 성전에 던졌다(마 27:3-5). 셋째, 대제사장들은 그 돈을 이방인의 묘지를 사는 데 사용했다(마 27:6-10).

11:14. 연락이라 하는 둘째 막대기를 자른 것은 내부 갈등(특히 로마의 예루살렘 함락 기간 동안) 혹은 그 민족 안의 불일치를 가리키는 것으로 해석되어 왔다. 분열왕국 기간

동안 12지파는 남쪽의 유다와 북쪽의 이스라엘로 각기 둘로 나누어져 있었다.

D. 무익한 목자(11:15-17)

Supporting Idea	선한 목자(메시아)를 대신하는 것은 어리석고 무익한 목자 - 지도자다.

11:15. 스가랴는 메시아이신 선한 목자 역을 연기했었고, 이제 여호와 하나님은 그에게 또 다른 목자, 곧 악한 목자를 연기하라고 지시하신다. 백성에게는 지도자가 있어야 한다. 사랑의 메시아가 거부당했다면, 그리 친절하지 않은 다른 지도자가 그 공백을 채울 것이다. 또라는 말은 선지자가 목자의 복장과 두 개의 막대기를 포함한 도구를 취하고 연극을 벌인 7절을 가리킴이 분명하다. 막대기 외에 목자(선한 목자든 악한 목자든)가 사용하는 기구들에는 음식물을 싸는 배낭과 양떼를 부르는 피리 그리고 칼이 포함되었다. 우매하다는 말은 도덕적으로 악하고 '지혜와 훈계'를 멸시하는 사람을 말한다(잠 1:7).

11:16. 하나님은 친히 자기 메시아를 배척한 그 민족을 심판하기 위해 이 지도자를 일으키실 것이다. 우매한 목자는 양을 보살피지 않고 자기 자신만 돌본다. 만일 양들이 길을 잃으면 비록 어린 것이라 할지라도 그는 그들을 찾아 집으로 데려오려 하지 않는다. 상한 자는 버려져 죽게 되고 강건한 자는 먹이지 않았다. 그는 그들을 먹이기보다는 그들을 먹어치웠고, 심지어 먹을 수 있는 마지막 한 점의 고기도 놓치지 않으려 굽을 찢었다. 바커는 이 절에서 '아니하다'란 말을 지우면 효과적인 목회 방법이 무엇인지 발견할 수 있을 것이라고 지적했다. 그것은 없어진(혹은 죽어가는, NASB) 자들을 돌아보고, 흩어진(혹은 어린, NIV) 자를 찾으며, 상한 자를 고치고, 강건한 자를 먹이는 것이다(Barker, p. 679).

11:17. 메시아를 대신할 이 목자는 우매할 뿐 아니라 양들이 목자를 필요로 할 때 양떼를 버린 못된 목자다. 그는 그 민족을 그 악에서 건져내지 못하며 죄에서 구하지 못함이 분명하다. 바커느 다음과 같이 말한다.

> 이 사이비 목자가 주후 132-135년 로마 제국에 대한 유대인의 항전을 이끌고 랍

> 비 아키바에 의해 메시아로 추앙받았던 발 코크바(Bar Kokhba) 같은 지도자 안에서 부분적, 역사적으로 성취되었다 하더라도, 이 예언 전체의 점진적 성취가 이루어질 마지막 무대는 최후의 적그리스도가 일어서기를 기다리고 있는 것으로 보인다(참조 겔 34:2-4; 단 11:36-39; 요 5:43; 살후 2:3-10; 계 13:1-8)(Barker, pp. 679-80).

이 악한 통치자에게는 심판이 놓일 것이다. 만일 전사의 팔이 부러지면 그는 무기를 휘두를 수 없을 것이고, 만일 그의 우편 눈이 어두우면 얼굴 전체를 내놓지 않고 투구 사이로 밖을 볼 수 없을 것이다. 그렇게 되면 그는 아무 힘도 쓰지 못한다(적그리스도의 운명에 대해서 단 7:8-11, 26; 살후 2:8; 계 19:19-21, 20:10을 보라).

Main Idea 복 습	메시아는 진심으로 양떼, 곧 세상 모든 사람들을 보살피는 선한 목자이시다. 슬프게도 많은 사람들은 그분의 사랑의 인도하심을 거부하고 그 결과 고통받고 있다.

결론

인민사원 대학살

짐 존스(Jim Jones, 본명은 제임스 워런 존스, James Warren Jones)는 1955년 인디애나폴리스에 인민사원을 설립했다. 그가 강조한 인간의 자유, 인종의 평등 그리고 사랑은 큰 인기를 얻었고, 1950년대에 900명이 넘는 추종자를 모았다(나중에 그의 메시지는 노골적인 사회주의, 심지어 공산주의적 경향을 띠게 되었다.) 존스는 자신이 하나님의 선지자라고 공언하였고, 나중에는 그리스도 본인이라고 주장했다. 그 증거로 그는 자신이 암을 치료하는 이적들을 행했다고 주장했다. 존스는 세상의 종말이 1967년 7월

15일 찾아올 것이라고 선언하고 무리를 이끌고 캘리포니아 우카이(스스로 안전하다고 믿은 곳)로 가서 임박한 핵전쟁을 기다렸다. 그러나 종말이 찾아오지 않자 그는 다시 샌프란시스코와 로스앤젤레스로 교회를 옮겼다.

한 잡지가 그의 조직 내부에 일어난 불법행위에 관한 의혹을 제기하자 존스는 몇몇 추종자를 데리고 가이아나의 밀림 속으로 들어가 그곳에 '지상낙원 공동체' 가 될 것이라 믿고 존스타운이라는 이름의 조직을 설립했다. 인간의 권리가 말살되고 있다는 소문이 들리자 캘리포니아 주 하원의원인 레오 라이언(Leo Ryan)은 1978년 12월 존스타운을 탐사하기 위해 그곳을 방문했다. 라이언 일행이 14명의 이탈자들과 함께 근처 임시 비행장에서 출발 준비를 하고 있는 도중 중무장한 인민사원 소속 경비병들이 (존스의 명을 수행하러) 도착하여 총기를 발사하여 라이언 의원과 다른 4명을 살해했다. 보복이 두려운 존스는 11월 18일 자신의 추종자들로 하여금 청산가리를 첨가한 음료수를 마시고 자살하게 만들었다. 경비원들은 그것을 거부하거나 도망치려는 자가 있으면 총을 쏘도록 명령받았다. 사망자 수는 어린이 276명을 포함하여 913명에 이르렀고, 존스는 머리에 총을 맞고 죽은 채 발견되었다.

우리는 이 밖에도 수없이 많은 짐 존스와 같은 '우매하고 - 못된 - 목자들' 의 이름을 들 수 있다. 데이비드 코레시(David Koresh)는 다윗의 가지(Branch Davidians) 회원들에게 자신이 메시아임을 믿게 했는데, 그들 대부분은 1993년 4월 텍사스 주 와코에 있는 집단농장에서 불길 가운데 타죽어 땅에 묻혔다. 사교인 천국의 문(Heaven's Gate)의 마샬 애플화이트(Marshall Applewhite)는 1997년 39명에게 헤일 - 밥 혜성 뒤에 숨어 있다는 외계인의 우주선으로 공간이동 시켜준다고 약속하여 모두 자살하게 만들었다. 제임스 돕슨(James Dobson)은 2002년 1월 소식지에서 인도의 구루인 마하라시 요기(Maharishi Yogi)의 마지막 사업은 인도의 4만 명의 요기들이 연꽃 자리를 점한 다음 자리에서 뛰게 하는 것이었다고 보도했다. 그렇게 하면 온 세상의 증오를 억누르고 행복을 퍼뜨리는 에너지 영역(force field)이 만들어질 것이라고 했다.

오늘날 우리 눈에 보이는 것들은 스가랴가 2,500년 전에 전한 메시지를 확인시켜주고 있다. 우매하고 못된 목자들이 많이 일어나 자기를 따르는 이들을 영원히 혹은 잠시 동안이나마 멸망으로 인도하고 있다. 메시아 예수님은 우리를 사랑하시는 선한 목자이시며, 우리 죄를 대신해 십자가에서 자기 목숨을 버리심으로 그것을 입증하셨다. 만일 우리가 그분을 영접하면 이 세상과 언젠가 천국에서 평화와 기쁨이 넘치는 풍성한 생명을 얻게 될 것이다. 그분이 아니고서는 감히 어느 누가 그것을 줄 수 있겠는가?

▣ 진리 알기

- 선한 목자(메시아)를 배척하면 멸망에 빠진다.
- 하나님은 신실하지 못한 지도자들(목자들)을 심판하실 것이다.
- 그리스도를 따르는 일은 가정과 사회와 교회와 국가에 하나님의 축복('은총')과 하나 됨('연락')을 가져온다.
- 하나님의 보호하심은 주님을 따르는 민족에 함께한다.
- 성도들은 하나님의 진리의 말씀을 분명히 깨닫게 될 것이다.
- 그리스도의 가치는 대부분의 사람들에게 올바로 평가받지 못하고 있다.
- 죄인들을 향한 하나님의 인내는 언젠가 끝이 날 것이다.
- 개인과 국가가 선한 목자(메시아)를 자신의 지도자로 받아들이지 않을 때 우매하고 못된 목자가 그 빈자리를 차지할 것이다.

▣ 적용하기

- 만일 당신이 그리스도를 주님으로 모시기를 거부하고 있다면, 지금 당장 자신의 삶을 그분께 내어드리라.
- 그리스도께서 특별히 개인적으로 당신에게 복을 주시고 보살펴주신 경험들을 생각해보라.
- 그리스도를 사랑이 많은 목자로 모시는 것이 얼마나 신나는 일인지 친구에게 이야기해보라. 그리스도의 위대하시다는 근거를 몇 가지 지적해보라.
- 당신의 나라가 그리스도를 섬기는 이를 지도자로 선택하도록 기도하라.
- 선한 목자가 자기 양을 위해 하는 일들을 찾아보고, 그것을 당신이 교회, 가정 그리고 사회에서 맡은 지도자로서의 직분에 적용시켜보라.
- 시편 23편을 읽고 이 위대한 시편에 제시된 하나님의 양이 되는 축복을 적어보라.

삶의 적용

예수는 어디에?

2001년 9월 11일 테러리스트들이 세계무역센터와 미 국방성 건물을 공격한 후에 부시 대통령은 워싱턴에 있는 국립 성당에 여러 종교 지도자들을 모아 국민들을 위로하게 했다. 그 자리에는 이슬람, 유대교 그리고 기독교를 포함하여 다양한 종교인이 참석했다. 연사 가운데 빌리 그레이엄이 있었는데, 그는 그리스도 안에 있는 우리의 소망이라는 빼어난 메시지를 전해주었다. 우리 동네 지역 신문은 다음날 아침 조간판에 빌리 그레이엄의 연설 본문을 실었다. 나는 그 글을 읽다가 이상함을 느꼈다. 왜냐하면 거기에는 예수님에 대한 언급이 한 번도 없었기 때문이다. '하나님' 은 자주 등장했고 '그리스도인' 도 한 번 나왔지만, 예수, 그리스도 그리고 십자가는 어느 곳에서도 찾아볼 수 없었다. 나는 의아해했다. "예수는 어디에 있지?"

한 이틀 뒤 그 신문이 많은 사람들의 불평을 받은 이후에 그레이엄의 설교를 다른 판본으로 실었을 때 그 의문이 풀렸다. 두 본문을 비교하면서 처음 실린 본문에는 예수와 십자가에 대한 모든 언급이 삭제되었음을 발견할 수 있었다. 그 신문은 예수라는 이름을 그 신문에 싣기 싫었던 것이 분명했다.

찰스 콜슨(Charles Colson)은 자신의 저서 「분쟁 가운데 있는 왕국(*Kingdoms in Conflict*, Grand Rapids, MI: Zondervan, 1987)」에서 언론과 관계된 비슷한 경험을 이렇게 들려주고 있다.

> 그리스도인이 된 이후로 몇 년 동안 나는 항상 내가 "예수 그리스도를 영접하였다"고 의도적으로 설명했다. 그렇지만 이 말은 언제나 '콜슨이 고백한 종교적 체험' 식의 문구로 바뀌어 사용되었다. 나는 미국의 유력 일간지가 정책상 예수 그리스도란 두 단어를 함께 사용하지 않는다는 것을 발견했다. 편집자는 이렇게 말했다. "그 두 단어를 함께 사용하는 것은 편집부에 대한 심판에 해당하는 것입니다."

하나님에 관해 이야기하는 것은 오늘날(특히 911 테러 이후) 유행이 되었지만, 메시아 예수님은 2천 년 전과 마찬가지로 세상 사람들 대부분에 의해 여전히 거부당하고, 심지어 비위에 거슬리는 말이 되고 있다.

왜 예수 그리스도(메시아)라는 이름이 사람들을 불편하게 하는 것일까? 첫째, 죄 없으신 하나님의 아들이신 예수는 죄를 들추어내고 사람들은 그것을 좋아하지 않는다. 예수님이 태어나기 오래 전에 그리스의 철학자 플라톤(주전 428-348)은 이렇게 예언했다. "만일 참으로 선한 사람이 나타나 진리를 말한다면 그는 두 눈이 파내지고 결국 십자가에 못 박힐 것이다." 둘째, 예수님은 자신이 천국에 가는 유일한 길이라고 주장하셨다. "내가 곧 길이요 진리요 생명이니 나로 말미암지 않고는 아버지께로 올 자가 없느니라"(요 14:6). 이 주장은 특히 정치적으로는 아무런 하자가 없는 초교파적인 세상이 싫어하는 말이다. 셋째, 예수님은 자신이 곧 하나님이라고 주장하셨다(요 5:18, 8:58, 10:30). 세상은 이렇게 말한다. "너무 지나치군! 예수가 좋은 친구이고 훌륭한 선생이라는 것은 인정하지만, 그렇지만 하나님이라니? 절대 인정할 수 없소!"

세상은 이를 거부할 것이 아니라 하나님이 사람이 되신 것과, 메시아이신 예수님을 통해 인류가 영생을 얻을 수 있는 길을 베푸신 것에 기뻐해야 한다. 그리스도는 이렇게 주장하셨다. "나는 선한 목자라 선한 목자는 양들을 위하여 목숨을 버리거니와"(요 10:11). 예수님이 십자가에서 죽으심으로 사람은 자신의 죄를 용서받고 천국에 거할 집을 물려받았다. 우리는 세상 사람들이 이 놀라운 선한 목자를 거부하지 않고 자신의 주와 구세주로 영접하도록 기도하자.

기도

주님, 우리를 사랑하시고 항상 우리 삶을 지켜보시는 선한 목자가 되심을 감사합니다. 세상 사람들이 자신을 억압하고 잘못된 길로 인도하는 목자를 따르는 일에서 벗어나 당신을 자신의 주로 영접할 수 있게 하옵소서. 예수 그리스도의 이름으로 기도합니다. 아멘.

심층 연구

A. 히브리 시(11:1-3, 17)

스가랴는 1-3절과 17절 그리고 9-14장의 다른 부분을 시의 형태로 기록했다(9:1-10, 12, 13:7-9). 히브리 시는 각운을 맞추지 않기 때문에 서방 세계에는 낯설어보일 수도 있지만 영어의 자유 시에 더 가깝다고 보면 된다. 이런 이유로 최근에 이르기까지 학자들이 구약 안에 포함된 히브리 시를 올바로 이해하지 못하기도 했다. 이른바 시가서(욥기, 시편, 잠언, 전도서, 아가)라 불리는 글들은 대부분 시 형태로 기록되었지만 스가랴서에서 살펴본 것처럼 히브리 시는 그 시가서에만 국한된 것이 아니다. 사실, 구약의 1/3은 시로 기록되었고, 특히나 선지서에는 빈번한 일이었다.

NIV 같은 최근 번역은 시적 표현들을 운문 형식으로 배열하여 영어 독자들이 쉽게 구별할 수 있게 하였다. 그러나 번역자들은 구약에서 산문과 시를 어떻게 구별할 수 있는 것인가? 주후 1753년 로버트 로우트 주교(Biship Robert Lowth)는 히브리 시의 주요 특징인 병행구절(parallelism)을 구분하는 획기적인 작품을 출판했다. 로우트는 동의적(synonymous), 반의적(antithetic), 합의적(synthetic)이라는 세 가지 히브리어 병행법을 설정했다. 다음은 잠언 가운데 위의 세 가지 병행법이 분명히 나타난 본문을 예로 든 것이다.

동의적 병행법은 둘째 행에서 같은 의미를 가진 서로 다른 용어를 반복하여 사용한다.

> 교만은 패망의 선봉이요
> 거만한 마음은 넘어짐의 앞잡이니라(잠 16:18)

'교만'과 '거만한 마음'은 동의어이고, '패망'과 '넘어짐' 그리고 '선봉'과 '앞잡이' 역시 마찬가지다. 본질적으로 같은 뜻을 가진 서로 다른 낱말을 반복하여 사용하는 것은 저자의 의도를 강조하기 위함이다.

반의적 병행법은 둘째 행을 첫째 행과 대조한다.

> 도략이 없으면 백성이 망하여도
> 모사가 많으면 평안을 누리느니라(잠 11:14)

잠언에는 이런 병행법의 예가 가득 들어 있다.

합의적 병행법은 첫째 행의 사상을 둘째 행에서 완결짓거나 보충한다.

> 포도주는 거만케 하는 것이요 독주(NIV는 맥주)는 떠들게 하는 것이라
> 무릇 이에 미혹되는 자에게는 지혜가 없느니라(잠 20:1)

스가랴 11장 1절은 합의적 병행법, 11장 2절(너 잣나무여 곡할지어다 = 바산의 상수리나무여 곡할지어다)은 동의적 병행법 범주에 들어맞는 것으로 보인다. 이 밖에 표상적(emblematic), 점층적(climactic), 도치적(chiastic) 등의 다른 범주들도 제시되었는데, 이는 로우트(Lowth)가 제시한 세 가지 기본 형태의 변형으로 보는 것이 타당하다.

히브리 시는 음악(특히 시편) 외에 선지자의 낭독을 위해서도 사용되었다. 저자가 시를 선택하여 메시지를 전하는 것은 그 내용을 강조하고 힘을 싣기 위함이다. 예를 들어, 2절에서 스가랴는 반복을 사용하여 그 땅이 강제적으로 멸망당한 것을 드러낸다.

> 너 잣나무여 곡할지어다
> 백향목이 넘어졌고 아름다운 나무가 훼멸되었도다.
> 바산의 상수리나무여 곡할지어다
> 무성한 삼림이 엎드러졌도다.

우리는 본문을 읽으면서 그 감정을 느낄 수 있다.

히브리 시는 특히나 직유, 은유, 낱말의 음과 뜻으로 벌이는 언어유희(말장난, 재담) 그리고 이합체(각 행의 첫음을 히브리 알파벳 첫 글자로 시작하는 것) 등의 각종 문학적

기교(어떤 것은 히브리어 원어에서만 가능함)를 많이 사용한다. 문학적 관점에서 보아도 성경은 그 어느 책보다 훌륭한 책이다.

B. 나무와 삼림의 멸망(11:1-3)

스가랴는 1-3절에서 나무와 삼림 그리고 초지가 훼손된 것을 그림처럼 묘사하고 있다. 왈톤(Walton), 매튜스(Matthews), 차발라스(Chavalas)는 이렇게 말한다.

> 삼림 조성과 목초지는 물이 귀한 이 지역의 귀중한 자원이다. 나무가 죽어버리면 많은 자원을 거둘 가능성이 있는 방대한 땅이 사람의 발길조차 닿지 않는 폐허로 변해버린다. 오늘날의 이스라엘 국가는 황무지에 삼림을 조성하여 그 땅의 생산성을 높이고 있다. 고대의 침략자들은 한 나라를 오랫동안 일어서지 못하게 만들려고 할 때 전략적으로 그 농지와 초지를 초토화시켰다(Walton, Mattews, and Chavalas, BBCOT, p. 806).

본문을 비유적인 서술(예: 교만한 나라의 멸망에 대한 시적 표현)로 보든 아니면 침략군에 대한 문자적 기술로 보든 그 모습은 침략군이 들판에 불을 놓고 삼림을 불태우는 관행에서 온 것이다.

C. 성경에서의 목자(11:3, 5, 8-9, 15-17)

성경에서 목자는 100회 이상 언급되고 있으며, 양이란 말은 200회 이상 등장한다. 목자란 말은 '먹이다, 치다, 돌보다' 를 의미하는 동사에서 파생한 것으로 목자의 주요 의무가 양떼를 음식과 물이 있는 곳으로 인도하는 것임을 반영한다. 목자라는 주제(혹은 동기)는 스가랴서에서 자주 나오며, '목자' (혹은 '목자들')는 11회 등장한다.

목자의 일은 고대 이스라엘에서 존경받는 직업이었다. 양은 사람들에게 음식, 의복, 가죽을 제공해주었다. 양은 또한 이스라엘 제사 제도에서 가장 중요한 제물이었다(출 20:24). 많은 양떼를 소유하는 것은 부의 상징이었다. 아담의 아들 아벨(창 4:2)은 성경에 나온 최초의 목자였고, 양을 치는 일은 아브라함, 이삭 야곱과 같은 족장들의 주요 산업이었다. 여성들도 이 일에 참여했고, 야곱의 아내 라헬은 특별히 '여자 목자,

shepherdess 창 29:9, NIV)' 라는 말을 들었다.

윌리엄 바클레이(William Barclay)는 목자라는 힘든 직업을 이렇게 기술한다.

> 팔레스타인에서 목자의 삶은 무척 힘든 것이다. 팔레스타인에서 목자 없이 양을 치는 것은 상상할 수 없으며, 목자는 언제나 그 임무를 벗어날 수 없었다. 그곳은 풀이 적으며, 양은 먼 곳에까지 돌아다녀야 했다. 보호막도 없는 상태에서 양들을 항상 지켜보고 있어야 했다. 좁은 고원지대 양편에는 바위투성이 광야가 아래쪽으로 가파르게 이어져 있고 양은 항상 방황하다 길을 잃을 위험에 노출되어 있다. 목자의 임무는 항상 계속되며, 특히 늑대와 같은 야생 동물로부터 양을 지켜야 하는 위험한 일이기도 했다. 그리고 양떼를 훔쳐가려고 호시탐탐 노리는 도둑과 강도도 있었다. … 끊임없는 불침번, 무서워하지 않는 용기, 자기 양에 대한 인내와 사랑은 목자에게 반드시 필요한 특성이다(Barclay, 「*The Gospel of John*」, Westminster John Knox Press, 1975, 2:61-62).

다윗이 시편 23편에서 목자의 모습을 여호와 하나님의 온유한 인도하심에 적용시킨 것은 조금도 놀라운 일이 아니다.

이스라엘과 고대 근동 전역에서 '목자' 는 선지자, 제사장, 왕 그리고 다른 국가 지도자와 같은 다양한 지도자의 지위를 가리키는 말로 사용되었다. '목자' 는 이스라엘의 왕을 가리키는 일반적인 표현이며(삼하 5:2; 참조 사 44:28; 렘 23:2-4), 스가랴가 11장 5, 9, 15-17절에서 언급한 '목자' 는 국가 지도자 혹은 왕에 초점을 맞춘 것이다.

메시아는 구약과 신약 모두에서 '목자' 로 지칭되었다. 스가랴 11장에서 이스라엘이 선한 목자를 배척한 것은 그들이 메시아를 왕으로 받아들이기를 거부한 것이다(참조 겔 34:23; 미 5:4). 신약에서 예수님은 이스라엘의 목자 - 왕으로 마태복음 2장 6절에 소개된다("한 다스리는 자가 나와서 내 백성 이스라엘의 목자가 되리라"). 그리스도의 자기희생과 제자들에 대한 사랑은 그분이 요한복음 10장 11절에서 '양들을 위하여 목숨을 버리는' 선한 목자라고 하신 주장을 충분히 설명한다. '못된 목자' (슥 11:17)와 달리 예수님은 결코 양들을 버리지 않으실 것이다!

D. 메시아의 초림에 대한 예언(11:8, 12-13)

스가랴는 11장에서 그리스도의 초림 때 성취된 네 가지 놀라운 예언을 전한다. 첫째, 그는 메시아가 거부당할 것을 정확히 예언했다. 사실 많은 민족이 예수님을 구세주와 주로 영접했지만 유대인들은 하나같이 그분의 목자 - 왕 되심을 일축했다. 예수님은 "그러나 그(인자)가 먼저 많은 고난을 받으며 이 세대에게 버린 바 되어야 할지니라"(눅 17:25)고 선언하셨다. 둘째, 유다는 스가랴가 예언한 정확한 금액인 은 삼십에 예수님을 배반했다(마 26:15, 27:3, 9). 셋째, 유다는 후회하는 마음으로 그 돈을 돌려주기 위해 유대교 지도자들에게 찾아가 성전에 던졌다(마 27:3-5). 넷째, 대제사장들은 그 돈을 외국인들의 무덤을 만들기 위해 토기장이의 밭을 사는 데 사용했다(마 27:8-10). 따라서 그 돈은 토기장이에게 갔다. 이 모든 예언은 예수님의 생애를 통해 스가랴가 250년 전에 예언한 내용을 따라 문자 그대로, 정확하게 성취되었다. 이것이 단순한 우연의 일치일까? 물론 그렇지 않다.

이 네 예언은 예수님이 약속된 메시아라는 충분한 증거가 되지만, 증거는 이 밖에도 더 많이 있다. 맥도웰(Josh McDowell)은 자신의 탁월한 저서 「판결을 요구하는 증거(「*Evidence That Demands a Verdict*」, Nashville: thomas Nelson, 1992[orig. 1972])」에서 예수님 안에서 성취된 61개에 달하는 구약의 예언을 다루고 있다. 그 가운데 몇 가지 예는 다음과 같다. 이 목록은 메시아 예언, 구약 관주, 신약에서 예수님으로 말미암은 성취의 항목을 담고 있다. (맥도웰은 스가랴 11장의 예언을 포함시키고 있지만 그 내용은 위에서 다루었으므로 여기서는 다시 포함시키지 않았다.)

1. 처녀 몸에서 탄생하심(사 7:14; 마 1:18, 24-25)
2. 다윗의 후손(렘 23:5; 눅 3:23, 31, 그 밖에 다수)
3. 베들레헴에서 나심(미 5:2; 마 2:1)
4. 선지자가 되심(신 18:18; 마 21:11)
5. 제사장이 되심(시 110:4; 히 3:1, 5:5-6)
6. 왕이 되심(시 2:6, 슥 9:9; 마 21:5, 27:37)
7. 그 앞에 사자를 먼저 보냄(사 40:3; 마 3:1-2)
8. 나귀를 타고 예루살렘에 입성하심(슥 9:9; 눅 19:35-37, 또한 왕으로 오심)

9. 유대인들에게 '거치는 돌' (시 118:22; 벧전 2:7)
10. 부활(시 16:10; 행 2:31)
11. 제자들에게 버림받음(슥 13:7; 막 14:50)
12. 고소자들 앞에서 잠잠하심(사 53:7; 마 27:12)
13. 상처 입고 부상당함(사 53:5; 마 27:26)
14. 매 맞고 침 뱉음을 당함(사 50:6; 마 26:67)
15. 조롱당함(시 22:7-8; 마 27:31)
16. 손과 발을 찔리심(시 22:16; 눅 23:33)
17. 강도와 함께 십자가에 달리심(사 53:12; 마 27:38)
18. 자기 백성에게 배척당하심(사 53:3; 요 7:5, 48)
19. 사람들의 구경거리가 됨(시 22:17; 눅 23:35)
20. 옷이 나눠고 제비뽑아 가름(시 22:18; 요 19:23-24)
21. 절망의 외침(시 22:1; 마 27:46)
22. 뼈는 상하지 않음(시 34:20; 요 19:33)
23. 옆구리를 창에 찔림(슥 12:10; 요 19:34)
24. 부자의 무덤에 장사지냄(사 53:9; 마 27:57-60)

이 모든 예언이 우연히 한 사람에게 성취될 수 있다는 말은 얼마나 황당한 말인가? 맥도웰은 피터 스토너(Peter Stoner)가 〈사이언스 스피크(Science Speaks)〉 지에 발표한 우연은 확률학에 의해 결정됨을 입증하는 분석을 인용한다. 스토너는 이 예언 가운데 겨우 여덟 가지만이라도 한 사람에게 성취될 확률은 1조분의 일이며, 이는 상상하기 힘든 수치라고 결론을 내렸다.

예수님과 그 제자들이 사기를 쳐서 그 예언이 성취되게 만들었다는 의견도 있다. 그런 계획은 결코 성공할 수 없는 것이 그 예언 가운데는 사람의 힘으로 어찌할 수 없는 것(출생 장소, 출생 방법, 장사지냄, 죽음의 방식, 옷을 제비뽑음, 못 박힘, 장사지낸 곳 등)이 많이 있기 때문이다.

이해 가능한 유일한 설명은 이것들은 성령님에 의해 구약의 저자들에게 계시된 초자연적인 예언이라는 것이다. 그 예언의 성취는 성경이 하나님의 말씀이며 나사렛 예수가 바로 메시아임을 확증하는 많은 증거들 가운데 하나다. 예수님의 재림에 관한 예언 역시 문자 그대로, 정확히 성취될 것이다.

E. 마태복음 27장 9-10절과 스가랴 11장 12-13절

마태는 가룟 유다의 핏값으로 토기장이의 밭을 산 것을 구약의 예언의 성취로 보았다. "이에 선지자 예레미야로 하신 말씀이 이루었나니 일렀으되 저희가 그 정가된 자 곧 이스라엘 자손 중에서 정가한 자의 가격 곧 은 삼십을 가지고 토기장이의 밭 값으로 주었으니 이는 주께서 내게 명하신 바와 같으니라 하였더라"(마 27:9-10). 마태는 이 예언을 예레미야가 한 것으로 말하지만 그 대부분은 스가랴 11장 12-13절에서 나온 것이 분명하다. "내가 그들에게 이르되 너희가 좋게 여기거든 내 고가를 내게 주고 그렇지 아니하거든 말라 그들이 곧 은 삼십을 달아서 내 고가를 삼은지라 여호와께서 내게 이르시되 그들이 나를 헤아린 바 그 준가를 토기장이에게 던지라 하시기로 내가 곧 그 은 삼십을 여호와의 전에서 토기장이에게 던지고"(슥 11:12-13).

우리는 여기서 두 가지 문제에 직면한다. 마태는 이 예언이 스가랴가 아니라 예레미야가 한 것이라고 말한다. 그리고 스가랴의 예언은 밭을 산 것에 대해서 아무 언급이 없다. 우리는 마태의 인용을 어떻게 이해해야 하는가? 많은 설명이 제시되었지만 다음 설명이 가장 타당하다.

1. 마태는 스가랴와 예레미야의 예언 모두를 조합했다. 대개 마태의 언급은 예레미야 18장 1-6절(예레미야가 토기장이 집을 방문한 것)과 32장 6-9절, 25절(아나돗에 있는 밭을 은 17세겔에 산 것)을 가리키는 것으로 본다. 어떤 학자는 마태가 예레미야 19장 1-13절을 염두에 두고 있었다고 믿는다. 예레미야의 이름이 언급된 것은 그가 두 선지자 가운데 더 잘 알려지고 더 뛰어난 선지자였기 때문이다. 이 견해도 가능하지만 예레미야는 토기장이의 밭을 샀다고 직접적으로 말한 적이 없다는 것이 난제다.

2. 파인버그는 두 번째 대안을 이렇게 요약한다.

> 탈무드 전승은 성경 가운데 선지서의 순서가 예레미야, 에스겔, 이사야 등으로 되어 있음을 보여준다. 이 순서는 많은 히브리 사본 가운데 찾아볼 수 있다. 마태

는 이 선지서 두루마리로부터 본문을 인용했고, 그 두루마리의 이름은 그 가운데 처음 기록된 예레미야로 부른 것이다. 누가복음 24장 44절에서 인용된 '시편' 이 히브리 정경의 세 번째 분권 전체를 의미하는 것과 비교해보라(Feinberg, 「*God Remembers*」, p. 169).

이 두 번째 견해는 합리적이면서 처음 설명과 관련된 난제를 피하고 있다. 따라서 이 설명이 더 타당한 것으로 보인다.

토기장이의 밭을 산 것에 대해 스가랴는 그 돈이 토기장이에게 갔다고 간단히 말했다. 그는 구체적으로 어떤 목적으로 그것을 샀는지 말하지 않았지만 이후의 계시는 그 돈이 외국인의 무덤을 만들기 위한 대가로 토기장이에게 지불되었음을 보여준다(마 27:7). 이 얼마나 놀라운 예언인가!

교안

A. 들어가는 글

1. "또 틀렸어"를 읽어주라.
2. 배경 설명 : 스가랴 11장은 그 땅의 멸망을 이야기하면서 시작한다(1-3절). 이는 그들이 메시아 목자를 거절한 결과로 주후 70년 로마 군대의 팔레스타인 침공을 통하여 이루어진 것으로 보인다. 메시아가 그들의 목자가 되어주시겠다고 했으나 그들이 거절한 사실이 4-14절에 제시된다. 이 주목할 만한 예언에서 스가랴는 예수 그리스도가 그들에게 배척당하실 것과 그분이 은 삼십에 배신당하실 것을 예언했다. 그들은 메시아를 거절하고 그들을 괴롭히고 잘못된 길로 인도하는 못된 목자에게 맡겨졌다(15-17절).
3. 적용 : 본 장을 살펴보면 다음과 같은 몇 가지 영적 진리를 발견할 수 있다. (1) 하나님이 보내신 메시아를 배척하는 것은 개인적으로나 국가적으로 파멸을 가져온다.

(2) 그리스도는 모든 나라와 백성을 사랑하시며 그들을 사랑하는 목자 - 왕이 되기를 원하신다. (3) 그리스도께서 거부되면 우매하고 못된 지도자가 그 빈자리를 채우며 백성들을 헛된 곳으로 인도한다. (4) 스가랴는 그리스도의 생애 가운데 일어날 일들을 500년 전에 예언함으로써 예수님이 메시아이시며 성경이 초자연적인 책임을 확증해준다.

B. 본문 이해

1. 거절의 결과(11:1-3)
2. 악한 목자들(11:4-6)
3. 거절당한 선한 목자(11:7-14)
4. 무익한 목자(11:15-17)

C. 결론: 인민사원 대학살

토의 질문

1. 당신의 선한 목자이신 예수님이 당신을 보살피는 방식들을 몇 가지 말해보라.

2. 예수 그리스도(선한 목자)와 다른 종교 지도자들과의 차이점은 무엇인가? 그리스도는 어떤 점에서 그들보다 위대하신가?

3. 당신은 2,000년 전 선한 목자가 이스라엘 백성에게 사랑과 관심을 베풀겠다고 하셨지만 거절당했을 때 어떤 기분이셨을 것이라고 생각하는가? 그리고 오늘날 사람

들이 그분을 거부할 때는 어떤 기분이실 것이라고 생각하는가?

4. 개인들이 예수님을 자신의 목자(주님)로 따를 때 받는 복이 무엇이라고 생각하는가? 국가의 경우는 어떤 복을 받는가? 그리고 그것을 거부한 개인과 국가에는 어떤 결과가 있겠는가?

5. 성취된 예언들은 예수님이 메시아라는 주장과 성경의 초자연적인 특징을 어떻게 증거하는가?

6. 오늘날 세상에 존재하는 우매하고 헛된 목자 - 지도자의 예를 들어보라. 그들은 어떤 점에서 스가랴 11장에 언급된 못된 종과 비슷한가?

스가랴 12-14장

이스라엘의 장래

"미래는 하나님의 약속만큼이나 밝다."

- 아도니람 저드슨(Adoniram Judson)

스가랴는 12-14장에서 이스라엘의 장래를 한눈에 볼 수 있게 펼쳐보인다. 우리는 12장에서 이스라엘이 마지막 날에 자기 땅에 정착하고 있는 모습을 발견할 수 있다. 하나님은 그 나라를 그 대적의 손에서 구하시고, 마침내 이스라엘은 진정한 회개를 통하여 약속된 메시아를 영접한다. 하나님은 그 민족을 용서하시고 그 땅의 죄악된 행태를 정결케 하신다. 13장 7절부터 14장 2절에서 선지자는 그 목자를 내친 결과인 것으로 보이는 이스라엘의 어려운 시기를 기술한다(13:7). 14장 3-21절에는 여호와께서 자기 백성을 구하기 위해 땅에 오실 것과 그분의 통치 아래 있는 놀라운 새 세상을 그리고 있다.

Zechariah

들어가는 글

'죽은' 여인이여 일어나라!

2002년 2월 브루클린(Brooklyn)에 사는 77세의 프랜시스 포스터(Frances Foster) 할머니는 자기 침실 바닥에 의식을 잃고 쓰러진 채 발견되었는데, 의료 보조원의 실수로 사망했다는 진단을 받았다. 아무도 그 실수를 발견하지 못한 채 몇 시간이 지났고 할머니는 시체 운반용 비닐 백에 넣어졌다. 할머니의 딸과 의료 심사원 관리는 이렇게 말했다. "갑자기 엄마가 움직이고 눈을 뜨셨어요." "난 깜짝 놀라 뒷걸음쳤습니다." 그가 얼마나 놀랐을지 충분히 상상이 간다. 할머니는 잠시 뇌출혈로 발작을 일으켰던 것이고 오진단이 발견된 즉시 병원에 입원했다.

물론 이 여인은 실제로 죽었다 다시 살아난 것이 아니지만 이스라엘은 두 번이나 죽었다가 매번 다시 살아났다. 주전 586년 예루살렘이 멸망된 이후 스룹바벨, 여호수아, 스가랴와 5만 명에 이르는 유대인 무리가 주전 539년 직후 예루살렘으로 귀환하였을 때까지 그 나라는 죽어 장사지낸 바 됐었다. 그때 하나님은 선지자 에스겔을 통하여 약속하셨던 것처럼(겔 37:1-14) 이 생명 없는 나라를 초자연적으로 일으키시고 생명을 불어넣으셨다. 로마에 의해 멸망당한 이후 이스라엘은 다시 한 번 뿔뿔이 흩어졌고 2,000년 가까이 나라로 존재하지 못했다. 그러나 1948년 5월 14일 이스라엘은 놀랍게도 스스로 주권국가임을 선언하고 다시 한 번 생명을 얻게 되었다. 역사적으로 죽은 나라는 그대로 지속되게 마련이며, 그렇게 오랜 시간이 흐른 뒤에 다시 살아난 나라에 대한 기록은 찾아볼 수 없다. 그러나 성경 어디서나 이스라엘은 그리스도께서 오실 때 친히 거하실 곳으로 나타나고 있다. 스가랴 시대와 마찬가지로 오늘날 이스라엘의 재건은 하나님의 놀라운 능력의 결과다.

이스라엘은 현재 매우 불안정한 위치에 놓여 있다. 그 나라는 내부적으로나 외부적으로 거대한 힘의 균형이라는 위협 한가운데 놓여 있다. 우리는 그 작은 나라가 살아남을 수 있을지 조심스럽게 지켜보고 있다. 스가랴는 12-14장에서 이스라엘의 장래 모습을 한눈에 펼쳐 보여주고 있다. 따라서 2,500년 전에 주어진 하나님의 약속을 읽고 놀라며, 이스라엘에게 어떤 일이 일어날 것인가 하는 질문에 답해보라.

본문 이해

이스라엘의 장래

Main Idea	하나님은 세계 열강의 공격으로부터 이스라엘을 구하실 것이며 그 때에 그 민족은 회개하고 전에 배척한 메시아를 영접하게 될 것이다. 그리고 이스라엘은 평화와 축복과 공의가 넘치는 메시아의 영광의 나라에 참여할 것이다.

A. 열방의 문젯거리(12:1-3)

Supporting Idea	예루살렘은 세상 나라들의 문젯거리('잔'과 '무거운 돌')가 될 것이다.

12:1. 이제 우리는 이스라엘에 관한 두 번째 경고(예언, 혹은 신탁)를 마주하게 된다. 12-14장은 이스라엘의 장래라는 중요한 주제로 묶인 하나의 단원을 형성한다. 스가랴의 청중들은 그 주제에 깊은 관심을 가지고 있었다. 그들은 나라를 재건했지만 그 나라는 연약하고 그 운명은 불확실했다. 그들이 사랑하는 이스라엘에게 어떤 일들이 일어날 것인가? 과연 살아남을 수 있을 것인가? 스가랴는 이 마지막 예언을 통하여 유대 동족들에게 그들의 나라가 현 세대의 마지막까지 존재할 것이며, 하나님의 은혜로 대적들로부터 구함을 받고 메시아가 이끄는 전성기에 접어들 것임을 확신시켜주었다. 이스라엘 앞에 어려움들이 있겠지만 그 앞은 빛날 것이다.

12-14장의 성취는 아직 미래의 일이다. 왜냐하면 다음과 비견될 나라들의 연합이나 전쟁이 일어난 적이 없었기 때문이다. 분명 메시아는 14장이 기술하고 있는 것처럼 감

람산에 나타나신 적이 없다. 그 경고가 미래를 이야기하고 있음을 암시하는 또 하나의 단서는 종말론적 어구인 '그날에'가 반복되고 있다는 점이다(16회). 파인버그에 의하면 "이 장이 이스라엘 역사 가운데 차지하고 있는 절정에 비추어보면 이 장들은 선지서 가운데 가장 중요한 내용 중 하나다"(Feinberg, 「*Minor Prophets*」, p. 330).

이어지는 내용은 너무 놀라운 것이며, 스가랴가 전한 메시지의 권위는 절대적이다. 누가 감히 그런 담대한 선언을 할 수 있겠는가? 화자는 바로 **하늘과 땅**을 창조하시고 온 우주를 다스리시는 여호와 하나님이시다. 그런 권세를 가지신 여호와 하나님은 얼마든지 세상 나라들을 물리치고 자기 백성을 구하실 수 있다. **사람 안에 심령을 지으시다**는 구절은 인간이 단순히 육체 이상으로 이루어진 존재임을 보여준다. 우리 몸 안에는 죽음 이후에도 존재하는 영이 있다는 개념은 구약 시대에도 이해되고 있는 개념이다(전 12:7).

12:2. 2-3절에는 **예루살렘**의 포위당함이 기술되었다(14:1-5 참조). 그 성읍을 공격하러 온 군대의 운명을 묘사하기 위해 두 가지 표현이 사용되었는데, **잔**과 '무거운 돌'(3절)이 그것이다. 센 포도주(잔)에 취한 사람처럼 그들은 비틀거리고 넘어질(**혼취**) 것이다. 잔은 하나님의 진노를 상징하는 것으로 널리 알려졌다. 이사야 51장 22-23절 상반절은 "네 주 여호와, 그 백성을 신원하시는 네 하나님이 이같이 말씀하시되 보라 내가 비틀걸음치게 하는 잔 곧 나의 분노의 큰 잔을 네 손에서 거두어서 너로 다시는 마시지 않게 하고 그 잔을 너를 곤고케 하던 자들의 손에 두리라", 요한계시록 16장 19절은 "큰 성이 세 갈래로 갈라지고 만국의 성들도 무너지니 큰 성 바벨론이 하나님 앞에 기억하신 바 되어 그의 맹렬한 진노의 포도주 잔을 받으매"라고 말씀한다(또한 렘 25:15, 17; 계 14:10을 보라). 예루살렘뿐 아니라 나라 전체(**유다**)가 공격을 받게 될 것이다.

12:3. 그날에는 12장에 6번 등장한다. 이 공격은 그 나라들에 미칠 '여호와의 날' 심판의 일부이며, 곧 그 뒤를 이어 메시아의 재림이 그분의 '거룩한 자들'과 함께 있게 될 것이다(14:4-5; 살후 1:7; 계 19:11-14). **천하만국**이란 구절은 장차 아마겟돈에서의 싸움(계 16:13-16, 19:19)과 연결될 이 전쟁(혹은 군사작전)의 범위가 우주 전체에 미치는 것임을 지적한다. **예루살렘**은 **무거운 바위**(움직이지 못할 바위 - NIV)처럼 되어 그것을 들려고 하는 모든 이들을 상하게 할 것이다. 이스라엘은 멸망당하지 않을 것이며, 오히려 하나님이 이스라엘을 향한 이 공격을 사용하여 범죄한 나라들을 심판하실 것이다(욜 3:1-2).

B. 침략자들로부터의 구원(12:4-9)

Supporting Idea	여호와 하나님은 세상 나라들의 공격으로부터 이스라엘을 구하실 것이다.

12:4-9. 이제 하나님이 주신 이스라엘의 승리가 상세히 밝혀진다. (1) 하나님이 적군을 꼼짝 못하게 하심. 린지는 이렇게 말한다. "패배한 기마대가 보여주는 전형적인 혼란은 그것이 하나님의 개입으로 인한 것임이 밝혀진다"(Lindsey, p. 1566). 전쟁용 말들은 공포로 놀라고, 용감한 전사는 억누를 수 없는 공포로 미치게 될 것이다. 여기서 '놀라게'(혼란에 빠지게), '미치게', '눈이 멀게'에 해당하는 히브리어는 신명기 28장 28절에 다시 한 번 함께 등장한다. (2) 여호와 하나님이 승리의 원천임을 인식함. 유다의 두목들('패거리'는 아닌)은 예루살렘의 구원이 하나님의 개입으로 인해 이루어졌음(혹은 이루어질 것임)을 깨달을 것이다. (3) 유다를 지키는 자에게 능력을 부어주심. 여호와 하나님은(내가) 유다의 병력을 강하게 하셔서 불이 마른 숲, 혹은 곡식단을 삼키듯 대적 사이를 뚫고 지나갈 수 있게 하시고, 그 나라의 외진 곳을 먼저 구하여 예루살렘 거민이 나머지 백성들에 대해 우월감을 가질 근거를 없애셨다. 하나님은 예루살렘을 보호하실(지키실) 것이며 그 병사들에게 힘을 주셔서 그 가운데 가장 약한 자라도 거인 골리앗을 쓰러뜨린 다윗같이 싸울 수 있게 될 것이다. 그 나라들은 단지 이스라엘과만 싸우는 것이 아니라 하나님 곧 여호와의 사자와 싸우게 될 것이다. (4) 침략한 나라의 멸망. 이스라엘을 열방으로부터 구하신 놀라운 일은 본문 전체에서 하나님의 개입으로 인한 것으로 간주된다. 여호와 하나님의 직접적인 개입은 14장 3-5절에 더 상세하게 기술되었다.

C. 죄로부터의 구원(12:10-13:6)

Supporting Idea	이스라엘이 회개하고 전에 배척했던 메시아를 왕으로 받아들일 때 여호와 하나님은 그들의 죄를 용서하시고 그 땅의 악함을 제거하실 것이다.

12:10. 12장의 앞부분에서 이스라엘은 물리적 손상으로부터 구함을 받았지만, 12장 10절부터 13장 6절까지에는 그보다 훨씬 더 놀라운 일인 이스라엘이 죄로부터 구원받

음이 기록되었다. 유대 백성은 하나님의 **은총**으로 말미암아 결국 자기들의 메시아를 주님과 구세주로 인정하게 될 것이다. **심령**은 태도(마음가짐)의 변화를 의미할 수도 있지만, 여기서는 그것보다 하나님의 은혜로 이스라엘이 자신의 죄와 메시아를 배척했던 것(11:4-14)을 뉘우치게 하고 그 백성으로 하여금 회개 가운데 하나님께 기도(**간구**)하게 인도하시는 성령님을 가리키는 것으로 보인다. **다윗의 집**이란 구절은 그 민족의 지도자들과 **예루살렘 거민들**, 곧 보통 사람을 가리킴이 분명하다. 따라서 이스라엘 사람이 아닌 경우는 제외된다(13:1 참조). 이 문맥에서 '바라보다'는 호의를 가지고 바라보다 혹은 존경 어린 눈으로 바라보다라는 의미다. 이스라엘은 그 눈이 열려 '찔린 바 그' 분의 가치를 깨닫게 될 것이다.

그들이 찌른 이 사람은 누구인가? 첫째, 그는 여호와 하나님이시다. **내가 부어주리니… 그를 바라보고**. 하나님은 12장에서 7-8절만 제외하고 모두 1인칭으로 말씀하신다. 그러나 하나님이 어떻게 찔리실 수 있는가? 어떤 이는 이 찔림을 고통이나 슬픔을 일으키는 것을 비유적으로 말하는 것이라고 주장하지만, 다음에서 살펴보면 그보다 더 나은 설명이 있다.

둘째, 그는 유대인들에 의해 '찔리운' 사람이다. 역사적으로 예수님은 유대인 지도자들의 요청으로 로마인들에 의해 십자가에 못 박힘을 당하셨다(요 19:34). 이 사실을 지적하는 것은 유대인들을 비난하기 위해서가 아니다. 예수님 당시 많은 유대인들이 그분을 따랐고, 대부분은 그분의 죽음에 직접 가담하지 않았다. 실제로 그리스도께서는 세상의 죄를 위해 죽으셨고 우리는 모두 죄를 지었기 때문에 우리 모두는 그분의 죽음에 책임이 있다. 그럼에도 불구하고 유대교 지도자들이 빌라도에게 예수님을 십자가에 못 박도록 압력을 가했다는 사실에는 변함이 없다.

셋째, 그는 메시아다. 파인버그에 의하면, "스가랴가 말하고 있는 이는 한 이름 모를 순교자가 아니라 오실 메시아 바로 그분이다. 유대인이나 그리스도인을 막론하고 본문의 가장 오래된 해석은 그렇게 이해하고 있다"(Feinberg, 「*Minor Prophets*」, p. 333).

넷째, 그는 예수님이시다. 사도 요한은 예수님이 로마 군병에 의해 못 박히신 장면을 기술할 때 본 절을 인용했다. "또 다른 성경에 저희가 그 찌른 자를 보리라 하였느니라"(요 19:37). 따라서 요한은 예수님이 바로 이 찔린 자라고 간주한 것이다. 이제 스가랴의 예언은 분명해졌다. 하나님은 찔림을 받으실 수 있다. 왜냐하면 메시아 예수님이 육체로 오신 하나님이시기 때문이다.

이 절에는 우리 주님의 초림과 재림이 연결되어 있다. 메시아는 초림 때 세상 죄를 위해 찔림을 당하셨고, 재림 때 이스라엘은 예수님이 자신들에게 약속된 메시아이심을 깨닫고('바라보고') 그분을 믿게 될 것이다. 그들은 하나님의 언약의 약속을 따라 용서를 받을 것이다(렘 31:31-34; 겔 36:22; 롬 11:25-27). 예수님은 자신이 예루살렘에 돌아오실 때 백성들이 "찬송하리로다 주의 이름으로 오시는 이여" (마 23:39)라고 외칠 것을 예언하셨다. 이스라엘의 진정은 마음에서 우러나는 깊은 회개로 증거되었다. 그들은 독자를 위하여 애통하듯 자신들이 메시아를 배척한 것을 애통할 것이며, 장자를 위하여 통곡하듯 그리할 것이다.

12:11. 므깃도 골짜기 하다드림몬에 있던 애통과 같을 것이란 구절은 주전 609년 유다의 존경받는 경건한 왕 요시야가 바로느고와의 싸움에서 죽은 가슴 아픈 사실을 가리킨다(왕하 23:29-30; 대하 35:22-27). 하다드림몬은 므깃도 가까이 있는 지역으로 시리아의 두 신인 하다드(Hadad)와 림몬(Rimmon)의 이름이 결합된 것이다(왕하 5:18).

12:12-14. 나라 전체는 일반 백성들로부터 시작해서 지도자인 국가 통치자(다윗의 족속), 선지자(선지자 나단 혹은 다윗의 아들일 수도 있음, 삼하 5:14) 그리고 제사장들(레위와 레위의 아들인 게르손의 가족인 시므이, 민 3:17-18, 21)에 이르기까지 자신들의 죄를 놓고 통곡했다. 레위와 시므이는 다른 계층의 제사장들을 가리키는 것이 분명하다. 바커에 따르면, "이는 개인적으로나 집단적으로 레위기 16장(대속죄일)과 시편 51편(참회의 시편)의 거국적 체험이다" (Barker, p. 685).

13:1. 그날에란 어구는 12장에서 언급한 사건(12:3 참조)과 동일한 날을 의미한다. 12장에는 이스라엘의 회개와 믿음이 기록되었다. 그리고 이제 그 민족에 대한 용서가 사실적으로 묘사되고 있다. 솟아오르는 샘물이 몸의 더러운 것들을 씻어내는 것처럼 하나님은 초자연적인 물길을 열어 이스라엘의 죄와 도덕적 더러움(문자적으로는 혐오스러운 것, 혹은 기피되는 것)을 깨끗케 하실 것이다.

물로 죄를 씻는 것은 성경에서 드문 표현이 아니다. 에스겔 36장 25절에서 여호와 하나님은 이스라엘에게 "맑은 물로 너희에게 뿌려서 너희로 정결케 하되 곧 너희 모든 더러운 것에서와 모든 우상을 섬김에서 너희를 정결케 할 것" 이라고 약속하셨다. 에베소서 5장 25-26절은 "남편들아 아내 사랑하기를 그리스도께서 교회를 사랑하시고 위하여 자신을 주심같이 하라 이는 곧 물로 씻어 말씀으로 깨끗하게 하사 거룩하게 하시고"라고 말씀한다(딛 3:5 참조). 스가랴 13장 1절과 에스겔 36장 25절에 비추어보면 예수님이 "사람이 물과 성령으로 나지 아니하면 하나님 나라에 들어갈 수 없느니라"(요 3:5)고 말씀하신 것을 니고데모가 깨닫지 못하였을 때 꾸짖으신 것이 조금도 이상한 일이 아니다. '이스라엘의 선생' 인 니고데모는 구약을 통하여 물이 죄 씻음을 상징하는 것임을 능히 알았어야 했다(요 3:10). 예수님은 하나님의 가족이 되려면 자기 죄를 용서받고(그리스도의 대속을 통하여) 성령으로 거듭나야 한다고 말씀하시는 것이다.

우리는 이 구절에서 사도 바울의 말씀이 성취된 것을 볼 수 있다.

> 형제들아 너희가 스스로 지혜 있다 함을 면키 위하여 이 비밀을 너희가 모르기를 내가 원치 아니하노니 이 비밀은 이방인의 충만한 수가 들어오기까지 이스라엘의 더러는 완악하게 된 것이라 그리하여 온 이스라엘이 구원을 얻으리라 기록된 바 구원자가 시온에서 오사 야곱에게서 경건치 않은 것을 돌이키시겠고 내가 저희 죄를 없이 할 때에 저희에게 이루어질 내 언약이 이것이라 함과 같으니라(롬 11:25-27).

이 깨끗하게 하는 샘은 갈보리에서 열려 그 민족에게 가능성을 열어두었다가 이제 실체화 되었다. 이는 이스라엘에게 무엇보다 놀라운 약속이 아닐 수 없다.

그러나 본문의 진리는 한 민족에 국한하지 않고 모든 민족에게 적용되는 것이다. 메시아 예수를 믿고 회개하는 이는 유대인이나 이방인이나 모두 용서를 받을 것이다. 하나님은 우리의 삶을 깨끗이 씻기시고 우리의 죄를 "동이 서에서 먼 것같이"(시 103:12) 멀리 옮기셔서 다시는 보이지 않게 하실 것이다. 윌리엄 카우퍼(William Cowper)의 위대한 찬송시 "샘물과 같은 보혈은" 은 이렇게 노래한다.

> 샘물과 같은 보혈은 임마누엘 피로다
> 이 샘에 죄를 씻으면 정하게 되겠네

이 얼마나 멋진 구세주이신가!

13:2. 스가랴가 1절에서 개인의 속사람이 죄로부터 깨끗이 씻김을 기술했다면, 이제 그 땅에서 악이 제거된 것이 외적으로 증거되는 것을 보게 된다. 단순히 우상(모든 거짓 종교의 형체)이 제거될 뿐 아니라 이스라엘은 그것을 완전히 버림으로 이 거짓 신들의 이름조차 그들의 기억 속에서 지워지게 될 것이다. 3-6절이 분명히 말씀하는 것처럼 이 선지자들은 거짓 종교의 지도자들이 분명하다. 더욱이 그리스도께서 다시 오신 이후에는 메시아 시대에는 하나님의 계시가 완성될 것이며, 하나님이 자기 백성과 직접 교통하실 것(사 2:3)이라는 두 가지 이유에서 참 선지자가 필요하지 않게 된다. 더러운 사귀(더러운 영, KJV, NASB, NRSV)는 '불결의 영' (NIV)보다 나은 번역으로 구약에서 이 구절에만 나타난다. 이 구절은 거짓 종교를 조장하는 더러운 마음이나 사탄의 영을 가리키는 것으로 볼 수 있다(고전 10:20; 딤전 4:1). '더러운 사귀' 는 신약에서 귀신을 가리키는 말로 자주 사용되었다(마 12:43; 막 1:23, 5:8, KJV, NASB, NRSV). 예수님은 거짓 선지자들이 이 세대에도 계속해서 성도들을 미혹할 것이라고 경고하셨다(마 24:4-5, 11, 23-24).

13:3. 거짓 종교는 모든 이들에게서 거부를 받아, 만일 누군가 대담하게 그들의 거짓말을 예언한다면 신명기 13장 6-10절에 대략적으로 설명된 대로 그의 부모가 먼저 나서서 그를 처벌할 것이다. 아마도 이 상황은 가정된 설정일 것이다. 왜냐하면 스가랴 12장 10절부터 13장 1절까지는 민족 전체가 신자가 될 것임을 암시하고 있기 때문이다(적어도 메시아의 통치 초기에).

13:4. 그런 가혹한 형벌을 받을 것을 생각한다면 거짓 선지자들이 자신을 밝히기를 두려워할 것이 분명하다. 엘리야는 털옷을 입었고(왕하 1:8), 이런 형태의 옷이 선지자의 신분을 가리키게 되었다. 나중에 세례 요한은 약대 털옷을 입었다(마 3:4). 거짓 선지자는 마치 양의 옷을 입은 이리처럼(마 7:15) 자신을 참 선지자로 보이게 하려고(속이려고) 그런 옷을 입을 것이다.

13:5-6. 거짓 선지자는 질문을 받으면 자신의 진술을 부인하고 농부라는 존경받는 직업에 속해 있다고 주장할 것이다. 거짓 선지자들은 자기 신의 관심이나 은총을 얻으려는 속셈으로 가끔씩 자신의 사지에 상해를 가할 때도 있다(왕상 18:28). 그리고 이 상처에 대해 질문을 받으면 친구와 씨름을 하다 상처를 입은 것이라고, 혹은 부모('친구' = 문자적으로 '나의 사랑하는 이들')에게서 받은 것이라고 주장한다. 네 두 팔 사이는

NIV에서는 네 몸(on your body)으로 번역되었다. 어떤 주석가는 이 상처를 갈보리에서 예수님이 손에 받은 상처로 이해하며 본문을 메시아 본문으로 간주한다. 그 해석은 무척 솔깃하긴 하지만 3-6절의 주어는 거짓 선지자가 분명하다. '네 두 팔 사이'는 두 팔 사이, 곧 가슴이나 등 부분을 가리키는 것으로 보는 것이 가장 자연스럽다. 그 상처는 일을 하려고 옷을 벗을 때 볼 수 있는 부분이다.

D. 고난의 시간(13:7-14:2)

Supporting Idea	이스라엘은 자신이 하나님의 선한 목자를 배척한 것으로 촉발된 고난의 시간을 겪을 것이다.

13:7. 스가랴는 다시 친숙한 목자 주제로 돌아온다(10:2, 11:9, 15-17). 11장에서 이스라엘의 선한 목자이신 메시아는 배척을 당했고, 여기서 그분은 칼에 맞는데, 이는 폭력에 의한 죽음을 묘사한다(겔 5:2, 21:14). 예수님은 이 메시아적 해석을 입증하시고 구체적으로 마태복음 26장 31절까지에서 자신이 곧 이 죽임 당한 목자임을 밝히셨다. "때에 예수께서 제자들에게 이르시되 오늘 밤에 너희가 다 나를 버리리라 기록된 바 내가 목자를 치리니 양의 떼가 흩어지리라 하였느니라"(막 14:27 참조).

일견하기에 7절은 제자리가 아닌 엉뚱한 자리에 있는 것처럼 보인다. 스가랴는 12장 10절부터 13장 6절에서 이스라엘의 메시아에 대한 믿음, 그 민족의 용서, 놀라운 새 시대를 기술했다. 그런데 여기서 느닷없이 이스라엘이 메시아를 배척한 일(11:4-14)과 그분의 죽음까지 등장한다. 그리고 이어서 8절부터 14장까지 이스라엘이 받을 공격, 여호와 하나님으로 말미암은 기적적인 구원 그리고 메시아 시대가 재언급된다. 실제로 본 절은 전혀 이 자리에 어울리지 않는 것이 아니라, 13장 8절부터 14장 2절까지 이스라엘의 궁핍한 처지와 하나님이 개입하실 필요성을 설명하고 있다. 12장 2-9절과 13장 7절부터 14장 2절까지에 기술된 이스라엘의 어려움은 그들이 메시아를 배척한 것으로부터 올 것이며(11:8-10), 이 시련은 그들이 회개하고 용서받을 마지막 때까지 계속될 것이다.

스가랴 13장 8절부터 14장 2절까지는 12장 1절부터 13장 6절까지 기술된 것과 동일한 적의 침공, 하나님의 구출 그리고 새로운 세상의 부연 설명이다. 이 두 사건에는 유사한 틀을 발견할 수 있다. (1) 메시아를 배척함(11:4-14, 13:7), (2) 이스라엘이 공격을 당함(12:2-3, 13:8, 14:1-2), (3) 여호와 하나님으로 말미암은 이스라엘의 구원(12:4-9, 14:3-5), (4) 이스라엘의 메시아에 대한 믿음과 용서(12:10-13:1, 13:9, 또한 14:9-11, 21에 암시됨), (5) 영광스러운 메시아 시대(13:2-6, 14:6-21).

우리는 7절에서 메시아를 가리키는 세 개의 호칭을 발견한다. 그것은 '목자', '자' 그리고 '내 짝된' 이다. 메시아가 내 **목자**로 불리는 것은 그가 **만군의 여호와**로부터 선택받았음을 강조하는 것이다. **자**(gever, '힘센 사람', NIV에서는 'the man')는 메시아의 인성을 암시하며, **내 짝된**(문자적으로 '내 동료', 친구 혹은 친척)은 그분의 신성을 가리킨다. 다른 곳에서 '내 짝된 자' 란 히브리어는 레위기에만 이웃 혹은 동포를 가리키는 말로(12회) 등장한다(레 6:2, 19:15, 25:15). 따라서 여호와 하나님은 메시아가 자신과 동등한 존재임을 선언하신 것이다. 파인버그는 이렇게 말한다. "이스라엘의 메시아가 아무 흠 없는 하나님 되심을 이보다 더 강력한 어조로 진술하는 것은 불가능하다" (Feinberg, 「*Minor Prophets*」, p. 339).

메시아가 공격당하자 제자들은 흩어지고 결국 나라 전체는 로마 군대에 의해 분산되었다. **작은 자들 위에는 내가 내 손을 드리우리라**는 말은 심판(그 손으로 치다) 혹은 보호(손으로 막다)를 가리키는 것으로 볼 수 있다. 분명 로마의 예루살렘 함락으로 많은 사람이 죽었다. 그러나 '작은 자들' 이란 표현은 이 위험한 시기에 보호받을 남은 성도들의 특징을 가리키는 말일 것이다. 주후 70년이 되기 40년 전에 예수님은 제자들에게 공격이 시작되면 그 성 밖으로 피하라고 경고하셨다(눅 21:21).

13:8-9. 이제 우리는 1세기에 이스라엘이 메시아를 배척하고 흩어졌던 일에서 마지막 날에 회복되어 자기 땅에 다시 모이게 되는 사건으로 돌아온다. 8절부터 14장까지의 본문은 종말론적인 것임이 틀림없다. 왜냐하면 여호와의 오심(14:4)이 그 공습을 종식시키고 곧바로 메시아 시대가 도래하기 때문이다. 앞에서 설명한 것처럼 7절은 이스라엘에 위기가 닥친 이유를 설명하는 데 꼭 필요하다. 그 나라의 황폐화는 참혹할 것이며, 그 백성 가운데 살아남은 자는 **삼분지 일**에 불과할 것이다. 그럼에도 불구하고 그들의 고된 시련은 마치 불이 은이나 **금을** 연단함같이 **그들을 시험할**(NIV는 '단련할') 것이다. 그리고 바로 이 사람들(삼분지 일)이 여호와께 돌아오고 영적으로 하나님의 백성이 될 사람들이다(12:10-13:1 참조). 마지막 때에 이스라엘에게 약속된 이 새 언약이 성취

될 것이다(렘 31:33).

14:1-2. 여기서 전쟁의 파멸과 황폐함은 앞장에서부터 계속 이어진다. 쳐들어온 적들은 처음에 성공을 거두고 예루살렘의 재물을 그 성 한가운데서(너의 중에서) 나눌 것이다. 다시 한 번, 여호와께서는 만국이 예루살렘을 치려고 모일 것임을 선언하셨다(12:2-4). 내(여호와)가 열국을 모아란 구절은 이 사건들이 하나님의 주권적 계획인 악한 나라들에 대한 심판(욜 3:2, 14) 안에 포함되어 있음을 가리킨다. 가옥이 약탈되며 부녀가 욕을 보며 백성이 사로잡혀 가는 것은 성을 함락한 승자들에 의해 저질러지는 통상적인 만행이다.

E. 영광스러운 미래(14:3-21)

Supporting Idea	여호와 하나님은 오셔서 자기 백성을 구원하시고 평화와 축복과 공의가 넘치는 영광스러운 나라를 세우실 것이다.

14:3. 예루살렘과 유다의 모든 것은 황량하게만 보이지만 이제 그 흐름이 바뀌려 한다. 강력한 전사가 잠에서 깨어 일어난 것처럼 여호와 하나님은 나가사 그 열국을 치실 것이다.

14:4. 여호와 하나님은 종종 자기 백성을 간접적으로 보호하셨지만 본문은 하나님이 친히 역사 안으로 직접 개입하신 일을 기술한다. 갑자기, 그리고 이스라엘의 대적에게는 분명 경악과 공포가 되기에 충분하게, 여호와 하나님은 육신의 형체를 입고 나타나실 것이다. 그분은 하늘에서 내려오시며 그의 발이 감람산에 서실 것이다. 감람산(삼하 15:30)은 예루살렘 동쪽으로 솟아오른 4,000미터 높이의 산등성 부분이다. 이 산에 이런 이름이 붙은 것은 그곳이 감람나무로 빽빽이 뒤덮여 있기 때문이다. 그 정상은 예루살렘 성전이 있는 모리아산보다 900미터 혹은 70-100미터 높이 솟아 있다. 감람산과 모리아산 사이에는 기드론 골짜기가 자리하고 있다. 이 구절은 성육신하신 우리 하나님인 예수 메시아의 재림을 기술하는 것이다. 천사들은 그분이 바로 이 자리에 오실 것을 약속했다.

사도행전 1장 9-12절은 이렇게 말씀한다.

> 이 말씀을 마치시고 저희 보는 데서 올리워 가시니 구름이 저를 가리워 보이지

않게 하더라 올라가실 때에 제자들이 자세히 하늘을 쳐다보고 있는데 흰옷 입은 두 사람이 저희 곁에 서서 가로되 갈릴리 사람들아 어찌하여 서서 하늘을 쳐다보느냐 너희 가운데서 하늘로 올리우신 이 예수는 하늘로 가심을 본 그대로 오시리라 하였느니라 제자들이 감람원이라 하는 산으로부터 예루살렘에 돌아오니 이 산은 예루살렘에서 가까워 안식일에 가기 알맞은 길이라.

그리스도는 감람산으로 도착하셔서 성전으로 직통되어 있는 동문(지금은 막혀 있음)을 통해 성 안으로 들어가실 것이다. 그곳에서 땅 위의 모든 백성이 그분을 경배할 것이다.

아마 지진이나 전쟁의 결과 혹은 초자연적인 수단에 의해 감람산은 그 한가운데가 동서로 갈라져 매우 큰 골짜기가 될 것이다. 이 예루살렘 공략을 주전 586년의 느부갓네살의 공격이나 주후 70년에 있었던 로마 장군 티투스의 공격으로 보는 모든 시도는 소용없는 것들이다. 여호와께서 친히 귀환하심으로 멈추어진 전쟁은 없었으며, 감람산은 아직도 아무 이상 없이 서 있다.

14:5. 이 커다란 골짜기를 통해 하나님의 백성들은 성의 동쪽 방향으로 몸을 피할 수 있을 것이다. 아셀은 알려지지 않은 지역이지만 성 동쪽 가까이에 있음이 분명하다. 유다 왕 웃시야(주전 792-740) 때에 일어난 지진은 2세기 후의 인물인 스가랴가 기억할 정도로 이례적인 강한 지진임이 확실하다. 선지자 아모스(1:1)와 유대인 역사가 요세푸스는 모두 이 지진을 언급하고 있다. 고고학자들은 그 지진이 주전 760년 무렵에 하솔(Hazor)시를 무너뜨렸다고 지적한다.

이제 우리는 스가랴서의 절정에 도달한다. 나의 하나님 여호와께서 임하실 것이요! 이스라엘과 세상이 오래 기다린 지금, 마침내 하나님이 메시아의 인격 안에 임하셔서 질서, 평화, 안전, 기쁨을 가져오시고, 인류가 그토록 오랫동안 꿈꾸어왔던 이상향을 세우실 것이다. 앞에서 언급한 것처럼 이 오실 여호와는 메시아 예수님이며 삼위일체 하나님의 제2의 위격이시다. 주와 함께할 모든 거룩한 자는 성도들과 거룩한 천사들을 모두 포함하는 것으로 본다(살전 1:7, 3:13; 계 19:14).

14:6-7. 광명한 자들이 떠날 것이란 구절은 "빛나는 자들(천체들)은 얼어붙을 것이다"란 히브리어 원문을 문자적으로 번역한 것이며, 오래된 판본을 택하고 있는 NIV는

추위나 서리가 없을 것이라고 번역하고 있다. 반면 NASB는 '발광체들이 감소할 것' 이라고 번역하고 있는데(NKJV 참조), 이는 히브리어 원문의 의미를 잘 파악한 것으로 보이며, 빛이 없겠다고 말한 이유를 잘 설명해준다. 7절은 이 날이 낮도 아니고 밤도 아니라고 덧붙인다. 이는 해나 달 혹은 별빛이 보이지 않는다는 의미다. 예수님은 자신이 다시 올 때 땅이 그런 상태가 될 것이라고 예언하셨다. "그날 환난 후에 즉시 해가 어두워지며 달이 빛을 내지 아니하며 별들이 하늘에서 떨어지며 하늘의 권능들이 흔들리리라" (마 24:29).

하늘은 분명 그리스도의 두 번째 강림 때 일어난 전쟁으로 인한 연기와 잔해로 뒤덮일 것이다(12:3-9, 13:8-14:2; 계 16:12-16). 한 날은 역사상 비할 데 없이 특별한 유일한 날을 가리킨다. 그리스도는 그 놀라운 날이 어두워 갈 때(저녁에) 초자연적으로 빛을 이끌어내실 것이다.

14:8. 생수는 예루살렘으로부터 솟아나와 사해(동해)와 지중해(서해)로 흘러가는 생명을 주는 물이다. 그리스도는 최후의 날 이후에 잔해만 남은 바다에 초자연적으로 생명을 회복시키실 것이다(계 8:8-9, 16:3). 다른 구약 본문도 메시아 시대에 이루어질 이 초자연적인 물길에 대해 말씀하고 있으며(겔 47:1-12; 욜 3:18) 에스겔은 그 물이 성전으로부터 나올 것이라고 선언했다(겔 47:1).

14:9. 그 새 세상에서 여호와 하나님은 예수 메시아의 위격 안에서 천하의 왕이 되실 것이다. 결국 세상은 완전한 통치자를 얻게 될 것이다. 그 이름은 땅 위에서 경배를 받으실 홀로 하나인 이름이 될 것이다(13:2 참조). 예수님은 우리에게 이렇게 기도하라고 가르치셨다. "하늘에 계신 우리 아버지여 이름이 거룩히 여김을 받으시오며 나라이 임하옵시며 뜻이 하늘에서 이룬 것같이 땅에서도 이루어지이다" (마 6:9-10). 그 기도는 이때에 응답받게 될 것이다.

14:10-11. 게바는 예루살렘 북쪽으로 10킬로미터 정도 떨어진 곳이며, 림몬은 보통 엔림몬(En Rimmon)으로 부르는 곳으로 예루살렘에서 남서쪽으로 56킬로미터 떨어져 있다. 이 지역은 아라바 곧 요단 골짜기처럼 평지가 될 것이지만, 예루살렘은 높이 들릴 것이다. 분명 예루살렘은 메시아가 그곳에서 다스리실 것이기 때문에 높이 들려 주목을 받게 될 것이다(사 2:2-4; 미 4:1-3). 아마 스가랴는 지형의 변화도 함께 가리키는 것으로 보인다. 그 도시의 서로 다른 부분의 이름이 거명된 것은 예루살렘이 자신에게 퍼부

어진 공격에도 불구하고 아무 손상 없이(그 본처에 있으리니) 남아 있음을 보여준다. 그 도시는 많은 사람으로 가득하고 다시는 저주가 있지 아니할 것이다.

14:12-15. 이 구절들은 12장 2-9절과 14장 1-5절의 싸움 가운데 여호와 하나님이 이스라엘의 대적에게 거두신 승리를 더 자세히 기술한다. 예루살렘을 친 모든 백성과 그들의 동물에게 미친 재앙은 끔찍한 것이 될 것이다. 그들이 섰을 때에 그 살이 썩으며, 그 눈이 구멍 속에서 썩으며 그 혀가 입 속에서 썩을 것이다. 다른 말로 하면 그 뼈가 땅에 닿기 전에 그 살이 녹아져 내릴 것이다. 당연히 이런 재앙은 이스라엘을 친 자들의 마음을 크게 요란케 할 것이다. 무너진 나라의 보화는 유다로 모이게 될 것이다.

14:16-19. 열국은(아마 그들이 보낸 사절단을 의미) 해마다 이스라엘의 왕 만군의 여호와께 숭배하러 예루살렘으로 올라갈 것이다. 이 자리에 모습을 보이지 못하는 것은 그리스도께 대한 반역 행동이 될 것이며, 그러한 나라들은 신명기 28장 22-24절에 거명된 불순종에 대한 형벌 가운데 하나인 가뭄(한재)의 벌을 받게 될 것이다. 천년왕국 동안은 불순종이 가능하지만 영원한 나라 안에서는 불가능하다. 초막절은 히브리 종교력으로 일곱 번째 달(오늘날 9/10월)에 지켜졌다. 그 절기는 이스라엘이 광야에서 천막에 거하던 시기를 기념하는 것이다(레 23:41-43). 그 절기는 수장절로도 불리었는데(출 23:16, 34:22) 그해 농사의 마지막 수확을 축하하는 것이다.

파인버그는 이렇게 설명한다.

> 왜 초막절이 선택되었는지에 대해 많은 견해가 있지만 가장 타당한 것은 수확의 기쁨을 이야기하면서 여호와 하나님과 특히 그분이 그들 가운데 거하심을 기뻐하는 것으로 보는 견해다. 천 년 동안의 축제는 초막절 축제다. 왜냐하면 그때 하나님이 인간의 오랜 역사 가운데 그 어느 순간보다 더 충만히 그들과 함께 거하실 것이기 때문이다(Feinberg, 「*God Remembers*」, p. 203).

메시아 시대에 온 땅은 왕 되신 예수 그리스도를 경배할 것이다. 그분은 처음 강림하셨을 때 거부당했던 명예와 영광을 결국 받으시게 될 것이다. 아마도 애굽은 과거 이스라엘의 대적이었던 나라가 이제 참 하나님을 경배하게 된 것을 강조하기 위해 선택되어진 것으로 보인다.

14:20-21. 메시아 왕국은 거룩을 그 특징으로 삼게 될 것이다. 여호와께 성결(HOLY TO THE LORD)은 대제사장이 머리에 쓰는 거룩한 관에 새겨진 말(출 28:36)이었지만 이제 이 말은 말 방울에까지 새겨진 말이 될 것이다. 성전에서 제물을 요리할 때 사용되는 솥은 제물의 피를 여호와 앞에 뿌릴 때 사용하는 제단 앞 주발과 다름없이 거룩하게 될 것이다. 예루살렘과 유다의 모든 솥이 성물이 될 것이란 말은 거룩함이 백성들의 개인적인 삶 가운데까지 스며들게 될 것을 가리킨다. 가나안 사람은 부정한 백성(레 18:3, '상인'이 아님)을 가리키며 예루살렘에서 예배하는 모든 이들이 참 신자임을 보여준다.

본 장에서 대략적으로 그리고 있는 메시아 왕국의 특징은 다음과 같다. (1) 주 - 메시아가 친히 임재하심(14:4-5), (2) 초자연적인 공급하심(14:6-8), (3) 메시아의 우주적 통치(14:9-11), (4) 예배(14:16-19), (5) 거룩함(14:20-21). 힘을 내라! 하나님은 자기 자녀들에게 놀라운 미래를 예비하고 계시다.

Main Idea 복 습	하나님은 세계 열강의 공격으로부터 이스라엘을 구하실 것이며 그 때에 그 민족은 회개하고 전에 배척한 메시아를 영접하게 될 것이다. 그리고 이스라엘은 평화와 축복과 공의가 넘치는 메시아의 영광의 나라에 참여할 것이다.

결론

예수님은 언제 오실까?

우리는 스가랴서 마지막 장에서 역사의 대미를 장엄하게 장식할 예수 메시아의 재림을 본다. 문제는, "그분은 언제 오실까?" 하는 것이다. 사람들은 오랫동안 그 정확한 날짜를 예측하려고 시도해왔다. 밀러파(윌리엄 밀러, William Miller)라는 사역자를 추종하는 사람들)는 주께서 1844년 10월 22일에 오실 것이라고 예언했었다. 이 '재림파' 들 가운데 몇몇은 그날 벌어질 일을 고대하며 그해 봄에 씨도 뿌리지 않고 다른 이들은 상점 문도 닫았다. 물론 그날은 왔다가 지나갔고 주님은 나타나지 않아 그 단체에 연루된 사람들과 교회 전반에 적지 않은 실망감을 안겨주었다. 이단인 여호와의 증인의 창시자인 찰스 러셀(Charles Taze Russell)은 아마겟돈과 그리스도의 재림이 1914년 이루어질 것이라고 엉터리 예언을 했다. 에드가 와이즈넌트(Edgar Whisenant)는 「휴거가 1988년에 있을 것이라는 88가지 증거(*88 Reasons Why the Rapture Will Be in 1988*, Nashville: World Bible Society, 1988)」란 책을 200만 권 넘게 팔아먹었다. 와이즈넌트는 휴거가 그해 9월 11일과 13일 사이에 있을 것이라고 말했다. 그리고 우리는 지금 이렇게 땅 위에 살고 있다.

그리스도께서 다시 오실 정확한 날짜를 정하려고 시도하는 모든 이들은 다음과 같은 주님의 말씀에 귀를 기울여야 한다. "그러나 그날과 그때는 아무도 모르나니 하늘의 천사들도, 아들도 모르고 오직 아버지만 아시느니라"(마 24:36). 그러나 그 정확한 때는 아무도 알지 못하지만, 하나님은 그리스도께서 다시 오실 대략적인 시기를 알 수 있는 단서, 혹은 징조를 성경 가운데 보여주셨다. 우리는 그것을 스가랴서의 현재 본문에서 적어도 두 가지를 찾아볼 수 있다. 첫째, 이스라엘은 그리스도께서 다시 오실 때 자기 땅에 다시 세워질 것이며, 이는 1948년 5월을 예언과 관련된 일정에 중요한 날로 부각시킨다. 이스라엘이 기적적으로 한 국가로서 다시 세워졌다는 사실은 우리가 역사의 마지막 무대에 서 있음을 가리킨다. 둘째, 그리스도는 모든 공격의 초점이 이스라엘에 맞추어지게 될 세계 분쟁의 시기에 오실 것이다. 오늘날 지구상에서 일어나고 있는 많은 사건들, 특히 중동 지역의 사건들은 미래에 벌어질 국가 간의 충돌을 마련하는 장이 될 수도 있다(예수님이 말씀하신 재림과 관련된 징조들에 대해서는 마 24-25장을 보라.)

정확한 날짜와 상관없이 한 가지 분명한 사실은 그리스도께서 자기 백성을, 유대인이든 이방인이든, 구원하기 위해 분명히 오실 것이라는 것이다. 그분이 다시 오실 때 이스라엘은 예수님을 자신의 메시아로 인정하고 자기 죄를 용서받을 것이다. 하나님의 백성을 대적한 모든 자들은 패배하고, 영광의 새 세상이 시작될 것이다. 주 예수여 오시옵소서!

▣ 진리 알기

- 이스라엘은 하나의 나라로서 끝까지 남을 것이다.
- 그리스도는 다시 오실 때 이스라엘과 자기의 모든 백성을 그 대적들로부터 구원하실 것이다.
- 죄 사함은 그리스도를 믿고 회개하는 모든 백성(유대인이든 이방인이든)에게 주어진다.
- 때로는 고난이 온 다음 축복이 오기도 한다.
- 그리스도는 다시 오시겠다는 자신의 약속을 지키실 것이다.
- 언젠가 온 세상이 예수님을 주와 왕으로 인정할 것이다.
- 메시아 왕국에서 거룩한 백성이 참된 예배를 드릴 것이다.
- 승리는 주님의 것이다.

▣ 적용하기

- 현재 이스라엘 내부의 분쟁이 평화적으로 해결될 수 있도록 기도하라.
- 그리스도께서 언젠가 핍박받은 자기 백성들을 모두 구원하시기 위해 오실 것을 인해 주님께 감사하라.
- 이번 주에 그리스도를 믿으면 용서를 받는다는 기쁜 소식을 다른 사람에게 전할 수 있도록 기회를 열어주시도록 하나님께 기도하라.
- 만일 기회가 주어진다면, 유대인에게 왜 당신이 예수님을 메시아로 믿는지 이야기하라.
- 성결과 참된 예배가 이 세대와 다음 세대에서 당신의 삶 가운데 두드러진 특징으로 나타날 수 있도록 결단하라.
- 스가랴 12-14장에서 앞으로 이스라엘에 일어날 사건들을 순서대로 기록해보라.

삶의 적용

원래의 모습

AP통신사의 2002년 3월 회보에 의하면, 포트 워스(Fort Worth)의 한 간호조무사가 자기 차로 한 노숙자를 친 혐의로 살인죄로 체포되었다. 사고가 난 순간 노숙자는 두 다리가 모두 부러지고 머리가 자동차 앞 유리에 박혔다. 간호조무사는 도움을 청하기는 커녕 앞 유리에 끼인 채 살려달라고 애원하는 노숙자의 호소를 무시하고 그대로 집으로 가버리는 바람에 그 남자는 그녀의 차고에서 죽고 말았다. 경찰은 그 여인이 사고가 나던 날 밤에 술을 마시고 마약을 복용했다고 발표했다. 그녀는 분명 노숙자를 치료해주면 자신이 체포될 것이라고 생각했을 것이다.

이 이야기는 충격적이기는 하지만 오늘날에는 이보다 더 터무니없는 일들이 흔히 일어나곤 한다. 1999년 4월 20일 콜로라도 주 리틀톤(Littleton)에 있는 콜롬바인(Columbine) 고등학교에서 학생 2명이 12명의 동료 학생과 교사를 총으로 쏴 죽이고 스스로 목숨을 끊었다. 그리고 일 년 뒤 아칸소 주 존스보로(Jonesboro)의 한 초등학교에서 각각 13세와 11세의 두 소년이 네 여학생과 교사 한 명을 살해했다. 또한 텍사스 주 휴스턴(Houston)에서 안드레아 예이츠(Andrea Yates)란 여인은 자기 자녀 5명을 욕조에 집어넣어 익사시켰다. 최근에는 자기 집에서 유괴당한 아이들에 관한 몇몇 사건이 대중매체를 통해 보도되었다.

FBI의 제복 범죄 보고서에 의하면 2000년에 미국에는 15,517건의 살인, 90,186건의 강간, 407,842건의 강도, 910,744건의 폭행, 1,049,946건의 절도, 6,965,957건의 도난, 1,165,559건의 차량도난이 발생했다. 이는 미국 내에서 하루에 살인이 43건, 강간 247건, 강도 1,117건, 폭행 2,495건, 절도 5,616건, 차량 도난 3,193건이 발생한다는 의미다. 2000년에 미국의 성인 647만 명, 곧 전체 미국인 32명 가운데 한 명이 투옥, 보호관찰 혹은 집행유예 상태에 있다는 기록도 있다.

국제적으로는 지구 전체가 소요에 빠져 있다. 지난 1,000년의 마지막 시기에 세계

193개국 가운데 1/3이 분쟁의 소용돌이에 휘말렸고 이것은 테러와의 전쟁 이전의 일이다. 오늘도 중동에는 분쟁이 멈추지 않고 있음을 알리는 소식이 들려온다.

이것이 하나님이 원하시는 세상의 모습일까? 절대 그렇지 않다! 문제는 죄가 인간의 마음속에 가득하고 세상에 널리 퍼졌기 때문이다. 다행히도 스가랴는 다음 선언을 통해 하나님의 백성들에게 새로운 세상이 기다리고 있다는 확신을 심어준다. “여호와의 날이 이르리라”(슥 14:1). 지금은 인간의 날, 곧 죄와 파괴 그리고 죽음의 때다. 그리고 언젠가 새 날이 올 것이다. 여호와의 날이 오고 있다. 이 새 시대에 그리스도께서 공의와 사랑으로 세상을 다스리실 것이다. 우리는 문을 잠그지 않고도 아무 걱정 없이 어디든 갈 수 있다. 실제로 이 새 시대는 성경에서 에덴동산의 상태로 돌아가는 것으로 묘사되고 있다. 그 상태는 자연과의 화해, 악의가 없음, 번영, 안정, 하나님과의 교제다. 이것이 바로 모든 것의 원래의 모습이다.

기도

하늘에 계신 아버지여, 자기 죄를 회개하고 당신의 아들 예수 메시아를 믿음으로 바라보는 모든 이들을 용서하심을 감사드립니다. 세상 모든 나라들이 당신을 아는 즐거움을 체험하게 되기를 기도합니다. 예수님이 다시 오셔서 이 세상을 당신이 태초 이전에 계획하셨던, 평화와 기쁨과 안전과 사랑이 넘치는 낙원으로 만들 것을 인해 감사합니다. 메시아이신 예수님의 이름으로 기도합니다. 아멘.

심층 연구

A. 이스라엘 역사의 중요 날짜

이스라엘은 스가랴서와 성경 전체에서 가장 중심이 되는 나라다. 스가랴서의 후반부에서 이스라엘은 자기 옛 땅에서 옛 모습을 회복하게 된다. 이스라엘이 어디서 기원했고 유대인들이 오늘날 살고 있는 땅에 어떻게 이르게 되었을까? 아래 그려진 이스라엘 역사의 중요 연대표가 독자들에게 큰 도움이 될 것이다.

이스라엘 역사의 중요 날짜	
구약 시대	
주전 2166년	아브라함이 태어남(출애굽과 애굽에서 430년을 산정하여 가장 초기 연대)
주전 1876년	야곱과 그 가족이 애굽으로 이주
주전 1446년	애굽에서 나옴(13세기, 출애굽을 후기로 보는 견해에 따름)
주전 1446-1406년	광야에서 방황함
주전 1406-1050년	가나안 정복과 사사 시대
주전 1050-931년	통일 왕국(사울, 다윗, 솔로몬)
주전 931년	12지파가 이스라엘(북 왕국)과 유다(남왕국)로 나뉨
주전 931-722년	분열 왕국시대
주전 722년	앗수르에 의한 북왕국(이스라엘)의 멸망
주전 722-586년	잔존 왕국 유다
주전 586년	예루살렘 파괴와 바벨론 포로
주전 539년	바벨론이 메대-페르시아 연합군에 패배함
주전 538년	스룹바벨과 여호수아 영도하에 이루어진 첫 번째 포로 귀환

주전 458년	에스라 영도하의 두 번째 포로 귀환
주전 445년	느헤미야 영도하의 세 번째 포로 귀환
주전 400년	구약 시대의 종결(대략)
	신구약 중간기
주전 175-163년	안디오쿠스 4세 에피파네스의 통치, 유대교를 말살하려 함
주전 164년	유다스 마카베오에 의한 성전 재봉헌(하누카)
주전 63년	폼페이우스 팔레스타인을 로마에 복속시킴
주전 40-41년	헤롯 대왕의 통치
	신약 시대
주전 6-4년	예수 그리스도의 탄생
주후 26년	그리스도께서 세례 받으시고 공생애 사역을 시작하심
주후 30년	그리스도가 십자가에 못 박히심
주후 35년	바울이 기독교로 개종
주후 60년경	베드로와 바울의 순교
주후 70년	로마에 의한 예루살렘 멸망
주후 95-100년	마지막 사도 요한의 죽음
	중간사
주후 132-135년	바 코바 지휘 아래 일어난 반란. 예루살렘이 하드리안에 의해 로마 도시로 재건되고 그 안에 들어가는 모든 유대인은 사형에 처함. 예루살렘의 이름이 앨리아 카피톨리나(Aelia Capitolina)로 개명되고 나라 이름은 유대에서 시리아 팔레스티나(Syria Palestina)로 개명됨. 팔레스타인이란 이름이 여기서 유래함.
주후 330-634년	비잔틴 시대(로마제국)
주후 634-1099년	아랍 시대(이슬람교도의 통제가 시작)
주후 1099-1263년	십자군 시대
주후 1263-1516년	맘룩(Mamluk) 시기(이슬람이 애굽의 맘룩 술탄인 바이바르스에 의해 통제력을 회복함)
주후 1517-1917년	터키 시대
	근대 시대
1917년	예루살렘이 제1차 세계대전에서 영국이 속한 연합군에 복속됨
1930-1940년대	유대인 대학살. 히틀러의 나치에 의해 600만 명의 유대인이 살해됨

1947년	팔레스타인이 UN의 승인하에 유대인과 아랍 지역으로 분리됨
1948년 5월 14일	이스라엘이 독립을 선언. 이스라엘과 아랍(이집트, 이라크, 레바논, 시리아, 요르단) 사이의 전쟁. 아랍측에 할당된 땅의 절반가량을 이스라엘이 획득함. 요르단이 통제하는 팔레스타인 영토는 웨스트뱅크(West Bank)라고 부르는데, 이는 그 지역이 요단강 서쪽 하안에 위치해 있기 때문이다. 70만 명의 아랍인들이 그 지역에서 쫓겨나 인근 아랍 국가로 갔다.
1964년	팔레스타인 해방기구(PLO) 창립. 1969년에 아라파트가 그 의장이 됨.
1967년	이스라엘 - 아랍 전쟁(이집트, 요르단, 시리아와의 '6일 전쟁', 3차 중동전). 더 많은 영토와 예루살렘 전역이 유대인의 통제에 들어감. 더 많은 아랍인들이 피난민이 됨.
1973년	이스라엘 - 아랍 전쟁(이집트, 시리아와의 '대속죄일 전쟁', 4차 중동전쟁). 이스라엘이 더 많은 영토를 확보함.

오늘날 200만 명의 팔레스타인 사람들이 가자 지구와 웨스트뱅크에서 대부분 어려운 환경 가운데 살고 있다. 팔레스타인 내 아랍인들과 유대인들 사이의 증오는 그 땅을 두고 벌어지는 폭력이 상승되는 것에 따라 점점 커가고 있다. 최근 히브리 대학 내 구내식당에서 일어난 폭탄 테러와 관련해서 하마스는 유대인들은 그 땅을 떠나야 한다고 주장했다. 그러나 이스라엘이 그 지역을 떠나려 하지 않으므로 문제 해결의 실마리는 보이지 않는다. 우리가 중동의 평화를 위해 기도해야 하는 것은 분명한 사실이지만, 항구적인 해결을 가져오실 수 있는 분은 오직 그리스도뿐이시다.

B. 그들이 찌른 자(12:10)

12장 10절의 본문 이해에서 이 '찔림을 받은 자'는 메시아 예수님임이 밝혀졌다. 그러나 다른 의견도 있다. 주전 170년에 암살당한 오니아스 3세(Onius III), 주전 134년 암살당한 시몬 마카베오(유대인 지도자) 같은 역사적 인물이 그들이다. 본문의 기록 연대를 그렇게 늦게 잡는 것의 어려움은 말할 것도 없고, 역사적 인물 가운데 본문의 요구 조건을 모두 만족시키는 이는 한 사람도 없다. 또 다른 이들은 '찌른 바'가 상징적인 의미를 갖고 있다면서 본문이 메시아를 구체적으로 지칭한 것이 아니라 하나님을 가리키는 것이라고 주장한다.

고대 유대인들의 견해는 '찔린 사람'이 메시아라는 것이지만, 이 메시아는 메시아 벤 요셉(요셉의 아들 메시아)으로 메시아 벤 다윗(다윗의 아들 메시아)과 구별되는 별개의 인물이었다. 그러나 성경은 두 번째 메시아에 대해서는 일언반구의 언급도 없다. 타나크(Tanakh)라 불리는, 오늘날 유대인들이 갖고 있는 히브리어 성경(구약) 스가랴 12장 10절은 이렇게 해석하고 있다. "그러나 내가 다윗의 집과 예루살렘 거민에게 은총과 간구하는 심령을 부어주리니 *그들이 죽임 당한 자들과 관련하여 내게 애도할 것이며*, 그들이 그를 위하여 마치 사랑하는 아들을 위하여 애곡하듯 하고 맏아들이 죽은 것처럼 큰 슬픔을 표현하리라." 이탤릭체는 문자적 번역인 '그들이 그 찌른 바 그를 바라보고'와 분명히 다른 부분을 강조하기 위함이다.

카이저에는 다음과 같이 말한다.

> 이 해석이 가진 문제점은 히브리어 구절이 명백히 암시하고 있는 의미를 피하기 위해 히브리어 문법 규칙을 파괴한다는 것이다. 그 해석은 능동태인 '찌르다'를 수동태인 '죽임 당하다'로, 그리고 주어 '그들이 찌른'을 목적어 '죽임 당한 자들'로 바꾼다. 그리고 히브리어는 이것을 용납하지 않을 것이다. 본문에서 말하고 있는 사람이 종말, 혹은 미래에 놀라움에 가득한 눈으로 바라보고 있는 바로 그들에 의해 찔림을 받은 사람이라는 논리적인 의미를 무시하는 것은 대단한 용기가 아닐 수 없다(Kaiser, 「*More Hard Sayings of the Old Testament*」, p. 264).

요약하면, 본문이 메시아 예수의 모습에 글자 그대로 적용된다는 견해는 문법적, 신학적, 역사적으로 아무 흠이 없으며, 신약의 가르침과 일치한다. 예수님은 하나님이시며, 처음 강림하셨을 때 유대인에 의해 찔리셨고, 다시 오실 때 이스라엘에 의해 자신들의 메시아로 인정받으실 것이다. 스가랴 12장 10절은 성경 전체에서 가장 장엄한 구절 가운데 하나다.

C. 메시아와 스가랴서(12:10, 13:7, 14:3-5, 9)

메시아(히브리어로 mashiach)는 기름 부음 받은 자를 의미하며 '기름 붓다'는 의미의 동사에서 파생되었다. 성경에서 제사장(출 28:41, 29:7), 왕(삼상 10:1; 왕상 1:34) 그리고 틀림없이 선지자도(왕상 19:16) 자기 직분에 앞서 기름 부음을 받았다. 기름 부음은 성령의 능력이 이 사람에게 임하여 그가 자신의 임무를 수행할 수 있게 함을 상징하는 것으로, 이는 다윗이 기름 부음 받은 사건 가운데 아름답게 묘사된 진리이다(삼상 16:12-13, 참조 슥 4:6).

하나님은 처음부터 인간을 죄의 참혹한 결과인 고통, 신음, 슬픔, 죽음으로부터 구원할 누군가를 보내시겠다고 계시하셨다(창 3:15). 이 사람은 메시아란 호칭을 받을 것인데, 이 호칭은 특히 그가 기름 부음 받은 계층인 다윗 왕의 계보를 통해 올 것이라는 사실에 비추어 더욱 합당하다. 그러나 그는 기름(상징)이 아니라 성령으로 기름 부음을 받을 것이다. 메시아는 왕이라는 직분을 가지고 악의 세력을 물리치고, 죄의 저주를 없이하며, 세상을 다스리실 것이다(시 110:1-3, 5-7; 사 2:2-4). 또한 메시아는 또 다른 기름 부음 받은 계층인 제사장의 역할을 완수할 것이다. 그는 하나님의 기름 부음 받은 대제사장으로서 진정으로 죄를 없앨 제물을 드릴 것이다(시 110:4; 사 52:13-53:12).

1세기 유대인들은 로마 제국을 쓰러뜨릴 메시아를 영접하기를 갈망했지만 대부분은 메시아의 제사장으로서의 사역의 필요성은 무시했다. 죄를 위해 고난 당하고 죽을 메시아는 우주를 다스리는 왕만큼 매력적이지 못했다. 더구나 메시아가 어떻게 고난을 당한다는 말인가? 고대 유대인들의 해석(바벨로니아 탈무드)은 고난받는 요셉의 아들 메시아(메시아 벤 요셉)와 우주의 왕으로 다스릴 다윗의 아들 메시아(메시아 벤 다윗), 두 명의 메시아를 설정함으로써 이 모순을 해결하려 했다. 이 두 메시아 이론은 또한 메시아가 어떻게 제사장과 왕으로서의 직분을 수행하는지도 설명해주었다. 마틴(R. Martin)은 「홀만 도해 성경 사전(*Holman Illustrated Bible Dictionary*)」에서 이렇게 말한다. "사해 사본에 등장하는 인물들은 제사장과 왕의 모습을 각각 지닌 두 명의 메시아에 대한 이중의 소망을 하나로 결합시킬 수 있는 능력을 분명히 지니고 있었다." 이러한 수수께끼는 메시아의 두 번의 강림에 관한 계시로 해결되었다. 그분은 처음에 죄를 위해 고난받고 죽기 위해 오셨고, 두 번째는 세상을 다스리시기 위해 오실 것이다.

그리스도인들은 여러 가지 이유에서 예수님이 약속된 메시아라고 믿는다. 첫째, 예수님은 메시아의 삶과 사역에 관한 구약의 예언들을 성취하셨다. (예수님이 성취하신 메시아 예언에 관해서는 스가랴 11장의 심층 연구를 보라.) 둘째, 그분의 이적 사역, 죄를 사하는 권세 그리고 부활은 그분의 주장이 참임을 입증했다. 셋째, 예수님은 공개적으로 자신이 메시아라고 주장하셨다. 예를 들어, 예수님과 사마리아 여인과의 만남 가운데 이런 말씀이 있다. "여자가 가로되 메시아 곧 그리스도라 하는 이가 오실 줄을 내가 아노니 그가 오시면 모든 것을 우리에게 고하시리이다 예수께서 이르시되 네게 말하는 내가 그로라 하시니라"(요 4:25-26; 참조 눅 24:25-27). 넷째, 그리스도, 다윗의 아들, 인자 같은 메시아 호칭이 그분께 붙여졌다. 예수님은 신약에서 500회가량 그리스도(히브리어 메시아에 해당하는 헬라어)로 불렸다. 물론 예수님이 메시아라는 주장은 그 진실됨에 대한 성령님의 내적 증거가 없이는 절대 받아들일 수 없는 것이다.

스가랴는 메시아에 관해 가장 많은 내용을 언급하고 있는 소선지서이며, 이사야서를 제외하고 메시아에 관해 가장 많은 인용을 포함하고 있다. 스가랴서에 나오는 메시아에 관한 주요 언급은 다음과 같다.

스가랴서에 등장하는 메시아	
직접적인 언급	
3:8-10	메시아의 대제사장으로서의 사역
6:9-15	열방의 왕 - 제사장으로서의 메시아
9:9-10	오실 왕으로서의 메시아
10:4.	유다의 약속된 통치자로서의 메시아
11:4-14	거절당한 선한 목자로서의 메시아
12:10	찔림 받으신 메시아
13:7	죽임 당한 목자로서의 메시아
간접적인 언급	
1:8-17	화석류나무 사이에 선 사람(여호와의 사자)
2:10-13	자기 백성 가운데 거하는(하나님의 화신) 메시아
14:4	메시아의(하나님의 화신) 감람산으로의 복귀
14:9, 16-17	세상의 왕으로서의 메시아(하나님의 화신)
호칭	
3:8	내 종
3:8, 6:12	순(가지)
3:9	돌
9:9, 14:9, 16-17	왕

10:4	모퉁잇돌, 말뚝, 싸우는 활, 권세 잡은 자
11:9, 13:7	목자
12:10	찔린 자
13:7	내 짝 된 자

구약은 단지 옛 사람들의 역사가 아니라 인류를 향한 하나님의 구원 계획이 흥미진진하게 펼쳐지는 사건의 기록이다. 그리고 메시아는 그 구원 사역의 중심이다. 스가랴는 메시아가 인류를 죄로부터 구원하고 궁극적으로 죄의 참혹한 결과로부터 건지실 것이라고 예언했다. 그 메시아가 바로 나사렛 예수시다.

D. 만군의 여호와의 전에 가나안 사람이 다시 있지 아니하리라(14:21)

NIV에는 보통 가나안 사람으로 번역되는 히브리어 케나니(kena'aniyy)가 상인(merchant)으로 번역될 수 있다고 각주를 달고 있다. 다른 번역들(NRSV, NLT)은 본문에 매매업자(trader)라고 번역하고 있다. 가나안 사람은 고대 세계에 해운과 무역 그리고 그로 인한 그 둘의 결합으로 널리 알려진 민족이다. 두 경우에 이 히브리어가 '상인' 을 가리키는 것이 분명해보인다(욥 41:6; 잠 31:24). 만일 스가랴가 미래의 성전에 '상인들' 이 들어가지 못할 것이라고 말하고 있는 것이라면 그 의미는 다음과 같을 것이다. 즉 모든 것이 거룩하게 될 것이므로, 상인(종종 부정직하기 쉬운)들이 성전 경내에서 제사에 사용할 수 있는 짐승이나 물건을 팔 필요가 없게 될 것이다(참조 마 21:12; 요 21:15).

반면에, 이 히브리어는 NIV에서 70회에 걸쳐 그 통상적 의미인 '가나인 사람(들)' 이란 의미로 번역되었고, 그 의미는 그 구절의 문맥에 완벽하게 조화를 이루고 있다. 가나안(이스라엘이 정복하기 이전의 땅 이름) 거민들은 부도덕, 사악, 우상숭배하는 백성들을 가리키는 말과 거의 동의어가 되었다. 여호와 하나님은 모세에게 이렇게 말씀하셨다. "너희는 그 거하던 애굽 땅의 풍속을 좇지 말며 내가 너희를 인도할 가나안 땅의 풍속과 규례도 행하지 말고"(레 18:3). 레위기 18장 6-23절에는 아이들을 제물로 바치는 행위(18:21)와 같이 상상할 수 있는 가장 악하고 혐오스러운 행동들이 기록되어 있는데,

그런 행위들이 가나안 땅에서 행해지고 있었다고 말씀한다. 고고학적 증거들은 성경에서 기술하고 있는 그 시대 가나안 사람들의 도덕적 타락이 진실임을 확인시켜주고 있다. 스가랴의 주장은 메시아 시대에는 오직 거룩한 백성들만이 여호와 하나님의 임재 앞에 들어가게 되리라는 것이다.

고안

A. 들어가는 글

1. "죽은 여인이여 일어나라!"를 읽어주라.
2. 배경 설명: 스가랴는 12-14장에서 이스라엘의 미래를 한눈에 볼 수 있도록 보여주고 있다. 로마에 의해 뿔뿔이 흩어진 이스라엘은 마지막 날에 그 땅에 다시 세워지게 될 것이다. 고난의 시간이 지나고 그 민족은 예수님을 자신의 메시아로 인정하게 되고 회개와 믿음으로 그분께 돌아오게 될 것이다. 그분은 그들의 죄를 용서하시고 그들을 그 대적들로부터 건지실 것이다. 메시아는 이 땅에 다시 오실 때 14장 3-21절에 묘사된 놀라운 새 세계를 건설하실 것이다.
3. 적용 : 우리는 본문에서 하나님이 진정으로 역사를 주관하고 계시다는 사실을 배운다. 이스라엘 나라는 두 번 '죽었다'가 두 번 모두 기적적으로 다시 회생했다. 이러한 이스라엘의 이야기는 하나님의 사랑에 끝이 없음을 일깨워준다. 예수님은 처음 오셨을 때 그들의 메시아로 영접받지 못하셨지만 이스라엘을 여전히 사랑하시고 그들이 회개할 때 용서하실 것이다. 개인도 나라와 마찬가지다. 하나님은 우리를 사랑하시고 기꺼이 용서하신다. 그리스도께서 자기 백성을, 유대인과 이방인을 가리지 않고 모두 그들의 대적으로부터 구원하시고 인류 역사상 가장 영광스러운 시대로 인도하실 것이라는 내용을 읽어보라. 그리고 그곳에서 함께 만나기를 소망하자!

B. 본문 이해

1. 열방의 문젯거리(12:1-3)
2. 침략자들로부터의 구원(12:4-9)
3. 죄로부터의 구원(12:10-13:6)
4. 고난의 시간(13:7-14:2)
5. 영광스러운 미래(14:3-21)

C. 결론: 예수님은 언제 오실까?

토의 질문

1. 당신은 왜 역사적으로 반유대주의가 큰 문제를 불러일으켰다고 생각하는가? 과거에 일어났던 반유대주의에 의한 행위들을 몇 가지 들어보라. 그리고 현재 일어나고 있는 것들은 어떤 것이 있는가?

2. 성경은 이스라엘의 미래에 대해 무엇이라고 말씀하고 있는가? 그들은 현재의 위기를 극복하고 살아남겠는가?

3. 스가랴 12-14장은 구원에 관해 무엇을 가르치는가? 우리는 어떻게 구원받을 수 있는가? 우리는 누구를 믿는가? 무엇이 우리의 진심을 밝혀주는가?

4. 본문에 나타난 메시아에 관한 사실을 말해보라.

5. 메시아의 통치는 어떤 특징을 갖고 있는가?

말라기 서문

말라기 개요

- 말라기는 구약에서 6번째로 짧은 책이며(55절로 구성), 성경 전체에서 12번째로 짧은 책이다.
- 말라기는 변증법 혹은 질문과 대답을 사용하여 자신의 메시지를 전달하고 있다. 본서에는 적어도 27개의 질문이 등장한다(NIV 기준).
- 에스라와 느헤미야는 본 예언의 역사적 배경을 기록했다.
- 말라기는 페르시아가 유다를 통치하던 포로기 이후에 기록되었다. 그의 사역은 느헤미야가 유다 총독으로 재임하던 두 번의 시기와 정확히 들어맞는다.
- 말라기서의 정경으로서의 지위는 한 번도 의심된 적이 없다. 본서는 그리스도께서 태어나시기 최소한 2세기 이전부터 유대인들의 기록에 성경으로 인정되었고, 사해사본의 저자들에 의해 성경으로 존중받았다.
- 본서는 하나님의 영감을 받아 기록된 예언으로 신약성경에서 거듭 언급되고 있다(마 11:10, 17:12; 막 1:2, 9:11-12; 눅 1:17; 롬 9:13).

- 말라기서의 주제는 본서의 서두(1:2-5)에 명백히 밝혀져 있는데, 그것은 자기 백성 이스라엘을 향한 하나님의 사랑이다.
- 학자들은 말라기서에 시문학 자료가 포함되어 있다는 주장에 동의하지 않는다. NIV에는 한 구절도 나타나지 않고 있다.
- 말라기에는 적어도 세 개의 메시아에 대한 언급이 들어 있다(3:1, 4:2-3, 5-6).

저자 소개: 선지자 말라기

- 말라기란 이름은 성경에서 오직 이곳에만 나오는 이름으로, 그 의미는 '나(여호와)의 사자' 란 뜻이다. 어떤 해석가들은 이것이 개인의 이름이 아니라 여호와의 대변인(사자)으로서 선지자를 가리키는 것이라고 주장한다. 그러나 다른 모든 선지서들, 특히 가장 분량이 적은 오바댜서마저도 그 저자를 책의 이름으로 삼고 있는 것에 비추어 이 책만 저자 미상으로 남아 있다는 것은 오히려 이상할 것이다.
- 말라기 개인의 삶에 대해서는 본서에 기록된 것 이외는 알려진 바가 없다. 말라기가 진리를 위한 대단한 용기와 열심을 갖고 있음은 명백한 사실이다. 그는 매우 민감한 주제에 대해서도 신랄한 설교를 선포했다.
- 말라기는 단순하고 명료하게, 그리고 직접적이면서 능력 있는 말씀을 전했다.
- 말라기는 구약 시대의 마지막 선지자다. 그의 사역이 끝나고 450년 후 세례 요한이 무대에 등장할 때까지 선지자의 음성이 멈추었다.

독자 소개: 포로기 이후의 유대 민족

- 주전 539년 바벨론은 고레스 대왕이 이끄는 메대 - 페르시아 연합군에 의해 멸망당했다(단 5장). 이때부터 알렉산더 대왕과의 일련의 전쟁을 통해 패하기까

지 메대 - 페르시아 제국은 세상을 지배했었다. 유다는 그 제국의 한 속국이 되었고, 메대 - 페르시아 당국이 임명한 총독의 통치를 받았다. 고레스는 유대인 포로들에게 자기 고향으로 돌아갈 수 있게 허락하는 호의를 베푼 통치자였다(주전 538). 말라기 시대에 유대인들은 그 땅에 기거한 지 100년이 되었다.

- 말라기는 에스라와 느헤미야 시기인 주전 458년부터 적어도 주전 430년까지 활동했다. 그 시기에 절망과 영적 무기력이 그 작은 나라를 휩쓸었고, 심지어는 제사장들도 마찬가지였다. 성전은 재건되었지만 예루살렘 성읍 대부분은 폐허로 남아 있었다. 에스라로 말미암은 영적 부흥과 느헤미야를 통한 성벽 재건에도 불구하고 백성들은 힘든 경제적 현실과 페르시아의 지배로 인하여 낙심하고 있었다. 백성들 가운데는 이런 현실로 인하여 여호와께서 더 이상 자신들을 사랑하지 않는다고 생각하는 이들도 있었다(1:2-5). 많은 이스라엘 백성은 흠 있는 동물을 제물로 바침으로써 여호와 하나님께 대한 실망감을 표현하기도 했다. 어떤 이들은 심지어 여호와 하나님께 드리는 예배는 힘만 드는 번폐스러운 일이고(1:13), 하나님을 섬기는 일은 시간 낭비라고(3:13-15) 주장했다.
- 사람들을 자신의 처지가 사실은 대부분 부패한 제사장, 이교도와의 결혼, 십일조를 드리지 않음, 안식일을 지키지 않음, 부정한 결혼생활, 약자를 학대함, 거짓 서약과 같은 자신들의 죄로 인한 결과임에도 불구하고 하나님을 원망했다.
- 말라기서의 예언은 백성들의 죄악된 행동과 마음 자세를 꾸짖는 한편 이스라엘에게 하나님의 사랑을 확신시켜주고 있다.

말라기 1장

하나님의 사랑과 우리의 응답

“하나님은 십자가에서 자신의 사랑을 베푸셨다. 그리스도께서 십자가에 달리시고, 피 흘리시고, 죽으심은 하나님이 세상에 대해 나는 너를 사랑한다고 말씀하시는 것이다.”

- 빌리 그레이엄(Billy Graham)

말라기는 1장에서 본서의 틀을 이루는 여섯 가지 핵심 주제 가운데 두 가지인 이스라엘을 향한 하나님의 사랑과 하나님의 사랑에 대한 가슴 아픈 반응을 다룬다. 하나님은 1장 2-5절에서 이스라엘이 현재 어려운 환경에 처해 있지만 하나님은 그들을 사랑하며 이스라엘을 언약 백성으로 선택하심으로 그 사실을 입증하셨다고 분명히 말씀하신다. 이어서 말라기는 그 백성들이 하나님의 크신 사랑에 감사하지 못했음을 꾸짖는다. 그들은 오히려 흠 있는 동물을 제물로 바치고 하나님을 섬기는 일이 고된 일이라고 불평함으로써 여호와 하나님께 감히 불경의 죄를 저질렀다.

Malachi

들어가는 글

하늘 아버지가 가장 잘 아신다: 로렌 채핀 이야기

〈아빠가 가장 잘 아셔〉는 1950년대와 1960년대 초에 크게 인기를 얻은 TV 드라마다. 이 프로그램은 6번의 에미상을 수상했고, 마지막으로 방영되는 해에 시청률 6위에 올랐었다. 〈아빠가 가장 잘 아셔〉는 제작이 끝난 이후에도 3년간 황금 시간대에 계속 방영되었고, ABC 방송국의 낮 방송 시간대에 5년 동안 방송되었다. 〈아빠가 가장 잘 아셔〉는 요즘도 재방송이 되곤 한다.

그 드라마에서 가장 주목받는 인물은 사랑스러운 꼬마 캐시(애칭은 '키튼') 역을 맡았던 로렌 채핀(Lauren Chapin)이었다. 로렌은 많은 TV와 라디오 프로그램에 등장했을 뿐 아니라 영화와 광고에도 등장했다. 그녀는 에미상 아역 여우상을 5회에 걸쳐 수상했다. 당시 가장 인기 있는 가수였던 엘비스 프레슬리는 그녀의 생일 파티를 즐겁게 해주기 위해 한 스튜디오에 초대되기도 했다. 최근 〈진짜 할리우드 이야기〉라는 프로그램은 로렌의 삶을 다룬 두 시간짜리 특별 프로그램을 방영했는데, 그때까지 제작된 다른 어느 프로그램보다 더 높은 시청률을 기록했다.

명성, 돈, 직업과 관련된 인기 등 겉으로 보기에 로렌은 어느 면에서도 완벽한 삶을 갖추었다. 그러나 겉모습은 사람을 속일 수 있는 것이며, 그것은 이 작은 소녀에게도 틀림없는 사실이었다. 로렌의 가정생활은 완전히 엉망이었다. 그녀의 아버지는 아무도 모르게 그녀를 학대했고, 어머니는 쌀쌀하게 대하고 사랑을 베풀지 않았으며, 심지어 가혹하기까지 했다. 〈아빠가 가장 잘 아셔〉가 갑자기 취소되었을 때 로렌은 정신을 잃을 지경이었다. 그녀는 방향을 잃고 점점 더 나쁜 상태에 빠졌다. 그녀는 마약, 하룻밤 친구, 즉흥적 사랑 등에 깊이 빠졌고, 여덟 번의 유산을 한 후 복지시설에 수용되었다가 정신병원에 입원하였고, 결국 교도소까지 가게 되었다!

로렌은 종교를 가진 사람이 아니었지만 그녀의 아들은 친척들과 함께 교회에 가기 시작했다. 로렌은 만일 자기와 함께 교회에 다니지 않으면 집을 나가버리겠다는 아들의 위협에 손을 들었다. 그리고 몇몇 교회를 다녀보다 복음을 확실하게 전해주는 목사님이 계신 교회를 발견했다. 그녀는 목사님의 설교가 모두 자기에게 하는 말이라고 생각했다. 그녀는 평생 처음으로 자신의 많은 죄에도 불구하고 자신을 무조건적으로 사랑하시는 아버지가 계시다는 사실에 대해 듣게 되었다. 그녀는 눈물로 그리스도를 자신의 주님과 구세주로 영접했고, 그녀의 삶은 완전히 변화되었다. 현재 그녀는 개인적으로나 사업적으로 성공한 삶을 살고 있다. 그녀는 여러 교회에 다니며 자신의 말에 귀 기울이는 사람들에게 자기 삶을 간증하고 있다. 로렌은 〈진짜 할리우드 이야기〉 프로그램과의 인터뷰에서 예수 그리스도께서 어떻게 자신의 삶을 변화시키셨는지 담대하게 증거했다. 로렌은 하나님의 사랑에 깊이 감동했다.

말라기서 본 장에서 말라기 선지자는 하나님이 우리를 사랑하신다고 말씀하고 있다. 하나님은 옛날 이스라엘에 대한 사랑을 보여주시기 위해 그들을 위해 행하셨던 것처럼 오늘날의 성도들을 향한 사랑을 여러 가지 방법으로 보여주신다. 물론 하나님의 사랑을 입증하는 가장 커다란 증거는 그의 사랑하는 아들이 우리 죄를 위하여 십자가에 달리신 것이다. 하나님이 우리에게 그 크신 일을 행하셨으므로 우리는 그 보답으로 마땅히 그분을 사랑하고 그분을 존중해야 한다(말라기의 청중들과 달리). 자주 무시되기도 하는 이 작지만 놀라운 예언은 우리가 사는 세상에도 꼭 맞는 메시지를 담고 있다. 이제 사람들은 그때와 마찬가지로 하나님이 자신들을 사랑하고 계심을 알아야 한다.

본문 이해

하나님의 사랑과 우리의 응답

Main Idea	하나님은 세상을 사랑하시고 그 사랑을 행동으로 증명하셨다. 우리는 그 보답으로 하나님을 높이고, 우리가 가진 가장 좋은 것을 그분께 드리고 기쁨으로 그분을 예배해야 한다.

A. 말라기 예언의 소개(1:1)

Supporting Idea	말라기는 하나님의 백성들을 향한 사랑과 경고의 메시지를 신실하게 선포한다.

1:1. 말라기는 자신의 책을 소개하면서 예언을 가리키는 익숙한 호칭인 **경고**(KJV, NKJV) 혹은 **신탁**(oracle - NIV, NASB, NRSV)이라고 지칭한다. '중한 경고(Burden)'는 신랄한 경책이나 심판을 담고 있는 무거운 메시지라는 의미를 가리킨다. 실제로 말라기의 예언은 죄악된 관행에 빠져 있는 동포들을 향한 매서운 꾸짖음을 담고 있다. (신탁 혹은 경고에 대한 더 자세한 내용은 나훔 1장의 '심층 연구'를 보라.)

선지자는 처음부터 자신의 메시지가 자기의 개인적인 견해가 아니라 **여호와께서 말씀하신** 것임을 분명히 하고 있다. 우리는 성경을 연구해나갈 때, 성경이 평범한 또 하나의 책이 아님을 항상 유념해야 한다. 성경은 인류에게 전하는 하나님의 말씀이다. **여호와께서 말씀하신 경고**라는 구절은 바벨론 포로 이후에만 사용된 말로 이곳 외에는 스가랴 9장 1절과 12장 1절에만 등장한다(히브리어 원문상 동일).

말라기는 **이스라엘** 백성들에게, 아마 축제로 모인 기간 동안에, 구두로 자신의 메시지를 전했음이 분명하다. 말라기의 정확한 활동 연대에 대해 학자들 간에 논쟁이 있음에도 불구하고 그 시대적 배경이 포로기 이후임은 의문의 여지가 없다. 하나님께 대한 예배의 경시와 그 밖에 본서에 기술된 다른 상황들은 느헤미야가 예루살렘에 거할 동안은 결코 일어날 수 없는 것들이다. 느헤미야가 아직 도착하지 않았을 수도 있지만, 그보다는 두 번에 걸친 느헤미야의 총독 재임 기간의 중간(주전 433년경)에 이 설교를 전한 것으로 보인다.

포로기 이후에 이스라엘은 경제적 어려움을 겪었고, 이방인의 압제에 시달려왔다. 스룹바벨의 영도하에 그 땅에 귀환한 지 1세기가 지났지만 이스라엘은 여전히 방대한 페르시아 제국의 변방에서 신음하고 있는 약소국가에 지나지 않았다. 많은 이들은 경제적 어려움과 그 밖에 다른 힘든 일로 인해 낙심되었음이 분명하다. 그들은 심지어 하나님이 자기들을 사랑하시는지 의문을 제기하기도 했다. 그러나 그들은 범죄한 백성이며, 말라기는 본서에서 그들의 고난은(심지어 그들의 경제적 재난까지도) 여호와 하나님께 성실하지 못했기 때문임을 지적했다.

말라기는 다른 대부분의 선지자들과 달리 자신의 이름 외에 조상이나 출신지 같은 개인적인 부분에 대해 아무런 정보도 알려주지 않고 있다. 보통 그의 이름은 '나의(여호와의) 사자'란 의미로 이해되고 있다. 말락(Mal'ak)은 '사자, 전령'에 해당하는 히브리어로 인간이나(선지자 말라기처럼) 혹은 천사와 같은 하늘나라의 사자 모두에 사용된다. 어떤 학자들은 이 이름의 종결어는 '여호와'의 축약형으로, 말라기라는 이름은 '여호와의 사자'를 가리킨다고 지적한다. 아마 전자의 견해가 더 타당할 것이다. 그러나 어느 경우이든 말라기는 여호와의 말씀을 이스라엘에게 선포하기 위해 보내심을 받은 여호와의 사자다. 오늘날의 목회자들 역시 하나님의 말씀을 자비롭고 명확한 언어로 궁핍한 세상에 전하는 책임을 맡았다.

서론에서 언급한 것처럼 어떤 학자들은 말라기가 한 사람의 이름이 아니라 여호와의 대변인(사자)으로서 이름을 밝히지 않은 선지자를 기술하는 것이라고 주장한다. 그럴 가능성을 배제할 수는 없지만, 가장 짧은 예언서인 오바댜를 필두로 다른 선지서들은 모두 저자의 이름을 담고 있는 것에 비추어보면 본서만 저자 미상으로 남겨두는 것이 더 이상할 것이다.

B. 하나님의 사랑(1:2-5)

Supporting Idea	하나님은 세상을 사랑하시고 행동으로 그것을 입증하셨다.

1:2. 말라기의 예언은 여섯 개의 주요 부분으로 나뉘어져 있고, 그 하나하나는 핵심 질문들로 구분된다. 각 부분의 일반적인 틀은 간략한 진리 언명, 반론 그리고 그 진리의 실증 세 단계로 구성되어 있다. 첫 단락은 이스라엘을 향한 하나님의 사랑을 다루고 있다(1:2-5). 하나님이 이스라엘을 향한 사랑을 선포하신 뒤에 "주께서 어떻게 우리를 사랑하셨습니까?" 라는 핵심 질문이 따른다. 그리고 2장 하반절부터 5절까지에 그 진리에 대한 검증이 펼쳐진다.

내가 너희를 사랑하였다는 히브리어 동사 형태의 진의는 "내가 너희를 사랑하였고 아직도 사랑하고 있다" 는 것이다. 하나님은 이스라엘의 역사 전체를 통하여 자기 백성을 향한 사랑을 거듭 선언하셨다(렘 31:33; 호 11:1). 힘든 상황으로 인해 몇몇 백성들은 하나님의 사랑을 의심하게 된 것이 사실이고, 그들은 주께서 어떻게 우리를 사랑하셨나이까?라고 반응하였다. 말라기의 질문은 수사법적인 것이지만 그의 청중들이 실제로 느끼고 있는 감정과 그들 사이에 오가는 말을 반영하고 있음에 의문의 여지가 없다. 실제로 백성들은 이렇게 이야기하고 있었다. "하나님, 당신은 우리를 사랑한다고 말씀하시지만, 그 말을 입증하기 위해 무슨 일을 행하셨나요?"

말라기는 신속하게 그들이 요구하는 증거를 보여준다. 그는 하나님이 지난 수세기 동안 이스라엘을 위해 행하신 수많은 사랑의 행동들을 지적할 수 있었다(예: 바벨론으로부터의 구출). 그러나 그는 그 대신에 하나님이 행하신 가장 큰 자비인 이스라엘을 선택하여 언약 백성을 삼으신 것을 그들에게 상기시켰다. 땅 위의 많은 나라들 가운데 그들만이 그분의 '택하신' 백성이었다. 하나님은 에서와 그의 후손에게 이 큰 영예를 베푸실 수도 있었지만 그분은 야곱을 택하셨다. 야곱의 아들들로부터 이스라엘의 열두 지파와 유대 민족이 나왔다. 여호와 하나님이 이스라엘을 택하신 것이 다른 민족은 사랑하시지 않았다는 의미는 아니다. 하나님은 모든 사람을 사랑하신다. 사실 이스라엘의 사명은 하나님의 사랑을 세상에 전하는 것으로, 그들은 민족 전체가 선교사가 되어야 한다. 그럼에도 불구하고 이스라엘은 성경의 수탁자이자 언약의 약속의 수혜자이며 온 우주의 하나님께로부터 오는 다른 많은 특별한 축복을 받아 누리는 커다란 특권을 향유했다. 이 얼마나 큰 사랑인가!

1:3. 2절은 "내가 야곱을 사랑했다" 는 하나님의 놀라운 진술로 끝을 맺는 데 반해, 3절은 성경에서 가장 뜨겁게 논란이 되고 많은 오해를 불러일으키는 내용 가운데 하나인

내가 에서는 미워하였다로 시작한다. 여기서 '야곱' 과 에서는 각각 민족의 시조(이스라엘과 에돔)를 일컬으며, 사랑 - 미움의 대비를 이루고 있다(창 29:30-31; 눅 14:26에서와 마찬가지로). 따라서 하나님이 은혜로 에서의 후손인 에돔(4절)이 아닌 야곱의 후손 이스라엘을 언약 백성으로 택하신 것은 이스라엘을 향한 하나님의 헤아릴 수 없는 사랑을 밝히 드러내는 것이다. 하나님이 에서와 그 후손들에게 이 영예를 베풀지 않으신 것은 거의 미움과 같은 것이다. 사도 바울은 로마서 9장 13절에서 하나님의 절대주권을 강조하기 위해 말라기 1장 2-3절을 인용하고 있다.

하나님의 사랑은 또한 이스라엘을 에서의 후손인 에돔 사람들로부터 계속 보호하신 사실에서 드러난다. 에돔(오늘날 요르단 일부)은 이스라엘의 주적이 되었다. 이것은 두 민족이 친척, 즉 이삭과 리브가에게서 태어난 쌍둥이(창 25:21-26)로부터 시작된 것을 감안하면 놀라운 일이 아닐 수 없다. 하나님은 에돔이 이스라엘을 학대하고 다른 악한 행동을 했기 때문에 그 민족을 심판하셨다(**그의 산들을 황무케 하였고**). 아마 이 멸망은 주전 5세기 나바트 아랍인들(Nabatean Arabs)에 의해 이루어졌을 것이다. 만일 그렇다면 이 묘사는 말라기의 청중들에게 동시대의 일이며 가슴에 쉽게 와 닿았을 것이다. 산에 대한 언급은 에돔이 험한 산악 지역으로 최고 높이가 1,350미터 가까이에 이른다는 사실에 비추어 주목할 만하다. **광야의 시랑**(문자적으로는 '울부짖는 짐승들')은 에돔의 황량한 들판을 어슬렁거리며 돌아다녔다.

1:4. 만군의 여호와(55절뿐인 본서에 24회 등장)께서는 에돔의 교만한 허풍(**우리가 황폐된 곳을 다시 쌓으리라**)에 대한 응답으로 그들이 다시 세우려는 모든 것을 **헐어버릴** 것이라 약속하셨다. 대명사 **그들**[은 쌓을지라도]과 **나**[는 헐리라]는 강세형으로 연약한 인간의 능력과 하늘과 땅의 모든 힘을 주관하시는 전능하신 하나님의 능력을 비교한다. '헐다' 는 말은 문자적으로 '무너뜨리다' 혹은 '분해하다' 를 의미한다. 만일 에돔이 다시 세우려 할지라도 하나님은 마치 카드로 만든 집을 무너뜨리는 것처럼 그것을 무너뜨리실 것이다. 에돔은 하나님의 **진노**가 언제나 임하는 **악한 지경**의 전형이 되었는데, 이는 그 나라가 영구히 종식될 것을 가리킨다. 말라기의 예언은 역사를 통하여 문자적으로 성취되어 오늘날 에돔이란 나라나 에돔 민족은 존재하지 않게 되었다. 에돔의 옛 영토에 위치한 페트라(Petra)에 남아 있는 황폐화된 흔적은 하나님의 말씀이 얼마나 진실된 것인지를 여실히 보여준다.

1:5. 이스라엘에게 주는 교훈은 무엇인가? 에돔(이 적대적인 이방 민족)이 심판받을 때 이스라엘은 그것을 목도하고, 하나님이 자신들을 사랑하시며 그분의 능력은 이스라엘 지경 밖에까지 미친다는 것을 알게 될 것이다. 여호와 하나님은 한 지역의 신이 아니라 온 땅을 다스리시는 크신 하나님이시다(1:11, 14 참조). 따라서 여호와 하나님은 이스라엘을 언약 백성으로 택하시고 그들을 적으로부터 보호하심으로 자신의 사랑을 입증하셨다.

오늘날 얼마나 많은 사람들이 하나님이 자신들을 사랑하신다고 확신하고 있을까? 사도 요한은 이런 위대한 간증을 들려준다. "하나님이 세상을 이처럼 사랑하사 독생자를 주셨으니 이는 저를 믿는 자마다 멸망치 않고 영생을 얻게 하려 하심이니라" (요 3:16).

C. 하나님의 사랑에 대한 응답(1:6-14)

Supporting Idea	우리는 받은 바 하나님의 사랑에 대하여 그분을 공경하고, 우리의 가장 귀한 것을 드리고, 기쁨으로 그분을 예배하는 것으로 응답해야 한다.

1:6. 이제 우리는 말라기의 두 번째 큰 단락에 이르렀다. 여기서 말라기는 하나님의 사랑에 대한 백성들의 가슴 아픈 반응을 다루고 있다. 하나님은 그들을 위해 그토록 많은 것을 베푸셨지만 그들은 그것에 감사했는가? 아니다. 제사장들과 백성들은 한통속이 되어 뻔뻔스럽게도 자신들을 사랑하신 하나님을 멸시했다. 말라기의 고발은 우리로 하여금 본문의 핵심 질문인 우리가 어떻게 주의 이름을 멸시하였나이까?에 대한 답변을 제공해준다.

말라기는 하나의 제안을 제시한다. 일반적으로 자녀는 그 부모를 공경하고 종은 그 주인을 공경하게 마련이다. 그리고 그는 두 개의 질문의 형태로 백성들에게 이를 적용시켰다. 하나님의 아들 이스라엘(출 4:22; 렘 31:9; 호 11:1)은 본성에 반하여 자기 아비를 공경치 않았고 보통의 주인 - 노예 관계와 달리 그들은 하늘에 계신 주인을 두려워하지 않았다.

이스라엘 가운데 누가 감히 하나님을 그런 식으로 대했던 것일까? 아쉽게도 그것은 바로 성경을 가르치도록 위탁을 받고(2:7) 하나님의 거룩한 성전에서 봉사하는 특권을 가진 사람들인 제사장들이었다. 그들은 하나님의 이름, 곧 그분 자신을 멸시했다. 말라기는 14절에서 일반 백성도 결백한 것은 아님을 분명히 밝히고 있다. 그럼에도 불구하고 제사장들을 부각시킨 것은 특권은 곧 의무가 되기 때문이다. 이런 이유로 2장으로까지(9절) 이어지는 그들에 대한 책망은 본서에서 가장 긴 단락이며, 가장 신랄한 단락 중 하나다(약 3:1).

몇 년 전에 호세아는 "백성이나 제사장이나 일반이라"(호 4:9)고 지적하였었다. 이는 전혀 틀린 말이 아니었다. 백성들의 영성과 헌신의 수준은 결코 영적 지도자들의 수준보다 높아지지는 않을 것이다. 영국의 위대한 시인 초서(Chaucer, 1342-1400년경)는 「캔터베리 이야기(*Canterbury Tales*)」에서 이렇게 말했다.

> 만일 금에 녹이 슨다면, 철은 어떻게 될까?
> 만일 제사장이 부패한다면, 우리는 누구를 신뢰할까?
> 평신도가 녹이 스는 것은 조금도 이상한 일이 아니다.

오늘날 우리나라가 직면한 커다란 문제는 많은 영적 지도자들이 타락했다는 점이다.

제사장들은 자신의 귀를 믿을 수 없었다. "누구라고? 우리들이라고? 우리가 무슨 일을 했다고?" 우리가 어떻게 주의 이름을 멸시하였나이까? 그들은 자신이 갓난아기처럼 순진무구하다고 항변했다.

1:7. 말라기는 자신의 주장을 신속히 증명했다. 그 일환으로 제사장들이 잘못된 행동들(7-10절)과 불순한 마음가짐(12-13절)을 통해 하나님을 멸시했음을 지적했다. 그들은 더러운 떡(문자적으로 '빵' 혹은 빵, 곡식, 동물로 드린 제물)을 하나님의 성전 단에 올렸다. 히브리어 원문에는 '단'이 떡 앞으로 나와 그 죄의 막중함을 강조하고 있다. '더러운 떡'은 예식상 적합하지 못한, 다시 말하면 흠이 있거나 금지된 동물이 제물로 바쳐진 것을 말한다.

제사장들은 다시 항변한다. 우리가 어떻게 주를 더럽게 하였나이까? 이 질문은 쓸데없는 반복으로 보인다. 아마 제사장들은 제단과 하나님 자신을 구별하려 했을 것이다. 8절에서 보겠지만, 이 제사장들은 율법에 엄격하게 금지된 동물을 제물로 드렸으면서도 또한 주의 상이 경멸히 여길 만한 것이라고 푸념했다. 불만을 가진 몇몇 제사장들이 실제로 그런 말을 했음을 의심할 아무 이유가 없다. 그들의 행동은 그들이 바로 이런 생각을 했음을 여실히 보여준다. 여기서 '주의 상'은 '진설병'을 놓아두는 탁자(출 25:30)가 아니라 제물을 놓는 탁자다. 왜냐하면 동물이 그 위에 제물로 드려졌기 때문이다.

그들은 제사 가운데 제물이 드려지는 하나님의 단을 멸시함으로써 하나님 자신에 대한 공경이 부족했음을 그대로 드러내었다. 따라서 우리도 하나님께 드리는 온전한 예배를 무시하는 것은(혹은 예배에 실패하는 것은) 우리가 실제로 하나님을 공경하지 않는다는 것을 보여주는 것이다.

1:8. 흠 있는 동물을 제물로 드리는 것은 무엇이 잘못인가? 첫째, **눈먼 것, 저는 것, 병든 것을 드리는** 행위는 하나님이 주신 율법을 어기는 것이기 때문에 죄(악)이다(출 12:5, 29:1; 레 1:3, 10). 하나님은 흠이 없는 동물을 바치라고 명령하셨다. 왜냐하면 구약에서의 이 희생제물은 우리 죄를 대신하여 자신을 완전한 희생제물로 드리신 죄 없으신 예수 그리스도를 예표하는 것이기 때문이다(출 12:5; 고전 5:7 참조). 둘째, 그런 동물을 드리는 것은 하나님의 위대하심에 대한 공경심이 부족함을 드러내는 것이다. 말라기의 친구들은 그런 동물들을 **총독**(페르시아 당국이 임명한)에게 세금이나 자발적으로 드리는 개인적인 선물로 바치지 않을 것이 분명하다. 그것은 큰 모욕이 아닐 수 없다! **그가 그것을 기뻐하겠느냐?** 절대 그렇지 않다. 너를 가납하다는 문자적으로 "너의 얼굴을 들다"이다. 울프(H. Wolf)는 이렇게 설명한다. "'당신의 얼굴을 드는' 사람은 당신을 높이 평가하고 당신의 요청을 기꺼이 들어주는 사람이다"(Wolf, p. 70).

느헤미야는 총독으로 두 번 재임했었지만(느 12:26), 여기서 말하는 페르시아의 통치자가 느헤미야가 될 수 없는 이유는, 느헤미야는 총독에게 할당된 음식을 거부했기 때문이다(느 5:14-15, 18). 이 총독은 그 호의를 받아들였음이 분명했고, 이는 느헤미야가 없었음을 암시한다. 더욱이 말라기가 본서에서 말한 폐습은 느헤미야가 있었다면 일어날 수 없었던 일들이다. 아마도 말라기는 느헤미야의 두 번의 총독 재위 기간 중간에 자신의 메시지를 전했던 것이 분명하다(느 13:6-7).

1:9. 하나님은 오히려 제사장들에게 백성들을 위하여 기도하라고 명하셨다. 실제로 이 악한 제사장들은 하나님과 함께하는 능력이나 하나님께 무엇을 구할 권리가 전혀 없었다. 그들은 인격적으로나 예식적으로나 하나님과 백성 사이의 중재자로서의 자신의 역할을 수행하는 데 적합하지 못했다. **은혜를 구하다**는 말은 문자적으로 "한 사람의 얼

굴을 흡족하게 혹은 기분 좋게 만들다"는 의미다. 우리의 삶이 죄로 가득할 때는 하나님의 축복을 기대할 수 없다.

1:10. 하나님은 이 엉터리 예배로 인해 너무나 마음이 상하셨기 때문에 제사장 가운데 한 사람이라도 있어서 제발 성전 문을 닫고 이 엉터리 제사를 그치게 했으면 좋겠다고 한탄하셨다. 내 단 위에 헛되이 불사르다는 구절은 제물을 태우는 불을 가리킨다. 그 불은 그들이 태우는 그 제물이 하나님께 받아들여지지 못할 것들이기 때문에 헛된 것이다. 여호와 하나님은 단지 제물이 아니라 제사장의 성품에 대해 불만족스러우시며, 너희를 기뻐하지 아니하신 것이다. 흠이 있든 없든 그들의 범죄한 손으로 드리는 제사는 하나님이 기뻐하지 않으실 것이다. 이 얼마나 충격적인가! 하나님은 이런 엉터리보다는 차라리 제사를 드리지 않는 것이 낫다고 선언하셨다. 혹시 오늘날 이 땅에 있는 몇몇 교회에 대해서도 이와 동일한 말씀을 들려주시지 않을까?

1:11. 하나님은 혹시 그 배은망덕한 이들로부터 받으시기에 합당한 공경을 받지 못하셨을 수도 있지만, 언젠가는 온 세상이 그분의 위대하신 이름을 인정하고 깨끗한 제물, 하나님을 기쁘시게 하는 이들이 드린 가납할 만한 제물(의식적으로 정결한)로 예배하게 될 것이다. 이제 더 이상 하나님은 먹고 남은 것이 아니라 우리의 가장 좋은 것을 받으시게 될 것이다.

대부분의 번역은 NIV에서처럼 이 우주적인 예배가 미래의 것임에 동의하지만(각처에서 내 이름을 위하여 분향하며 깨끗한 제물을 드릴 것이니) NRSV와 다른 몇몇 번역은 이를 현재 시제로 번역하고 있다("각처에서 내 이름을 위하여 분향하며 깨끗한 제물을 드렸으니").

이 예배에 대한 세 가지 중요한 해석으로는 다음과 같은 것들이 있다. (1) 이교도가 자기의 이방신을 섬기는 것은 사실상 여호와 하나님을 섬기고 있는 것이라는 해석. 이 견해는 오늘날과 같이 적어도 정치적으로 종교의 자유를 인정하고 있는 상황에서는 크게 주목을 받을 수도 있겠지만, 말라기에게 있어서는 말도 안 되는 일일 것이다. 뒤에 말라기는 이교도와 결혼한 이들을 다른 신을 섬기는 아내(이방신의 딸, 2:11)와 결혼한 것이라는 말로 꾸짖는다. (2) 흩어진 유대인 혹은 유대인과 그들이 개종시킨 이방인들이 세계 도처에서 여호와를 섬기게 될 것이라는 해석. (3) 여호와께서 앞으로 올 메시아 시대에 온 우주적으로 예배를 받으실 것이라는 해석.

물론 말할 것도 없이 마지막 견해가 옳다. 분명 현재 지구 도처에 하나님을 섬기는 이들이 많이 있지만, 메시아이신 예수님은 능력과 영광으로 다시 오시기 전까지 이 세상 많은 이들로부터 공경을 받지 못하실 것이다(사 2:2-4, 66:23; 슥 14:9, 16). 여기에 말라기 시대와 우리 시대의 신실한 이들에게 주시는 소망과 위로의 큰 약속이 있다. 앞으로 언젠가 우리 주님께서 그 이름에 합당한 존경과 영예를 받으실 것이다.

1:12. 그러나 너희는이란 말은 공경하지 않는 유대인 제사장들과 11절에 나오는 장차 여호와를 공경할 이방 민족을 강력하게 대비시키고 있다. 제사장들은 하나님의 이름을 모독하고 있었다(현재 진행중임을 가리키는 동사 형태). 더럽히다는 말은 거룩한 것을 평범한 것(하찮은 것)처럼 다루는 것을 의미한다. 그들이 하나님을 공경하지 못함은 제사장들이 흠 있는(경멸히 여길) 동물(식물)을 성전 제단(여호와의 상)에 맘 놓고 드리는 것으로 입증되었다. 본문의 일반적인 의미는 명백하지만, 제사장의 말이 내포하고 있는 정확한 의미는 다소 혼란스럽다. 그들은 이 만행에 직접 책임이 있었음에도 불구하고 제단이 더러웠고 제물은 경멸히 여길 것이라고 불평한 것으로 보인다. 아마 제사장들은 심지어 제사 제도 자체가 문제라고까지 넌지시 말하고 있었다. 그들은 유대인들이 이 낡은 제사 제도가 없었던 바벨론 포로 시대에도 잘 지내왔다는 사실을 생각해냈을 것이다.

1:13. 제사장들은 잘못된 행동을 했을 뿐 아니라 하나님께 드리는 예배에 대해, 그리고 궁극적으로 하나님 자신에 대해 잘못된 태도를 가졌다. 그들에게 예배는 하나님의 선하심을 기뻐하는 축제가 아니라 번폐(사람을 지치고 고달프게 만드는 것)에 지나지 않았다. 그들은 하나님께 드리는 예배를 비웃었다(코웃음하고). 하나님은 제사장들이 흠 있는 제물을 드린다는 8절의 고발을 다시 반복하셨다. 저는 것은 야생동물에 의해 '찢겨진' 것이나 힘으로 '떼어낸' (도난당한) 것을 말한다. 여기서는 전자의 개념을 가리키는 것으로 보인다. 출애굽기 22장 31절에서 이스라엘 백성은 "들에서 짐승에게 찢긴 것의 고기를 먹지 말고 개에게 던질지니라" 고 명령받았다. 따라서 이런 동물을 하나님께 드리는 것은 심각한 모욕이 아닐 수 없다. 이런 영적 지도자가 있는 나라가 그런 형편없는 처지에 놓이는 것은 전혀 이상한 일이 아니다. 본문은 오늘날 쓰고 남은 것을 하나님께 드리고 예배를 단지 따분한 일로 폄하하는 영적 지도자들과 교회 구성원들에게 보내는 경고다.

1:14. 제사장들의 마음가짐은 또한 백성들과 마찬가지였고, 우리는 여기서 거짓 맹세의 경우를 발견하게 된다. 제사를 드리는 이는 만일 하나님이 어떤 문제를 해결하시거나 은혜를 베푸시면 흠 없는 수컷(레 22:19)을 제물로 드리겠다고 서원(엄격한 의미의 자원)을 했다(민 30:2; 욘 2:9). 그러나 하나님이 그 은혜를 베푸신 다음에 그 서원을 한 자는 약속을 어기고 흠 있는 동물을 바쳤다. 그는 정말 자신이 하나님을 속일 수 있다고 생각했을까? 이스라엘의 큰 임금을 이렇게 대하는 것은 용서받을 수 없는 일이며 그 사기꾼(NIV - cheat, KJV - deceiver)에게는 끔찍한 저주가 임할 것이다(신 27:14-26, 28:15-19, 45).

본 장은 긍정적인 말로 결론을 맺는다. 역설적이게도 엉터리 제사장들과 사기꾼들은 여호와 하나님을 공경치 않았으나 이방인들(열방)은 공경하게 될 것이다. 구약 시대에 모압 여인 룻과 같은 많은 이방인들은 여호와 하나님을 공경했다(룻 1:16). 그러나 본문이 미래에 성취될 것으로 이해하는 볼드윈의 다음 해석이 타당한 것으로 보인다. "그에 반해서 말라기는 여기서 앞의 11절과 마찬가지로, 아마도 위대한 임금께 공물을 바치기 위해 줄을 지어 찾아올 열방의 즉각적인 회심을 언급하고 있다" (Baldwin, p. 232).

Main Idea 복 습	하나님은 세상을 사랑하시고 그 사랑을 행동으로 증명하셨다. 우리는 그 보답으로 하나님을 높이고, 우리가 가진 가장 좋은 것을 그분께 드리고 기쁨으로 그분을 예배해야 한다.

결론

어리석은 질문

어떤 질문은 정말 어리석기 그지없지 않은가? 예를 들어 당신이 "나, 오늘 오후에 조의 장례식에 갈 거야"라고 말했을 때 누가 이렇게 대답했다고 하자. "아, 조가 죽었어?" 그럼 당신은 이렇게 말하고 싶은 심정일 것이다. "아니. 그냥 한번 둘러보고 장례식이 제대로 진행되는지 보고 싶어서." 또한 당신이 "내 차 열쇠를 잃어버렸어"라고 말했을 때 사람들이 가장 먼저 물어보는 게 무엇인지 아는가? 대개 이런 식이다. "어디서 잃어버렸는데?" "내가 그걸 알면 잃어버렸겠나!"

사람들은 항상 이런 식의 어리석은 질문을 던진다. 실제로 말라기서는 여섯 개의 중요한 질문, 말라기가 청중에게 던지는 어리석은 질문을 중심으로 짜여진 것처럼 보인다(1:2, 6, 2:14, 17, 3:8, 13). 그러나 그 질문은 어리석은 질문이 아니며, 그중 몇 가지는 신성모독에 가까운 수준이다. 우리는 말라기 1장에서 그런 질문 가운데 2개를 접했다. 2절에서 백성들은 하나님이 자신들에 대한 사랑을 선언하실 때 이렇게 대꾸했다. "주께서 어떻게 우리를 사랑하셨나이까?" 이 얼마나 어리석은 질문인가? 이스라엘에 베푸신 하나님의 은혜는 너무도 분명한데 그들은 그것이 무엇인지 알고 싶어했다. "하나님, 당신이 우리에게 행하신 것이 무엇입니까?" 하나님은 인내하시며 그들을 언약 백성으로 선택하신 것이 가장 큰 사랑임을 알려주셨다.

6절에 두 번째 어리석은 질문이 나온다. 하나님은 이스라엘이 자신을 공경하거나 존경하지도 않고 자기 이름을 멸시했다고 말씀하셨다. 그들은 자신에게 아무 잘못이 없는 척하며 이렇게 주장한다. "우리가 어떻게 주의 이름을 멸시하였나이까?" 다른 말로 하면, "우리가 뭘 어쨌다고 그러십니까?"이다. 이 역시 참으로 어리석은 질문이다. 그들은 분명 하나님을 멸시했다. 그래서 병들고 시원찮은 동물, 팔다 남은 것들을 제물로 바쳤다. 그들은 총독에게는 그렇게 하지 않았을 것이다. 하나님은 또한 그들이 제사에 대해 불평하는 것을 들으셨다. "너무 번거롭고 힘듭니다." 그 행간을 읽어보면 그들의 행동에 억장이 무너질 것 같은 하나님의 마음을 엿볼 수 있다. 여호와 하나님이 그들에게 행하신 일들이 명백한데도 그들은 자기들의 크신 임금을 완전히 무시하는 행동을 보였다.

말라기의 동료들을 비난하는 것은 쉬운 일이지만, 그렇다면 우리는 어떠한가? 우리는 하나님이 우리를 위해 행하신 일들, 특히 그리스도의 십자가 위에서의 희생을 알면서도 하나님의 사랑을 의심하지 않았는가? 우리는 우리에게 남은 시간, 남은 재능 그리고 남은 자원들을 하나님께 드림으로써 그분을 욕되게 하지는 않았는가? 우리는 하나님께 드리는 예배를 힘들고 따분한 짐으로 여기지 않았는가? 이제 하나님이 어떤 분이시며(온 우주의 위대하신 왕) 우리를 위해 어떤 일을 행하셨는지 기억하자. 그럴 때 하늘에 계신 우리 아버지께 감사하고 그분께 합당한 대접을 해드릴 수 있을 것이다.

▣ 진리 알기

- 하나님은 우리를 사랑하신다.
- 하나님은 우리를 향한 사랑을 행동으로 증명하신다.
- 우리는 하나님의 사랑에 대해 공경과 감사로 응답해야 한다.
- 진정과 사랑이 없는 예배는 하나님을 기쁘시게 하지 못한다.
- 하나님을 향한 온전한 사랑이 없는 예배는 무거운 짐일 뿐이다.
- 하나님은 우주의 왕이시며 우리의 가장 좋은 것을 받으시기에 합당하신 분이다.

▣ 적용하기

- 당신을 사랑하시는 하나님께 감사하라.
- 하나님은 당신을 사랑하시므로, 당신이 얼마나 중요한 존재인지 깨달으라.
- 하나님이 여러 가지 방식으로 보여주신 당신을 향한 사랑을 음미해보라.
- 하나님께 당신의 가장 귀한 것을 드림으로 그분을 향한 공경과 감사를 표시하라.
- 만일 당신이 예배 생활에서 기쁨을 잃었다면 하나님이 당신을 사랑하여 베푸신 일들, 특히 십자가에서의 그리스도의 희생을 기억하라.
- 하나님께 행한 약속(서원)을 지키라.

삶의 적용

돈이 문제가 아니다

몇 년 전에 친구들과 함께 식당에 앉아 있는데 한 멋진 숙녀가 우리 식탁 앞에 다가와 말했다. "안녕? 나 기억해? 전에 친구였는데." 물론 나는 그녀를 기억하고 있었다. 우리는 초등학교 때 한동안 '단짝' 이었다. 나는 아직도 밸런타인데이에 그녀에게 줄 초콜릿이 들어 있는 하트 모양의 상자를 사려고 우리 작은 동네의 편의점에 갔던 일을 생생히 기억한다. 나는 방과 후에 폐지를 수집해서 약간의 용돈을 모았다. 그리고 점원이 어느 정도 큰 상자를 원하느냐고 물었을 때 가장 큰 것을 달라고 말했다. 사랑에 빠진 나에게는 돈이 문제가 아니었다.

대학에 다닐 때, 다른 여자친구(지금 아내가 된)가 방학을 맞아 집에 내려간 적이 있다. 나는 며칠 동안 그녀의 얼굴을 보지 못한다는 생각에 참을 수가 없어서 차로 2시간 반이 걸리는 그녀의 집을 찾아가기로 결심했다. 문제는 내가 밤에 모텔에서 일을 하고 있었다는 것이다. 나는 밤새 일을 한 다음 그녀를 찾아가 하루 종일 거기서 머물다가 다시 밤 11시에 맞추어 일터로 돌아와 다시 꼬박 밤을 새며 일했다. 누군가 지금 내게 "앞으로 36시간 동안 꼬박 자지 않고 깨어 있어야 합니다"라고 말한다면 "농담하지 마세요"라고 말할 것이다. 그러나 그때는 얼마든지 그렇게 했다. 왜 그랬을까? 나는 다시 사랑에 빠졌었기(그리고 지금도 사랑하고 있기) 때문이다. 누군가와 사랑에 빠지면 그 사람을 위해 쓰는 돈은 문제가 되지 않는다. 사랑하는 사람이 있으면 그 사람을 위해서는 어떠한 희생도 마다하지 않는다. 사랑하는 사람을 위해서 사용하는 시간은 조금도 아깝지 않다.

말라기의 청중들에게 무엇이 문제였는가? 그들의 근본적인 문제는 그들이 마땅히 사랑해야 할 여호와 하나님을 사랑하지 않았다는 것이다. 이것은 오늘날의 문제이기도 하다. 사람들은 하나님을 위해 바칠 시간이 없다. 왜냐하면 그분을 사랑하지 않기 때문이다. 성도들조차도 그 사랑이 식어질 수 있다. 하나님을 위해 시간을 사용하고, 하나님을 섬기고, 혹은 그분의 나라를 위하여 재물을 드리는 일에 더 이상 마음이 내키지 않게 되는 것은 사랑에 문제가 생긴 것이다. 예수님은 에베소 교회에 경고하셨다. "그러나 너를 책망할 것이 있나니 너의 처음 사랑을 버렸느니라"(계 2:4). 그 사랑이 어떻게 회복되었을까? 예수님은 이렇게 조언하셨다. "어디서 떨어진 것을 생각하고"(계 2:5). 여기서 중요한 말은 '생각(기억)하고' 이다. 그리스도께서 어떻게 우리를 위해 십자가에서 피를 흘리고 죽으셨는지, 그리고 우리를 위해 행하신 다른 수많은 놀라운 일들을 생각(기억)할 때 마땅히 그분께 감사하고 그분을 사랑하게 될 것이다.

기도

사랑의 주님, 온 우주의 하나님이신 당신이 우리를 사랑하신다니 이 얼마나 놀랍고 감격스러운 일인지요! 헤아릴 수 없이 많은 여러 가지 방식으로 그 사랑을 보여주시고, 특히 독생자 예수 그리스도를 보내셔서 십자가에서 죽으시게 하시고 우리 죄를 용서해 주심을 감사드립니다. 우리의 삶과 예배가 당신이 행하신 일들을 항상 감사하며 공경하는 그런 모습이 되게 하여 주옵소서. 예수님의 이름으로 기도합니다. 아멘.

심층 연구

A. 말라기의 사역 연대(1:1)

말라기서가 포로기 이후 시점에 기록되었다는 것에는 의문의 여지가 없다. 유대인들은 고국 땅에 돌아와 페르시아 총독의 통치를 받았다(1:8). 성전 제사는 준수되었고, 따라서 본서는 두 번째 성전이 완공된 주전 516년 이전에 기록될 수는 없었다.

본 예언에 담긴 정보는 많은 해석가들로 하여금 말라기가 에스라와 느헤미야와 전반적으로 비슷한 연대에 활동했다는 사실에 동의하게 만든다. 말라기는 제사장의 직무태만(1:6; 느 13:4-9, 30), 십일조를 드리지 않음(3:8-12; 느 13:10-13, 31), 이방인과의 결혼(2:10-16; 느 13:23-28) 등과 같이 느헤미야에 거명된 것과 동일한 죄들을 꾸짖었다.

그러나 학자들 사이에는 말라기의 선포 시기가 느헤미야가 예루살렘에 도착하기 직전, 느헤미야가 팔레스타인 총독으로 재임하던 두 기간의 중간, 느헤미야의 두 번째 재임 기간 그리고 느헤미야의 통치 이후로 각각 의견이 갈린다. 그중 느헤미야가 총독으로 재임하던 두 기간 중에 이 경고를 전했다는 제안은 받아들여질 수 없는데, 그것은 말라기에 기술된 상황들은 만일 느헤미야가 재직하고 있었다면 결코 일어날 수 없는 것들이기 때문이다. 더구나 말라기 1장 8절은 총독이 백성들로부터 선물을 받은 것으로 암시되고 있는데, 느헤미야는 스스로 총독으로서의 모든 권리를 포기하겠다고 선언한 바 있다(느 5:14-16). 아마 말라기는 느헤미야의 두 번에 걸친 총독 재임기간 중간의 어느 시기(대략 수년간에 걸쳐)에 이 메시지를 선포했을 것이다. 만일 그렇다면 본서에 기록된 잘못된 행동들은 느헤미야의 복귀와 함께 즉시 고쳐졌을 것이다.

에돔인들이 이방인의 힘에 의해 무너질 것이라는 역사적인 사실에 대한 암시는 주전 586년 느부갓네살 때(렘 49:7-10, 25:9, 21), 혹은 주전 5세기경(그리고 그 이후까지) 나바트 아랍인들에 의해 일어난 일을 가리키는 것으로 볼 수 있다. 어느 견해도 위에서 제시된 말라기의 사역 연대와 상충되지 않는다.

B. 성경으로서의 말라기(1:1)

말라기의 정경으로서의 위치는 한 번도 의심된 적이 없다. 본서는 주전 180년경 유대인 작가 벤 시락(ben Sirach)에 의해 12서(소선지서) 안에 포함되었다(Sir. 49:10). 말라기 1장 13-14절을 포함하고 있는 문서의 일부분이 쿰란의 사해 사본 안에서 발견되기도 했다. 신약성경에는 비록 말라기란 이름 자체가 거론되지는 않았지만 영감받은 예언임이 거듭 언급되고 있다(예: 마 11:10, 17:12; 막 1:2, 9:11-12; 눅 1:17; 롬 9:13).

C. 말라기의 질문 - 대답 형식(1:2)

말라기는 변증법, 혹은 질의 - 응답 형식의 방식으로 말씀을 선포했다. 본서에는 적어도 27개의 질문이 나타난다. 앨든(R. Alden)에 의하면 "말라기는 슬쩍 훑어만 봐도 수사의문문을 사용하고 있다는 것을 금방 알 수 있다. 그는 일곱 번이나 그 질문을 청중들의 입에 올려놓았다(1:2, 6-7, 2:17, 3:7-8, 13, 그리고 2:14도 가능). 또한 백성들에게 몇 개의 수사의문을 던졌다(예: 1:6, 8-9, 2:10, 15, 3:2)" (Alden, 「*Malachi*」, p. 704). 말라기가 사용한 방법 가운데 다음과 같은 몇 가지 공식을 찾아볼 수 있다. (1) 진실 선언 (2) 질문 형태의 반론 (3) 선지자의 증명. 이 수사의문문은 말라기가 제사장과 백성들과 벌였던 공개적인 논쟁을 반영하고 있음이 분명하다.

질문 - 응답 형식의 가르침은 후대 유대교에 와서 큰 인기를 끌었고, 실제로 서기관과 랍비들이 즐겨 사용한 방식이 되었다. 수사의문문은 또한 신약에도 빈번하게 사용되었다.

D. "내가 야곱을 사랑하고 에서는 미워하였으며"(1:2하-3상)

이 구절은 성경 가운데서 가장 뜨거운 논쟁과 오해를 불러일으키는 말씀이다. 하나님의 미워하심을 어떻게 설명할 수 있을까? 무엇보다 하나님은 사랑이신데 말이다(요일 4:8). 첫째, 본문의 문맥은 개인에 관한 것이 아니라 국가와 관련된 것이다. 다른 말로 하면, 야곱은 선민 이스라엘의 조상으로 택함을 받고(사랑하고), 에서(에돔 민족의 조상, 4절)는 이 영예를 놓쳤다(미워하다).

둘째, 사랑 - 미움은 성경에서 서로 비교의 의미로 사용되기도 했다. 예를 들어, 창세기 29장 30-31절은 이렇게 말씀한다. "야곱이 또한 라헬에게로 들어갔고 그가 레아보다 라헬을 더 사랑하고 다시 칠 년을 라반에게 봉사하였더라 여호와께서 레아에게 총이 없음을 보시고 그의 태를 여셨으나 라헬은 무자하였더라."

29장 31절의 총이 없음은 문자적으로 '미워하다' 인데 이는 말라기 1장 3절에 나오는 바로 그 낱말이다(히브리어 원문에서). 창세기 본문의 앞 절(29:30)은 레아에 대한 야곱의 미움은 단지 야곱이 라헬를 '더' 사랑하는 것을 의미하는 것으로 설명한다. 확실히 야곱은 비열하거나 복수심이 담긴 의미로 레아를 미워한 것이 아니었다. 그는 적어도 레아에게서 일곱 아들을 낳지 않았는가? 창세기의 본문의 의도는 야곱이 선택하고 더 좋아한 아내는 레아가 아니고 라헬이라는 의미다. 여기 말라기의 의미도 마찬가지다. 하나님은 두 형제 가운데 야곱을 택하시고 더 좋아하셨다. (예수님 역시 눅 14:26에서 '덜 사랑하다' 는 의미로 미워하다란 말을 사용하셨다.) 따라서 하나님이 에서의 후손인 에돔(4절) 대신 야곱의 후손을 은혜로 택하신 것은 이스라엘을 향한 그분의 크신 사랑을 입증하는 것이다.

E. 에돔 민족(1:3-5)

에돔은 이스라엘의 역사 가운데 중요한 역할을 담당하였으며 하나님의 백성에게 있어서 원수 같은 대적이었다. 이스라엘의 조상인 야곱과 에돔의 조상인 에서가 한 형제라는 사실(창 36:1)은 이 같은 상황을 더욱 역설적이게 만든다. 에서는 야곱에게 '팥죽(붉은 죽)' 한 그릇을 얻어먹고 장자의 명분을 판 뒤로 에돔('붉다' 는 뜻의 셈족어 어원에서 유래)이라는 이름을 얻었다(창 25:30). 그는 나중에 '에돔의 영토' (에돔 들)가 된 '세일 땅' 에 정착하게 된다(창 32:3, 36:8).

에돔의 영토(오늘날 요르단 일부)는 사해 남쪽으로부터 아카바 만(Gulf of Aqaba)까지이며, 길이는 160킬로미터, 폭은 64킬로미터 정도였다. 산들로 뒤덮인 울퉁불퉁한 지형은 1,300미터 높이의 봉우리로 둘러싸인 험지였다. 그곳은 대부분이 사막 지역인데 강수량 또한 적어 농업에 적합하지 않다. 이런 이유로 초기에는 유목민들이 주로 그 지역에 거주했었고, 나중에 에돔인들이 많이 정착하게 되었다. 그 수도는 셀라('바위')이며, 다른 중요 도시로는 보스라(Bozrah)와 데만(Teman) 등이 있다(암 1:12).

이스라엘과 에돔과의 관계는 처음부터 삐걱거렸다. 에돔인들은 출애굽 후의 이스라엘이 자기 영토를 통과하여 지나가는 것을 허락하지 않았다(민 20:14-21, 21:4). 사울 왕은 에돔인들과 전쟁을 일으켰고(삼상 14:47), 다윗은 그 땅 전역에 주둔군(수비대)을 두었다(삼하 8:14). 포로기 이전에 에돔은 유다와 이스라엘에 복속되었지만 틈만 나면 반란을 일으켰다(왕하 8:20-22; 대하 21:8-8-10). 후에 에돔은 앗수르의 속국이 되었고, 이어서 바벨론의 속국이 되었다.

이스라엘 백성을 향한 에돔의 쓰라린 공격은 뿌리 깊었고, 기회가 주어질 때마다 그것을 표출했다. 예를 들어, 유다가 이스라엘 왕인 베가(Pekah)의 공격을 받았을 때 에돔인들은 그 상황을 이용하여 유다 사람들을 포로로 잡아갔다(대하 28:17). 시편 기자는 "훼파하라 훼파하라 그 기초까지 훼파하라"(시 137:7)는 예루살렘이 바벨론인들에 의해 무너졌을 때 부르짖은 에돔의 복수에 젖은 외침을 기록하고 있다. 에돔은 이스라엘을 향한 뿌리 깊은 미움과 잔혹한 행동으로 인해 하나님과 그분의 백성의 대적을 상징하는 족속이 되었다(사 34:1-17).

선지자들은 에돔의 죄로 인해 그 땅과 백성에게 심판이 임할 것을 예언했다(렘 49:7-22; 겔 25:12-14, 35:15; 욜 3:19; 암 9:12; 옵 10-21). 느부갓네살은 에돔을 비롯한 많은 나라를 짓밟았다(렘 49:7-9, 25:9, 21). 포로 기간 동안 많은 에돔인들이 이두매(에돔에 해당하는 헬라어)로 알려진 지역인 헤브론 주위의 남유다로 이주했다. 에돔에 여전히 거주하던 에돔인들은 주전 5-3세기에 나바트 아랍인에 의해 그 땅으로부터 쫓겨나면서 더 많은 이들이 남유다로 흘러갔다. 벼랑에 위치한 천험의 요새인 페트라는 나바트족에 의해 세워졌다(주전 300년경). 유다스 마카베오는 유다의 에돔인들을 복속시켰고(마카베오1서 5:65) 그들은 결국 유대 민족으로 흡수되었다. 헤롯 대왕은 이두매인이었다.

신약 시대에 들어와 이두매는 팔레스타인의 일부로 자리했고, 유대인들과 연합하여 로마에 저항했으나 결국 실패로 돌아갔다. 그 결과 로마인들은 주후 70년의 공습으로 이두매인들을 멸망시켰다. 그때부터 에돔족으로 알려진 민족은 역사에서 자취를 감추게 되었고, 이로써 예언이 성취되었다(옵 1:10, 18).

고안

A. 들어가는 글

1. "하늘 아버지가 가장 잘 아신다: 로렌 채핀 이야기"를 읽어주라.
2. 배경 설명 : 말라기서는 자신의 예언 연대를 정확히 밝히고 있지 않지만(스가랴는 밝히고 있는 데 반해) 그 활동 무대는 포로기 이후쯤이다. 유대 백성들은 고향에 돌아왔고, 성전은 재건되었다. 바벨론 포로로부터의 첫 귀환과 학개와 스가랴가 사역한 이후로 상당한 시간이 흘렀음이 분명했다. 약속의 땅에 다시 돌아왔다는 처음의 벅찬 감격은 소수민족이 겪어야 했던 매서운 현실로 인해 낙심으로 바뀌었다. 성전 제사가 복원된 이후 체험한 기쁨은 이제 사라진 것처럼 보이고, 불경스럽고 기쁨이 없는 제사가 일상처럼 되어갔다. 사람들은 어려운 상황들로 인해 하나님이 진정으로 자신들을 사랑하고 계신지 의심하기까지 했다. 제사장과 백성들 모두 흠 있는 제물을 드리고 예배에 기쁨을 얻지 못함으로 하나님께 대한 불경함을 드러냈다. 말라기와 느헤미야는 비슷한 문제들에 직면했고(예: 십일조를 드리지 않음), 따라서 우리는 본 예언이 에스라와 느헤미야와 대략적으로 비슷한 시기(주전 5세기 후반)에 기록된 것으로 비교적 정확한 연대를 가늠할 수 있다.
3. 적용 : 말라기는 오늘날 우리에게도 해당되는 문제들을 제기하고 있다. 이 시대 사람들도 "하나님이 나를 사랑하시는가? 그렇다면 그 사랑의 증거로 나를 위해 무엇을 행하셨는가?"라고 묻는다. 하나님의 말씀은 그 질문에 분명히 그렇다고 대답하시며 하나님의 사랑을 보여주는 풍성한 증거를 제공한다. 하나님의 사랑을 보여주는 가장 큰 증거는 우리 죄를 위하여 십자가에서 죽으신 예수 그리스도의 엄청난 희생이다. 그분의 희생은 미래의 천국과 현재의 풍성한 삶을 가능하게 하였다. 말라기의 청중들과 마찬가지로 우리들도 (우리의 시간, 재능, 자원 중에서) 두 번째 좋은 것을 하나님께 드림으로써, 또한 기쁨이 없는 예배를 드리며 그리스도께 영광을 드리지 못함으로써 하나님을 향한 불경함을 드러낼 수 있다.

B. 본문 이해

1. 말라기 예언의 소개(1:1)
2. 하나님의 사랑(1:2-5)
3. 하나님의 사랑에 대한 응답(1:6-14)

C. 결론: 어리석은 질문

토의 질문

1. 하나님이 우리를 향한 사랑을 보여주시는 방식에는 어떤 것들이 있는가? 하나님의 사랑을 가장 잘 드러내는 것은 무엇인가?

2. "내가 야곱은 사랑하였고 에서는 미워하였다"는 말씀을 어떻게 설명할 수 있겠는가? 성경 가운데 하나님이 '미워하다' 라고 말씀하신 또 다른 성경 구절에는 어떤 것들이 있는가?

3. 하나님을 공경하지 않는 행동들의 예를 들어보라. 당신은 대부분의 사람들이 우주를 다스리시는 하나님보다는 고위 인사나 유명 연예인들을 더 높이 평가하고 있다고 생각하는가?

4. 하나님을 기분 상하시게 만드는 예배 태도에 대해 토의해보라. 당신은 오늘날 많은 사람들이 예배를 '짐' 으로 여기고 있다고 생각하는가? 당신은 우리 사회의

대부분의 사람들이 예배를 소중하고 반드시 필요한 것으로 보고 있다고 생각하는가?

5. 당신 생각에, 대부분의 사람들이 자신의 가장 좋은 것을 하나님께 드리고 있는가, 아니면 남은 것들을 드리고 있는가? 하나님은 어떻게 생각하시겠는가?

말라기 2:1-16

항상 신실하라

"항상 충실하라."

- 미 해병대 구호

말라기 2장 1-16절은 우리에게 신실할 것을 요구한다. 선지자는 이 본문에서 종교 지도자들이 공동체의 관계에서(부정직함), 하나님께(이교도와 결혼함으로), 가정에(이혼함으로) 불성실한 것을 책망하고 있다.

Malachi

들어가는 글

아직도 한결같이

해마다 수많은 사람들이 와이오밍 주 옐로스톤 국립공원(Yellowstone National Park)의 놀라운 구경거리를 보러 모여든다. 관광객들은 40만 헥타르에 펼쳐진 대공원에서 풀을 뜯어먹고 있는 들소떼와 혹시나 산골짜기에서 내려와 어슬렁거리는 회색 곰을 볼 수 있을까 해서 세계 각국에서 몰려온다. 그러나 옐로스톤 최대의 구경거리는 올드 페이스풀(Old Faithful)이라고 부르는 유명한 간헐온천이다. 1870년 탐험대원들은 그 간헐온천을 올드 페이스풀이라고 이름 붙였는데, 이는 매 63 - 70분마다 뜨거운 물을 '한결같이' 뿜어내기 때문이다. 그리고 요즘은 80분마다 한 번씩 뿜어낸다. 지질학자들은 그 간헐온천이 200년이나 300년 동안 활동을 계속해오고 있다고 추정한다.

나는 몇 년 전 옐로스톤에 간 적이 있는데, 처음으로 올드 페이스풀을 보았을 때 가진 흥분을 아직도 기억하고 있다. 그때는 6월이었는데 아직 추웠다. 올드 페이스풀이 활동을 개시할 시간에 맞춰 일정이 잡혀 있었고, 우리 일행은 다음 '장관'을 기대하며 한자리에 모여 덜덜 떨며 기다리고 있었다. 이윽고 예정된 시간이 되었다. 그리고 갑자기 물이 끓어오르더니 지표를 뚫고 치솟아오르기 시작했고, 우리는 입을 딱 벌린 채 수십 톤이나 되는 뜨거운 물과 수증기가 공중으로 50여 미터나 치솟는 장관을 지켜보았다. 올드 페이스풀은 여전히 신실하게 제 할 일을 하고 있었다.

신실함은 그리스도인의 가장 중요한 덕목 가운데 하나로, 우리는 올드 페이스풀처럼 항상 신실함을 간직해야 한다. 우리는 말라기 2장 1-16절에서 하나님과 우리 이웃을 향한 신실함이 얼마나 중요한 것인지 살펴보게 될 것이다. 특히 말라기는 종교 지도자들에게 필요한 신실함, 곧 공동체 안에 있는 다른 이들과 하나님 그리고 가족들을 향한 신실함을 이야기하고 있다. 만일 우리가 이러한 영역에서 신실함을 유지한다면 오늘날이 사회의 많은 문제들이 해결될 것이다. 2,400년 전에 살았던 선지자의 메시지가 현재 우리가 살고 있는 이 세상을 어떻게 더 나은 곳으로 변화시킬 수 있는지 살펴보자.

본문 이해

항상 신실하라

Main Idea	하나님은 종교 지도자들에게 공동체 안의 다른 사람들과 하나님 자신 그리고 우리 가족들을 향한 신실함을 요구하신다.

A. 종교 지도자들의 신실함(2:1-9)

Supporting Idea	종교 지도자들은 하나님이 주신 책무에 충실해야 한다.

2:1-2. 말라기는 앞에서 이미 제사장들의 불손한 행태를 언급한 바 있다. 그는 1-9절에서 이 종교 지도자들에게 이제부터 그들에게 하는 **명령**(NIV는 충고, admonition, 그러나 이것은 단순한 제안이 아니라 반드시 지켜야 하는 계명임)을 잘 들으라고(그리고 지키라고) 경고한다. 그들은 지금까지 해온 것처럼 하나님의 이름을 깎아내리는 것이 아니라(1:6, 12) 그분의 **이름을 영화롭게** 해야 한다. 말라기는 이 짧은 예언에서 하나님의 '이름'을 10회 언급하고 있는데(1:6[2회], 11[3회], 14, 2:2, 5, 3:16, 4:2), 그 가운데 일곱 번은 본서의 처음 16개 구절에 담겨 있다. 하나님의 이름은 곧 하나님 자신을 가리키며, 이는 수치가 아니라 영광을 돌릴 이름이다. 만일 백성들이 회개치 않으면 **만군의 여호와**께서는 그들에게 **저주를 내리실** 것이다(말 1:14). 신명기 28장 20-29절은 그 저주에는 하나님의 진노의 증거인 파멸, 질병, 가뭄, 흉년, 기근, 적들에게 패함이 포함되며, 결국 멸망에 이르게 될 것임을 말하고 있다.

제사장의 **복**은 주로 백성들이 드리는 십일조와 제물을 통한 물질적 후원을 가리킨다. 하나님이 이 복들을 **이미 저주하셨음**이 분명한 것은 백성들이 십일조를 드리지 않음이 구체적으로 명시되기 때문이다(3:8). 아마 그들이 십일조를 드리지 않는 이유 가운데 하나는 그들이 이 신실치 못한 제사장들을 존경하지 않았기 때문일 것이다.

2:3. 종자는 후손('아브라함의 자손', 사 41:8)을 가리키는 것일 수도 있지만 여기서는

'씨앗' 을 가리키는 것으로 보인다. 하나님이 현재의 암울한 경제적 상황을 반전시켜주시고 그들의 농사에 복을 주시겠다고 약속하신 사실에 비추어보면 흉년은 심각한 문제가 된다. 더구나 여기 사용된 용어는 신명기 28장 20-24절(여호와 하나님이 그들의 농사일을 '견책' 하심)에 기록된 저주와 유사하다. 공의와 경제적 축복은 이곳과 말라기서 다른 곳에서도 함께 연결되고 있다(3:10-12, 참조 마 6:33).

똥은 희생 **제물**의 내장과 그 내용물(대변도 포함될 수 있음)을 가리킨다. 제사장들은 제물을 불사른 다음 남은 내장 등을 진 밖으로 가져다 처리했다(출 29:14; 레 8:17, 16:27). 제사장들은 그 불성실함으로 인해 이 더러운 오물을 그들의 **얼굴**에 바르게 될 것이다! 백성들 앞에 비쳐진 이 모습보다 더 더럽고 수치스러운 일은 없을 것이다. 이 오물에 닿는 것조차도 그들은 예식적으로 부정하며 봉헌 의식에 적합하지 못하게 되었다. 제사장들은 똥을 바를 뿐 아니라 **제하여버림**을 당하게, 즉 그 직무에서 쫓겨나게 될 것이다. 오늘날 일부 성직자들이 보이는 성추문, 불신앙, 그 밖에 다른 신실치 못한 행동들은 그들에게 공적인 불명예를 안겨준다.

2:4. 심판이 제사장들에게 임할 때, 그들은 말라기의 **명령**이 여호와 하나님의 말씀이었음을 알게 될 것이다. 하나님은 제사장직을 정결케 하셔서(불성실한 자들을 제하심으로) 제사 제도(**레위와 세운 내 언약**)가 **항상** 있게 하셨다. '레위' 는 제사장 직분을 가리킨다. 왜냐하면 제사장들은 레위 족속, 구체적으로 모세의 형인 아론의 계보에서 임명되었기 때문이다. 우리는 불성실한 제사장들에게 내린 이러한 심판 가운데서도 그들의 불순물이 제거되어 그 민족에게 유익이 되게 하신 하나님의 은혜를 보게 된다. 하나님은 하나님의 말씀을 가르치고 그 백성을 올바른 길로 인도할 경건한 제사장들을(에스라와 같은, 스 1:1-5) 보존하실 것이다.

2:5. **생명**과 **평강**은 하나님이 레위와 세운 언약, 곧 레위의 제사장 직분에 주어진 선물이었다. 그 보응으로 제사장들은 여호와 하나님을 공경(**경외**)해야 했다. 초기 제사장들은 말라기 시대의 많은 제사장들과 달리 하나님을 공경하고 경외했다(**내 이름을 두려워하였다**). 성경은 거듭해서 영적, 육체적 **생명**과 행복(**평강**) 두 가지가 모두 순종의 축복임을 강조하고 있다(신 4:40, 6:2, 30:15-20; 잠 3:1-2, 4:10, 22, 6:23). '생명과 평강의 언약' 이란 구절은 성경 가운데 이곳에만 등장하지만, 유사한 구절인 '평화의 언약' 은 민수기 25장 12절에서 제사장 비느하스의 신실함에 대한 상급으로 약속되고 있다. 비느

하스는 "그가 그의 하나님을 위하여 열성이 있어 이스라엘 자손을 속죄하였음"(민 25:13)으로 인해 그 후손이 영원히 제사장직을 유지할 것이라는 언약을 약속 받았다.

비느하스의 본보기는 말라기 2장의 배경이 되고 있는 것으로 보인다. 이 옛 제사장의 신실함과 그로 말미암은 축복을 거론한 것은 말라기 시대의 제사장들의 신실함을 독려하기 위한 것이다. 아마 레위파 제사장직 전체로서의 '생명과 평강'은 그 직분이 계속 존재하며 복을 받게 될 것을 의미하는 것으로 보인다.

2:6. 이 옛 제사장들(레위)은 또한 진리(진리의 법, NIV 참된 가르침)를 가르쳤고, 바른 말을 했고(불의함이 없었고), 정직한 삶을 살고, 바른 가르침과 함께 바른 본보기를 보여줌으로써 많은 사람을 돌이켜 죄악(불법, KJV, NASB, NRSV)에서 떠나게 했다. 이 옛날 제사장들은 말라기 시대의 많은 제사장들과 달리 율법을 알았을 뿐 아니라 그것을 몸소 실천했다.

2:7-8. 말라기는 옛날의 신실한 제사장들과 자기 시대의 제사장들을 비교했다. 제사장은 하나님의 사자, 곧 지식을 지키고 진리를 가르쳐야 하는 사람이었다. 그러나 말라기 시대의 많은 제사장들은 경건하지 못한 삶을 살았고(정도에서 떠나) 거짓을 가르쳤다. 그들은 경건치 못한 본보기와 하나님의 말씀에 대한 잘못된 이해의 결과로 많은 사람으로 율법에 거치게 하였다. 볼드윈은 이렇게 지적한다. "다른 사람들로 하여금 실족하게 만드는 이 끔찍한 가능성은 예수님이 매섭게 경고하신 말씀 가운데 한 구절(마 18:5, 6)을 생각나게 하는데, 다른 사람들을 잘못된 길로 인도할 가능성이 가장 큰 사람은 바로 지도자의 위치에 있는 사람들이다"(Baldwin, p. 236). 이 제사장들은 자신의 불성실함으로 인해 레위의 언약을 파하였고 심판을 받고 자기 지위를 잃을 위험에 처했다. 이러한 추궁에는 어떠한 변명도 가능하지 않은데 그것은 그들을 추궁하시는 분이 전지전능하신 하늘의 재판장이신 만군의 여호와이시기 때문이다.

2:9. 하나님은 그들의 신실치 않음(내 도를 지키지 아니하고)으로 인해 그 제사장들로 모든 백성 앞에서 멸시와 천대를 당하게 하셨다(2:3을 보라). 백성들은 이 영적 지도자들과 그들이 갖고 있는 제사장직 전반에 대한 존경심을 잃었다. 제사장들은 하나님을 멸시했고 하나님은 그들에게 적합한 벌로 백성들로 하여금 그들을 멸시하게 만드셨다.

말라기의 당시대의 영적 지도자들에 대한 묘사는 오늘날 우리 지도자들 가운데 몇몇 지도자들에 대한 것처럼 들린다. 최근 몇 개월 동안 신문 지면은 어린이를 성추행한 혐의로 고발된 성직자들에 대한 이야기로 가득했고, 유명한 텔레비전 전도자의 탈선은 모든 사람이 알고 있는 이야기가 되었다. 어떤 이들은 이런 일들로 실망하여 교회에 대해 환멸을 느끼기도 한다. 그러나 우리는 두 가지 중요한 사실을 기억해야 한다. 첫째, 수많은 신실한 복음 사역자들이 세상 구석구석에서 사심을 버리고 쉼 없이 봉사하고 있다는 사실이다. 일부만을 보고 전부를 비난해서는 안 된다. 둘째, 인간은(영적 지도자들조차도) 우리를 실망시킬 수 있지만, 예수님은 결코 그렇지 않으시다. 그분은 항상 신실하시며 우리의 믿음의 대상이 되신다.

말라기는 제사장들의 죄악에 다시 하나의 목록을 더함으로써 이 단락을 마무리한다. 그들은 율법을 행할 때에 사람에게 편벽되이 하였다. 제사장들은 율법과 관련된 일에 재판관의 역할을 맡았었고(신 17:9, 19:17) 부자나 힘 있는 자들에게 아부하거나 뇌물을 받고 거기에 맞는 판결을 내렸음이 분명했다(신 16:19).

한 마디로 말라기 시대의 제사장들은 개인적인 면에서나 직무와 관련된 면에서 하나님께 신실하지 못했기 때문에 심판을 받았다. 오늘날의 영적 지도자들은 부디 2,400년 전에 하나님의 신실한 선지자가 보낸 경고에 귀 기울여야 할 것이다.

B. 다른 이들을 향한 신실함(2:10)

Supporting Idea	우리는 함께 살아가는 다른 이들에게 신실하고 정직하게 대해야 한다.

2:10. 이 구절에서 말라기는 유다 안에 있는 다른 이들에게 행하는 신실하지 못한 행동들을 문제 삼고 있다. 우리는 앞에서 하나님을 부끄럽게 만들었던 영적 지도자들과 평신도들(사기꾼)을 살펴보았다. 만일 그들이 하나님을 그런 식으로 대했다면 그들이 다른 사람들을 함부로 대하는 것은 전혀 놀라운 일이 아닐 것이다. 조지 혼(George Horne)은 이렇게 말한다. "하나님께 신실하지 못한 사람이 다른 사람에게 신실하게 대할 것을 기대하는 이는 반드시 실망하게 마련이다"(Water, p. 351).

말라기는 각기 긍정적인 대답을 기대하는 두 가지 질문으로 시작한다. 그들은 참으로 한 아버지를 두었으며, 한 하나님이 그들을 지으셨다. 이스라엘의 육신의 아버지는 아브라함이지만, 대부분의 주석가들은 이 구절이 영적 아버지인 하나님을 가리키는 것으로 해석한 NIV 번역에 동의한다(Father로 표기). 더욱이 다음 행의 '한 하나님'은 '한 아버지'와 병행구로, 본서에서는 앞에서 하나님을 이스라엘의 아버지로 부른 바 있다(1:6, 참조 사 43:1).

따라서 모든 이스라엘은 하나님을 자신의 아버지요 창조주로 모신다. 말라기는 그런데 왜 그들이 서로 부정직하게 대하고 범죄를 일으키는지 물어보았다. 율법(예: 십계명)에서 금지하고 있는 죄악된 행동을 범하는 것은 이스라엘이 시내산에서 하나님과 맺은 언약을 범하는 것이다. 이 문맥에서 언약을 욕되게 하는 것('신뢰를 저버리는', KJV, NASB)은 결혼과 관계된 불성실함에만 한정된 것이 아니라 일반 유다 백성들 서로 간에 이루어지는 성실하지 않은 모든 관계, 곧 사업이나 결혼 혹은 기타 사항들을 모두 포함하고 있다.

다른 이들을 학대하는 것은 우리 사회의 심각한 문제 가운데 하나다. 그리고 부정직한 거래와 이기적인 행태 또한 여기저기에서 넘쳐나고 있다. 최근 자기 회사 주주들을 희생시키고 많은 부를 얻은 파렴치한 기업 경영인이 뉴스에 오른 적이 있다. 1996년 7월 하계 올림픽이 열리는 동안 애틀랜타의 올림픽 100주년 기념 공원에서 폭발물이 터져 조지아 주 알바니에서 온 한 여인이 살해되고 그녀의 딸은 부상을 입었다. 그러자 어떤 잔인한 사람이 언론을 통해 그 여인이 살해되고 가족들이 모두 마을에 없다는 사실을 알고는 그녀의 집을 털었다. 우리가 다른 사람을 어떻게 대하느냐는 우리의 성품과 하나님과의 관계가 어떠한지를 보여주는 척도다.

C. 하나님을 향한 신실함(2:11-12)

Supporting Idea	우리는 하나님을 향한 신실함을 양보하지 말아야 한다.

2:11. 유다는 이방신의 딸과 결혼함으로써 하나님께 신의 없는 행동을 했다. 분열왕국 기간에 유다는 남왕국(두 지파)의 이름이었고 이스라엘은 북왕국(열 지파)의 이름이었다. 포로기 이후 두 이름은 모두 그 나라를 가리키는 말로 사용되었다. 아마 말라기는 문제가 그 나라 전역에 퍼져 있음을 강조하기 위해 유다, 이스라엘 그리고 예루살렘(거룩한 도시마저!)을 언급한 것으로 보인다. 그 민족의 옛 이름인 이스라엘은 그 백성들과

여호와 하나님 사이의 언약 관계를 주목시키기 위해 따로 언급되었다고 볼 수 있다.

가증한 일(문자적으로는 '몹시 싫은 것', KJV, NASB, NRSV)이란 어구는 여러 가지 혐오스럽고 불쾌한 행동들을 말한다. 이 말은 종종 우상숭배와 그 대상이 된 우상에 적용되었고(신 7:25-26, 13:14, 20:18) 여기서도 아마 그런 의미로 사용되었을 것이다. 말라기는 이 문화권과의 결혼이 아니라 유대인들이 우상숭배자들과 결혼하는 것을 비난하고 있다. 이스라엘 백성은 이방인이 여호와 하나님을 믿을 경우에만 그와 결혼할 수 있었다. 예를 들어, 보아스는 모압 출신의 룻과 결혼하였는데, 그 여인은 후에 다윗의 조상이 되었다(룻 4:13-22). 그럼에도 불구하고 이교도와의 결혼은 모세 율법에서 엄격히 금지하고 있었는데, 이는 그 개인과 국가가 거짓 종교에 물들 위험 때문이었다(출 34:11-16; 신 7:3; 왕상 11:1-2; 참조 고전 7:39; 고후 6:14-15). 말라기와 동시대 인물인 느헤미야도 이 문제의 심각성을 지적했다(느 13:23-28).

이방신의 딸이란 구절은 이방 신을 따르는 새 신부들을 가리키는 것으로, 이는 여호와께서 성도들의 아버지로 간주되는 것과 궤를 같이하는 말이다(말 1:6, 2:10). 이 이스라엘 백성들은 분명 불신자들과 결혼함으로써 하나님의 법을 명백히 어겼으며, 그 행위 자체는 그들의 신앙을 굽히고 들어가는 것이었다. 그러나 '가증한 것' 이라는 우상숭배의 의미가 담긴 말을 사용한 것은 이 사람들이 자기 아내의 거짓 종교를 대수롭지 않게 여기고 있었음을 암시한다.

성결(NIV, NASB, NRSV는 성소)은 '거룩함' 을 의미하는 문자적 번역으로 여기서는 여호와 하나님의 거룩한 장소인 성전을 가리킨다. 이 구절이 성전을 염두에 두고 있음은 12-13절에서 성전 '제물' 을 언급하고 있음에서 엿볼 수 있다. 이교도와의 결혼이 어떻게 성소를 더럽히는가? 세 가지 설명이 있는데, (1) 성전이 이교도들의 출입으로 더럽혀졌다, (2) 하나님의 성전인 이스라엘 백성이 이교도와의 결혼으로 더럽혀졌다, (3) 제사장들이 불신자들과 결혼하여 성전 봉사에 적합하지 않게 되었기 때문에 성전이 더럽혀졌다. 에스라(9:1-3)와 느헤미야(13:28) 두 사람은 심지어 몇몇 제사장들이 이방인 아내와 결혼했다고 말한다. 아마 이 세 가지 설명에서 말하는 것들이 모두 포함되었을 것이다.

2:12. 깨는 자나 응답하는 자는 물론이요는 NIV에서는 '그가 어떤 사람이든' 으로 번역하고 있다. KJV에서는 '선생과 학자' 로 번역하고 있는데, 이는 번역한 사람들이 선생

은 깨어 있고, 환기시키고, 자극하는 사람이며 학생들은 대답하는 사람이라는 생각을 염두에 두고 있음이 분명하다. '깨는' 이란 성경에서 부활(살아나다)의 모습을 가리키며(사 26:19; 단 12:2), 대답을 하거나 응답하는 자가 살아 있는 자다. 따라서 NIV의 번역은 히브리어 숙어를 살아 있는 모든 사람이란 의미로 옳게 해석하고 있는 것으로 보인다. 울프(Wolf)는 이렇게 말한다. " '팔팔하게 뛰어다니다' 라는 영어 표현도 이 히브리어 숙어가 전하는 의미에서 크게 벗어나지 않는다" (Wolf, p. 89).

이교도 아내와 결혼함으로써 하나님을 멸시한 이들은 **야곱의 장막 가운데서 끊어지게** 될 것이다. '끊어지다' 는 구절은 출교, 사형 선고(출 31:14; 사 53:8) 혹은 한 사람의 가문이 이스라엘로부터 소멸됨을 의미할 수 있다. 말라기와 동시대 사람인 느헤미야는 이교도와 결혼한 죄를 범한 제사장을 공동체 밖으로 내쫓았다(느 13:28). 총독인 그는 그런 일을 행할 권력을 소유하고 있었다. 그렇지만 말라기가 선언한 판결문은 죄인의 가문이 끊어지게 될 것이라는 내용이었다. 그는 자기 손으로 문제를 해결한 것이 아니라 여호와 하나님께 그 사람의 처벌을 맡겼다. 그가 회개하고 용서받기를 기대하면서 말이다.

제사를 드리는 자는 제사장일 수도 있지만 그보다는 이교도와의 결혼을 금지한 여호와 하나님의 명령을 무시하여 그분의 성소를 더럽혔으면서도(11절) 뻔뻔스럽게 제물을 드리는 모든 이들을 가리키는 것으로 본다. 말라기와 느헤미야는 우상숭배자와의 결혼에 대해 비타협적인 태도를 보여주었다. 왜냐하면 그들은 그러한 일들이 유다를 쉽게 부서뜨릴 수 있는 위험한 것임을 깨달았기 때문이다. 볼드윈은 이렇게 설명한다. "배교야말로 이스라엘의 포로 생활의 원인이었기 때문에 전 공동체가 다시 한 번 그런 위기에 처한다는 것은 생각할 수조차 없는 일이었다" (Baldwin, p. 238).

D. 가정을 향한 신실함(2:13-16)

Supporting Idea	우리는 배우자에게 신실해야 한다.

2:13. 이제 말라기는 자신의 배우자에게 신실해야 함을 역설한다. 백성들은 여호와의 단을 눈물과 울음과 탄식으로 띄웠다. 왜냐하면 하나님이 더 이상 그들의 헌물을 돌아보

지도 아니하시며 그것을 그들의 손에서 기꺼이 받지도 아니하시기 때문이다. 그들은 하나님이 자신들의 헌물을 열납하지 않으신다는 것을 어떻게 알았을까? 하나님이 축복을 구하는 그들의 기도를 들어주시지 않았기 때문이다. 그들은 하나님께 곡식에 복을 달라고 기도했지만 수확은 형편없었다(3:11). 왜 하나님은 그들에게 복을 주시지 않았을까? 그들이 복을 받지 못한 것은 그들이 '복을 받을 만하지' 못했기 때문이다. 10-16절에 언급된 많은 신실치 못한 행동들(그리고 본서 다른 곳에 거명된 또 다른 죄들)로 인해, 하나님은 그들을 돌아보지 않으셨고 그 민족에게 복을 부어주지 않으셨다. 그들은 눈물을 흘렸지만 회개하지는 않았다.

여호와의 단은 제물을 드리는 곳으로, 이는 비록 받기에 합당하지 않은 제물과 잘못된 태도가 포함되어 있긴 하지만 백성들이 아직도 여호와 하나님을 예배함을 가리킨다(1:6-8, 12-13). 제단에는 제사장들만 다가갈 수 있었지만 백성들은 제물을 가지고 갔다. 분명 이 모든 것이 이 민족의 슬픔에 포함되어 있을 것이다.

2:14. 그들이 흘린 악어의 눈물은 하나님께 아무 소용이 없었고, 그들은 당황했다. 어찜이니까? 그들이 무엇을 했는가? 그들은 하나님께 신실하지 않았을 뿐 아니라 공동체 안의 다른 사람들에게도 신실하지 않았다. 그리고 이제 말라기는 그들이 아내에게 신뢰를 깨뜨리고 궤사를 행했다고 고발한다. 어려서 취한 아내라는 구절은 "고대 근동에서의 결혼은 어린 나이에 결혼 약속이 정해졌고, 탈무드에 의하면 그 어린 남자가 20세가 되었는데 결혼하지 않으면 저주를 받았다" (Verhoef, p. 274)는 사실을 반영한다.

몇 년 전에 이 남편들은 하나님이 증거하시는 대로 자기 아내와 하나님께 엄숙한 맹세로 결혼을 맹약했었다. 그러한 그들이 이제 그 거룩한 약속을 어기고 날짜가 지난 신문처럼 아내를 내어버렸다. 남편이 일평생 정절을 지키겠다고 약속한 것은 아내(짝)와 하나님 앞에 거짓말을 한 셈이었다. 아내에 대한 죄는 '어려서 취한 아내', '네 짝' 그리고 '너와 맹약한 아내' 라는 세 말로 강조되었다. 고대 이스라엘에서는 여러 가지 이유로 아내와 이혼할 수 있었다. 이 경우 이 남편들은 자기의 유대인 아내와 이혼하고 11절에서 언급된 이교도 아내와 결혼한 것으로 보인다.

2:15. 이 구절은 본서에서 가장 난해한 구절이며, 성경 전체에서도 가장 어려운 구절 가운데 하나이다. 이는 다양한 번역을 선보이고 있는 영어 성경을 통해 입증된다. 히브리어 원문을 그대로 직역하면, "그리고 그는 하나를 만들지 않았는가? 그리고 그는 남

은 영이 있지 않은가? 그리고 하나인 목적이 무엇인가? 그는 경건한 씨앗[후손]을 찾는다"이다. 처음 부분은 이렇게 번역할 수도 있다. "그리고 남은 영[지성, 올바른 식견]이 있는 사람은 그렇게 하지[이혼하지] 않는다."

인기 있는 세 가지 해석은 (1) 양식 있는 사람은 경건한 아내와 이혼하고 다른 이와 결혼하지 않는다. 그는 경건한 자녀들을 양육하기를 원한다. (2) 유대인 해석가들과 몇몇 다른 이들은 경건한 후손을 생산하기 위해 두 번째 아내인 하갈과 결혼한 그 사람이 아브라함이라는 데 찬성한다. 그러나 이 해석은 많은 이유에서 약점을 지니고 있다. 예를 들어, 아브라함은 사라와 이혼하지 않았으며, 이는 말라기에서 문제 삼고 있는 부분이다. (3) 하나님은 아담이 많은 아내를 거느릴 수 있는 영적 능력이 충분함에도 한 명의 아내만을 주셨다. 하나님이 한 남편 - 한 아내의 결합('한 몸' , 창 2:24)을 통해 의도하신 것은 경건한 자녀를 기르기 위함이다. 이 후자의 견해가 가장 타당한 것으로 보인다. 이혼은 하나님이 태초에 세우신 한 남편 - 한 아내의 모범(창 2:18-25)과 대치되는 것이며, 이교도와의 결혼은 여호와 하나님을 따르는 자녀들을 양육하는 데 방해가 될 것이다.

이혼이 이토록 위험한 것이기 때문에 말라기는 **네 심령을 삼가 지키라고** 경고했다. 무엇보다 우리로 하여금 배우자에게 신실하지 못하게 인도하려는 이 탐욕스러운 생각은 영혼 혹은 마음에서 기원한 것이다. 예수님은 "마음에서 나오는 것은 악한 생각과 살인과 간음과 음란과 도적질과 거짓 증거와 훼방"(마 15:19)이라고 깨우쳐 주신 바 있다.

2:16. **나는 이혼하는 것을 미워하노라**[문자적으로는, '멀리 보내다'] **만군의 여호와의 말이니라**는 구약 가운데 나타난 이혼에 관한 가장 강력한 경고다. 우리는 본문이 말하고자 하는 것이 하나님이 이혼한 사람들을 미워하신다는 것이 아님에 주목해야 한다. 그분은 확실히 그들을 미워하지 않고 그들을 사랑하시는데, 바로 이것이 하나님이 이혼을 미워하시는 이유다. 하나님은 거절당한 배우자와 상처 입은 자녀들의 마음의 상처를 아시며 이혼이 불러일으킨 사회의 파괴를 알고 계신다. 이 모든 것들은 하나님의 마음을 아프게 한다.

여기 나타난 이혼에 관한 하나님의 선언은 모세 율법에서의 이혼에 관한 규정(신 24:1-3)과 모순되는 것이 아니다. 이혼은 일어날 수 있는 사회적 현상이며, 그 행위를 규율할 지침이 필요하다. 예수님은 바리새인들에게 "모세가 너희 마음의 완악함을 인하여 아내 내어버림을 허락하였거니와 본래는 그렇지 아니하니라"(마 19:8)라고 일러주셨다. 다른 말로 하면, 하나님은 태초에 결혼이 영원히 지속하기를 의도하셨지만 범죄한 세상에 이혼이 일어날 것을 충분히 인식하셨다.

하나님은 남자가 학대로 옷을 가리우는 것을 미워하신다. 여인을 옷으로 가리우는 것은 그녀와 결혼할 의사가 있음을 표현하는 것이다(룻 3:9). 따라서 어떤 해석가들은 학대로 가리워진 옷은 이혼한 배우자에게 신실하지 못하고 불의하게 행동하는 것을 의미한다고 생각한다. 그러나 말라기는 이 단락(2:10-16)을 일반적인 신실치 못함에 대한 책망으로 시작했고, 따라서 같은 맥락으로 마무리하는 것이 더 타당할 것이다. 만일 그렇다면, 하나님은 여기서 모든 종류의 신실치 못한 행동에 대한 유감을 거듭 말씀하시는 것이 된다. 이 그림은 폭력으로 얼룩진 옷을 입고 있는 사람의 모습을 나타낸다. 이 단락은 15절 그러므로 네 심령을 삼가 지켜 궤사를 행치 말지니라는 충고로 마무리된다.

Main Idea 복 습	하나님은 종교 지도자들에게 공동체 안의 다른 사람들과 하나님 자신 그리고 우리 가족들을 향한 신실함을 요구하신다.

결론

62년 개근

밀드레드 파슨스(Mildred Parsons) 여사는 워싱턴에 있는 미 연방수사국(FBI)의 비서로 62년 9개월 하고도 2일을 근무했다. 그 기간 동안 그녀는 한 번도 병으로 결근한 적이 없었다. 파슨스 여사는 2002년 6월 88세의 나이로 은퇴했는데, 그녀는 FBI 역사상 가장 오랫동안 근무한 직원이었다. 틀림없이 그녀도 직장에 가고 싶지 않은 날들이 있었을 것이다. 그러나 그녀는 어떻게든 출근을 했다. 그녀는 자기 임무에 충실했던 것이다.

말라기는 본문의 단락에서 하나님은 우리에게서 신실함을 원하신다는 사실을 깨우쳐준다. 그는 2장 1-9절에서 지역 교구, 교단 그리고 다른 영역에서 영적 지도자의 위치에 있는 사람들에게 자신의 임무를 진지하게 여길 것을 경고했다. 말라기서를 비롯하여 성경 전체에서 가장 신랄한 비난이 신실하지 못하고 위선적인 영적 지도자들을 향해 퍼부어졌다. 그리고 말라기는 한 공동체 안에 속한 다른 이들에게 신실하지 못한 이들을 책망했다(2:10, 16). 부정직한 상거래와 그 밖의 속임수들은 사회의 기반을 무너뜨린다. 다른 이들을 향한 신실함은 거룩하신 하나님을 향한 신실함에서 시작한다(2:11-12). 말라기 시대의 어떤 이들은 거짓 신들을 숭배하는 이교도들과 결혼했기 때문에(그리고 아마도 함께 그 거짓 신을 섬겼기 때문에) 하나님께 신실하지 못했다. 마지막으로 선지자는 자기 아내를 쫓아내고 다른 이와 결혼한 신실치 못한 배우자들을 다룬다(2:13-16). 그런 행동은 그 자녀들의 마음에 상처를 주고 피폐하게 만들기 때문에 결국 하나님의 마음을 아프게 하는 것이다.

▣ 진리 알기

- 하나님은 우리에게 신실함을 기대하신다.
- 종교 지도자들은 하나님이 주신 자신의 책임에 충실해야 한다.
- 만일 종교 지도자들이 신실하지 못하면, 그들은 모욕을 당하고 사람들의 존경을 잃을 것이다.
- 우리는 같은 공동체 안의 사람들을 신실하고 정직하게 대해야 한다.
- 그리스도인들은 불신자들과 '멍에를 함께' 메어서는 안 된다.
- 하나님은 우리가 배우자에게 신실할 것을 원하신다.
- 하나님은 우리의 신실함에 상으로 갚아주실 것이다.

▣ 적용하기

- 하나님과 하나님 나라의 일에 신실하기로 결심하라.
- 만일 당신이 종교 지도자라면, 당신의 삶에 주신 하나님의 부르심에 신실할 것을 결단하라.
- 우리는 하나님께 신실한 종교 지도자들을 존경하고 공경하고 후원해야 한다.
- 당신은 다른 사람을 정직하게 대하는가? 당신이 다른 사람들에게 행한 잘못들 가운데 고쳐야 할 것들이 있는가?

- 만일 당신이 아직 결혼하지 않았다면 당신이 기독교 신앙 안에서 성장하는 데 도움이 되는, 믿음을 가진 사람과 결혼하기로 결단하라. 당신이 이미 불신자와 결혼했다면, 그리스도와 닮은 삶을 통하여 배우자가 당신의 구세주가 어떤 분인지 알고자 하는 마음이 들게 하라.
- 배우자에 대한 결혼 서약을 다시 한 번 새롭게 하여 죽음이 두 사람을 갈라놓을 때까지 서로에게 신실할 것을 다짐하라.

삶의 적용

행복하고 영원한 결혼을 누리는 법

제임스 돕슨(James Dobson)은 남가주대학에서 박사 학위를 받았으며, 결혼과 가정 사역에 관한 세계적인 권위자 가운데 한 사람이다. 돕슨은 자신의 베스트셀러인 「인생의 길을 묻는 그대에게(Life the Edge, 프리셉트)」에서 시간이라는 시련을 이겨내는 결혼을 위한 일곱 가지 방법을 다음과 같이 추천한다.

1. 내가 열세 살 때 주일학교 선생님이 내게 평생 잊지 못할 조언을 해주셨다. 그분은 "네가 함께 살 수 있을 것 같은 사람과 결혼하지 말아라. 그 사람이 없으면 살 수 있을 것 같지 않은 그런 사람과 결혼해라"라고 말씀하셨다. 그 조언에는 굉장한 진리가 담겨 있다. 결혼은 두 사람에게 서로를 향한 뜨거운 사랑이 있더라도 힘들어질 수 있다. 두 사람이 함께 세워질 이러한 기초가 없다면 그 결혼은 살인과 같다.
2. 당신이 도저히 참아낼 수 없을 것 같은 사람과 결혼하지 말라. 당신은 어쩌면 '앞으로 그(녀)를 변화시키면 되지'라고 생각할지도 모른다. 그러나 그런 일은 좀처럼 일어나지 않는다. 인간의 행동은 어린 시절에 물줄기에 패여서 형성된

깊은 계곡 위를 흐르는 물과 같아서 그 물줄기를 바꾸는 것은 너무나 힘든 일이다. 깊이 뿌리박힌 행동들을 변화시키기 위해서는 든든한 댐을 세우고, 다른 물길을 파낸 다음 원래의 물줄기를 새로운 방향으로 끌어들어야 한다. 이러한 노력은 아무리 오랫동안 기울여도 성공하기가 쉽지 않다.

3. 충동에 휩쓸려 결혼하지 말라! 당신의 삶을 망치는 가장 쉬운 방법은 신중한 생각과 기도 없이 이 중대한 결정에 뛰어드는 것이다. 서로에 친숙해지고 둘이 하나 되는 과정의 처음 여덟 걸음을 내딛는 데는 시간이 걸린다. 나로서는 최소한 일 년은 그 사람의 이른바 첫인상 너머에 있는 속사람을 살펴보는 데 사용할 것을 제안한다.
4. 만일 당신이 깊이 헌신된 그리스도인이라면, 불신자와 '함께 멍에를 메지' 말라. 혹시 언젠가 그 사람을 주님 앞에 인도할 수 있을 것이라 기대하겠고, 또 경우에 따라 그런 일이 일어날 수도 있다. 그러나 그것을 기대하는 것은 잘되어도 위험한 일이고, 못 되면 무모한 일이다. 다시 한 번 이 질문에 반드시 대답하라. "당신의 남편(혹은 아내)이 당신과 같은 신앙을 갖는 일이 얼마나 중요한 일이라고 생각하는가?" 만일 그 일이 성경이 우리 성도들에게 요구하는 것처럼 본질적이며 타협할 수 없는 것이라면, 그 문제는 당신이 결혼을 선택하는 데 가장 중요한 우선순위가 되어야 한다.
5. 결혼 전에 상대방 집에 이사 가지 말라. 그렇게 하는 것은 여러 가지 이유에서 나쁜 생각이다. 첫째, 그것은 부도덕한 일이며 하나님의 율법을 범하는 것이다. 둘째, 그것은 두 사람 사이를 잠식시키기도 하고 종종 이혼으로 진행되기도 한다. 50년 이상 축적된 자료 연구에 의하면 결혼 전에 동거를 시작한 부부는 그렇지 않은 부부보다 이혼할 확률이 50퍼센트 이상 높다.
6. 너무 일찍 결혼하지 말라. 만 14-17세 사이에 결혼한 사람들은 20대까지 기다린 사람들보다 이혼할 확률이 두 배나 높다. 가족이 된다는 것은 이기심을 버리는 것, 안정감, 자기 통제와 같은 성숙함에서 오는 성품들을 요구한다. 그런 성품을 갖출 때까지 기다리는 것이 최선이다.
7. 마지막으로, 영원한 사랑을 위한 궁극적인 비밀로 결론을 맺겠다. 간단히 말해서, 결혼의 안정성은 결혼을 유지하겠다는 강철 같은 의지의 부산물이다. 만일

당신이 결혼하기로 선택했다면 평생토록 상대방을 향해 신실함을 지키겠다고 다짐하면서 그 언약 안으로 들어가라. 화가 난 순간 배우자 곁을 떠나겠다고 위협하지 말라. 이혼의 가능성은 아예 생각할 틈도 갖지 말라. 평생 함께할 부부에게 헤어지겠다는 선언은 결코 선택이나 대안이 될 수 없다!

돕슨의 제안은 대부분 결혼을 고려 중인 사람들을 위한 것이다. 이미 결혼한 이들을 위해 이런 제안을 더한다. 교회에 출석하라. 매일 경건의 시간을 가지라. 용서하라. 서로에게 친절하라. 희생의 사랑으로 배우자를 사랑하라. 배우자를 깎아내리지 말라. 대화하라(그러나 논쟁은 하지 말라). 함께 시간을 보내라. 재정적인 압박을 피하라. 그리고 날마다 배우자에게 '사랑해요' 라고 말해주라.

기도

오 주님, 언제나 우리에게 신실하심을 인하여 감사드리며, 우리 역시 항상 당신께 신실할 수 있기를 위해 기도합니다. 우리가 영적 지도자로서의 역할을 당신이 기뻐하시는 뜻에 따라 완수할 수 있게 하옵소서. 또한 같은 공동체 안에 있는 사람들을 대함에 있어서 정직하고 신중하게 행할 수 있게 하옵소서. 그리고 결혼 서약을 평생 신실하게 지킬 수 있게 하옵소서. 장차 주님 앞에 서게 되는 날, 주님으로부터 "잘하였도다, 착하고 충성된 종아"라는 칭찬을 들을 수 있게 되기를 간절히 소원합니다. 예수님의 이름으로 기도합니다. 아멘.

심층 연구

A. 언약(2:4-5, 8, 10, 14)

언약(히브리어로 베리트, berit)이란 말은 성경에서 가장 중요한 용어 가운데 하나다. 베리트는 구약 히브리어 원문에 284회 등장한다. NIV는 베리트를 각각 '언약' (246회), '조약' (26회), '약속' (3회), '계약' (3회)으로 번역하고 있다. 학자들 간에 의견이 분분하지만, 대부분의 학자들은 베리트가 '결합하다' 는 의미를 가진 동사에서 유래한 아카디아어(바벨로니아어) 비리투(biritu, 족쇄, 속박)와 관련이 있다고 본다. 따라서 언약은 당사자들을 하나로 엮는 약속이다.

'언약을 맺다' 는 구약에 대략 30회 정도 나타난다(창 15:18, 31:44; 출 23:32). 이 어구는 문자적으로 '언약을 자르다' 는 의미를 갖고 있다는 점에서 흥미 있다. 이 히브리 관용어는 언약 의식에서 짐승을 두 부분으로 가르는 관습에서 유래했다(창 15:9-11). 리처드(Richards)에 의하면 "아마… 가장 구속력이 강한 언약은 희생 제사를 포함하고 있는 의식 가운데 치러지는 언약이었을 것이다" (Richards, 「*Expository Dictionary of Bible Words*」, p. 194).

베리트는 구약에서 여러 가지 방식으로 사용되었다. 첫째, 이 용어는 사람들 사이의 조약이나 동맹을 가리킨다. 개인들(창 31:44), 국가들(겔 17:13-18), 왕과 그의 신하들(렘 34:8-11) 혹은 결혼한 부부(말 2:14)는 서로 언약을 맺을 수 있다. 둘째, 언약은 사람과 하나님 사이, 곧 하나님과 개인(민 25:10-13) 혹은 하나님과 나라 사이에(출 19:5) 세워질 수 있었다.

구약에 나오는 가장 중요한 언약 5개는 노아와의 언약(창 9:1-17), 아브라함과의 언약(창 12:1-3, 15:18, 17:1-21), 모세와의 언약(출 19-24장), 다윗과의 언약(삼하 7:11-16; 시 89:3-4) 그리고 새 언약(렘 31:27-40; 겔 36:22-38)이다. 이 모든 언약에서 하나님은 친히 주도권을 갖고 특정한 사람들과 언약 관계를 맺으셨다. 모세 언약에서 이스라엘 백성은 하나님이 세우신 규율을 지켜야 할 책임이 있었고, 그 의무를 다할 때 그 복을 누릴 수 있었다. 다른 네 언약에서 하나님은 그들 편에서 충족시켜야 할 아무런 전제 조건 없이 그 언약을 받아들이는 모두에게 복을 주실 것을 약속하셨다.

언약이란 말은 말라기서에 6회 등장하는데, 그중 5회가 2장에 나타난다. 처음 세 번(2:4-5, 8)은 하나님과 레위와의 언약, 곧 하나님이 레위 지파를 제사장 지파로 선택하신 것을 가리킨다. 구약의 다른 부분에서는 하나님과 레위 지파 사이의 공식적인 언약에 대해 언급하고 있지 않지만 모세 율법(신 18:1, 21:5)에는 레위가 제사장과 성전을 관리하는 지파가 될 것임이 규정되어 있다. '우리 열조의 언약' 을 욕되게 하는 것(2:10)은 시내산에서 이스라엘과 맺은 모세 언약의 율법을 범하는 것을 가리킨다. 2장 14절의 '너와 맹약한 아내' 는 결혼 관계의 구속성을 가리킨다. 결혼 예식 때 행해지는 일생을 건 신실함의 약속은 아내에게만이 아니라 하나님께도 행하는 언약이다. 말라기서에 나온 마지막 '언약' 은 3장 1절의 '언약의 사자' 에 나온다.

그리스도께서는 이 대속의 희생제로 말미암아 새 언약을 세우셨다(마 26:28; 히 9:15). 예수 그리스도를 주님과 구세주로 영접할 때 하나님과의 이 놀라운 언약 관계 안으로 들어가고 그로 인한 모든 축복, 죄 사함, 영생, 기쁨, 평화 그리고 그 밖에 모든 것을 누리게 된다.

B. 궤사를 행하다(2:10-11, 14-16)

궤사를 행하다('신뢰를 깨뜨리다' NIV)는 어구는 히브리어 바가드(bagad)를 번역한 것이다. 바가드는 히브리어 베게드(beged, 겉옷)와 연결되어 있다. 바가드란 의미는 어떤 물건을 덮다 혹은 씌우다(beged)는 의미로, 거짓으로, 속임수로, 혹은 신실하지 못하게 행하다라는 의미가 된다. 말라기의 동시대 사람들은 '은폐' 작업을 하려 했다. 이 용어는 본서에 5회만 등장하는데(그것도 오직 2:1-16 안에서만) 일반적인 불성실한 행동(10, 16절), 이교도와의 결혼을 통한 하나님께의 불성실함(14-15절) 그리고 결혼 배우자에 대한 불성실함(14-15절)을 의미한다. 16절 하반부의 '궤사를 행하다' 는 결혼 관계에만 국한된 것이지만(2:11-16) 10절과 마찬가지로 유다 백성들의 일반적인 분야 곧 사업, 결혼 등에서의 불성실한 행동을 가리키는 것으로 보인다. 만일 그렇다면, 우리는 이 단락의 처음과 끝에서 불성실함에 대해 그 구체적인 행동들을 지적하고 있는 일반적인 충고를 보는 것이다.

C. 구약에서의 이혼(2:13-16)

구약에서 이혼에 관한 토론은 말라기에만 국한된 것이 아니다. NIV에 이혼(이혼하다, 이혼당하다, 이혼당한 여인 등)이란 말은 모두 15회 등장한다. 이혼은 고대 사회에서도 흔한 일이었던 것으로 보이며, 모세 율법에도 이혼에 관한 가르침이 포함되어 있다. 이혼과 관련하여 성경은 제사장들에게 이혼(당)한 여인과의 결혼을 금지하고 있다(레 21:7, 14, 참조 겔 44:22).

말라기의 솔직한 토론은 구약에서 이혼에 관한 세 개의 핵심 본문 가운데 하나다. 그 처음 구절은 창세기 2장 24절로, "이러므로 남자가 부모를 떠나 그 아내와 연합하여 둘이 한 몸을 이룰지로다." 여기에는 이혼이란 말이 언급되지 않지만 부부가 '연합하고' '한 몸을 이루었다' 는 사실은 하나님이 결혼 관계가 영원히 지속되도록 의도하셨음을 암시한다.

신명기 24장 1-4절은 이혼에 관한 구약의 두 번째 중요 본문이다. 여기서 우리는 남편이 아내에게서 '수치되는 일이 그에게 있음을 발견' 하면 그에게 '이혼 증서' 를 써주고 그를 집에서 내어보낼 수 있었음(신 24:1)을 알 수 있다. 모세 율법에 의하면 간음한 배우자는 사형에 처했으므로(레 20:10; 신 22:22) 이 수치되는 일은 불쾌하긴 하지만 간음 정도는 아닌 어떤 일인 것으로 보인다. 예수님 당시에 랍비 삼마이의 제자들은 이 구절을 해석하여 이혼은 오직 간음의 경우에만 허락한 반면, 랍비 힐렐의 제자들은 사소한 문제에 대해서도 이혼을 허락했다. 우리는 신명기 24장이 이혼을 명한 것이 아니라 단지 특정한 상황에서 법적인 이혼을 허용한 것일 뿐임을 다시금 강조하지 않을 수 없다. 그때나 지금이나 이혼은 삶과 관계된 일이었고, 그 관습을 규율하기 위해 법률이 필요했다.

말라기가 전염병처럼 번지는 이혼에 대해 비판하는 데는 용기가 필요했다. 왜냐하면 이혼이라는 것은 주전 5세기나 지금이나 조금도 다를 바 없이 감정이 개입되고 고통스러운 주제이기 때문이다. 우리는 이혼에 관한 선지자의 메시지를 다음 여섯 가지로 요약할 수 있다. 첫째, 하나님이 그 백성들을 축복하시지 않은 한 가지 이유는 그들이 부당하게 자기 아내와 이혼했기 때문이다(2:13). 둘째, 하나님 자신이 그들이 '어려서 취한 아내' (2:14)에게 행한 궤사의 증인이 되시기 때문이다. 셋째, 결혼 관계는 아내와 남편 사이의 '언약' 이다(2:14). 언약은 반드시 지켜져야 한다. 넷째, 하나님은 남편과 아내가 경건한 자녀를 양육할 수 있도록 둘이 '하나' 가 되게 하셨다(2:15). 이혼으로 결혼을 깨뜨리는 것은 이 계획을 위태롭게 할 수 있다. 다섯째, 하나님은 결혼 당사자에게 자기 심령을 '지켜' 자기 배우자를 떠나 다른 이에게 갈 유혹을 받지 말라고 경고하셨다(2:15). 여섯째, 이 문제와 관련된 하나님의 느낌은 이런 가장 강한 말로 표현되었다. "나는 이혼을 미워하노라" (2:16).

이혼에 관한 이런 강한 어조는 가혹한 것으로 비쳐질 수도 있지만, 본문을 고찰할 때는 다음 세 가지 사실을 염두에 두어야 한다. 첫째, 이 엄한 충고는 자기 아내를 저버린 남편들을 향한 것이지 내버림을 당한 무구한 배우자를 향한 것이 아니다. 둘째, 우리는 이 남편들이 정당한 사유 없이 자기 아내를 버렸다고 추정해도 무방할 것이다. 그들은 조강지처('어려서 취한 아내')를 버리고 젊은 신부를 맞아들인 것이 분명하다. 셋째, 하나님은 이혼을 미워하신다고 말씀하셨지 이혼당한 사람을 미워하신다고 말씀하시지 않았다. 하나님은 이른바 이혼 당사자 가운데 '나쁜' 쪽과 '착한' 쪽 모두를 사랑하시며 나쁜 사람도 기꺼이 용서하시려 하신다.

예수님은 특별히 창세기 2장 24절과 신명기 24장 1-4절에 관해 설명해주셨다. 마태복음 19장 3-6절은 이렇게 말씀한다. "바리새인들이 예수께 나아와 그를 시험하여 가로되 사람이 아무 연고를 물론하고 그 아내를 내어버리는 것이 옳으니이까 예수께서 대답하여 가라사대 사람을 지으신 이가 본래 저희를 남자와 여자로 만드시고 말씀하시기를 이러므로 사람이 그 부모를 떠나서 아내에게 합하여 그 둘이 한 몸이 될지니라 하신 것을 읽지 못하였느냐 이러한즉 이제 둘이 아니요 한 몸이니 그러므로 하나님이 짝지어 주신 것을 사람이 나누지 못할지니라 하시니."

예수님은 바리새인들에게 창세기 사건을 지적하시며 특별히 결혼의 항구성에 관한 증거로 창세기 2장 24절을 인용하셨다. 그러나 이 바리새인들은 신명기 24장 1-4절을 들먹이며 고집을 피웠다. "여짜오되 그러하면 어찌하여 모세는 이혼 증서를 주어서 내어버리라 명하였나이까 예수께서 가라사대 모세가 너희 마음의 완악함을 인하여 아내 내어버림을 허락하였거니와 본래는 그렇지 아니하니라" (마 19:7-8).

다른 말로 하면, 하나님은 처음부터 결혼이 항구적인 것이 되기를 의도하셨지만 범죄한 세상에 이혼이 일어나게 될 것임을 익히 아셨다. 따라서 그 관행을 규율하기 위한 방도로 모세 율법이 주어진 것이다. 예수님은 결혼에 관한 이 토론을 이런 말씀으로 마무리하셨다. "내가 너희에게 말하노니 누구든지 음행한 연고(marital unfaithfulness, NIV) 외에 아내를 내어버리고 다른 데 장가드는 자는 간음함이니라"(마 19:9). 이혼에 관한 예수님의 확고한 입장은 제자들마저 경악하게 만든 것으로 보인다(마 19:10). 우리는 구약의 가르침과 그에 대한 예수님의 해석을 통하여 결혼에 대한 하나님의 의도는 한 남편과 한 아내가 '죽음이 두 사람을 갈라놓을 때까지' 계속되는 것이라는 결론을 내릴 수 있을 것이다.

고안

A. 들어가는 글

1. "아직도 한결같이"를 읽어주라
2. 배경 설명 : 말라기는 2장 1-16절에서 신실함이라는 중요한 덕목을 이야기하고 있다. 그는 신실하지 못한 영적 지도자인 제사장들을 책망하고 그들의 죄악된 행위가 지속될 때 따르는 심각한 결과들을 경고했다(2:1-9). 그리고 같은 공동체에 속한 다른 이들을 향한 신실함을 이야기한다(2:10). 또한 이교도와의 결혼은 하나님 그분을 향한 신실치 못한 일, 곧 믿음을 저버린 일로 비난받았다(2:11-12). 믿지 않는 이방인과의 결혼은 유다 역사 가운데 이 시점에서 특히 심각한 문제였다(느 13:23-28 참조). 만일 성도들이 이교도들과 통혼하게 되면 참되신 하나님께 대한 헌신이 타격을 받을 수 있다. 우리는 말라기 2장 13-16절에서 이혼에 관한 구약에서 가장 강력한 명령을 보게 된다.
3. 적용 : 말라기는 우리가 사는 이 시대에 신실함에 대해 많은 것을 이야기하고 있다. 종교 지도자들의 신실하지 못함(부도덕, 불신앙, 기타 등)은 교회와 목회자들에 대

한 존경심 상실로 이어지고 있다. 우리는 같은 공동체 안에 있는 다른 이들에게 신실(정직)해야 한다. 거짓 종교와의 타협은 어느 것이나 위험하다. 마지막으로 말라기는 우리 사회에 요원의 불길처럼 번지고 있는 이혼에 관한 문제를 다룬다.

B. 본문 이해

1. 종교 지도자들의 신실함(2:1-9)
2. 다른 이들을 향한 신실함(2:10)
3. 하나님을 향한 신실함(2:11-12)
4. 가정을 향한 신실함(2:13-16)

C. 결론: 62년 개근

토의 질문

1. 당신은 오늘날의 목회자들과 영적 지도자들이 과거만큼 존경을 받고 있다고 생각하는가? 왜 그렇다고 생각하는가?

2. 당신 생각에, 우리 사회가 정직함, 개인의 성실함 그리고 공손함의 문제와 관련하여 더 개선되었다고 보는가, 악화되었다고 보는가? 그 이유를 설명해보라.

3. 성도가 불신자와 결혼하는 것이 어떤 점에서 위험한가?

4. 하나님은 왜 "나는 이혼을 미워하노라" 고 말씀하셨을까? 당신은 행복하고 영원한 결혼을 유지하기 위하여 어떤 조언을 해주겠는가?

말라기 2:17-4:6

당신은 하나님을 어떻게 대하는가?

"예수님을 섬기는 일은 가치 있는 일이다."

- 프랭크 C. 허스턴(Franf C. Huston)

말라기서의 마지막 단락에서 선지자는 자기 시대의 하나님을 섬기는 올바른 방식과 잘못된 방식을 비교한다. 말라기는 하나님을 대하는 세 가지 잘못된 방식을 이야기한다. 하나님이 부당하시다고 비난하기(2:17-3:6), 하나님의 것을 도적질하기(3:7-12), 그리고 하나님을 섬기는 것이 시간 낭비라고 불평하기(3:7-12)가 그것이다. 말라기의 설교를 들은 자들은 귀머거리가 아니었고, 선지자는 하나님을 대하는 바른 방법(3:16-4:6), 곧 회개하고 여호와를 경외하는 일을 행하는 이들에 관한 이야기로 본서를 마무리한다. 이 참된 성도들은 장차 임할 심판을 벗어나고 메시아의 나라에서 기쁜 미래를 맞이하게 될 것이다.

Malachi

들어가는 글

두 무신론자 이야기

매들린 머레이 오헤어(Madalyn Murray O'Hair)는 미국 역사상 가장 유명한 무신론자일 것이다. 그녀의 기괴한 언행은 하나의 전설이다. 비바람이 억수같이 퍼붓는 어느 날 밤 오헤어 부인은 메릴랜드 주 볼티모어에 있는 자기 집 앞 잔디밭에 서서 하나님을 향해 주먹질을 해댔다. 번갯불이 하늘을 가로지르며 번쩍이는 가운데 그녀는 하나님께 음란한 말을 퍼부으며 벼락으로 자기를 죽여보라고 고래고래 소리를 질렀다. 번개가 자기를 잿더미로 만들지 않자 그녀는 이 광경을 지켜본 가족들에게 들어가 하나님이 존재하지 않음을 '증명했다' 고 만족스런 미소를 지어보였다.

그녀의 삶은 하나님을 공격하고, 무신론(그리고 공산주의)을 전파하고, 미국인들의 삶 가운데 모든 하나님의 흔적을 제거하는 데 바쳐졌다. 그녀는 미국 화폐에 새겨진 "In God We Trust" 란 구호를 없애려고 맹렬히 투쟁했고, 심지어 달에 착륙한 우주인이 달을 순회하며 드린 기도가 방송되는 것을 비난하며 그 우주 여행이 연방정부의 세금으로 시행되는 것이니만큼 기도를 방송하는 일이 허용되어서는 안 된다고 주장했다. 오헤어의 가장 큰 업적은 1963년 연방대법원이 공립학교에서 의무적으로 시행되는 기도가 위헌이라고 판시하며 그것을 금지시킨 일이었다. 그녀의 무신론자 아들인 윌리엄(빌) 머레이는 그 획기적인 재판의 원고로 기록에 남아 있다.

빌의 어머니는 빌에게 그가 마약에 중독되거나 은행을 털거나 그보다 더 나쁜 일을 하더라도 다만 그리스도인만 되지 않으면 상관하지 않는다고 말했다. 빌은 오랫동안 하나님은 계시지 않은 것처럼 살아왔다. 알코올, 마약 그리고 성적 쾌락(혼외정사를 비롯하여 포르노에 탐닉하는 것을 포함)이 그의 삶을 지배했다. 결국 빌은 자신의 삶이 공허하고 아무 의미가 없다는 것을 깨달았다. 빌이 33세가 되었을 때 그의 어머니에게 가장 끔찍한 악몽이 실현되었다. 미국 무신론자의 선봉장의 아들인 윌리엄 머레이가 그리스도인이 된 것이다! 머레이의 삶은 완전히 변했고, 그는 이제 예수 그리스도의 복음과 무신론의 무익함을 온 나라에 전하고 있다. 그는 자신의 솔직한 자서전인 「하나님

없는 삶(*My Life Without God*, Nashville: Thomas Nelson, 1982)」에서 무신론자였을 때 행했던 일들과 자신의 구원을 재음미하고 있다. 머레이는 또한 "내가 공립학교에서 기도를 없애는 데 일익을 맡아 행한 일들은 범죄였다!" 고 공개적으로 진술했다.

오헤어는 빌과 의절하고 자신에게 예수 그리스도의 사랑을 전하려는 그의 모든 노력을 거절했다. 그녀는 계속 하나님을 모독하는 삶을 살다가 결국 몇 년 전에 세상을 떠나고 말았다. 한 집안 식구인데도 어머니는 그토록 하나님을 치욕스럽게 대했고 아들은 그분께 영광 돌리는 삶을 살았으니 참으로 희한한 일이 아닐 수 없다.

말라기서 마지막 단락에서 선지자는 그 시대의 하나님을 대하는 올바른 방식과 잘못된 방식을 비교하고 있다. 말라기는 하나님을 잘못 대하는 방식으로, 하나님이 불의하시다고 주장함으로써 그분을 괴로우시게 하기(2:7-3:6), 마땅히 창조주께 속한 것을 가로챔으로써 하나님의 것을 도적질하기(3:7-12) 그리고 하나님을 섬기는 일이 시간낭비라고 주장함으로써 하나님을 모욕하기(3:13-15) 등의 세 가지를 들고 있다. 말라기의 설교를 들은 이들은 귀머거리가 아니었고, 그는 회개하고 하나님을 경외한, 곧 하나님을 대하는 바른 방식을 취한 사람들에 관한 이야기로 본서를 마무리한다(3:16-4:6). 이 참 성도들은 기쁨의 미래를 소유하고 있으며 다가올 심판에서 벗어날 것이다. 오늘날 세상에는 하나님을 함부로 대하는 이들(오헤어와 같은)이 있지만, 그분을 사랑하고 공경하는 수많은 이들(그녀의 아들 윌리엄처럼)도 있다. 말라기를 마지막으로 그 이후 사백 년 동안 이 땅에서 선지자의 목소리가 그쳐졌었다. 따라서 우리는 구약 시대에 하나님이 주신 이 마지막 메시지를 주의 깊게 읽어보아야 한다.

본문 이해

당신은 하나님을 어떻게 대하는가?

Main Idea	사람들은 여러 방식으로 자신의 창조주이신 하나님을 무시하지만, 하나님은 우리가 하나님을 공경하고 존경하기를 원하신다. 하나님을 섬기는 일에는 영원한 상급이 주어진다.

A. 하나님을 괴로우시게 함(2:17-3:6)

Supporting Idea	사람들은 하나님이 불의하시다고 비난함으로써 하나님을 괴로우시게 할 수 있다. 하나님은 하나님이 정하신 때에 공의를 베푸실 것이다.

2:17. 하나님은 오래 참고 자비로우시지만, 여기서 말라기는 백성들(아마 불신앙의 유대인들을 가리킴, 3:5 참조)이 참으로 여호와를 괴로우시게 하였다고 고발한다. 앞에서 그랬던 것처럼 그들은 스스로 아무 죄 없는 체하며 본서의 네 번째 핵심 질문을 던진다. **우리가 어떻게 여호와를 괴로우시게 하였나?** 그들은 뻔뻔스럽게도 하나님이 공의로우시지 못하다고 (잘못) 비난함으로써 하나님의 인내심을 고갈시켰다. 구체적으로 그들은 이렇게 주장했다. (1) **모든 행악하는 자는 여호와의 눈에 선히 보인다.** (2) 그래서 그들은 **하나님께 기쁨이 된다.** (3) 하나님은 세상의 불의에 대해 무관심한 것처럼 보인다. **공의의 하나님이 어디 계시냐?** 이 유대인들은 자기들은 어려운 문제에 처했는데 악한 개인과 나라가 번성하는 것을 목격했다. 그들은 이렇게 생각했다. "하나님, 우리는 당신을 섬기기 위해 애썼습니다. 그런데 우리에게 무엇이 돌아왔습니까? 아무것도 없습니다! 하나님은 분명 악인들이 진정으로 선하다고 생각하시나 봅니다. 왜냐하면 우리는 가난한데 그들은 부유하기 때문입니다. 그들에게 그토록 큰 복을 주시는 것을 보면 하나님은 그들을 특별히 기뻐하고 계심이 분명합니다. 하나님, 만일 하나님이 공의로우시다면, 지금 어디에 계십니까? 왜 이 자리에 오셔서 잘못된 것을 바로잡고 악인들을 벌

주시고, 우리에게 복을 주시지 않습니까?”

우리는 여기서 스스로 의롭고 당당하다고 주장하는 사람들이 바로 하나님께 흠 있는 짐승을 제물로 바치고, 하나님을 예배하는 일이 얼마나 고된지 불평하고, 이교도와 결혼하고, 아내를 저버린 그 사람들과 동일한 사람들임을 지적하지 않을 수 없다. 그들은 하나님께 복을 받을 자격이 있는 덕목을 갖춘 훌륭한 사람들이 결코 아니었다. 그들이 받는 고난은 대부분 스스로 자초한 것들이다.

여전히 경건한 개인들과 그들 민족 전체에게 집단적으로 불의가 자행되었다(2:14). 그들의 변호자이신 하나님은 진정 공의로우시고 주무시지도 않으셨다. 그분은 이 불의를 모두 보셨고 반드시 행하실 것이다. 하나님은 다만 그들의 시간표에 따라 움직이지 않으셨다. 우리는 자주 인용되는 로가우(Logau)의 경구를 기억해야 한다. “하나님의 맷돌은 비록 느리게 돌아가지만 아무리 작은 것도 갈아내며, 하나님은 인내로 기다리고 계시지만 하나도 놓치지 않고 모든 것을 정확히 갈아내신다.”

3:1. 3장 1-6절에 기술된 다가올 심판의 모습은 2장 17절에 나타난 그 백성들의 엉뚱한 고발에 대한 하나님의 응답이다. 말라기의 청중들은 이렇게 부르짖었다. “공의의 하나님이 어디 계시는가?” 여기서 그 백성들은 ‘공의의 하나님’을 맞이할 준비를 하라는 경고를 받았다. 왜냐하면 하늘의 재판장이신 여호와 하나님이 친히 오실 것이기 때문이다! 유다의 건방진 이들을 포함한 그 악한 이들에게 아모스는 이렇게 예언했다. “화 있을진저 여호와의 날을 사모하는 자여 너희가 어찌하여 여호와의 날을 사모하느뇨 그 날은 어두움이요 빛이 아니라”(암 5:18).

1-6절에는 그리스도의 초림과 재림 그리고 그분의 오심을 예비할 이에 대한 놀라운 예언이 들어 있다. 구약에서는 말라기 3장 1절, 4장 5-6절과 이사야 40장 3절에서만 메시아의 오심에 앞서 한 사람이 먼저 올 것을 알려준다. 내 사자(히브리어로 말라기, mal'aki, 선지자의 이름 자체)가 내(만군의 여호와) 앞에서 길을 예비할 것이다. 예수님은 친히 이 구절을 인용하시면서 세례 요한이 자신의 오심을 예비할 사역을 맡은 사자임을 확인시켜주셨다(마 11:10). 마가(막 1:2)와 누가(1:76) 역시 말라기의 예언을 인용하여 요한이 메시아에 앞서 올 자임을 밝히고 있다. 울프(Wolf)에 의하면, “사자는 보통 선지자를 말하며, 말라기 시대 이후로 450년 후에 요한이 무대에 등장하기까지 아무도 나타나지 않았다.”(Wolf, p. 98). 사자는 만군의 여호와 = 나 = 예수님의 오심을 예비하므

로 메시아이신 예수님은 여기서 하나님과 동등된 분으로 간주되고 있다.

홀연히(예상치 못하는 순간에) 예수님(주님)이 그 전에 임하실 것이다. 히브리어 아돈 'adon 곧 '주님' 이 정관사와 함께할 때(the Lord)는 항상 하나님을 가리키며(출 23:17, 34:23; 사 1:24, 3:1), '그 전' 은 물론 하나님의 성전이다. 따라서 우리는 이 구절에서 예수님의 신성을 입증하는 두 가지 증거를 얻을 수 있다. 예수님은 겨우 여덟 살 때에 예루살렘 성전에 올라가셨고(눅 2:21-38), 사역하는 동안 예배하고 가르치면서 그곳에서 많은 시간을 보내셨다. 여호와께서 자신의 성전에 임하시리라는 말라기의 계시는 성전 제사를 멸시하는 뻔뻔한 행동을 저질렀던 제사장들을 깜짝 놀라게 했을 것이다. **너희의 구하는 바란** 구절은 "공의의 하나님이 어디 계시냐?" (2:17)란 질문을 생각나게 한다. 메시아는 새 언약의 사자(마 26:28; 히 8:8-13, 12:24)이시며 새롭고 신실한 제사장직을 세우실 것이다.

3:2. 1절이 그리스도의 초림에 일어날 일들을 기술하고 있는 반면, 2-6절은 그리스도의 재림에 있을 세상에 대한 심판을 말씀하고 있다. 앨든(Alden)에 의하면 "말라기는 대부분의 구약의 선지자들과 마찬가지로 그리스도의 오심을 묘사함에 있어서 두 번의 오심을 한데 섞어서 기술하고 있다" (Alden, 「*Expositor's Bible Commentary*」, p. 719; 참조 슥 9:9-10). 말라기의 동포들은 불의가 횡행하고 악인들이 자유롭게 날뛴다고 불평했다. 메시아는 이러한 상황을 치료하실 것이다. **금을 연단하는 자의 불이** 은에서 불순물을 제거하듯(3절) 그리고 **표백하는 자의 잿물이** 의복의 오물을 제거하듯 그리스도께서 다시 오실 때 이 땅의 모든 사악함이 제거될 것이다. **그의 임하는 날을 누가 능히 당하며 그의 나타나는 때에 누가 능히 서리요?** 그 대답은 오직 회개하고 메시아를 믿는 이들뿐이다. '그의 임하는 날' 은 바로 여호와의 날이다.

3:3-5. 신실치 못한 제사장들은 말라기가 이미 예언한 것처럼 제거될 것이며, 오직 **의로운 제물을 여호와께 드려 여호와께 기쁨이 될** 의로운 제사장들만이 신실한 옛날 제사장들처럼(2:4-6) 남게 될 것이다. 심판은 하나님의 집에서 시작되어 **술수하는 자, 간음하는 자, 품꾼의 삯에 대하여 억울케 하는 자, 과부와 고아를 압제하며 나그네를 억울케 하는 자들,** 곧 모세의 율법에서 정죄하고 있는 자들에게 미치게 될 것이다.

술수하는 자(마법사)는 애굽(출 7:11), 가나안(신 18:9-10, 14), 바벨론(사 47:9, 12; 단 2:2)을 포함하여 심지어 이스라엘(왕하 17:17, 21:6)을 비롯한 고대 근동에 널리 퍼져 있었다. 그 관행들은 신약 시대까지 이어졌다(행 8:9, 13:6, 8, 19:19). 이러한 사교들의 모든 행위들은 성경에서 금지되었고 극히 위험한 것인데 역설적이게도 오늘날과 같은 이른바 과학적이고 개화된 시대에 널리 인기를 끌고 있는 것처럼 보인다. 하나님을 경외(두려워함, 시 36:1)하지 않는 것이 이 구절에 기록된 그 밖의 모든 죄악의 뿌리다.

3:6. 심판은 이스라엘과 온 세상에 임할 것이다(3:2-5). 이는 이스라엘의 마지막을 의미하는가? 그렇지 않다. 하나님은 그 민족의 미래에 대하여 변하지 않는 언약을 체결하셨다. 그러나 약속들은 그것을 체결한 당사자의 성품에 따라 신뢰할 수 있는지의 여부가 결정되는 것이다. 따라서 하나님은 나 여호와는 변역지 아니하나니 그러므로 야곱의 자손들아 너희가 소멸되지 아니하느니라고 엄숙히 선언하셨다. 하나님의 거룩하시고 공의로우시고 신실하신 성품은 변하지 않으며, 변할 수 없는 것이다. 사도 바울은 이렇게 말한다. "우리는 미쁨이 없을지라도 주는 일향 미쁘시니 자기를 부인하실 수 없으시리라" (딤후 2:13). 하나님은 거룩하시고 공의로우시기 때문에 그분은 죄를 심판하실 것이다. 하나님은 거짓이 없으시기 때문에(딛 1:2) 이스라엘을 정결케 하실 것이지만 완전히 멸하지는 않으실 것이다(시 89:34). 여기서 이스라엘 민족을 가리키는 말로 야곱이라는 이름('발꿈치를 붙잡은 자, 남의 것을 가로챈 자' = 사기꾼)이 선택된 것은 그 술수에 능했던 조상과 마찬가지로(창 27:1-36) 이스라엘이 하나님의 은혜를 받을 자격이 없음을 상기시키기 위함이다.

'나 여호와는 변역지 아니하며' 는 성경 가운데 가장 중요한 신학적 명제로(약 1:17) 몇몇 사람들이 주장하는 것처럼 하나님이 성장하고 발전하는 과정 중에 있다는 주장들을 잠재운다. 하나님은 더 이상 좋아지실 수 없다. 왜냐하면 그분은 이미 완전하시기 때문이다. 하나님은 더 많은 것을 배우실 수 없다. 왜냐하면 그분은 이미 모든 것을 아시기 때문이다. 하나님은 더 많은 능력을 가지실 수 없다. 왜냐하면 그분은 이미 전능하시기 때문이다. 카이저에 의하면, "하나님의 본성, 태도, 도덕적 성품 그리고 죄를 벌하시고 의인을 상 주시는 단호함을 생각할 때 어떤 변형이나 불일치는 존재할 수가 없다. 이러한 성품들을 생각하면 그분에게는 절대적이고 조건 없는 확실함만이 존재한다" (Kaiser, 「*More Hard Sayings of the Old Testament*」, p. 266). 하나님이 변하실 수 없음에 해당하는 신학 용어는 '불변성' 혹은 '불역성' 이라 한다.

B. 하나님의 것을 도적질함(3:7-12)

Supporting Idea	사람들은 마땅히 자신의 창조주께 속한 것들을 드리지 않음으로써 하나님의 것을 도적질하기도 한다. 신실한 헌금은 하나님의 축복을 가져온다.

3:7. 이스라엘은 하나님의 규례(율법)를 떠났던 방황의 역사를 갖고 있지만, 만군의 여호와께서는 그 백성들을 여전히 사랑하시고 내게로 돌아오라 그리하면 나도 너희에게로 돌아가리라고 호소하신다(참조 슥 1:3). 만일 그들이 자기 죄를 회개하면 하나님의 특별한 임재와 축복이 과거처럼 그들 가운데 임할 것이다. 아마 우리가 어떻게 하여야 돌아가리이까?란 그들의 질문은 진심에서 우러나온 것으로 보인다. 그러나 본서 전체에 기록된 그들의 마음을 비추어보면 그 질문은 냉소적인 반응에 지나지 않는다. 말라기는 평소 사용하던 방식과 반대로 구체적인 해설을 덧붙이지 않고 있는데, 그것은 본서 전체가 실제로 하나님과 올바른 관계를 맺는 법을 지적하고 있기 때문이다. 7절은 자체적으로 완결된 의미를 가지지만, 대부분의 주석가는 8-12절과 연계시켜, 불순종에 관한 일반적인 고발에서 구체적으로 하나님의 것을 도적질하는 것에 대한 고발로의 전환으로 간주한다.

3:8. 8-12절에서 우리는 본서에서 가장 친숙한 구절인 십일조에 관한 말라기의 논문을 발견하게 된다. 말라기의 발제 질문은 사람이 어찌 하나님의 것을 도적질하겠느냐는 놀라운 것이었다. 불신자들조차도 하나님의 것을 도적질하는 것은(단순히 미신에 의한 것이라도) 겁이 나는 일임이 분명하다. 그러나 그들은 이제까지 받아온 많은 공세에 더하여 이 끔찍한 범죄에 대하여도 추궁을 받았다. 그들은 우리가 어떻게 주의 것을 도적질하였나이까? 란 질문에 대해 하나님이 설명해주시기를 원했다. 하나님은 십일조와 헌물이라고 대답하셨다. 십일조(10절 역시)란 용어는 '10번째 부분'을 의미하는 히브리어 마제르(ma 'aser)를 번역한 것으로, 십일조가 개인의 재물 증가분의 10퍼센트라고 규정한다. 헌물은 한층 일반적인 용어로 거룩한 목적에 드려진 것을 가리킨다. 십일조는 제사장들과 레위 지파를 부양하기 위해 드려지는 것으로, 레위 지파는 가나안 땅에서 다른 지파처럼 분깃을 나누어받지 못했기 때문이다(민 18:21, 24-29).

3:9-12. 유다의 죄로 인하여 온 나라가 신명기 28장 15-42절에 대략적으로 묘사된 기

근, 흉년 등의 저주를 받게 되었다. 그 치료책은 온전한 십일조를 창고에 들이는 것이었다. '온전한 십일조' 라는 말은 몇몇 사람들이 십일조를 일부분만 드린 것을 암시하는 것으로 보인다. 나의 집(성전)에 양식이란 구절은 제사장이 양식으로 사용할 물품과 헌물을 가리킨다. 십일조는 겁이 날 정도로 부담스러운 의무가 될 수도 있다. "과연 우리가 그렇게 많이 하나님께 드리고도 재정적으로 버틸 수 있을까? 우리 아이들이 굶어죽지는 않을까?" 하나님은 그런 두려움을 가라앉히기 위하여 유다에게(그리고 우리에게) 이 문제와 관련하여 하나님 자신을 시험하여 보라고 도전하셨다. 다른 말로 하면 하나님은 "시험 삼아 십일조를 한번 드려보고 어떤 일이 일어나는지 보라" 고 말씀하시는 것이다.

만일 우리가 십일조와 관련해서 하나님을 신뢰한다면 그분은 그 저주를 들어 옮기시고 복을 쌓을 곳이 없도록 부어주시겠다고 약속하셨다. 때에 맞는 비가 내리고(하늘 문을 열고) 우리는 풍성한 수확을(그것을 쌓을 곳이 부족할 정도로) 거둘 것이다. 하나님은 황충을 금하여(문자적으로, "게걸스럽게 먹는 것들을 꾸짖다" 로, 메뚜기떼를 가리키는 것으로 보임, 신 28:38) 곡식을 망치지 않게 하시고, 포도나무가 많은 열매를 맺게 해주실 것이다. 심지어 이방인을 포함한 열방 나라들도 하나님이 유다에 베푸신 복을 보고 그들의 땅을 아름다운 땅이라 이름할 것이다(사 62:4 참조). 하나님은 하나님께 순종하는 이들에게 분명히 영적으로 복을 주실 것이다. 또한 여기서는 경제적으로도 축복하시는 하나님의 모습을 볼 수 있다.

C. 하나님을 모욕함(3:13-15)

Supporting Idea	백성들은 하나님을 섬기는 일이 시간 낭비라고 주장함으로써 하나님을 모욕했다. 마지막 날에 의인은 보상을 받을 것이다.

3:13. 너희가 완악한 말로 나를 대적하고도(문자적으로, "너희의 말이 내게 강하게 부딪히다")라는 구절은 본서에서 가장 심각한 고발이다. 그리고 앞에서와 마찬가지로 백성들은 자신이 무죄하다고 주장했다. 우리가 무슨 말로 주를 대적하였나이까?는 본 예언서의 뼈대를 이루고 있는 여섯 가지 중요한(어리석은) 질문(1:2, 6, 2:14, 17, 3:8, 13) 가운데 마지막 질문이다.

3:14. 하나님은 이 거만한 백성이 하나님을 섬기는 것이 헛되다고 볼멘소리를 한다고 설명하셨다. 헛되다(히브리어로 '샤' shaw', 비다, 아무것도 없다, 무익하다, 출 20:7에서는 '망령되다')는 말은 아무 쓸모없는, 시간 낭비인 것들을 가리킨다. 유익하다는 말은 이기적이고 재정적인 보상물을 암시한다. 예를 들어, 창세기 37장 26-27절은 "유다가 자기 형제에게 이르되 우리가 우리 동생(요셉)을 죽이고 그의 피를 은닉한들 무엇이 유익할까 자, 그를 이스마엘 사람에게 팔고 우리 손을 그에게 대지 말자"라고 기록하고 있다(렘 8:10 참조). 말라기의 동포들은 어리석게도 하나님을 섬기는 일이 시간 낭비라고 말하고 재정적인 지출을 하지 않았다. 그들의 태도는 "그것이 내게 무슨 이익인가?" 하는 것이었다. 그들의 예배는 마음에서 나온 것이 아니라 가식적인 것이었다. 그들은 하나님의 명령을 성실히 수행한다고 주장했고, 심지어 만군의 여호와 앞에서 슬프게 행하기까지(금식) 한다고 주장했다. 그들의 금식과 눈물이 하나님의 은총을 가져오지 못한 것은 그들의 삶이 죄로 가득했기 때문이다(2:13-14 참조).

3:15. 비록 이 불평하는 자들은 스스로 하나님을 성실히 섬긴다고 고백했지만 그들은 경제적으로 잘 지내지('유익') 못했다. 반면에 교만한 자(반역하는 자, 하나님이 없는 자, 시 86:14 참조), 악을 행하는 자, 심지어 하나님을 시험하는 자들은 번성하는 것처럼 보였다. 일찍이 백성들은 자기들(소위 '의인들')은 빈곤한데 행악자들은 번창하고 아무 벌을 받지 않고 있으니 하나님이 불의하시다고 말한 바 있다(2:17). 이제 그들은 새로운 단계로 나아가 여호와 하나님을 섬기는 일이 시간과 정력의 낭비라고 결정했다. 주님은 4장 1-3절에서 그들의 비난에 답하실 것이다.

D. 하나님을 경외함(3:16-4:6)

Supporting Idea	하나님은 우리가 하나님을 공경하고 높이기를 원하신다. 성도들은 기쁨의 미래를 얻을 것이며 장차 임할 심판을 피할 것이다.

3:16. 유다의 많은 백성들은 말라기를 성가신 사람으로 보고 자신들의 죄를 비난하는 그를 반기지 않았음이 분명하다. 그러나 선지자의 청중들 가운데 어떤 이들(여호와를 경외하는 자들)은 자신의 잘못을 뉘우치고 회개했다. 우리는 옛날 유다에서(오늘날과 마찬가지로) 믿는 자와 믿지 않는 자, 두 부류의 사람들을 발견하게 된다. 피차에 말

하다는 구절은 그들이 말라기의 설교를 듣고 서로 토론하며 이 신랄한 선지자가 옳다고 인정했음을 의미하는 것으로 보인다. 하나님은 그들이 자기 죄를 회개하였을 때 그것을 분명히 들으셨고, 여호와 앞에 있는 기념책(성경에서 오직 이곳에만 나오는 구절)에 기록하여 영원히 기록에 남게 하셨다.

앨든(Alden)에 의하면, "하나님이 기록을 남기신다는 사상은 구약에 가끔씩 등장한다(출 32:32; 시 69:28; 사 4:3; 단 12:1 참조). 신약은 그런 내용을 여러 차례, 특히 요한계시록에서 언급하고 있다(눅 10:20; 빌 4:3; 히 12:23; 계 3:5, 13:8, 17:8, 20:12, 15, 21:27 참조)" (Alden, 「*Expositor's Bible Commentary*」, p. 723). 존중히 생각하다는 '생각해내다' 혹은 '높이 평가하다' 는 의미다. 우리는 앞에서 하나님의 이름을 멸시하고 존경치 않은 이들을 만나보았다(1:6, 12, 14, 2:2). 이제 '여호와를 경외하는 자들' 이 하나님의 이름을 귀하고 아름답게 높이고 있다. 왜냐하면 그들은 하나님 자신을 사랑하고 존경하기 때문이다.

3:17. 하나님은 믿는 자들에게 두 가지 놀라운 약속을 하셨다. 첫째, 그들로 나의 소유를 삼을 것이란 말은 하나님과의 특별한 관계, 곧 그분의 영적 가족의 일원이 됨을 가리킨다(요 1:12). 참되신 하나님을 따르는 이들은 금이나 은 같은 보화처럼 그분에게 소중한 존재다(출 19:5; 대상 29:3; 전 2:8). 신자들은 자신이 사랑받지 못한다거나 하찮은 존재라는 느낌을 가질 필요가 전혀 없다. 둘째, 하나님은 장차 임할 진노로부터 그들을 아끼실 것이다(4:1).

3:18. 이 구절은 하나님을 섬기는 일은 시간 낭비이며 악인들이 복을 받고 잘산다고 불평함으로써 여호와 하나님을 모욕하던(2:17, 3:14-15) 이들에 대한 즉각적인 대답이다. 장차 임할 여호와의 날에(4:1) 셈이 치러지고 공의가 펼쳐질 것이다. 의인은 심판을 벗어나고 메시아 왕국의 축복을 누리며, 악인은 진노를 수확하고 하나님과 영원히 분리될 것이다. 공의와 불의 사이에 분명한 분별이 있게 될 것이다! 그때 온 세상이 여호와 하나님을 섬기는 일이 가치 있는 일임을 알게 될 것이다. 분별하리라는 구절은 하나님이 역사의 흐름 가운데 의인을 건지시고 악인을 심판하신 예들을 가리킨다(창 6:7-8, 19:29; 출 11:27).

4:1. 하나님을 따르는 자와 그렇지 않은 자 사이의 '분별' (3:18)은 4장 1-3절에 생생하게 제시된다. 그날은 '여호와의 날' (4:5)로 악인을 심판하고 의인을 축복하는 때다(2-3

절). (여호와의 날에 관한 자세한 내용은 스바냐서 심층 연구를 보라.) 진실로(NIV surely, 우리말 성경에는 명시되지 않음 - 역주)라는 말은 이날, 곧 3장 15절에서 하나님이 불공정하시다고, 그리고 2장 17절에서 하나님이 자기들에게 무관심하시다고 비난한 것을 논박할 때가 확실히 올 것임을 강조하는 말이다. 하나님의 진노의 불은 교만한 자와 악을 행하는 자들, 즉 불평하고 의심하는 죄를 범하고도 아무 탈이 없던 자들을 뿌리와 가지조차 남기지 않고 모두 살라버릴 것이다. 죄는 반드시 그 값을 치를 날이 온다.

4:2-3. 이와 대조적으로 하나님의 이름을 경외하는 이들은 상상할 수조차 없는 기쁨을 경험하고(외양간에서 나온 송아지같이 뛰리니) 악인인 압제자들에게 영원하고 완전한 승리를 거둘 것이다. 이 새로운 세상은 의로운 해(84:11에서 하나님의 형상으로 나타남)가 떠오르는 장엄한 장면과 함께 시작될 것이다. 범죄한 세상의 어둠 위에(실제로 그 가장 어두운 시간에) 영적인 빛이 새벽 해처럼 갑자기 비춰고 의가 넘치게 될 것이다. 우리는 카이저(Kaiser)의 말에 동의한다. "학자들 사이에 '의로운 해' 의 의미에 관해 하나된 의견이 존재하지는 않지만, 그 해가 공의를 특징으로 하며 공의로 행하여 공의를 일으키게 하시는 분인 메시아를 가리키는 것으로 보는 학자들이 가장 과녁의 중심에 접근한 것으로 보인다" (Kaiser, 「*The Messiah in the Old Testament*」, p. 230).

세상의 빛이신 메시아 예수님은(요 8:12, 9:5) 다시 오셔서 이 땅에 영원한 공의(그리고 정의)를 펼치실 것이다. 치료하는이란 말은 하나님의 백성을 시편 107편 20절에서와 같은 멸망에서 구원하심을 암시하는 것이 분명하다(KJV, NASB, NRSV를 보라). 발하리라(NIV에서는 in its wings로 번역하고 있음 - 역주)는 다음과 같이 번역되고 있다. (1) 애굽, 앗수르, 바벨론 혹은 페르시아의 날개 달린 태양 원반의 모습, (2) 태양의 따뜻한 햇살(시 139:9), (3) 물건을 담을 수 있게 두루마리에 달린 '옷자락' (말 4:2에 번역된 말과 동일한 히브리어, 겔 5:3), (4) 새의 보호 날개. 두 번째와 네 번째 견해가 가장 타당한 것으로 보이며, 둘 가운데 하나를 택하는 것은 무척 어려운 일이다. 이를 요약하면 메시아 예수님은 다시 오실 때 죄로 어두워진 세상에 영적인 빛을 비추시고, 자기 백성들에게 공의(정의)와 구원(치료)을 베푸실 것이다. 이 구절은 구약에 마지막으로 등장하는 메시아에 관한 구절이다.

4:4. 하나님의 말씀에 진심으로 순종하는 것이 그 심판을 피하고(1절) 메시아 왕국의 축복을 누리는 열쇠(2-3절)다. 내 종 모세에게 명한 법은 구약의 종교적 가르침 전체이

며, 선지자의 선포는 기본적으로 그 율법의 해설이다. 호렙산은 시내산의 또 다른 이름으로(출 34:4; 왕상 8:9), 전승에 의하면 V자 형태의 시내반도의 남부에 위치한 예벨 무사(Jebel Musa)를 가리키는 것으로 알려져왔다.

4:5. 메시아의 오실 길을 예비하기 위해 여호와께서 사자를 보내실 것이라는 사실은 3장 1절에 예언되었다. 여기서 그 선구자는 선지자 엘리야로 불리는데, 이는 다시 사람의 몸을 입은 옛 선지자가 아니라 선지자로서 동일한 능력과 사명, 곧 그 민족을 하나님께 돌아오게 하는 임무(6절)를 가진 이를 가리킨다. 예수님은 마태복음 17장 10-13절에서 세례 요한이 자신의 초림을 예비할 엘리야라고 설명해주셨지만(마 11:13-14 참조), 장차 또 다른 엘리야가 올 것임을 분명히 하셨다. 이 미래의 엘리야는 여호와의 크고 두려운 날이 이르기 전에 메시아의 재림을 예비할 것이다.

4:6. 아비의 마음을 자녀에게로 돌이키게 하고 자녀들의 마음을 그들의 아비에게로 돌이키게 하는 것은 사람들이 하나님과 올바른 관계를 맺음으로 인한 결과로 보인다. 다른 사람과의 관계 회복은 항상 진정한 회복이 뒤따른다. 또 다른 가능한 번역은 '아비'는 이스라엘의 경건한 조상(아브라함, 모세, 다윗과 같은)이며 '자녀들'은 그들의 변덕스러운 후손으로 그 조상들의 믿음을 회복하도록 부르심을 받은 자들이다. 이 견해의 난점은 어떻게 엘리야가 조상들(모세 등)의 마음을 그 자녀들에게 돌아오게 하는지를 설명하는 데 있다.

하나님은 이 마지막 절에서 인류에게 자신의 말씀을 순종할 것을 촉구하시고, 엘리야를 보내 이스라엘과 세상에 경고하여 메시아가 오시기 전에 회개하게 하시겠다고 약속하셨다. 완고한 마음으로 회개하기를 거부하는 이들에 미칠 대안은 생각만 해도 너무 끔찍한 것이다. 내가 와서 저주로 그 땅을 칠까 하노라. 말라기는 앞에서 이미 세 번에 걸쳐 저주를 말했지만(1:14, 2:2, 3:9) 여기 사용된 히브리어(체렘, cherem)는 이들과 다른 말로 그 정도가 심히 두려운 것이다. 체렘은 종종 완전한 파멸에 처할 것들을 가리키는 데 사용되었고(신 7:26; 수 6:17), 여기서의 의미가 바로 그런 것이다. 회개하지 않으면 백성과 그 땅은 완전히 폐허가 되고 말 것이다. 말라기의 초점(유대인으로서)은 이스라엘 땅에 맞추어져 있지만 "여호와의 날"(5절)에 있을 심판은 이 땅 전체에 미칠 것이다(욜 3:12-14; 습 1:15).

울프는 이렇게 말한다. "중세 시대에 히브리어 성경을 보존했던 유대교 학자들의 사본인 맛소라 사본은 6절 뒤에 다시 5절을 반복하여 12 소선지서가 저주의 말로 끝나지 않게 하고 있다. 이러한 시도는 본서의 메시지를 다소 부드럽게 만들지만 그렇다고 앞으로 있을 무시무시한 사실들을 바꾸지는 못한다"(Wolf, p.126).

실제로 3장 16절부터 4장 6절까지는 모두 하나님을 섬기는 일이 시간 낭비이며 아무 유익이 없는 것이라고 비난한(3:13-15) 사람들에 대한 하나님의 응답이다. 하나님을 따르는 일은 그만한 가치가 있는 일인가? 절대적으로 그렇다! 메시아 예수님을 영접하는 것은 우리가 하나님의 가족의 일원이 되고(3:17), 장차 임할 심판('저주')을 벗어나고(4:1, 6), 메시아가 다스리실 아름다운 나라의 축복을 누리게 되는 것(4:2-3)을 의미한다. 예수님을 섬기는 것은 현재는 물론 영원토록 가치가 있는 일이다!

Main Idea 복습	사람들은 여러 방식으로 자신의 창조주이신 하나님을 무시하지만, 하나님은 우리가 하나님을 공경하고 존경하기를 원하신다. 하나님을 섬기는 일에는 영원한 상급이 주어진다.

결론

유명한 마지막 말

누군가 죽으면 "그 사람이 마지막으로 남긴 말은 없는가?"란 질문이 자주 제기된다. 우리는 사람이 영원으로 들어가기 직전에 남긴 말은 분명코 새겨들을 가치가 충분히 있다고 생각한다. 이런 생각은 어떤 때는 옳지만 그렇지 않을 때도 있다. 마크 월터(Mark Walter)가 편집한 「기독교 인용 백과사전(*Encyclopedia of Christian Quotations*)」과 「리더스 다이제스트 사건과 실화(*Reader's Digest Book of Facts*)」에 실린 유명 인사들의 마지막 말을 살펴보며 그 이유를 확인해보자.

- "나는 더 좋아졌다고 느낀 적이 한 번도 없다"(더글러스 페어뱅크경).
- "이것이 네 번째인가?"(토마스 제퍼슨).
- "나는 죽을 것이다, 아니 죽으려 한다. 어느 표현을 사용해도 무방하다"(도미니크 부우르, 프랑스 문법학자).
- "웃기지 말고 썩 꺼져. 유언이란 하고 싶은 말을 충분히 하지 못한 바보들에게나 필요한 거야"(칼 마르크스, 죽어가면서 하녀에게).
- "해놓은 것은 너무 적고, 해야 할 것은 너무 많구나"(세실 로드).
- "아, 그럼 이제 나는 분수에 넘치게 죽어야겠군"(오스카 와일드).
- "왜 없겠소. 방탄조끼 말이오"(제임스 로저스, 살인자, 총살형을 앞에 두고 마지막으로 원하는 것이 없냐는 질문에).
- "이런 거리에서도 코끼리 하나 못 맞추다니…."(존 세지빅, 남북전쟁 당시 북군의 대장, 1864).
- "이렇게 끝나지 않게 해주오. 그들에게 내가 무언가 말했다고 말해주오"(판초 빌라).
- "나는 하나님과 사람으로부터 버림받았다. 이제 나는 지옥에 갈 것이다"(볼테르).
- "꺼져… 나는 괜찮아"(H. G. 웰즈).
- "그리스도인이 어떤 평화 가운데 죽을 수 있는지 보라"(조셉 애디슨).
- "천국에 가면 들을 수 있을 거야"(루드비히 판 베토벤).
- "나를 고쳐달라고 기도하지 말라. 내가 영광에 들어가는 것을 붙잡지 말라"(마틴 로이드 존스).
- "땅은 멀어지고, 하늘은 가까워진다. 오늘은 내가 면류관을 쓰는 날이다"(D. L. 무디).

우리는 말라기서에서 구약에 기록된 하나님의 마지막 말씀, 새겨들을 가치가 너무나 분명한 말씀을 보았다. 하나님은 신실한 사자인 말라기를 통해 그 백성의 죄악된 태도와 행동을 날카롭게 꾸짖으셨지만, 마지막은 하나님을 공경하고 귀하게 여기는 이는 모두 하나님의 영적 가족의 한 사람이 되고 미래의 심판을 피하고 메시아가 다스리는 기뼘의 나라에 참여하리라는 축복의 약속으로 마무리하신다(3:16-4:6). 그리고 하나님의 은혜를 당연한 것으로 여기지 않도록 구약의 마지막 구절 하반절에 이런 무시무시한 경고를 하신다. "돌이키지 아니하면 두렵건대 내가 와서 저주로 그 땅을 칠까 하노라"(말 4:6). 하나님을 공경하고 그분이 보내신 메시아('의로운 해')를 당신의 주와 구세주로 영접하라. 당신은 결코 그 일을 후회하지 않을 것이다!

▣ 진리 알기

- 하나님의 정의는 분명히 이루어지지만 우리의 시간표가 아니라 하나님의 시간표에 따라 이루어진다.
- 하나님은 심판하시기 전에 자비로 그 백성에게 회개의 경고를 보내신다.
- 메시아 예수님('언약의 사자')은 십자가에서의 죽으심을 인하여 자신을 믿는 모든 사람과 새 언약을 세우셨다.
- 그리스도께서 다시 오실 때 의인들은 구원을 받고 악인은 심판을 받을 것이다.
- 우리는 하나님께 드릴 십일조와 헌금을 드리지 않음으로써 하나님의 것을 도적질할 수도 있다.
- 하나님은 십일조를 드리는 이들에게 복을 주시겠다고 약속하신다.
- 하나님을 섬기는 일은 현재(기쁨, 평화, 한시적인 축복, 하나님과의 교제)와 영원한 미래에 상급이 있다.
- 하나님을 높이고 공경하는 이들은 그분의 영적 가족의 한식구가 되며 심판을 벗게 될 것이다.
- 하나님은 자기 자녀들과 자신에게 신실한 자들을 결코 잊지 않으신다.

▣ 적용하기

- 불의한 일로 마음 아파하지 않도록 주의하라. 왜냐하면 하나님은 알맞은 때에 반드시 의인에게 상 주시고 악인을 심판하실 것이다.
- 메시아가 올 것이라는 하나님의 약속을 믿고 용기를 내라.
- 하나님께 신실한 헌금을 드리기로 결단하라.

- 비록 삶이 힘들고 불공평하게 보일지라도 하나님을 섬기는 일은 가치가 있는 일임을 기억하라.
- 하나님을 높이고 공경하는 이들은 그분의 영적 식구가 되고 미래의 심판에서 건짐을 받을 것이라는 사실로 인해 기뻐하라.
- 하나님의 말씀의 가르침에 순종하라.

삶의 적용

아직 본향에 오지 않았다!

당신은 삶이 공정하지 못하고 예수님을 섬기는 일에 별 관심도 없는 사람이 가장 좋은 것을 차지한다고 생각한 적이 있는가? 하나님을 섬기는 일은 진정 그만한 가치가 있는 것일까? 레이 스테드맨(Ray Stedman)은 아프리카에서 오랫동안 선교사로 사역하다 은퇴하고 아무런 연금도 없고 건강조차 망가진 채 뉴욕에 돌아온 한 선교사 부부에 관한 감동적인 이야기를 들려준다. 그 부부는 사냥 여행을 떠났다 돌아오던 테디 루스벨트(Teddy Roosevelt) 대통령과 우연히 한 배에 승선하게 되었다. 모든 사람이 한 번이라도 대통령을 보려고 했지만 이 신실한 선교사 부부에게는 눈길 한 번 주지 않았다.

배가 대양을 향해 나아가자 노 선교사는 자기 아내에게 말했다. "여보, 이건 뭔가 잘못됐어. 우리는 아프리카에서 평생 신실하게 하나님을 섬겼는데 아무도 우리에게 관심 하나 주지 않다니 이게 말이 되오? 여기 이 대통령은 큰 사냥 여행에서 돌아오는데 모든 사람이 그를 우러러보지만, 우리는 쳐다보지도 않으니 말이오. 만일 하나님이 세상을 주관하신다면 왜 이런 불공평한 일이 일어나도록 내버려두시는 걸까?"

배가 항구에 정박하자 악대가 대통령을 영접하기 위해 기다리고 있었다. 뉴욕 시의 시장이 다른 국가 지도자들과 함께 그 자리에 있었다. 신문은 대통령의 도착 기사로 가득했지만, 이 선교사 부부의 도착은 아무도 알아채지 못했다. 그들은 배에서 내려 동부에 있는 싼 아파트를 구하고 내일부터 그 도시에서 살아갈 수 있도록 일자리를 찾게 되기를 소원했다.

그러나 그날 밤 그 선교사는 마음이 상했다. 그는 아내에게 말했다. "나는 더 이상 참을 수가 없소. 하나님은 우리를 너무 불공평하게 대하고 계시다오."

그의 아내가 대답했다. "그럼 침실에 가서 이 모든 일을 하나님께 아뢰세요."

잠시 후 남편은 얼굴빛이 완전히 바뀐 채 침실에서 나왔다. 그의 아내는 물었다. "여보, 무슨 일이 있었나요?"

"그렇소, 주님은 내 안에 거하고 계셨다오. 나는 그분께 대통령이 그런 엄청난 환영을 받는 데 반해 우리가 고향에 돌아온 것을 아무도 맞이하지 않아 마음이 너무 아팠다고 말씀드렸다오. 그리고 내가 말을 마치자 주님은 내 어깨에 팔을 얹으시고 단지 이렇게 말씀하셨다오. '하지만 넌 아직 본향에 돌아온 것이 아니잖니!' "(Ray Stedman, 「*Talking to My Father*」, Portland, OR: Multnomah, 1975, pp. 25-26).

신실함은 항상 그 보상을 받지만 그것이 반드시 현세의 삶일 필요는 없다. 언젠가 우리가 모든 영광 가운데 임하시는 예수님을 보고 우리의 참된 본향에 이를 때 그 모든 보람이 빛을 발할 것이다. 용기를 내라. 프랭크 허스튼(Frank Huston's)의 찬송시처럼 "예수님을 섬기는 일은 가치가 있다!"

기도

사랑의 하나님, 그 자녀를 항상 잊지 않고 기억하시는 하나님께 감사를 드립니다. 당신은 누가 당신을 공경하는지 아시며, 당신을 따르는 이들의 신실함에 상을 주실 것입니다. 하나님의 자녀가 되는 권세를 주시고, 이 일이 메시아 예수님의 십자가에서의 대속 사역으로 인하여 가능하게 되었음을 인해 감사드립니다. 우리에게 주시려고 예비하신 영광의 미래를 소망하며 예수님의 이름으로 기도합니다. 아멘.

심층 연구

A. 구약의 십일조(3:8, 10)

'십일조' 로 번역된 히브리어는 마제르(ma 'aser)(구약에 32회 등장)로 '10번째 부분' 혹은 '십일조' 를 의미한다. 마제르는 히브리어 숫자 10과 관련이 있으며, 따라서 '십일조' 는 말 그대로 10퍼센트다.

우리는 창세기 14장 17-20절에서 성경 가운데 최초로 십일조를 드린 사건을 찾아볼 수 있다. 아브라함은 자기 조카 롯을 대적들로부터 구하고 돌아오면서 여호와 하나님의 제사장인 멜기세덱에게 십일조를 드렸다. 야곱은 벧엘에서 자기가 무사히 고향에 돌아가게 되면 십일조를 드리겠다고 서원했다(창 28:20-22). 이러한 예들은 십일조가 매우 일찍부터 보편적으로 시행되었음을 반증하는 것이다. 후에 이 관행은 모세 율법에 편입되어 이스라엘 전체의 규범이 되었다(레 27:30-32; 신 12:6, 11).

이스라엘이 십일조를 시행한 유일한 나라는 아니었다. 십일조는 고대에 널리 시행되던 일이었다. 그 밖에 가나안, 페니키아, 아랍, 카르타고, 루디아, 헬라 그리고 로마에서도 이러한 예들을 찾아볼 수 있다.

이스라엘 민족은 모든 것에 대해 십일조를 드렸는데, 농사에서 거두어들인 곡식과 가축을 모두 포함하고 있었다(레 27:30-32; 신 14:22-23). 이러한 십일조는 레위인들에게 돌아갔는데, 이는 레위 지파가 다른 지파들과 달리 가나안 땅에 대한 분깃을 받지 않았기 때문이다(민 18:21, 24). 그 대신 레위인들은 자기들이 거둔 십일조의 십일조를 제사장의 살림살이를 위해 주님께 드려야 했다(민 18:26, 28). 십일조는 이스라엘의 종교 체제를 성공적으로 운영하는 데 필수적인 것이었다. 만일 십일조가 주어지지 않는다면 제사장들과 레위인은 생계를 위하여 다른 수단을 강구해야만 했다(느 13:10).

십일조는 중앙 제단에 드려졌는데(신 12:6, 11), 이곳은 처음에는 성막이었고 나중에 성전이 되었다. 말라기가 이스라엘 백성들에게 "너희의 온전한 십일조를 창고에 들여 나의 집에 양식이 있게 하라"(말 3:10)고 권고할 때의 나의 집은 예루살렘 성전을 가리키는 것이다(느 10:38, 13:12-13). 이스라엘 백성은 성전에 있는 '하나님 여호와 앞' 에서 십일조의 일부를 먹었는데, 이는 일종의 교제 음식이 분명했다(신 14:23).

그리고 삼 년마다 특별한 십일조가 있었다. 이 십일조는 성전에 드려지지 않고 각 지역에서 레위인들, 이방인들, 고아 그리고 과부에게 나누어주기 위해 쌓아두었다(신 14:28-29, 26:12). 전통적으로 유대인들은 해마다 두 가지 서로 다른 십일조가 있다고 해석해왔다. 하나는 레위인들을 위한 것이고, 다른 하나는 성전에서 사용하기 위해 규정된 음식을 위한 것이다. 이런 해석에 의하면 삼 년마다 드리는 십일조는 두 번째 십일조의 특별한 사용이 된다.

십일조와 그리스도인과의 관계에 대해서 특별히 두 가지 점을 지적할 수 있다. 첫째, 십일조는 이스라엘 민족이 시작되기 이전에, 그리고 모세 율법이 제정되기 이전에 이미 시행되었다는 점이다. 둘째, 예수님은 이 관습을 확인해주셨다(마 23:23). 결론적으로 십일조는 오늘날 성도들도 마땅히 시행해야 하는, 시간적 제한이 없는 도덕법적 명령으로 보는 것이 타당하다. 이스라엘 백성이 십일조 외에 다른 헌물을 드려야 했다는 사실은, 십일조는 우리가 여호와 하나님께 드려야 하는 최소한의 것임을 시사한다. 크라프트 식품사의 창립자인 제임스 크라프트(James L. Kraft)는 이렇게 빈정거린 적이 있다. "나는 십일조를 믿지 않는다. … 그렇지만 십일조는 좋은 출발점이다."

B. 헌물(3:8)

구약에는 여러 종류의 다양한 헌물, 곧 제물이 있었다. 레위기 1-7장에는 다섯 가지가 기록되어 있다. 번제, 소제, 화목(교제, NIV)제, 속죄제, 그리고 속건제가 그것이다. 그러나 말라기 3장 8절의 '헌물' 에 해당하는 히브리어는 한층 일반적인 용어인 테루마(terumah, 구약에 76회 등장)로 기본적으로 '봉헌' 혹은 하나님께 드리는 '제물' 을 의미한다. 테루마는 보통 '높이 있는, 고귀한' 혹은 '높임을 받은' 이란 히브리어 어근 룸(rum)의 파생어로 본다. 이런 이유로 몇몇 영어 번역은 고대 랍비들의 해석을 받아들여 이 제물이 특정한 경우(출 29:27)에 의식에 맞추어 하나님께 들려진 것으로 본다('요제' - KJV, NASB, '들려진 것' - NRSV). 최근에 이 말은 적어도 성경 시대에 항상 '제물, gift' 을 의미했던 것이라는 견해가 널리 받아들여지고 있다. 이에 따라 NIV는 일관되게 테루마를 '제물(offering[s], contribution[s], special gift[s] 등)' 의 의미로 번역하고 있다.

테루마는 이스라엘 백성이 장막 건축과 그 안에서의 제사 그리고 거룩한 예복을 위해 드린 것들(출 25:2-3, 35:5, 21, 24, 36:3, 6) 그리고 은 반 세겔의 '속전(출 30:13-15 그리고 느 10:32; 마 17:24-27을 보라)' 과 같은 다양한 제물을 가리킨다. 이 용어는 대개의 경우 제사장이나 레위인 혹은 그들 모두를 위해 구별되어 여호와께 드려진 헌물을 가리킨다(레 22:12; 민 5:9, 18:8, 11, 19; 대하 31:10, 12, 14; 겔 44:30).

선지자가 여기서 백성들이 하나님의 '헌물' 을 도적질한다고 고발할 때 제사장과 레위인들을 위한 헌물을 염두에 두고 있었음에는 의문의 여지가 없다. 말라기와 같은 시기에 살았을 것으로 보이는 느헤미야 역시 이전에 행한 맹세(느 10:37-39)에도 불구하고 레위인들(여기에는 제사장들 역시 포함된 것으로 보임)의 생계를 위한 제물이 부족하다고 보고한 바 있다(느 13:10-13).

마찬가지로 신약에서도 하나님의 백성은 기독교 사역자들을 후원해야 한다고 가르치고 있다. 예를 들어, 바울은 이렇게 말한다. "가르침을 받는 자는 말씀을 가르치는 자와 모든 좋은 것을 함께하라"(갈 6:6). 그리고 예수님은 "일꾼이 그 삯을 얻는 것이 마땅하니라"(눅 10:7)고 확인시켜주셨다.

C. 엘리야 선지자(4:5-6)

엘리야는 아마 구약 시대의 가장 위대한 선지자일 것이다. 그는 어느 날 갑자기 출현하여 전국적인 이목을 끌게 된 신비스러운 인물이다. 우리는 그의 개인적인 배경에 대해 그가 이스라엘의 작은 마을인 디셉(예루살렘에서 대략 65킬로미터 북동쪽에 위치) 출신이라는 사실(왕상 17:1) 외에는 전혀 아는 바가 없다.

엘리야 선지자가 살던 시기는 나라가 위기에 처해 있었을 때였다. 아합 왕이 얻은 페니키아 출신의 왕비인 이세벨은 바알 숭배를 권장하고 있었다. 성도들은 핍박을 당했고 여호와의 선지자들은 죽임을 당했다(왕상 18:4). 이 위험한 시기에 여호와께서는 그 민족을 자신에게 돌아오게 하시려고 엘리야를 들어 쓰셨다(그 이름은 바로 "여호와는 하나님이시다" 란 의미임). 엘리야는 절대적으로 불리한 상황에서도 용감하게 여호와

편에 섰고, 심지어 갈멜산에서 수백 명의 이방 선지자들과 대결을 벌이기도 했다(왕상 18:19-40). 그날 여호와 하나님은 하늘에서 불을 보내셔서 번제물을 사르심으로 바알이 아니라 자신이 참 신임을 보여주셨다. 이 사건은 바알 숭배가 온 나라에 퍼지는 것을 막아주었다.

엘리야는 오랫동안 성실히 봉사한 후 죽지 않고 하늘로 순식간에 올라갔는데 이런 일을 체험한 이는 역사적으로 단 두 사람뿐이었다(창 5:24; 왕하 2:11). 그의 위대함은 변화산에서 예수님이 변화되셨을 때 그가 모세와 함께 나타난 사실에서도 확실히 알 수 있다(마 17:2-3). 모세는 율법을 대표하고 엘리야는 선지자를 대표했다. 모세와 엘리야는 말라기서 마지막 단락에도 함께 언급되고 있다.

말라기 4장 5-6절에서 여호와 하나님은 오실 메시아의 길을 예비하도록 선지자 엘리야를 보내시겠다고 약속하셨다('언약의 사자', 말 3:1). 이 엘리야는 옛 선지자가 다시 사람의 몸을 입은 것이 아니라 그와 동일한 선지자로서의 능력과 사명, 곧 그 나라를 하나님께 돌아오게 하는 임무를 가진 사람이다(4:6).

앤드루 힐(Andrew Hill)과 존 월튼(John Walton)은 다음과 같이 말한다.

> 엘리야는 여러 가지 이유에서 '선구자'와 연관된 예언 사역의 원형 혹은 본보기로 여겨지는 인물이다. 첫째, 그는 신학적 정통성, 도덕적 순결, 사회적 정의와 같은 문제로 종교 지도자들 및 정치 지도자들과 담대히 맞섰다. 둘째, 그는 하나님의 임박한 심판을 앞에 두고 죄를 회개하라는 메시지를 선포했다. 셋째, 하나님이 주신 그의 사명과 메시지는 그에 따르는 이적으로 인해 정통성을 부여받았다. 넷째, 그는 그 사역이 히브리 사회의 전통적인 틀과 일반적으로 인정되어진 체제에서 벗어나 홀로섰다는 점에서 진정으로 '광야에서 외치는 자의 소리'였다. 여호와 하나님의 진노가 예정된 때와 메시아 시대의 시작을 알리는 사자로서의 엘리야의 역할은 이 선지자를 언급하고 있는 후기 유대교 전승에서 중요한 역할을 담당하고 있다(예: Sir. 48:10-11, 그리고 마 17:3, 10, 27:47, 49, 요 1:21 참조)(Hill and Walton, 「*A survey of the Old Testament*」, pp. 549-50).

세례 요한은 메시아의 초림을 예비한 엘리야였다(마 11:7-15). 그리고 어떤 한 미지의 인물이 메시아(예수님)의 재림, 곧 '여호와의 크고 두려운 날'(5절, 마 17:11 참조)을 예비할 엘리야가 될 것이다. 카이저에 의하면, "그는 요한계시록 11장 3-12절에 언급된 두 증인 가운데 한 사람일 것이다"(Kaiser, 「*Mastering the Old Testament*」, p. 487). 유대인들은 유월절 축제 첫날밤인 세데르에 엘리야가 나타나 메시아 시대의 시작을 알릴 것을 소망하는 가운데 그를 환영하기 위해 문을 열어놓는다. 우리는 예수님이 십자가에서 엘리야를 부르셨다는 오해와 관련하여 그들이 얼마나 크게 흥분했을지 능히 이해할 수 있다(마 27:47-49).

고안

A. 들어가는 글

1. "두 무신론자 이야기"를 들려주라.
2. 배경 설명 : 말라기서의 마지막 단락에서 하나님은 다음과 같은 죄를 책망하신다. 하나님이 불의하다고 비난함(2:17-3:6), 마땅히 하나님께 속한 것을 도적질함(3:7-12), 하나님을 섬기는 일이 시간과 노력을 낭비하는 것이라고 신성모독에 가까운 비난을 함(3:13-15). 말라기의 설교를 들은 이들은 귀머거리가 아니었다. 그리고 선지자는 회개하고 여호와 하나님을 경외하는 이들에 관한 이야기로 본서를 마무리한다(3:16-4:6). 이 참 성도들은 다가올 심판에서 벗어나고 메시아 왕국에서 기쁨의 미래를 맞이하게 될 것이다.
3. 적용 : 말라기의 메시지는 오늘 아침에 배달된 조간신문처럼 생생하다. 사람들은 여전히 하나님이 불공평하시다고 비난하고, 십일조를 내지 않고, 주님을 섬기는 일은 시간 낭비라고 주장한다. 그러나 한편으로 다른 수많은 사람들이 하나님을 공경하고 경외한다. 말라기는 이 단락에서 하나님은 완전히 공의로우시며 십일조는 축복을 가져오고 주님을 섬기는 일은 영원한 상급을 보장한다는 것을 보여준다.

B. 본문 이해

1. 하나님을 괴로우시게 함(2:17-3:6)
2. 하나님의 것을 도적질함(3:7-12)
3. 하나님을 모욕함(3:13-15)
4. 하나님을 경외함(3:16-4:6)

C. 결론: 유명한 마지막 말

토의 질문

1. 말라기 3장 2절의 질문인 "그의 임하는 날을 누가 능히 당하리요?" 다른 말로 하면, "어떻게 여호와 하나님을 만날 준비를 할 수 있는가?"에 대답해보라.

2. 하나님의 불변성(불역성)이 실제적으로 적용된 것에는 어떤 것이 있는가?

3. 십일조와 헌물에 관한 말라기의 가르침에 대해 토론해보라. 하나님은 우리가 십일조를 드릴 때 무엇을 행하시겠다고 약속하셨는가? 물질적 번영에 관한 이 구절에 함축된 의미는 무엇인가?

4. 하나님을 섬기는 일이 왜 현세에서나 내세에서 모두 가치 있는 일인가?

5. 당신은 엘리야에 관한 말라기의 예언을 어떻게 설명하겠는가?

■ 용어 해설

1. **거룩**(Holy) - 하나님이 다른 모든 피조물과 구별되는 성품. 그리스도인들이 그리스도 예수 안에서 알려진 하나님의 성품을 나타내기 위해 추구하는 도덕적 이상 상태.
2. **계시**(revelation) - 감춰었던 것을 드러냄. 하나님은 성경과 하나님의 아들이 성육신하신 예수 그리스도를 통해 자신의 본질과 목적을 계시하심.
3. **구속**(redemption) - 값을 지불하고 노예를 풀어주는 행위. 예수님의 죽음은 죄의 권세와 형벌로부터 우리에게 구속을 베풀어주셨음.
4. **구원**(salvation) - 그리스도를 믿는 신자가 체험하는 생명. 그리스도의 희생과 그분을 믿는 믿음으로 인해 심판의 날에 죄의 형벌로부터 구함을 받음.
5. **기도**(prayer) - 하나님과의 교제.
6. **다신교**(polytheism) - 하나 이상의 여러 신을 믿음. 성경 시대에 널리 퍼진 이교.
7. **메시아**(Messiah) - 선지자들에 의해 오시기로 약속된 왕. 선지자들의 약속을 성취하신 예수 그리스도. 그리스도는 히브리어 메시아('기름 부음 받은 자')의 헬라어 번역임.
8. **모세**(Moses) - 하나님이 이스라엘을 애굽으로부터 구하기 위해 사용하신 지도자.
9. **묵시록**(apocalyptic) - 서로 대적하는 보편적 세력(하나님과 사탄), 보편적 역사를 가르는 두 세대(마귀와 사탄이 지배하는 현 세대와 하나님이 다스리시는 미래의 세대) 그리고 하나님의 백성에게는 상급이 악인들에게는 형벌이 주어지는 미래의 심판에 대한 믿음을 반영하는 상징 언어.
10. **바벨론**(Babylon) - 주전 6세기에 존재했던(오늘날 이라크) 악한 도시와 제국의 이름으로, 요한계시록에 등장하는 다른 악한 도시의 별칭.
11. **복음**(gospel) - 예수 그리스도의 삶과 죽음과 부활을 통해 이루신 하나님의 구원 사역에 관한 좋은 소식.
12. **사탄**(Satan) - 하나님께 대항하는 모든 세력들을 지휘하며 사람들을 미혹하는 악한 천사.
13. **선지자**(prophet) - 하나님을 대신하여 말하는 이.
14. **성령**(Holy Sprit) - 삼위일체 하나님의 세 번째 위격.
15. **성육신**(incarnation) - 하나님이 사람이 되심. 나사렛 예수 안에서 신성과 인성이 하나로 연합된 것으로, 하나님이 세우신 인류 구원 계획을 이루실 자격을 그분에게 부여함.

16. **소선지서**(minor prophets) - 호세아부터 말라기까지에 이르는 12권의 짧은 예언서로, 히브리어 성경('타낙')에 '12권'으로 명명됨.

17. **신앙**(faith) - 하나님의 말씀과 그에 따른 행동을 그대로 받아들이는 반응. 예수 그리스도를 통한 영생을 믿고 그분께 헌신하는 것.

18. **악**(evil) - 하나님의 계획을 반대하는 모든 사람 혹은 모든 것.

19. **여호와의 날**(day of the Lord) - 하나님이 역사에 결정적으로 개입하시는 때이자 종말에 이루어질 마지막 심판의 날.

20. **영생**(eternal life) - 예수님이 자기 제자들에게 주시는 생명의 모습. 예수 그리스도를 주와 구세주로 믿는 이들에게 주시는 하나님과 함께하는 끝없는 삶.

21. **예루살렘**(Jerusalem) - 구약 시대 이스라엘의 수도. 신약 시대 유대교의 종교적 중심지.

22. **예배**(worship) - 하나님께 드리는 공경, 존경, 찬양, 섬김.

23. **예수 그리스도**(메시아, Jesus Christ)) - 하나님의 영원하신 아들, 주와 구세주, 삼위일체의 제2 위격.

24. **용서**(forgiveness) - 잘못된 것을 눈감아 주고 그에 대한 벌로부터 놓이는 것. 자기 죄를 회개하고 그리스도를 믿는 사람을 죄의 속박으로부터 구해주시는 하나님의 행위. 그리스도인이 자기를 괴롭힌 사람을 죄책감과 책임으로부터 풀어주는 행위.

24. **우상숭배**(idolatry) - 하나님이 아닌 신을 섬기는 것.

25. **유일신론**(monotheism) - 한 분 하나님만을 믿는 신앙.

26. **율법**(law) - 하나님이 자기 백성에게 하나님과 다른 이들을 사랑하도록 주신 명령. 정관사 'the'와 함께하면 구약 전체를 가리킬 수도 있지만, 일반적으로 모세오경(창세기부터 신명기까지)을 가리킴.

27. **은혜**(grace) - 우리를 향한 하나님의 무조건적인 용납과 사랑. 특히 죄인들에게 구원을 베푸시는 일.

28. **의**(righteousness) - 하나님과 올바른 관계에 있는 상태 혹은 조건. 다른 사람과의 올바른 관계 안에서 하나님과 관계를 실현하는 것.

29. **이교도**(pagans) - 성경이 증거하고 있는 살아계신 하나님이 아닌 다른 신이나 신들을 섬기는 이들.

30. **이방인**(Gentiles) - 유대인이 아닌 세상 사람들. 유대인을 제외한 세상 모든 민족.

31. **이적**(miracle) - 하나님의 위대함을 보여주고 경이로움을 심어주어 하나님이 세상에서 역사하고 계심을 인정하게 하는 하나님의 초자연적인 행동.

32. **재림**(second coming) - 그리스도께서 자신의 구속 사역을 완성하기 위해 능력과 영광으로 다시 오심.

33. **적그리스도**(Antichrist) - 하나님이나 그리스도를 반대하는 모든 이를 가리키지만, 특히 종말에 그리스도께서 다시 오실 때 물리치실 마귀의 우두머리를 가리킴.

34. **전능**(omnipotent) - 하나님이 자신의 거룩과 공의로운 성품 안에서 모든 것을 행하실 수 있는 무제한의 능력.

35. **정통**(orthodoxy) - 이단이 아닌 올바른 신앙을 견지함.

36. **종말론**(eschatology - 마지막 때 일어날 일 혹은 그리스도께서 다시 오실 마지막 때에 관한 연구.

37. **죄**(sin) - 인간이 하나님이 인간의 삶에 주신 목적을 잃어버리고 하나님이 아니라 마귀의 능력에 굴복하여 하나님을 반역한 행위.

38. **주권**(sovereignty) - 하나님의 외부로부터 아무런 구속이나 제한을 받지 않는 자유로움. 하나님이 자신의 피조물을 아무 제한 없이 통치하고 다스리심.

39. **지옥**(hell) - 잃어버린 바 된 자들이 영원히 벌을 받는 곳.

40. **천국**(heaven) - 하나님과 구속받은 이들이 영원히 거할 처소.

41. **천사**(angel) - 하나님이 보내신 사자로 천상의 존재이지만 인간의 모습을 입고 나타나며, 하나님이 주시는 가르침, 경고 혹은 소망을 전달함.

42. **칭의**(justification) - 하나님이 예수님의 피를 통하여 믿음을 가진 죄인을 의롭다고 인정해주시는 행위 혹은 사건.

43. **포로생활**(exile) - 이스라엘이 주전 722년 이후 앗수르 왕국에 포로로 잡혀간 이후의 기간. 유다가 주전 586년 예루살렘이 멸망된 후 바벨론에 포로로 잡혀간 이후의 기간으로, 주전 538년 바벨론에서 돌아올 때까지 계속됨.

44. **하나님의 말씀**(Word of God) - 하나님이 영감하여 기록된 계시인 성경. 선지자나 천사를 통해 계시된 구두로 표현된 하나님의 메시지. 인간의 육체 안에 거하신 하나님의 영원한 말씀인 예수 그리스도.

45. **하나님의 진노**(wrath of God) - 죄를 미워하고 벌하시는 하나님의 일관된 반응.

46. **회개**(repentance) - 마음과 생각을 바꾸어 죄로부터 돌이켜 구원을 허락하신 하나님께 돌아가는 것으로 믿음을 통하여 표현됨.

■ 참고 도서

Brand, Chad, Charles Draper, Archie England, Steve Bond, E. Bay Clendenen, and Trent Butler, eds. *Holman Illustrated Bible Dictionary*(HBD), Nasville: Holman Bible Publishers, 2003.

Harris, R. L., G. L. Archer Jr., B. K. Waltke, eds. *Theological Wordbook of the Old Testament*(TWOT). 2 vols. Chicago: Moody, 1980.

Richards, L. O. *Expository Dictionary of Bible Words*. Grand Rapids: Zondervan, 1985.

Smith, G. *An Introduction to the Hebrew Prophets: The Prophets as Preachers*. Nashville: Broadman & Holman, 1994.

Unger, M. F., and W. White Jr., eds. *Nelson's Expository Dictionary of the Old Testament*. Nashville: Thomas Nelson, 1980.

Walton, J. H., V. H. Matthews, and M. W. Chavalas. *The IVP Bible Background Commentary: Old Testament*. Downers Grove, Ill.: InterVarsity, 2000.

Water, M., compiler. *The New Encyclopedia of Christian Quotations*. Grand Rapids: Baker, 2000.

나훔

Armerding, C. E. *Nahum*. In The Expositor's Bible Commentary. Vol. 7. Grand Rapids: Zondervan, 1985.

Baker, D. *Nahum, Habakkuk, Zephaniah*. TOTC. Downers Grove, Ill.: InterVarsity, 1988.

Barker, K. L., and W. Bailey. *Micah, Nahum, Habakkuk, Zephaniah*. The New American Commentary. Nashville: Broadman & Holman, 1998.

Craigie, P. Micah, *Nahum, Habakkuk, Zephaniah, Haggai, Zechariah, and Malachi*. Philadelphia: Westminster, 1985.

Johnson, E. E. *Nahum*. In The Bible Knowledge Commentary: Old Testament.

Wheaton, Ill.: Victor, 1985.

Kaiser, W. *Mastering the Old Testament: Micah, Nahum, Habakkuk, Zephaniah, Haggai, Zechariah, Malachi*. Dallas: Word, 1992.

Longman III, T. *Nahum*. In The Minor Prophets, ed. T. McComiskey. Vol. 2. Grand Rapids: Baker, 1993.

Maier, W. A. *The Book of Nahum: A Commentary*, 1959. Reprint. Grand Rapids: Baker, 1980.

Patterson, R. D. *Nahum, Habakkuk, Zephaniah*. The Wycliffe Exegetical Commentary. Chicago: Moody, 1991.

Robertson, O. P. *The Books of Nahum, Habakkuk*, and Zephaniah. NICOT. Grand Rapids: Eerdmans, 1990.

Wright, P. *Jonah/Zephaniah*. Shepherd's Notes. Nashville: Broadman & Holman, 1999.

하박국

Armerding, C. E. *Habakkuk*. In The Expositor's Bible Commentary. Vol. 7. Grand Rapids: zondervan, 1985.

Baker, D. *Nahum, Habakkuk, Zephaniah*. TOTC. Downers Grove, Ill.: InterVarsity, 1988.

Barker, K. L., and W. Bailey. *Micah, Nahum, Habakkuk, Zephaniah*. The New American Commentary. Nashville: Broadman & Holman, 1998.

Blue, J. R. *Habakkuk*. In The Bible Knowledge Commentary: Old Testament. Wheaton, Ill.: Victor, 1985.

Bruce, F. F. *Habakkuk*. In The Minor Prophets, ed. T. McComiskey. Vol. 2. Grand Rapids: Baker, 1993.

Craigie, P. *Micah, Nahum, Habakkuk, Zephaniah, Haggai, Zechariah, and Malachi*. Philadelphia: Westminster, 1985.

Kaiser, W. *Mastering the Old Testament: Micah, Nahum, Habakkuk, Zephaniah,*

Haggai, Zechariah, Malachi. Dallas: Word, 1992.

Patterson, R. D. *Nahum, Habakkuk, Zephaniah*. The Wycliffe Exegetical Commentary. Chicago: Moody, 1991.

Robertson, O. P. *The Books of Nahum, Habakkuk, and Zephaniah*. NICOT. Grand Rapids: Eerdmans, 1990.

Wright, P. *Jonah/Zephaniah*. Shepherd's Notes. Nashville: Broadman & Holman, 1999.

스바냐

Baker, D. *Nahum, Habakkuk, Zephaniah*. TOTC. Downers Grove, Ill.: InterVarsity, 1988.

Barker, K. L., and W. Bailey. *Micah, Nahum, Habakkuk, Zephaniah*. The New American Commentary. Nashville: Broadman & Holman, 1998.

Craigie, P. *Micah, Nahum, Habakkuk, Zephaniah, Haggai, Zechariah, and Malachi*. Philadelphia: Westminster, 1985.

Hannah, J. D. *Zephaniah*. In The Bible Knowledge Commentary: Old Testament. Wheaton, Ill.: Victor, 1985.

Kaiser, W. *Mastering the Old Testament: Micah, Nahum, Habakkuk, Zephaniah, Haggai, Zechariah, Malachi*. Dallas: Word, 1992.

Motyer, J. *Zechariah*. In The Minor Prophets, ed. T. McComiskey. Vol. 3. Grand Rapids: Baker, 1998.

Patterson, R. D. *Nahum, Habakkuk, Zephaniah*. The Wycliffe Exegetical Commentary. Chicago: Moody, 1991.

Robertson, O. P. *The Books of Nahum, Habakkuk, and Zephaniah*. NICOT. Grand Rapids: Eerdmans, 1990.

Walker, L. L. *Zephaniah*. In The Expositor's Bible Commentary. Vol. 7. Grand Rapids: Zondervan, 1985.

Wright, P. *Jonah/Zephaniah*. Shepherd's Notes. Nashville: Broadman & Holman,

1999.

학개

Alden, R. *Haggai*. In The Expositor's Bible Commentary. Vol. 7. Grand Rapids: Zondervan, 1985.

Baldwin, J. *Haggai, Zechariah, Malachi*. TOTC. Downers Grove, Ill.: InterVarsity, 1972.

Craigie, P. *Micah, Nahum, Habakkuk, Zephaniah, Haggai, Zechariah, and Malachi*. Philadelphia: Westminster, 1985.

Kaiser, W. *Mastering the Old Testament: Micah, Nahum, Habakkuk, Zephaniah, Haggai, Zechariah, Malachi*. Dallas: Word, 1992.

Lindsey, F. D. *Haggai*. In The Bible Knowledge Commentary: Old Testament. Wheaton, Ill.: Victor, 1985.

Morgan, B. E. *Haggai/Malachi*. Shepherd' s Notes. Nashville: Broadman & Holman, 1999.

Motyer, J. *Haggai*. In The Minor Prophets, ed. T. McComiskey. Vol. 3. Grand Rapids: Baker, 1998.

Verhoef, P. A. *The Books of Haggai and Malachi*. NICOT. Grand Rapids: Eerdmans, 1987.

Wolf, H. *Haggai and Malachi: Rededication and Renewal*. Chicago: Moody, 1976.

스가랴

Baldwin, J. *Haggai, Zechariah, Malachi*. TOTC. Downers Grove, Ill.: InterVarsity, 1972.

Barker, K. L. *Zechariah*. In The Expositor's Bible Commentary. Vol. 7. Grand Rapids: Zondervan, 1985.

Craigie, P. *Micah, Nahum, Habakkuk, Zephaniah, Haggai, Zechariah, and Malachi*. Philadelphia: Westminster, 1985.

Feinberg, C. L. *God Remembers: A Study of Zechariah*. Portland, Oreg.: Multnomah, 1965.

Feinberg, C. L. *The Minor Prophets*. Chicago: Moody, 1976.

Kaiser, W. *Mastering the Old Testament: Micah, Nahum, Habakkuk, Zephaniah, Haggai, Zechariah, Malachi*. Dallas: Word, 1992.

Laetsch, Theo. *The Minor Prophets*. Saint Louis: Concordia, 1956.

Leupold, H. C. *Exposition of Zechariah*, 1956. Reprint. Grand Rapids: Baker, 1971.

Lindsey, F. D. *Zechariah*. In The Bible Knowledge Commentary: Old Testament. Wheaton, Ill.: Victor, 1985.

Luck, G. C. *Zechariah*. Chicago: Moody, 1969.

McComiskey, T. Zechariah. In The Minor Prophets, ed. T. McComiskey. Vol. 3. Grand Rapids: Baker, 1998.

Unger, M. F. *Zechariah: Prophet of Messiah' s Glory*. Grand Rapids: Zondervan, 1963.

말라기

Alden, R. L. *Malachi*. In the Expositor's Bible Commentary. Vol. 7. Grand Rapids: Zondervan, 1985.

Baldwin, J. *Haggai, Zechariah, Malachi*. TOTC. Downers Grove, Ill.: InterVarsity, 1972.

Blaising, C. A. *Malachi*. In The Bible Knowledge Commentary: Old Testament. Wheaton, Ill.: Victor, 1985.

Craigie, P. *Micah, Nahum, Habakkuk, Zephaniah, Haggai, Zechariah, and Malachi*. Philadelphia: Westminster, 1985.

Hill, A. *Malachi*. AB. New York: Doubleday, 1998.

Isbell, C. D. *Malachi: A Study Guide Commentary*. Grand Rapids: Zondervan, 1980.

Kaiser, W. C., Jr. *Malachi: God's Unchanging Love.* Grand Rapids: Baker, 1984.

Kaiser, W. *Mastering the Old Testament: Micah, Nahum, Habakkuk, Zephaniah, Haggai, Zechariah, Malachi.* Dallas: Word, 1992.

Stuart, D. *Malachi.* In The Minor Prophets, ed. T. McComiskey. Vol. 3. Grand Rapids: Baker, 1998.

Verhoef, P. A. *The Books of Haggai and Malachi.* NICOT. Grand Rapids: Eerdmans, 1987.

Wolf, H. *Haggai and Malachi: Rededication and Renewal.* Chicago: Moody, 1976.

Main Idea 로 푸는

나훔, 하박국, 스바냐, 학개, 스가랴, 말라기

1쇄 인쇄 | 2007년 7월 9일

2쇄 발행 | 2016년 4월 17일

책임 편집 | 맥스 앤더스(Max Anders)

지은이 | 스테판 R. 밀러(Stephen R. Miller)

옮긴이 | 김창동

펴낸이 | 고종율

펴낸곳 | 주)도서출판 디모데 〈파이디온선교회 출판 사역 기관〉

등록 | 2005년 6월 16일 제 319-2005-24호

주소 | 서울특별시 서초구 서초대로 141-25(방배동, 세일빌딩)

전화 | 마케팅실 070) 4018-4141

팩스 | 마케팅실 031) 902-7795

홈페이지 | www.timothybook.com

값 25,000원

ISBN 978-89-388-1339-8 03230